Legal Handbook for Resolution of Disputes Over System Development

新版

システム開発紛争ハンドブック

発注から運用までの実務対応

弁護士
松島淳也
Junya Matsushima

弁護士
伊藤雅浩
Masahiro Ito

第一法規

は し が き

　ITに関する技術の進歩や情報システムに実装される機能の複雑化に伴い、システム開発や運用に関する紛争も増加しています。しかも、システムに関する紛争には以下の特徴があるため、難解で専門性の高い紛争類型だとされています。

- ・情報処理技術、業界慣習、ユーザの業務知識など、専門的な知識が必要となる場合が多いこと
- ・情報システムの開発プロジェクトで取り扱う資料（契約書、提案書、設計書類、議事録、メール等）が多いこと
- ・多数の関係者が紛争に関わっていること
- ・実体法的に見ても、ベンダ・ユーザの双方に課される義務の内容や程度、損害賠償請求できる範囲や契約を解除できる範囲等、裁判例の蓄積が少ない争点が含まれていること

　このような状況であるにもかかわらず、現時点では、弁護士や会社の法務担当者、プロジェクトマネージャーが解決方針を決定するにあたり、参照できる文献が少ないように思います。

　そこで本書は、エンジニアやコンサルタントとしてシステムの開発や運用の現場を経験し、現在は弁護士としてこの種の紛争に関与している2名が、テーマごとに分担して執筆しました（1章、4章、7章：松島担当、2章、3章、5章、6章：伊藤担当）。

　本書の特徴は以下の2点です。

　1つは、表題のとおり、「紛争」の解決にフォーカスしているという点です。システム開発や運用保守の契約条項に関しては既に書籍等が刊行されているため、本書は、契約締結時、開発プロジェクト進行中、システム運用中、訴訟提起時の各ステージごとに、紛争類型や検討課題を整理することで、紛争

iii

に直面した弁護士、法務担当者、プロジェクトマネージャーが、辞書的に利用できるように構成しました。もっとも、紛争になった場合の紛争類型や検討課題を把握しておくことは、契約実務を担当する上でも有益であると考えております。

もう1つは、開発現場や訴訟の現場で担当している方に向けて指針を提示するにあたり、できる限り裁判例を参照し、裁判例から逆算して、実務担当者がどのようなアクションをすべきかについて検討している点です。このような手法を採用することで、筆者の思い込みや勘違いが混入することのないようにすると同時に、裁判例と読者の方が関与している案件との異同を検討していただくことで、幅広く本書を利用していただけるのではないかと考えております。

本書は、レクシスネクシス・ジャパン株式会社のビジネスロー・ジャーナル編集部の提案により執筆を開始するにいたり、2015年6月に同社より初版を発刊いたしました。

それから3年が経過し、重要な裁判例がその後も出ていること、改正民法（債権法）の成立等の状況を踏まえ、今回、内容を一部補訂したうえで新版として第一法規株式会社より発刊することとなりました。

新版につきましても、初版同様、弁護士、法務担当者、プロジェクトマネージャーの皆様の実務でご活用いただければ幸いです。

2018年6月

松島淳也

伊藤雅浩

Contents

はしがき

第1章
システム開発・運用に関する紛争の発生状況

Ⅰ　はじめに ……………………………………………………………………… 2

Ⅱ　なぜ、システム開発・運用に関する紛争が発生するのか ……… 2

　　1　重要書類が整備されていない ………………………………………… 3

　　（1）契約書がない、契約内容が曖昧、契約内容に必要な条項が
　　　　盛り込まれていない ……………………………………………… 3

　　（2）仕様書に必要な機能が盛り込まれていない ……………………… 5

　　（3）課題管理表、障害・変更管理書が作成されず、障害の発生状況や
　　　　仕様変更の有無が把握できない ………………………………… 6

　　（4）議事録が作成されていない …………………………………… 6

　　（5）システムの運用手順書が用意されていない、用意されていても担当者が
　　　　手順書に従っていない …………………………………………… 7

　　2　契約内容を理解していないため、契約に従った手続を採用していない ……… 8

　　3　ベンダのプロジェクトマネジメント能力が不足しているため
　　　プロジェクトが進捗しない ……………………………………………… 8

　　4　ユーザが仕様を決定する等の作業に協力しないため
　　　プロジェクトが進捗しない ……………………………………………… 9

　　5　情報システムは目で見て確認することが困難であるため、
　　　納品されて使ってみないと要望が反映されているのか確認できない ……… 10

　　6　検査仕様書が作成されていないため、検査に合格し報酬を受領できる
　　　条件が曖昧になっている ……………………………………………… 11

　　7　プログラム等の成果物の利用方法を検討していないため
　　　適切な権利処理をしていない ………………………………………… 12

　　8　情報は、漏洩するとインターネット等で容易に伝搬する ……………… 14

　　9　単純な操作ミスで、膨大な量の情報を容易に滅失させることができる …… 14

v

10 情報システムは利用者が多く、多くの人がトラブルに
巻き込まれることになる ……………………………………………………… 14

Ⅲ システムの開発・運用時では、どのような紛争が発生し何が問題となるのか …………………………………………………………… 15

1 契約交渉・締結段階で発生する紛争 …………………………………… 15

（1）契約の成立自体が争いとなる類型 ……………………………………… 16

（2）契約の締結を拒否したことによりユーザの損害賠償義務の有無が
争いとなる類型 …………………………………………………………… 16

（3）基本契約書に「基本契約に基づく契約は書面によってのみなし得る」と
規定されている場合に、書面によらない合意の成否が争いとなる類型 ………… 17

（4）開発対象の範囲が争いとなる類型 ……………………………………… 18

（5）契約の形態が争いとなる類型 …………………………………………… 19

（6）契約内容の法的拘束力が問題となる類型 ……………………………… 20

2 システム開発中に発生する紛争 ………………………………………… 20

（1）ベンダが情報システムを納品することができず、中途で頓挫してしまう類型 …… 20

（2）ユーザが自己都合でシステム開発を中止する類型 …………………… 21

（3）ベンダが情報システムを納品したが、品質問題等で本稼働できない類型 ……… 22

（4）追加の報酬請求が問題となる類型 ……………………………………… 23

3 情報システムの運用段階で発生する紛争 …………………………… 23

（1）システム障害の事例 …………………………………………………… 24

（2）情報漏洩の事例 ………………………………………………………… 26

（3）データ消失の事例 ……………………………………………………… 27

4 知的財産権（プログラムの著作物）に関する紛争 …………………… 29

第2章

システム開発委託契約の基礎知識

Ⅰ はじめに 32

Ⅱ システム開発委託契約の法的性質 32

1 概説 32

2 請負契約・準委任契約とは 33

Ⅲ 開発委託契約書のひな形 34

Ⅳ 契約の構成 35

1 基本契約と個別契約 35

2 各工程に対応する個別契約の法的性質 36

3 一括請負契約と多段階契約 38

（1）ベンダの視点から 39

（2）ユーザの視点から 41

（3）双方の視点から 42

（4）適切な契約形式の検討 42

4 基本合意書 48

（1）基本合意書の意義 48

（2）基本合意書の内容 49

第3章

契約交渉・締結段階におけるトラブル

Ⅰ はじめに 52

Ⅱ 契約交渉・締結段階におけるトラブルの実態 52

1 設例3-1 52

2 問題の所在 55

（1）なぜ契約書取り交わし前に着手するのか 55

（2）主要な争点は契約が成立しているか否か 56

vii

（3）契約締結の拒絶が法的責任を生じさせる場合も 57

（4）問題が生じるのは作業着手時点だけとは限らない 58

Ⅲ 契約の成立自体が争いとなる場合 59

1 原則論 59

（1）どの部分について合意している必要があるか 59

（2）誰と誰の間で合意している必要があるか 60

（3）契約書の重要性 61

2 裁判例 61

（1）名古屋地裁平成16年1月28日判決（裁判例❶） 61

（2）東京地裁平成20年7月29日判決（裁判例❷） 64

（3）その他の裁判例 65

3 契約の成否を分ける事情 67

4 設例3-1の検討 68

Ⅳ 契約締結を拒絶したことによるユーザの損害賠償責任 69

1 契約締結上の過失とは 69

2 契約交渉の破棄による責任 70

（1）考え方 70

（2）裁判例 70

（3）契約締結上の過失を基礎付ける根拠事実・障害事実 78

3 不当な契約交渉破棄による損害の額 79

（1）損害の範囲 79

（2）裁判例 80

4 設例3-1の検討と実務上の留意点 82

Ⅴ 個別契約は書面による合意によって成立するとされている場合の契約の成否 84

1 問題の所在 84

2 裁判例 85

3 実務上の留意点 86

Ⅵ 開発対象の範囲が争いとなる場合 ⸻ 87

1 問題の所在 ⸻ 87

2 裁判例 ⸻ 87

（1）東京地裁平成17年4月22日判決（裁判例⓭）⸻ 87

（2）東京地裁平成16年6月23日判決（裁判例⓮）⸻ 88

（3）東京地裁平成23年4月6日判決（裁判例⓯）⸻ 89

（4）名古屋地裁平成16年1月28日判決（裁判例❶）⸻ 89

（5）東京地裁平成16年3月10日判決（裁判例⓰）⸻ 90

（6）札幌高裁平成29年8月31日判決（裁判例⓱）⸻ 90

3 実務上の留意点 ⸻ 91

（1）開発対象の範囲を書面によって特定する ⸻ 91

（2）開発対象の範囲の特定方法を契約で定める ⸻ 91

（3）開発対象の範囲の変更方法を書面によって定める ⸻ 92

Ⅶ 契約の法的性質・形態が争われる場合 ⸻ 93

1 問題の所在 ⸻ 93

2 裁判例 ⸻ 94

（1）東京地裁平成24年4月25日判決（裁判例⓳）⸻ 94

（2）東京地裁平成22年9月21日判決（裁判例⓴）⸻ 94

（3）東京地裁平成21年11月24日判決（裁判例㉑）⸻ 95

（4）東京地裁平成28年4月20日判決（裁判例㉒）⸻ 95

（5）東京地裁平成20年4月24日判決（裁判例㉓）⸻ 96

3 実務上の留意点 ⸻ 96

Ⅷ 契約の法的拘束力が争われる場合 ⸻ 97

1 問題の所在 ⸻ 97

2 裁判例 ⸻ 98

3 実務上の留意点 ⸻ 98

第4章
プロジェクト進行中におけるトラブル

Ⅰ　はじめに ……………………………………………………………………… 102

Ⅱ　プロジェクト頓挫型の対応 ……………………………………………… 103

  1　設例 4-1 ………………………………………………………………………… 103

  2　システム開発プロジェクトにおけるベンダとユーザの役割分担 …… 106

  3　ベンダのプロジェクトマネジメント義務とユーザの協力義務とは
    どのような義務か？ ………………………………………………………… 108

    （1）裁判例における用語の意味 ………………………………………… 108

    （2）本書における位置付け ……………………………………………… 109

  4　契約締結前の企画・提案段階で課せられる
    プロジェクトマネジメント義務と協力義務 ………………………… 110

    （1）プロジェクトマネジメント義務 ………………………………… 110

    （2）協力義務 ……………………………………………………………… 112

    （3）どのような場面で問題となるか？ ……………………………… 113

  5　契約締結後のプロジェクトマネジメント義務と協力義務 ………… 127

    （1）契約締結後にベンダのプロジェクトマネジメント義務が
       問題となるのはどのような場合か？ …………………………… 127

    （2）契約締結後にユーザの協力義務違反が問題となるのはどのような場合か？ …… 128

    （3）仕様変更の要望は、ユーザの協力義務違反・ベンダのプロジェクト
       マネジメント義務違反のいずれの問題として捉えるべきか？ …… 131

  6　ベンダがプロジェクトの中止を提言しなければならないのは
    どのような場合か？ ……………………………………………………… 135

  7　元請会社と下請会社との間でもプロジェクトマネジメント義務と
    協力義務の関係は妥当するか？ ……………………………………… 138

  8　設例 4-1 の検討 …………………………………………………………… 139

  9　ベンダ担当者が検討すべき事項 …………………………………… 140

    （1）企画提案段階においてベンダ担当者が検討すべき事項 …… 140

    （2）契約締結後にベンダ担当者が検討すべき事項 ……………… 142

  10　ユーザ担当者が検討すべき事項 …………………………………… 146

    （1）企画提案段階において検討すべき事項 ……………………… 146

（2）契約締結後に検討すべき事項 ·· 147

Ⅲ 自己都合解約型の対応 ·· 150

1 設例4-2 ··· 150

2 解約の原因を特定する ·· 152

3 報酬請求額又は損害賠償額を確認する ······························· 152

4 設例4-2の検討 ··· 157

5 ベンダ担当者が検討すべき事項 ······································ 158

6 ユーザ担当者が検討すべき事項 ······································ 158

Ⅳ 不完全履行型への対応 ·· 159

1 設例4-3 ··· 159

2 不完全履行型の類型 ··· 161

3 仕事が完成しているか否かを見極める ································· 163

（1）仕事の完成はどのようにして判断されるか? ························ 163

（2）検収合格にはどのような意味があるのか? ·························· 166

4 瑕疵の有無、程度、発生原因を見極める ······························ 169

（1）請負契約における瑕疵担保責任とは? ····························· 169

（2）プログラムに「瑕疵」があると判断されるのはどのような場合か? ········ 170

（3）「仕事の目的物に瑕疵があり、そのために契約をした目的を達することが
できないとき」（民法635条）とはどのような場合か? ················· 172

（4）瑕疵の発生原因はベンダ・ユーザのいずれにあるのか? ··············· 176

5 仕様変更、機能追加等の追加開発作業に関する報酬の有無を確認する 179

（1）追加開発と評価できるのはどのような場合か? ······················ 179

（2）追加開発の報酬額はどのように決定するのか? ······················ 181

6 設例4-3の検討 ··· 182

7 ベンダ担当者が検討すべき事項 ······································ 183

（1）報酬を請求することができる状態になっていることを確認する ········· 183

（2）請求可能な報酬額を確認する ···································· 184

（3）ユーザからの反訴請求の内容を検討する ·························· 185

（4）営業上のメリット・デメリットを確認する ························· 185

（5）小括 ·· 185

xi

8 ユーザ担当者が検討すべき事項 ··186
（1）解除原因の有無の確認 ··186
（2）技術的専門家への協力要請 ··186
（3）解除の意思表示をするか否かを判断するにあたり考慮する事情 ········187

Ⅴ プロジェクトを運営する上で必要となる文書 ····························188
1 なぜ文書を記録することが重要なのか ····································188
2 議事録の残し方 ···188
（1）議事録を残す目的 ··188
（2）議事録に何を記載すべきか ··190
（3）議事録の作成手順 ··191
（4）事実と異なる内容の記載や法的な評価に相手方が固執する場合の対応 ········192
3 変更管理書の残し方 ···195
（1）変更管理書を作成する目的 ··195
（2）変更管理書に記載する内容 ··196
4 課題管理一覧表の残し方 ···196
（1）課題管理一覧表を作成する目的 ··196
（2）課題管理一覧表に記載する項目 ··197
5 解除通知書の書き方 ···200
（1）解除通知書に解除原因を記載すべきか？ ·······························200
（2）相当の期間を定めた催告とは？ ··203
（3）解除通知書の通知方法 ··203
（4）解除通知書のサンプル ··204

第5章

システム運用中のトラブル

Ⅰ　はじめに 208

Ⅱ　システム障害 211

1　設例5-1 211

2　運用・保守事業者が負うべき義務内容とその違反 213

（1）システム運用・保守契約とSLA 213

（2）運用・保守事業者が負うべき義務と違反の有無 216

（3）実務上の留意点 221

3　損害 221

4　過失相殺 223

5　責任制限条項の適用 223

（1）責任制限条項の記載例 224

（2）責任制限条項の限定解釈・有効性 225

（3）設例5-1の検討 229

Ⅲ　データ消失事故 229

1　設例5-2 230

2　システム運用事業者が負うべき義務内容とその違反 232

（1）データの消失を防止する義務の有無 232

（2）データを消失させない義務 236

（3）設例5-2の検討 237

3　損害 237

（1）消失したデータの再作成費用 237

（2）逸失利益 238

（3）設例5-2の検討 239

4　過失相殺 239

5　責任制限条項の適用 240

（1）総論 240

（2）責任制限条項の限定解釈 241

xiii

（3）責任制限規定の無効化等 ……………………………… 243

（4）データ消失事故と重過失 ……………………………… 246

（5）設例5-2の検討 …………………………………………… 248

（6）過失相殺と責任制限条項の関係 ……………………… 249

Ⅳ 情報漏洩事故 …………………………………………………… 250

1 近時の動向 ………………………………………………… 250

2 設例5-3 ……………………………………………………… 252

3 サービス事業者が負うべき義務内容 ……………………… 254

（1）安全管理措置義務 ……………………………………… 254

（2）責任の主体 ……………………………………………… 256

（3）安全管理措置義務の程度 ……………………………… 257

4 損害 ………………………………………………………… 263

5 過失相殺・責任制限条項の適用 ………………………… 265

6 委託先・委託元間の関係 ………………………………… 265

（1）委託先が負う義務内容 ………………………………… 265

（2）委託先が賠償すべき損害 ……………………………… 267

（3）過失相殺・責任制限条項の援用 ……………………… 268

7 刑事責任 …………………………………………………… 269

（1）個人情報保護法違反 …………………………………… 269

（2）不正アクセス禁止法違反 ……………………………… 269

（3）その他の刑事責任 ……………………………………… 270

8 その他の責任 ……………………………………………… 271

第6章
知的財産権（プログラムの著作物）に関するトラブル

Ⅰ　はじめに ……………………………………………………………………… 274

Ⅱ　システム開発における著作権の基本 ……………………………………… 274

　　1　何が著作物として保護されるか ………………………………………… 274

　　2　誰に権利が帰属するか …………………………………………………… 276

　　3　著作権侵害の有無 ………………………………………………………… 276

　　4　著作権が及ばない場合 …………………………………………………… 277

　　5　著作権者は何ができるか ………………………………………………… 278

Ⅲ　プログラムの著作物に関わる紛争 ………………………………………… 278

　　1　はじめに …………………………………………………………………… 278

　　2　権利の帰属が争われる場合 ……………………………………………… 279

　　（1）原始的に権利が帰属するのは誰か ……………………………………… 279

　　（2）著作権譲渡の合意があるか ……………………………………………… 280

　　3　複製・翻案の有無が争われる類型 ……………………………………… 282

　　（1）複製・翻案の判断基準 …………………………………………………… 283

　　（2）相手方著作物の入手 ……………………………………………………… 284

　　（3）複製・翻案の成否の検討 ………………………………………………… 286

Ⅳ　著作権以外の権利・法律上の利益 ………………………………………… 293

　　1　不正競争防止法の営業秘密 ……………………………………………… 293

　　2　不法行為に基づく損害賠償請求 ………………………………………… 294

XV

第7章

システム開発に関する訴訟手続

Ⅰ　はじめに 298

Ⅱ　システム開発時の紛争に関する主張・立証のポイント 298

　1　プロジェクト頓挫型 298

　（1）ユーザが原状回復請求をする場合 299

　（2）ユーザが債務不履行又は不法行為に基づく損害賠償請求をする場合 314

　（3）ベンダが民法536条2項に基づく報酬請求をする場合 324

　2　自己都合解約型 329

　（1）自己都合解約された場合、ベンダは何を主張・立証すべきか？ 329

　（2）出来高の計算及び立証はどのようにすべきか？ 330

　（3）損害賠償に関する主張・立証はどのようにすべきか？ 331

　3　不完全履行型の場合 331

　（1）ベンダがユーザに対し納品した成果物についての報酬を請求するには
　　　何を主張・立証すべきか？ 332

　（2）ベンダが追加報酬を請求するためには何を主張・立証すべきか？ 333

　（3）ユーザが代金の支払いを拒否するためには何を主張・立証すべきか？ 337

　（4）ユーザが瑕疵担保責任に基づく損害賠償請求をする場合 344

Ⅲ　反訴の提起 349

Ⅳ　専門委員と鑑定人 351

　1　専門委員と鑑定人はどのような違いがあるのか？ 351

　2　専門委員が関与する場合、訴訟代理人は何を留意すべきか？ 352

　（1）専門委員を関与させる時点 352

　（2）専門委員からの説明・質問を受ける時点 354

Ⅴ　裁判所での技術説明会及び実機検証の実施 356

　1　裁判所での技術説明会 356

　2　実機検証 357

Ⅵ　調停制度の利用 358

Ⅶ 和解 ·· 360

Ⅷ 控訴 ·· 361

Ⅸ 債権法改正の影響 ·· 361

　1　債権法改正の状況と本書での検討内容 ······························· 361

　2　ベンダの報酬請求 ··· 362

　　（1）請負契約の報酬 ··· 362

　　（2）準委任契約の報酬 ··· 364

　3　ユーザの契約解除 ··· 366

　　（1）現行民法541条 ··· 366

　　（2）現行民法635条 ··· 368

　4　ユーザの損害賠償請求 ··· 371

　　（1）現行民法415条 ··· 372

　　（2）現行民法634条2項 ·· 373

　5　ユーザの履行の追完請求と減額請求 ································· 376

　　（1）ユーザの履行の追完請求 ·· 376

　　（2）ユーザの減額請求 ··· 377

巻末資料

　用語集 ··· 380

　　1　システムの構成要素・業界に関するもの ···························· 380

　　2　システム開発工程に関するもの ···································· 382

　裁判例一覧 ··· 386

事項索引 ·· 418

本書で参照している裁判例につき、出典の記載がないものは、巻末資料「裁判例一覧」に出典を記載した。
また、判決文中の「原告」「被告」等は「ユーザ」「ベンダ」、「システム運用事業者」に置き換え、その他参照番号なども適宜省略や言い換え、補足を行っている。

xvii

第1章
システム開発・運用に関する
紛争の発生状況

第1章　システム開発・運用に関する紛争の発生状況

Ⅰ　はじめに

　システムの開発や運用に関する紛争が後を絶たない。しかも、銀行が基幹システムの開発を担当した大手ITベンダに対して損害賠償請求し、裁判所が大手ITベンダに対し、約74億円の損害賠償を命じる判決が言い渡された事件[1]や、誤発注をした証券会社が誤発注の取消注文をしたが、証券取引所のコンピュータ・システムの瑕疵等により取消注文の効果が生じなかったとして、証券取引所に対して損害賠償請求し、証券取引所に約107億円の損害賠償を命じる判決が言い渡された事件[2]が発生する等、システムの開発や運用時に発生する紛争は、訴額や損害賠償額が高額になる傾向がある。

　そこで、まずは情報システムに関する紛争の発生要因を分析した上、どのような類型の紛争が発生しているのかを概観してみることとする。

Ⅱ　なぜ、システム開発・運用に関する紛争が発生するのか

　情報システムに関する紛争の発生要因としては、少なくとも以下の10の要因があるように思われるので、各項目について説明する。

① 重要書類（契約書、仕様書、議事録等）が整備されていない

② 契約内容を理解していないため、契約に従った手続を採用していない

③ ベンダのプロジェクトマネジメント能力が不足しているため、プロジェクトが進捗しない

④ ユーザが仕様を決定する等の作業に協力しないため、プロジェクトが進捗しない

⑤ 情報システムは目で見て確認することが困難であるため、納品されて使ってみないとユーザの要望が反映されているのか確認できない

⑥ 検査基準が決定されていないため、検査に合格し報酬を受領できる条件

---

1) 東京地裁平成24年3月29日判決。控訴審である東京高裁平成25年9月26日判決では損害賠償額が減額されているが、それでも約41億円の損害賠償額が認容されている。

2) 東京高裁平成25年7月24日判決。

がわからない

⑦　プログラム等の成果物の利用方法を検討していないため、適切な権利処理をしていない

⑧　単純な操作ミスで、膨大な量の情報を容易に滅失させることができる

⑨　情報は、漏洩するとインターネット等で容易に伝搬する

⑩　情報システムは利用者が多く、多くの人がトラブルに巻き込まれることになる

1　重要書類が整備されていない

　紛争の発生原因としてまず挙げられるのは、契約書等の重要書類が整備されていないことである。ここでは、各文書が作成されないとなぜ紛争に発展してしまうのか、文書ごとに整理してみる（**図表1-1**）。

（1）契約書がない、契約内容が曖昧、契約内容に必要な条項が盛り込まれていない

　契約書については、①契約書が作成されていない場合のほか、②作成されていても作業内容や開発規模に照らして不適切な形態が採用されている場合、③契約書に必要な規定が盛り込まれていない場合等がある。

　契約書が作成されていない事例としては、担当者の認識不足により契約書が作成されないまま漫然と開発作業が開始されている場合や、ベンダが納期を遵守しようとして契約書が作成される前に開発作業に着手し、その後、ユーザから契約の締結を拒否されてしまう場合等がある。この場合、契約の成否やユーザの契約締結上の過失の有無等が争われることになる。

　また、契約書は存在しているが、不適切な形態が採用されている場合の典型的な事例としては、大規模なシステム開発プロジェクトであるにもかかわらず一括請負契約が締結され、なおかつ要件定義すら完了していないにもかかわらず、ベンダがリスクについての十分な経営判断をすることなく全体の報酬金額が合意されている場合、ベンダに仕事完成義務を負担させるべきであるプログラム開発の工程で、契約書上、「請負契約」ではなく「準委任契約」であることが明記されている場合等がある。前者については、開発対象が細

第1章　システム開発・運用に関する紛争の発生状況

部まで特定されていない段階で金額を合意することになるため、ベンダが合意した金額で情報システムを完成することができず、プロジェクト全体が頓挫することにもなりかねない。また、後者については、契約書上の「準委任契約」との記載と現実のベンダによる開発作業の実態に齟齬があるのであれば、仕事完成義務の有無や報酬請求の可否が争われることになる。

　さらに、契約書に必要な規定が盛り込まれていない事例としては、ベンダとユーザの役割分担が詳細に決定されていない場合、開発対象を特定する文書（要件定義書や外部設計書等）の確定方法が規定されていない場合、検収段階における検査基準が明記されていない場合、仕様変更や機能追加作業が発生した場合の承認手続が明記されていない場合、成果物に関する権利の帰属が明記されていない場合等がある。これらの事項についての合意が確認できない場合、役割分担、開発対象、検査基準、追加開発の有無、成果物の権利の帰属について、当事者間に認識の齟齬が生じやすく、システム開発プロジェクトが開始された後に紛争に発展しやすい。

図表 1-1　紛争の発生原因

類　型	具体例
契約書が作成されていない場合	①　担当者の認識不足により、契約書が作成されないまま漫然と開発作業に着手している ②　ベンダが納期を遵守しようとして、契約書が作成される前に開発作業に着手した
不適切な契約形態が採用されている場合	①　大規模なシステム開発プロジェクトであるにもかかわらず、一括請負契約が締結され、要件定義すら完了していないにもかかわらず全体の報酬金額が合意されている ②　ベンダに仕事完成義務を負担させるべきであるプログラム開発の工程で、契約書上、「準委任契約」であることが明記されている
契約書に必要な規定が盛り込まれていない場合	①　ベンダとユーザの役割分担が詳細に決定されていない ②　開発対象を特定する文書（要件定義書や外部設計書等）の確定方法が規定されていない ③　検収段階における検査基準が明記されていない ④　仕様変更や機能追加等の作業が発生した場合の承認手続が明記されていない ⑤　成果物に関する権利の帰属が明記されていない

4

情報システムの場合には、経済産業省がモデル契約書等[3]を公表しているが、国土交通省が公表している建設工事の標準請負契約約款[4]等と比較すると十分に活用されていない側面があり、上記のような不備が発生しているのではないかと思われる。

（2）仕様書に必要な機能が盛り込まれていない

システム開発プロジェクトでは、契約締結前にベンダから提案書が提示され、契約締結後に提案書の内容を基にシステム化する業務の範囲と機能を確認・特定する。特定したシステムの機能から要件定義書や外部設計書といった文書が作成されることで、開発対象が徐々に具体的に定まっていくのが通常である。

そのため、検収段階における検査基準が契約書で明記されている場合等を除き、原則としてユーザは、外部設計書等のベンダ・ユーザ間の合意内容を基準にして、検査の合格・不合格を判定することになる。

ユーザの立場からすると、外部設計書等に記載された内容と成果物に齟齬があれば、ベンダはユーザと合意した仕様とおりの成果物を納品したことにはならないから、それらの文書は、ベンダが納品した成果物が未完成であることや、瑕疵が存在することを裏付ける文書として機能することになる。逆に、ベンダの立場からすると、外部設計書等に記載された内容と成果物に齟齬がなければ、ベンダはユーザと合意した仕様とおりの成果物を納品したことになる。そのため、これらの文書は、自己の責任を果たしたこと、すなわち、仕事が完成していることや、瑕疵が存在しないことを裏付ける文書として機能することになる。

したがって、外部設計書等のベンダ・ユーザ間の合意内容を記載した文書が整備されている場合には、ベンダの責任の有無が客観的に確認しやすい。

しかし、開発する情報システムの規模の大小を問わず、外部設計書等の文

---

3) 経産省モデル契約〈第一版〉等。第 2 章 III 参照。
4) 国土交通省の以下の URL では、4 種類の建設標準約款（公共工事のほか、電力・ガス・鉄道等の民間工事を対象とした約款、民間の比較的大きな工事を対象とした約款、民間の比較的小さな工事（個人住宅等）を対象とした約款、公共工事・民間工事を問わず、下請契約全般を対象とした約款の 4 種類）が提供されている（http://www.mlit.go.jp/totikensangyo/const/sosei_const_tk1_000025.html）。

書が十分に整備されていない場合がある（中小企業同士の契約では、文書が存在しない場合もある）。また、大規模プロジェクトの場合、外部設計書及びその前提となる要件定義書等のベンダ・ユーザ間の合意内容を記載した文書自体が膨大な量になっていることが通常であることに加え、プロジェクトの長期化に伴って担当者が途中で交替することもある。このように、外部設計書等に必要な機能が網羅されているか否かの確認自体が困難な場合や、開発の前提となるベンダ・ユーザ間の合意内容を記載した文書を整備することが困難な場合があること等が、紛争に発展する原因となっている。

（3）課題管理表、障害・変更管理書が作成されず、障害の発生状況や仕様変更の有無が把握できない

　ユーザが、成果物が納品されたが外部設計書とおりに動作しないと判断した場合や、外部設計書に記載された内容だけでは機能が不足しており、追加開発が必要であると判断した場合、外部設計書に記載の機能では実務に対応できず仕様変更が必要であると判断した場合等には、ユーザがベンダに対し、変更管理書等の文書を発行し、その要約を課題管理表で管理するという方法が多くのプロジェクトで採用されている。

　これらの文書を作成することで、納品された成果物の品質を客観的に評価することが可能となるとともに、ユーザからの要望事項が無償で実施すべき障害対応であるのか、有償となり得る追加開発又は仕様変更であるのかという点が整理されていくことになる。

　したがって、これらの文書が作成されていないと、成果物の完成・未完成、瑕疵担保責任の発生の有無、追加報酬の請求の可否等についての共通認識が形成されず、紛争に発展してしまう可能性が高くなる。

（4）議事録が作成されていない

　システム開発プロジェクトでは、通常、定期的にプロジェクトの進捗状況や重要課題を確認するための会議（ステアリング・コミッティと呼ばれることが多い）が設けられ、会議での協議内容は議事録に記録され、ベンダ、ユーザ

の共通認識となる。このように、本来、議事録は、進捗会議等で協議された事項を、ベンダとユーザの双方で共有することを目的として作成される文書で、これを作成することで、両者の共通認識を形成する効果が期待できる。

　また、議事録には、議事録作成時点でのベンダとユーザの共通認識が記録されるため、訴訟等でベンダとユーザの主張が食い違った場合、議事録に記載されている内容を確認することで、いずれの主張を採用すべきかが明らかになる場合もある。

　そのため最近では、単に、「進捗会議等で協議された事項を、ベンダとユーザの双方で共有する文書」としての位置付けのみならず、「訴訟において自己の主張の正当性を裏付けるための証拠」としての機能が注目されている。また、訴訟にまでは至らなくても、議事録の内容を確認することで、いずれの言い分が正しいのかを判断できる場合があり、紛争に発展することを抑制する効果も期待できる。

　しかし、現実には、議事録が作成されていない、作成されていたとしても相手方の帰責事由や義務が記録されていない等、ベンダとユーザの共通認識の形成に役立っていない場合や、議事録を作成することによる抑止力を発揮できていないプロジェクトも多く、紛争に発展する要因の1つになっているのではないかと思われる。

（5）システムの運用手順書が用意されていない、用意されていても担当者が手順書に従っていない

　システム運用の現場では、通常、担当者向けの手順書を作成し、担当者に才順書とおりのオペレーションを実行させることで、事故を防止しようとしている。しかし、手順書が用意されていなかったり、手順書に記載されている手順自体に不備があったり、オペレーターが手順書とおりに実行していなかったりすることで、事故が発生することがある。

　例えば、ID、パスワード等の管理に関する手順書が作成されておらず、退職従業員が使用していたID、パスワードを使用可能な状態で放置していたため、退職従業員がこのID、パスワードを使用して、個人情報を漏洩さ

第1章 システム開発・運用に関する紛争の発生状況

せてしまった場合等がある。

2 契約内容を理解していないため、契約に従った手続を採用していない

契約書が作成されているにもかかわらず、契約書に従って契約上の義務を履行していない場合、又は、契約内容を十分に検討していないことが原因で、紛争になることがある。

例えば、システム開発委託契約では、通常、みなし検収条項（検査期間内に何らの通知がない場合には、検収に合格したものとみなすという趣旨の条項）が規定され、ユーザがベンダから引渡しを受けた後、一定の期間内に検査し、検収に合格したか否かを通知することが義務付けられている。しかし、ユーザがこの規定内容を理解していない場合、本来であれば検査期間内に検収不合格と判断して通知すべきところ、これを怠り、みなし検収の条項によって検収に合格したとのベンダの主張を許し、紛争に発展してしまう場合がある。

また、情報システムの運用をデータセンター等の第三者（システムの運用をしている事業者）に委託している場合、データセンターのサーバに記録されているデータのバックアップ作業は、ユーザの義務と規定されている場合がある。しかし、ユーザは、この内容を確認しないままデータセンター等でバックアップが採取されていると思い込んでいる場合が少なくない。このような状況でデータ消失事故が発生すると、ベンダ、ユーザのいずれもバックアップを採取していないことになり、ユーザは多大な損害を被ることになるため、紛争に発展してしまう場合がある。

3 ベンダのプロジェクトマネジメント能力が不足しているためプロジェクトが進捗しない

ベンダのプロジェクトマネジメント能力不足が、紛争の要因となることがある。ベンダには、判例上、「契約書及び提案書において提示した開発手順や開発手法、作業工程等に従って開発作業を進めるとともに、常に進捗状況を管理し、開発作業を阻害する要因の発見に努め、これに適切に対処すべき

義務」「注文者であるユーザのシステム開発へのかかわりについても、適切に管理し、システム開発について専門的知識を有しないユーザによって開発作業を阻害する行為がされることのないようユーザに働きかける義務」を負うと解釈されている[5]（詳細については、**第4章**で述べる）。

　プロジェクトマネジメント義務違反になると考えられる具体的な事例分析は、**第4章**で詳細に行うが、引継ぎが十分に実施できないままベンダの主要メンバーが交替し、契約書や提案書において提示した開発手順や開発手法を実践できなかったという場合、パッケージソフトの事前検証を怠っていた場合等は、プロジェクトマネジメント義務違反を問われる可能性がある。

　このように、ベンダのプロジェクトマネジメント能力不足によってシステム開発プロジェクトが頓挫することがあり、紛争に発展する要因の1つとなっている。

4　ユーザが仕様を決定する等の作業に協力しないためプロジェクトが進捗しない

　システム開発に関する業務委託契約においては、ユーザはシステム開発の専門家であるベンダに対し、高額な業務委託料を支払うことになるのが通常である。そのため、契約を締結しさえすれば、後はベンダが要望とおりのシステムを開発してくれると考えているユーザも少なくないようである。

　しかし、オーダーメイドの情報システムを開発する場合、ユーザの協力は不可欠である。特に、要件定義や外部設計（基本設計）等、上流工程におけるユーザの負担は重い。なぜならば、要件定義の工程は、ユーザがシステム化する業務要件を整理することを目的とする工程であり、外部設計（基本設計）は、ユーザが要望する画面のレイアウトや、ユーザが要望する帳票の内容を決定する項目であり、これらの事項を決定することができるのは、発注者であるユーザしかいないからである。

　そのため、判例上も、「オーダーメイドのシステム開発契約では、ベンダ

---

5)　東京地裁平成16年3月10日判決。「プロジェクトマネジメント」については巻末の**用語集**も参照されたい。

のみではシステムを完成させることはできないのであって、ユーザが開発過程において、内部の意見調整を的確に行って見解を統一した上、どのような機能を要望するのかを明確に受託者に伝え、受託者とともに、要望する機能について検討して、最終的に機能を決定し、さらに、画面や帳票を決定し、成果物の検収をするなどの役割を分担することが必要である」[6]、「ユーザも、一つの企業体として事業を営み、その事業のためにシステムを導入する以上、自己の業務の内容等ベンダがシステムを構築するについて必要とする事項について、正確な情報をベンダに提供すべき信義則上の義務を負うものと解される」と解釈されている[7]（詳細については、**第4章**で述べる）。

このように、システム開発委託契約においては、ユーザも協力義務を負うと解釈されているところ、ユーザの協力が不十分であることが理由で、システム開発プロジェクトが頓挫することがあり、紛争に発展する要因の1つとなっている。

5 情報システムは目で見て確認することが困難であるため、納品されて使ってみないと要望が反映されているのか確認できない

システム開発プロジェクトでは、ベンダが契約締結前に提示する提案書、契約締結後に作成する要件定義書、外部設計書等の文書が作成されることで、開発対象が徐々に具体的になる。しかし、ベンダを選定する時点では、提案書の記載しか確認することができず、成果物について抽象的にしか記載されていない提案書を確認しても、具体的な成果物を正確に理解することは極めて困難である。

そのため、契約締結後の要件定義工程や外部設計工程で作成される要件定義書や外部設計書等の文書を通じて、ベンダとユーザとの認識を一致させようと試みるのであるが、その結果、当初の予算ではユーザが欲する機能を網羅できないことが判明してしまう場合もある。

また、要件定義や外部設計の工程を実施しても、ベンダがユーザの業界に

---

6) 前掲・東京地裁平成 16 年 3 月 10 日判決。
7) 東京地裁八王子支部平成 15 年 11 月 5 日判決。

精通していないと、ユーザが説明した内容を十分に理解できない場合もある。

　逆に、ユーザも、大規模なシステム開発プロジェクトでは、営業、経理、総務等の複数の担当者が、自分の担当する業務要件しか説明できないため、必要な機能をすべて網羅しているか否かを把握している担当者が存在せず、また、ユーザは、要件定義書や外部設計書を読み慣れていないため、実際に納品された成果物を稼働させてみないと必要な機能が網羅されているのか検証できない場合もある。

　さらに、機能の有無のみならず、使い勝手や処理速度等に至っては、実際に利用してみない限り、実務での運用に耐えるものであるか否かを判断できない場合もあるのではないかと思われる。

　このように、情報システムの場合には、注文者のユーザが、提案書、要件定義書、外部設計書等の文書を確認しても、実務で使用できる状況になっているか否かを確認することが困難であり、同じ請負契約であっても、設計図面、CG、ミニチュア等で完成形が可視化される建築工事とは異なる。

　このような、情報システムの不可視性は、情報システムプロジェクトを成功に導く上で高いハードルになっている。

6　検査仕様書が作成されていないため、検査に合格し報酬を受領できる条件が曖昧になっている

　システム開発の場合には、検査の具体的な内容について、契約書ではベンダ・ユーザの協議の上で検査仕様書を作成することになっているにもかかわらず、実際には、「検査仕様書」が作成されていないため、どのような場合に検査に合格して報酬が支払われるのかが不明確な場合がある。そのため、紛争になると、テスト結果の成績証明書を提出すればよいとか、外部設計書等の設計書とおりになっていればよいとか、旧システムから新システムに移行する場合には、両システムを並行稼働させて、その結果が一致しなければならないであるとか、様々な主張がなされる。

　また、検査仕様書等が作成されている場合であっても、検査仕様書自体が抽象的で曖昧な記述になっている場合も多い。

第1章 システム開発・運用に関する紛争の発生状況

このような、検査仕様書の不存在及び不備により、ベンダ・ユーザ間に検査方法に関する認識のギャップが生じていることが、紛争に発展する要因の1つになっている。

7 プログラム等の成果物の利用方法を検討していないため適切な権利処理をしていない

ベンダは、システム開発プロジェクトの成果物であるプログラム等を、契約の相手方であるユーザに利用してもらうとともに、相手方のユーザと競合する他のユーザにも利用してもらいたいと考えているのが通常である。

このように、ベンダとしては、成果物であるプログラム等を他のユーザとのプロジェクトでも利用したいと考えるのであれば、原則として、成果物に関する著作権等の権利を自己に留保し、ユーザに移転させるべきではない。

また、ベンダとしては、下請企業等との間での権利処理も欠かせない。下請企業との権利処理を怠っていると、通常は、プログラムの開発をしている下請企業に権利が帰属することになり、下請企業との関係が悪化したときに、下請企業から権利行使される場合が散見される。

逆に、ユーザの立場からすれば、ベンダから成果物を受領する場合、ベンダとの契約において下請企業や従業員との間の権利処理を義務付け、ベンダの注意を喚起しておく必要がある。

また、ユーザがベンダAの開発したシステムを利用した後、ベンダAのサービスに満足できず、別のベンダBに依頼してシステムの内容を大幅に変更したいと考える場合がある。しかし、ベンダAに成果物に関する著作権等の権利が留保されている場合、ベンダAの許諾を得ることなく、ベンダBに適法に大幅な改良を依頼できるのかというと疑問が残る。なぜならば、ユーザにプログラム等の権利が帰属していない場合、ベンダAからプログラムのソースコードの引渡しを受けている場合でも、著作権法47条の3で規定された「自ら当該著作物を電子計算機において利用するために必要と認められる限度」でしか、複製又は翻案することができないからである。

II　なぜ、システム開発・運用に関する紛争が発生するのか

> **著作権法47条の3第1項本文**
> 　プログラムの著作物の複製物の所有者は、自ら当該著作物を電子計算機において利用するために必要と認められる限度において、当該著作物の複製又は翻案（これにより創作した二次的著作物の複製を含む。）をすることができる。

　ユーザがベンダAからプログラムのソースコードの引渡しを受けている場合、通常、ユーザは、「プログラムの著作物の複製物の所有者」に該当する。しかし、この場合、ユーザは、「自ら当該著作物を電子計算機において利用するために必要と認められる限度」でしか、「複製又は翻案」することができない。プログラムの滅失に備えて複製する場合や、プログラムの障害・不具合を修補する場合は、この規定によって「自ら当該著作物を電子計算機において利用するために必要と認められる限度」で、適法に「複製又は翻案」することができる場合がある。しかし、さらに、新機能を追加する場合や、大幅な改良をする場合も「自ら当該著作物を電子計算機において利用するために必要と認められる限度」に該当するのかという点は、専門家の中でも争いがあり、必ずしも見解が統一されていない[8]。ユーザがベンダAからベンダBに切り替えようとする場合、ベンダAの協力が必要になることも多く、ユーザがベンダAに事情を説明したところで、ベンダAから著作権に関する問題を指摘され、訴訟にまで至ることはないのが通常であるが、ユーザの立場からすると、ベンダの切り替えがスムーズにできないという点で問題である。

　したがって、ユーザの立場からも、成果物の扱いについては、単に使用許

---

8)　裁判例としては、平成20年の改正前の著作権法47条の2第1項に関する判断をした大阪地裁平成12年12月26日判決があり、「著作権法47条の2第1項は、プログラムの複製物の所有者にある程度の自由を与えないとコンピュータが作動しなくなるおそれがあることから、自らプログラムを使用するに必要と認められる限度での複製や翻案を認めたものであって、同項にいう「自ら当該著作物を電子計算機において利用するために必要と認められる限度」とは、バックアップ用複製、コンピュータを利用する過程において必然的に生ずる複製、記憶媒体の変換のための複製、自己の使用目的に合わせるための複製等に限られており、当該プログラムを素材として利用して、別個のプログラムを作成することまでは含まれないものと解される」としている。これに対し、小倉秀夫＝金井重彦編著『著作権法コンメンタール』（レクシスネクシス・ジャパン、2013）808-809頁では、「自己の利用目的に合わせてプログラムの機能を追加、削除または変更する場合」、著作権法47条の3の適用があるとしている。また、半田正夫＝松田政行編『著作権法コンメンタール2』（勁草書房、2009）425頁では、「当該プログラムの著作物を使用するにあたって使用者が必要である機能を新たに追加することも、コンピュータの利用にあたり必要な翻案であると考えられる」と記載されている。

13

第1章 システム開発・運用に関する紛争の発生状況

諾を受けるだけではなく、自己に留保させておくことに一定の意味があり、この点についての検討を怠るとスムーズにベンダを切り替えることができなくなる可能性がある。

8 情報は、漏洩するとインターネット等で容易に伝搬する

近年のストレージ技術の進歩により、サーバに記録することができるデータの量は飛躍的に増大している。また、インターネット技術の進歩により、サーバに記録された情報は短期間に不特定多数に伝搬される。

そのため、情報の漏洩事故が発生すると、他人に知られたくない個人情報を、不特定多数のインターネットユーザが閲覧可能になり、情報を入手したインターネットユーザからの嫌がらせ等、二次被害まで発生することがある。

このように、サーバに記録されている情報は、インターネット経由で容易に伝搬するため、漏洩事故が発生すると、紛争に発展する可能性は高まる。

9 単純な操作ミスで、膨大な量の情報を容易に滅失させることができる

情報システムには、大量のデータが保存されている。しかし、無体物のデータは、有体物とは異なり、容易に消滅させることができる。「データ消去をするためのボタンをクリックしてしまった」「サーバ内のデータをクリアするためのコマンドを実行してしまった」等の運用担当者の不注意によって、膨大な量のデータが容易に滅失してしまう。しかもデータは、バックアップを採取していた場合でない限り、滅失すると復元することは極めて困難である上、復元できたとしても高額な費用を要する場合も多い。

したがって、情報システムで扱うものが「情報」という無体物であることも、紛争が発生しやすい要因の1つになっているものと考えられる。

10 情報システムは利用者が多く、多くの人がトラブルに巻き込まれることになる

情報システムは、公共交通機関、金融機関、証券取引所等、ECサイト等、

不特定多数が利用し、大量のデータを処理する必要性の高い場面で利用されることが多く、情報システムの運用が開始されると、多くの利害関係人が発生する。

利害関係人が多数発生するということは、それだけ利害の対立も発生しやすいということであるから、紛争が発生する要因の1つといえよう。

Ⅲ システムの開発・運用時では、どのような紛争が発生し何が問題となるのか

システムの開発・運用時の紛争は複雑で難解であると考えられる傾向があるが、紛争類型に分類して整理すると、類似した事案が繰り返し発生していることが理解できる。本書では、担当者の便宜を考慮し、システムの開発契約から運用段階までに発生する紛争類型を①契約交渉・締結段階で発生する紛争、②システムの開発途中で発生する紛争、③システムの運用段階で発生する紛争、④知的財産権に関する紛争に類型化した上で、各段階で発生する紛争パターンを概観し、**第3章**から**第6章**で、これらの紛争類型について対策を検討する。

1 契約交渉・締結段階で発生する紛争

契約交渉・締結段階で発生する紛争は、大きく分けて以下の6つに類型化できるので、これらの類型ごとに説明する。

① 契約の成立自体が争いとなる類型
② 契約の締結を拒否したことによりユーザの損害賠償義務の有無が争いとなる類型
③ 基本契約書に「基本契約に基づく契約は書面によってのみなし得る」と規定されている場合に、書面によらない合意の成否が争いとなる類型
④ 開発対象の範囲が争いとなる類型
⑤ 契約の形態が争いとなる類型

第1章　システム開発・運用に関する紛争の発生状況

⑥　契約内容の法的拘束力が問題となる類型

（1）契約の成立自体が争いとなる類型

　契約の成立自体が争いとなる典型的な類型としては、契約書を作成しないまま開発作業に着手したが、契約の締結に至らなかったため、ベンダが報酬相当額等の損害賠償を請求するというものがある。

　例えば、コンピュータ・システムの開発を請け負う旨の契約が締結されたことを前提に、ユーザがこの契約を解除したとして、ベンダがユーザに対し、民法641条に基づく損害賠償請求をした事例[9]がある。

　この事例で、ベンダは、Eメールの記録や、「キックオフミーティング議事録」「SAレビュー議事録」「定例進捗会議議事録」に、ユーザ担当者の押印がされていることから、契約は成立していると主張したが、裁判所はベンダの主張を採用していない。

　また、システム開発プロジェクトの契約交渉に固有の問題としては、ベンダが提案書を提出し、ユーザがベンダに対し採用通知書を送付することで、提案書の内容を前提とする契約が成立するのかという点が争われることがある。

　例えば、ベンダがユーザに対し、提案書及び見積書を提出した行為を契約の申込み、ユーザがベンダに対して採用通知書を送付したことを契約の申込みに対する承諾であると位置付け、契約の成立を主張したが、提案書の内容が具体的でないことから、契約の申込みには該当せず、採用通知書の送付は、交渉相手を決定したことを意味するにとどまると判断した事例[10]がある。

（2）契約の締結を拒否したことによりユーザの損害賠償義務の有無が争いとなる類型

　契約書が作成されないままベンダが開発に着手するという点は上記（1）の事例と同様であるが、契約の締結を拒否したユーザが、契約締結上の過失の理論により、ベンダに対して損害賠償義務を負うことがある。

---

9)　東京地裁平成17年3月28日判決。
10)　名古屋地裁平成16年1月28日判決。

例えば、ユーザが、ベンダをシステム構築事業者に選定した後、ベンダとの間で本件システムの構築に向けた約3か月程度の作業を進める過程において、ベンダに対して見積書の見積内容に対する疑問や見積金額に対する不満を伝えず、ベンダの作業に協力していたにもかかわらず、見積金額を減額すべきである旨を主張し、結局、見積金額の合意が成立する見込みがないとして契約締結を拒絶するに至ったという場合において、ユーザの不法行為の成立を認めた事例[11]がある。

また、ベンダがユーザに対し、システムの実装動作の確認、提供し得る機能動作に対する評価、検証を行った上、ベンダはユーザから内示書を交付されて、開発作業に着手したが、その後、ユーザが、事前にマーケティング調査を行った際の目論見が外れたため、採算がとれないと判断して中止したという場合において、ユーザの損害賠償義務を認めた事例[12]もある。

（3）基本契約書に「基本契約に基づく契約は書面によってのみなし得る」と規定されている場合に、書面によらない合意の成否が争いとなる類型

システム開発の契約書では、まず基本契約を締結した上で、基本契約に基づいて個別契約等の契約が締結されることが多い。しかし、個別契約等が書面で締結されていない場合があり、このような場合に、個別契約等の成立が認められるのかという点が争われることがある。

例えば、基本契約には、基本契約に基づく個別契約のみならず、基本契約に基づくその他の契約の締結についても書面によってのみなし得ると規定されている場合において、ユーザの部長が、「基本契約も締結したので、本格的に作業に入ってもらいたい」と指示し、その指示を受け、ベンダの担当者が3か月以上にわたって、実際にユーザ本社に赴いた上で、要件定義書及び概要設計書の作成のための作業を行っていたという場合に、ユーザの部長の発言によって、基本契約は、要件定義書及び概要設計書の作成を目的とする準委任契約に適用されるものでないことがベンダ・ユーザ間で了解されたも

---

11) 東京地裁平成24年4月16日判決。
12) 東京地裁平成17年3月24日判決。

第1章　システム開発・運用に関する紛争の発生状況

のと認めるのが相当であるとして、基本契約の規定は適用されないとした事例[13]等がある。

（4）開発対象の範囲が争いとなる類型

　システム開発に関する契約では、契約の成立自体には争いがないものの、開発対象に争いが生じる場合がある。この類型には、ユーザが当初予定されていなかった機能についても当初の契約金額の枠内でベンダに開発させようとする場合と、ベンダが当初予定していた開発対象から、一定の機能を削減しようとする場合がある。前者は、ベンダによる追加報酬請求の問題として、後者は、仕事の完成・未完成の問題として顕在化することになりやすい。

　例えば、前者の例としては、ベンダAは、「個別出版社対応のプログラム」は開発対象外であると主張したのに対し、ユーザは、見積書の見積前提条件に「現行オフコンの業務範囲」との記載があり、現行オフコンには「個別出版社対応のプログラム」も存在するのだから、「個別出版社対応のプログラム」は開発対象に含まれると主張した事案において、裁判所が、ユーザは当初、ベンダBに開発プロジェクトを発注したが、ベンダBによる開発プロジェクトが失敗したために、ベンダAに発注したという経緯等を考慮し、ベンダAはベンダBの開発プロジェクトを承継して見積をしたのであるから、ベンダBのプロジェクトで対象外とされていた「個別出版社対応のプログラム」は、ベンダAのプロジェクトでも対象外であると判断した事例[14]がある。

　また、後者の例としては、ユーザが「共済システム」と「電算システム」の連動が実現されていないことを未完成の根拠として主張したところ、ベンダが、「共済システム」と「電算システム」の連動は契約内容とはなっていないと主張したが、裁判所は、ベンダがユーザに提出した共済システムの提案書に、「電算システムのマスターを流用し、情報の一元管理とシステム資産の有効活用を図る」と記載されていることや、提案書提出前の打ち合わせで「組合員マスターを本件電算システムのマスターと共有する」ことを「シ

13）　東京地裁平成19年1月31日判決。
14）　東京地裁平成17年4月22日判決。

ステム化の要件」とする旨確認されていたこと等を根拠に、「共済システム」と「電算システム」の連動が契約内容になっていると判断した事例[15]がある。

(5) 契約の形態が争いとなる類型

契約の形態が争いとなるのは、準委任契約の場合、仕事の完成が報酬を請求する要件とはならないのに対し、請負契約の場合には仕事の完成が報酬の要件となり、また、準委任契約の場合には、契約が解除されたとしても、遡及効を前提とする原状回復請求が認められないのに対し、請負契約の場合には、これが認められるからである。

前者の報酬を請求する場面で、準委任契約と請負契約のいずれの形態で契約が締結されたのかが争いとなった例としては、ベンダが、ソフトウェア・メンテナンスに関する個別契約を「準委任契約であるから仕事の完成が報酬の発生要件とはならない」と主張し、ユーザが、「請負契約であるから仕事の完成が報酬の発生要件となる」と主張した事例で、契約書上は、仕事の内容を定めるのではなく作業時間を定め、報酬を請負内容によって定めるのではなく稼働時間によって定め、月額メンテナンス料も定められていたものの、本来、請負契約として把握すべき「ソフトウェアの軽微な改変又は機能追加」が含まれていることや、ユーザからのクレームに押され、実績工数を大きく下回る請求工数となっていたことが常態化していた等の運用の実態を考慮して、実質は請負に近いものになっていたと判断された事例[16]等がある。

後者の契約を解除して原状回復請求する場面で準委任契約と請負契約のいずれの形態で契約が締結されたのかが争いとなった事例としては、コンサルティング契約には、請負契約に当たると解されるシステム構築及び準委任契約に当たると解されるコンサルテーションの両方の業務が含まれていること等を理由に、準委任契約であるとしても請負契約の要素を含むと判断された事例[17]等がある。

---

15) 前掲・東京地裁平成 16 年 3 月 10 日判決。
16) 東京地裁平成 24 年 4 月 25 日判決。
17) 東京地裁平成 22 年 9 月 21 日判決。

（6）契約内容の法的拘束力が問題となる類型

　契約書は作成されているものの、契約書に記載された内容の法的拘束力の有無が問題となる場合がある。

　例えば、最終合意書に記載された支払金額の法的拘束力について、ユーザとベンダとの間でプロジェクトの各局面における義務を定めた個別契約が締結されることを前提条件として生じることを認め、個別契約の大半が未締結であることを根拠に否定したものの、支払総額の規定が設けられたのは両当事者が目標とする重要な指針を定める趣旨であるから、支払総額の規定された最終合意書が交わされたとの事情が、ベンダの信義則上ないし不法行為上の義務違反の有無を考慮するにあたり意味を有し得ると判断した事例[18]がある。

2　システム開発中に発生する紛争

（1）ベンダが情報システムを納品することができず、中途で頓挫してしまう類型

　ベンダが、情報システムを納品することができずに紛争となる類型（多くの場合は、納期とおりに納品できない）では、納品することができなかった理由が、ベンダのプロジェクトマネジメント義務違反にあるのか、ユーザの協力義務違反にあるのかが問われることになる。その結果、①ベンダのプロジェクトマネジメント義務違反及びユーザの協力義務違反の双方が認められる場合、②ベンダのプロジェクトマネジメント義務違反のみが認められる場合、③ユーザの協力義務違反のみが認められる場合等がある。

　例えば、①の類型としては、ベンダは、納入期限までにシステムを完成させるように、契約書等において提示した開発手順や開発手法、作業工程等に従って開発作業を進めるとともに、常に進捗状況を管理し、開発作業を阻害する要因の発見に努め、これに適切に対処し、かつ、ユーザのシステム開発へのかかわりについても適切に管理し、システム開発について専門的知識を

---

18)　前掲・東京地裁平成 24 年 3 月 29 日判決。

有しないユーザによって開発作業を阻害する行為がされることのないよう、ユーザに働きかける義務（プロジェクトマネジメント義務）を負い、他方、ユーザは、システムの開発過程において、資料等の提供その他システム開発のために必要な協力を開発業者から求められた場合、これに応じて必要な協力を行うべき契約上の義務（協力義務）を負っていたとした上、ベンダのプロジェクトマネジメント義務違反及びユーザの協力義務違反を認定し、ベンダの民法641条に基づく損害賠償請求について6割の過失相殺（同法418条の類推適用）をした事例[19]がある。

　また、②の類型としては、ベンダのプロジェクトマネジメント義務、ユーザの協力義務が発生することを前提として、ベンダのプロジェクトマネジメント義務違反のみを認め、ユーザのベンダに対する不法行為に基づく損害賠償請求を認容した事例[20]がある。

　さらに、③の類型としては、ユーザが本番稼働時期の遅滞を理由にベンダとの契約解除を主張したところ、ユーザにおけるデータの登録作業の不実施がスケジュールを遅滞させた原因となっていることは否定できないとして、契約解除は認められないとした事例[21]がある。

（2）ユーザが自己都合でシステム開発を中止する類型

　システム開発は、大規模なものであれば数年程度の期間を要するため、ユーザがベンダに対し、システム開発を発注した後、ビジネス方針の転換等により、発注したシステムが不要になることがある。また、追加開発の発生等により、要望するシステムを取得するためには「当初予定」していた開発費用では不足するため、ユーザが中途で契約を解除する場合もある。

　このような場合、ユーザの自己都合解約であると判断されると、ユーザがベンダに対し、損害賠償義務を負う場合がある。

　例えば、ユーザによる解除の意思表示を民法641条に基づく意思表示であ

19）　前掲・東京地裁平成16年3月10日判決。
20）　前掲・東京地裁平成24年3月29日判決では約74億円、その控訴審である前掲・東京高裁平成25年9月26日判決では約41億円の損害賠償請求を認容。
21）　東京地裁平成9年9月24日判決。

第1章 システム開発・運用に関する紛争の発生状況

るとした上、ベンダのユーザに対する損害賠償請求について、委託料を合計した3億4650万円が上限となるとし、さらに、過失相殺により損害賠償額を6割減額した事例[22]、元請ベンダと下請ベンダの事例であるが、「元請ベンダは、元請ベンダの都合で書面をもって下請ベンダに通知することによりいつでも本契約を解約することができる。ただし、この場合、元請ベンダは、下請ベンダが既に実施した作業に現実に要した費用を下請ベンダに支払う」という契約上の規定に基づき、元請ベンダが1億円を超える費用の支払いを命じられた事例[23]等がある。

（3）ベンダが情報システムを納品したが、品質問題等で本稼働できない類型

ベンダが情報システムを納品したが、ユーザから障害・不具合が多数発生する等、品質に問題がある等の指摘を受け、報酬の支払いを拒否される類型がある。この類型でのユーザの主張は、主に、①請負契約における「仕事」が「完成」していないからベンダには報酬請求権が発生していない、また、②仮に「完成」していると評価できる場合であっても、「仕事の目的物に瑕疵があり、そのために契約をした目的を達することができないとき」（民法635条）に該当するから請負契約を解除する、そして③瑕疵が存在するから、瑕疵担保責任に基づき報酬債権を損害賠償請求権で相殺するというものである。

例えば、①の類型としては、仕事の「完成」（民法632条）は、請負工事が予定された最後の工程まで一応終了した場合をいうものと解するのが相当であるとした上、カスタマイズされたソフトをインストールするということが予定された最後の工程であると認定し、カスタマイズされたソフトをインストールしたという事実は認められないとした事例[24]がある。

また、②の類型としては、請負人が仕事を完成させたか否かについては、「仕事が当初の請負契約で予定していた最後の工程まで終えているか否かを

---

22) 前掲・東京地裁平成16年3月10日判決。
23) 東京地裁平成23年4月27日判決。
24) 東京地裁平成22年12月27日判決。

基準として判断すべき」とした上で、不具合が存在していても仕事の完成を認めた上、在庫照会の検索処理に30分以上の時間を要する場合があること等を考慮して、契約の目的を達成することのできない瑕疵であると判断した事例[25]がある。

さらに、③の類型としては、元請ベンダが下請ベンダに対し、元請ベンダの取引先となるユーザに納品するシステムを発注したところ、ユーザに納品したシステムに瑕疵があり、これにより元請ベンダがユーザに対し、瑕疵により発生した損害を賠償した場合において、下請ベンダの元請ベンダに対する報酬の請求に対し、元請ベンダが下請ベンダの報酬債権と、瑕疵により発生した損害賠償請求とを対等額で相殺した事例[26]がある。

（4）追加の報酬請求が問題となる類型

システム開発の現場では、プロジェクトの開始時に想定していなかった機能の追加開発や仕様変更（以下「追加作業」という）が頻繁に発生する。このような追加作業の具体的な報酬額が契約等で合意されていないと、追加作業の報酬額の算出方法等をめぐって紛争が発生する。具体的には、「1人日当たりの作業可能ステップ数」から追加開発部分が何人日の作業であるのかを算出した事例[27]、プログラム1本当たりの単価に追加開発したプログラム数を乗じて算出した事例[28]、3か月間の期間における準委任としての作業の対価を基準として、追加開発に要した期間から算出した事例[29]等がある。

3　情報システムの運用段階で発生する紛争

情報システムの運用段階で発生する紛争は、以下のように大きく3つの類型に分けることができる。

①　システム障害による動作不良

---

25)　東京地裁平成14年4月22日判決。
26)　東京地裁平成22年1月22日判決。
27)　大阪地裁平成14年8月29日判決。
28)　前掲・東京地裁平成17年4月22日判決。
29)　前掲・東京地裁平成22年1月22日判決。

第1章　システム開発・運用に関する紛争の発生状況

② システム運用中の情報漏洩事故

③ システム運用中の情報滅失事故

そして、これらの事故が発生した場合に法律上の争点となるのは概ね以下の4点である。

争点1　システム運用事業者が負担する義務の内容（債務不履行責任の場合には、契約上の義務の内容、不法行為責任の場合は注意義務の内容）

争点2　システム運用事業者の過失の有無及び程度

争点3　免責条項又は責任制限条項の適用の有無

争点4　システム利用者側の過失の有無（過失相殺の法理の適用の有無）

したがって、上記①から③の3類型において、各争点がどのように問題となるのかについて、その概要を説明する。

（1）システム障害の事例

システム障害の事例としては、飛行機の乗客ら（ユーザ）が、定期航空運送事業等を行っている会社（システム運用事業者）に対し、東京国際空港発鹿児島空港行き航空券を購入し、旅客運送契約を締結したが、平成15年3月21日早朝、システム運用事業者が予約チェックインシステムに障害を発生させ、その結果、同日の鹿児島空港への航空便が到着予定時刻を大幅に遅延して到着するなど、旅客運送契約上の定刻運送義務に違反した等の主張をして損害賠償請求した事例[30]がある。この事例で、裁判所は、**争点1**及び**争点2**について以下のとおり判断した。

---

30)　千葉地裁松戸支部平成21年4月17日判決、東京高裁平成22年3月25日判決。

Ⅲ　システムの開発・運用時では、どのような紛争が発生し何が問題となるのか

争点1	前掲・千葉地裁松戸支部平成21年4月17日判決ではシステム運用事業者は、結果債務ではなく、手段債務としての定刻運送債務を負うにすぎず、予定時刻に到着することの実現に向けて合理的な最善の努力を怠った場合に限り、債務不履行の責任を負うと判断したが、前掲・東京高裁平成22年3月25日判決では、運航時刻に関する合意の内容は、物理的に不可能な場合を別にすれば、運航時刻の遵守よりも優先すべき安全にかかわる事情（以下「優先事情」という）の生じない限りにおける予定時刻を定めるものであって、被控訴人は、優先事情が生じない場合には、これを守る義務があり、優先事情が生じた場合には、できる限り遅れを小さくするように対処する義務を負うと判断した。
争点2	システム障害の発生については、障害が発生することを予測することは、現在のコンピュータ・システムの技術水準では極めて困難であったことから、予約チェックインシステム及びバックアップシステムの双方が使用不能になることを予見するのは困難であり、予見可能性があったとは認められないので、過失を認めることはできないとし、システム障害が発生した後の対応についても、システム運用事業者が定時性を実現するための合理的な最善の努力を怠ったものということはできないと判断した。

　また、誤発注をした証券会社（ユーザ）が、証券市場を開設する証券取引所（システム運用事業者）に対し、当該誤発注を取り消す旨の注文をしたにもかかわらず、システム運用事業者である証券取引所のコンピュータ・システムに瑕疵があり、また、売買停止措置等が講じられなかったために取消注文の効果が生じなかったとして、瑕疵により取消処理ができなかったという点は債務不履行に基づき、また、売買停止措置が講じられなかったという点は不法行為に基づく損害賠償を請求した事例[31]がある。この事件の控訴審判決において、裁判所は、**争点1**から**争点4**について、以下のとおり判断した。

争点1	取消処理ができるコンピュータ・システムを提供すべき義務、売買停止措置を講じる義務等を認定した。
争点2	取消処理ができるコンピュータ・システムを提供すべき義務については、バグの作り込みを回避することが容易であったと認めることはできないとして重過失はないと判断し、売買停止措置を講じる義務については著しい注意義務違反があるとして重過失を認定した。

---

31)　前掲・東京高裁平成25年7月24日判決。

第1章 システム開発・運用に関する紛争の発生状況

争点3	取引参加者規程第15条で「故意又は重過失が認められる場合を除き、これを賠償する責めに任じない」と定められていたため、取消処理ができるコンピュータ・システムを提供すべき義務については免責されたが、重過失が認定された売買停止義務違反により発生した損害について、重過失が認定された時点以後に発生した損害については免責されないと判断した。
争点4	ユーザも「1株61万円」の売り注文を「61万株1円」の売注文と入力したこと、システムからの警告表示を無視して売り注文を発注したこと、発行済株式数を上回る発注の入力制限を設けていなかったこと、警告表示がされた際のダブルチェック体制を採用していなかったこと等を考慮して30パーセント過失相殺すると判断した。

（2）情報漏洩の事例

　情報漏洩の事例としては、エステティックサロンを経営する法人（システム運用事業者）が、インターネットのウェブサイト上でのアンケートに答えた利用者らの個人情報を管理していたところ、システム運用事業者から委託を受けたサーバ管理会社が、インターネット上において第三者による閲覧が可能な状態に置き、実際に第三者がアクセスして、個人情報を流出させた事例[32]がある。この事例において、裁判所は、**争点1**及び**争点2**について以下のとおり判断し、サーバ管理会社の不法行為及びシステム運用事業者の使用者責任を肯定し、利用者1人当たり3万5000円程度の損害賠償請求を認めた事例がある。

争点1	サーバ管理会社は、インターネット及びイントラネットシステム構築、WWWホスティングサービス、サーバ構築及びウェブサイトのコンテンツ作成等を事業の目的とする企業であるから、その提供する業務に関する技術的水準として、個人情報を含む電子ファイルについては、一般のインターネット利用者からのアクセスが制限されるウェブサーバの「非公開領域」に置くか、「公開領域」（ドキュメントルートディレクトリ）に置く場合であっても、アクセスを制限するための「アクセス権限の設定」か「パスワードの設定」の方法によって安全対策を講ずる注意義務があると認定した。
争点2	サーバ管理会社は、個人情報が記録された電子ファイルをサーバ内の公開領域に置いた上、第三者のアクセス権限を制限するような設定を講じなかったという点に過失が認められると認定した。

32）　東京地裁平成19年2月8日判決、東京高裁平成19年8月28日判決［エステティックサロン事件］。

Ⅲ　システムの開発・運用時では、どのような紛争が発生し何が問題となるのか

　また、インターネット接続サービスを業とする事業者（システム運用事業者）の従業員が、顧客のデータベースにリモートアクセスして作業できるようにしていたところ、退職従業員が、退職前に使用していたアカウントを利用して不正にデータベースにアクセスし、個人情報を漏洩させた事例[33]において、裁判所は、**争点1**及び**争点2**について以下のとおり判断し、システム運用事業者の不法行為責任を肯定し、原告となった顧客1人につき、慰謝料5000円と弁護士費用1000円の合計6000円を損害と認め、弁済された500円を控除した5500円の請求を認めている。

争点1	顧客データベースサーバについて、そもそも必要性がない場合又は必要性のない範囲にリモートアクセスを認めることは許されず、また、リモートアクセスを可能にするにあたっては、不正アクセスを防止するための相当な措置を講ずべき注意義務を負っていたと認定している。
争点2	リモートメンテナンスサーバを設置して顧客データベースサーバ等のサーバへのリモートアクセスを行うことを可能にするにあたり、リモートメンテナンスサーバに対するアクセス管理として、ユーザ名とパスワードによる認証を行っていたが、特定のコンピュータ以外からはリモートアクセスができないようにする措置はとられていなかったこと、不正アクセスした退職従業員が退職した際に、不正アクセスに利用されたアカウントを含め退職従業員が知り得たユーザ名を削除したりそのパスワードを変更したりしなかったこと等を根拠にして、システム運用事業者の過失を認定した。

（3）データ消失の事例

　データ消失の事例としては、ユーザが、ユーザの電子ファイルを消失したシステム運用事業者に対し、電子ファイルの消失により被った損害について、債務不履行に基づく損害賠償請求をした事例[34]がある。この事例では、**争点1**から**争点4**について、以下のように判断している。なお、この事例は、ユーザとシステム運用事業者との間にレンタルサーバに関する約款に基づく契約が締結されていた事例である。

---

33)　大阪地裁平成18年5月19日判決、大阪高裁平成19年6月21日判決。
34)　東京地裁平成13年9月28日判決。

27

第1章 システム開発・運用に関する紛争の発生状況

争点1	「一般に、物の保管を依頼された者は、その依頼者に対し、保管対象物に関する注意義務として、それを損壊又は消滅させないように注意すべき義務を負う。この理は、保管の対象が有体物ではなく電子情報から成るファイルである場合であっても、特段の事情のない限り、異ならない」と判断し、レンタルサーバ業者（システム運用事業者）の「電子ファイルを損壊又は消滅させないように注意すべき義務」を認定している。
争点2	故意・過失について明言していないが、「システム運用事業者以外の者が故意にファイルを消滅させた可能性、不可抗力が働いて本件ファイルが消滅した可能性が証拠上具体的に認められない以上、システム運用事業者の作業中の行為によってファイルを消滅させたと推認するほかはない」と認定している。
争点3	約款上の免責規定が適用される場面を限定的に解釈し、その適用を否定している。
争点4	ファイルの内容につき容易にバックアップ等の措置をとることができ、それによって損害の発生を防止し、又は損害の発生を極めて軽微なものにとどめることができたにもかかわらず、消滅事故当時、ユーザ側でファイルのデータ内容を何ら残していなかったとして、5割の過失相殺を認定している。

　また、ユーザが、共用サーバホスティングサービス事業者（システム運用事業者）に対し、システム運用事業者が管理していたサーバの障害事故により電子データが消失したとして、不法行為に基づく損害賠償請求をした事例[35]がある。この事例では、**争点1**について、以下のとおり判断している。なお、この事例は、原告となったユーザと、被告となった共用サーバホスティングサービス事業者（システム運用事業者）との間には、直接の契約関係がない事例である。

争点1	システム運用事業者は、第三者との間で共用サーバホスティングサービスの利用契約を締結しているだけであって、ユーザらとの間には契約関係はなく、サーバに保存されたプログラムやデータの保管について寄託契約的性質があるともいえないから、システム運用事業者が契約関係にないユーザらに対しサーバに保存された記録について不法行為法上の善管注意義務を負うとする根拠は見いだし難く、システム運用事業者がレンタルサーバ業者であるとの一事をもって、契約関係にないユーザに対する関係で当然にサーバに保管された記録について善管注意義務を負うとか、記録の消失防止義務を負うということはできないと認定している。

---

35)　東京地裁平成21年5月20日判決。

4　知的財産権（プログラムの著作物）に関する紛争

知的財産権（プログラムの著作権）に関する紛争事例としては、以下のような類型がある。

①　著作権の原始的帰属が争われる類型[36]

②　著作権譲渡の合意の有無が争われる類型[37]

③　複製・翻案の有無が争われる類型[38]

プログラムの著作権侵害の有無は、ソースコードの対比によって判断されることが多い。そのため、特許権侵害の場合とは異なり、注文者と請負人、ライセンサーとライセンシー、法人と従業員等、一定の契約関係にあった法人間又は法人・個人間で争われることが多いという点が特徴的である。

---

36)　東京地裁平成 22 年 12 月 22 日判決、知財高裁平成 18 年 12 月 26 日判決（判時 2019 号 92 頁）。
37)　知財高裁平成 18 年 4 月 12 日判決。
38)　東京地裁平成 26 年 4 月 24 日判決、知財高裁平成 26 年 3 月 12 日判決。

第2章
システム開発委託契約の
基礎知識

I はじめに

　システムに関する紛争は、専門知識を要する紛争だといわれるが[1]、知的財産、労働、医療、建築等と比べて事件数がそれほど多くないことから、東京地裁においても専門部が設置されるには至っていない。また、弁護士が取り扱う専門分野として確立されていないだけに、特定の専門家に相談が集中するというよりは、多くの弁護士、法務担当者が、耳慣れない用語や業界慣習に苦労しつつ取り組んでいるという状況である。目に見えないシステムを作り上げていくという作業の性質から、取引の形態も他の業界と異なる点が多い。**第3章**以下で解説する紛争処理においては、こうした契約の性質、特徴を理解することが必須であるため、本章では、その前提事項について解説する。

　なお、システム開発の工程の名称、その作業内容については、巻末の**用語集**にて確認していただきたい。

II システム開発委託契約の法的性質

1 概説

　一般的な考え方として、システム開発委託契約の法的性質は、発注者であるユーザが、開発者であるベンダに対して、情報システムを開発するという仕事の完成を内容とする場合には請負契約であり、契約締結段階では目的物が明らかではなく、事務の処理を行うことを目的とする場合には準委任契約であるとされる[2]。これらの考え方は、民法に規定されている13種類の典型契約のいずれかに分類することを試みるものであるが、紛争の解決にあたっ

---

1) 東京地方裁判所プラクティス委員会第二小委員会「ソフトウェア開発関係訴訟の手引」判タ1349号7頁においては、システム開発紛争においては、IT関連の分野の理解に加えて、システム化の対象となるユーザ業務についての理解が不可欠であり、「二重の意味での専門性が内在している」と述べられている。
2) 東京地方裁判所プラクティス委員会第二小委員会・前掲注1）5頁では、ソフトウェア開発契約は実務的には請負契約、準委任契約、労働者派遣契約のいずれかで処理されているとしている。司法研修所編『民事訴訟における事実認定―契約分別研究（製作及び開発に関する契約）』（法曹会、2014、以下「司法研修所」）93頁では、ソフトウェア開発の契約類型は請負契約と準委任契約の双方があるとしつつも「実務的には定額報酬の請負契約で引き受けるケースがかなり多くみられる。」とする。

て、当事者間で締結された契約を典型契約のいずれかに当てはめることは必ずしも不可欠ではない。むしろシステム開発業務の特殊性に照らし、典型契約のいずれの類型にも当てはまらない非典型契約だとする考え方もある[3]。

2　請負契約・準委任契約とは

　民法における請負契約と準委任契約[4]の概要をまとめると、**図表2-1**のとおりとなる（本項における条文はすべて民法の一部を改正する法律（平成29年法律第44号）施行後の民法の条文を指す）。

図表 2-1　請負契約と準委任契約

	請負契約	準委任契約
委託の主題	仕事の完成（632条）	事務の処理（656条・643条）
ベンダの義務	仕事を完成させる義務	善良なる管理者の注意をもって事務処理を行う義務（善管注意義務。644条）
ベンダの主な責任	仕事の完成が遅れたことによる債務不履行責任 目的物が契約の目的に適合しない場合の債務不履行責任（瑕疵担保責任の規定は改正により削除）	善良なる管理者の注意を払わないことによる債務不履行責任
再委託	特に定めなし	ユーザの許諾を得たとき又はやむを得ない事由があるときに限る（644条の2）
報酬支払時期	目的物の引渡しと同時（633条）	委任事務を履行した後（648条）
解除	債務不履行解除（瑕疵担保責任に基づく解除権は改正により削除）	債務不履行解除
任意解除（解約）	完成前は、ユーザはいつでも解除できる（ただし、損害賠償義務あり。641条）	両当事者はいつでも解除できる（ただし相手方に不利な時期に解除すると損害賠償義務あり。651条）
解除の遡及効	あり	なし（652条・620条）

　委託の主題について、請負契約が仕事の完成を目的としているのに対し、準委任契約は、事務の処理を目的としていることから、前者は結果を、後者

---

3)　芦野訓和「ソフトウェア開発委託契約」椿寿夫ほか編『別冊 NBL No.142「非典型契約の総合的検討」』（商事法務、2013）166 頁において、ソフトウェア開発委託契約の法的性質の検討がなされている。
4)　民法上の典型契約には「委任契約」が定められているが、委託する事務が法律行為である場合のみを指す。これに対し、要件定義、技術支援といった事実行為を委託する場合は「準委任契約」といい、委任契約に関する規定がすべて準用される（同法 656 条）。

はプロセスを重視していることがわかる。その帰結として、請負契約では、仕事を完成させられれば、第三者の支援（再委託）を仰いでも構わないことになるし[5]、準委任契約では、原則として再委託はできないこととなっている（644条の2）。解除の遡及効についても、請負契約では、仕事の完成を目的とする以上、解除すれば遡及効が生じるのに対し、準委任契約では、すでに履行した事務の処理の効果を覆すことはできないという考えの下に、遡及効が生じない。

Ⅲ　開発委託契約書のひな形

以前より各種団体、法律専門家からシステム開発委託契約書のひな形が公表されているが[6]、比較的近時に発表されたものとして、**図表2-2**のひな形がある。このうち、経産省モデル契約〈第一版〉は、実務上多く参照されている。

図表2-2　システム開発委託契約書ひな形一覧

経産省モデル契約〈第一版〉	経済産業省「情報システムの信頼性向上のための取引慣行・契約に関する研究会」が平成19年4月に公表した契約書のひな形である。経済産業省のウェブサイト[7]から解説付きでダウンロードすることができる。
経産省モデル契約〈追補版〉	上記のモデル契約からパッケージ、SaaS/ASP、保守・運用に対象を広げて平成20年4月に公表された。同じく、上記ウェブサイトから解説付きでダウンロードすることができる[8]。
JEITAモデル契約	社団法人電子情報技術産業協会（JEITA）が平成20年に策定したモデル契約であり、経産省モデル契約〈第一版〉をベースに、ベンダの考え方を盛り込んだ内容となっている。JEITAのウェブサイトからダウンロードすることができる[9]。

---

5) ただし、請負契約を前提とする場合でも、ユーザの事前承諾がなければ再委託できないとする条項を設けるケースは多い。経産省モデル契約〈第一版〉では両論併記の形式となっており、ユーザの事前承諾が必要だとする条項をA案、ベンダの裁量によって可能だとする条項をB案としている。

6) 例えば社団法人日本電子工業振興会（現JEITA）が1994年に公表したソフトウェア開発モデル契約、伊藤＝久礼＝高瀬『ITビジネスの契約実務』（商事法務、2017）収録の契約ひな形などがある。

7) http://www.meti.go.jp/policy/it_policy/softseibi/index.html#05

8) 追補版の解説書として、日経ソリューションビジネス編『ITシステム契約締結の手順とポイント』（日経BP、2008）がある

9) JEITAのウェブサイト（http://home.jeita.or.jp/is/committee/solution/guideline/090217cd-rom/index.html）。電子情報技術産業協会ソリューションサービス事業委員会『ソフトウェア開発モデル契約の解説』（商事法務、2008）がその解説書である。

ユーザ側 モデル契約	ユーザ側の立場に立って作成されたモデル契約である。西本強『ユーザを成功に導くシステム開発契約［第2版］』（商事法務、2016）
アジャイル開発 ひな形	上記の契約ひな形がいずれもウォーターフォール型開発を前提とした契約書であるのに対し、アジャイル型開発向けに独立行政法人情報処理推進機構（IPA）が公表（平成23年改訂）[10]。

Ⅳ　契約の構成

1　基本契約と個別契約

　ユーザとベンダとの間のシステム開発委託契約は、規模の大きなシステムになると、1本の契約のみではなく、工程ごとにいくつかに分割して締結されることが多い。また、さらに大規模なシステムになると、工程のような時系列の分割だけでなく、サブシステム単位（販売システム、在庫管理システム等）や、作業単位（データ移行、プロジェクト管理等）に分割して契約が締結されることもある。このように、同一の当事者間において継続的な取引が行われ、複数の契約が締結される場合においては、共通して適用される条項をまとめた基本契約と、個別業務の詳細、報酬額などを取り決めた個別契約とが締結されることが多い。個別契約には、作業の性質に応じて、請負契約の形態をとるものや、準委任契約の形態をとるものがあり、それぞれの契約形態に応じて適用される基本契約の条項を区別するような定め方をすることもある（**図表2-3**）。経産省モデル契約〈第一版〉や、その他の公開されているシステム開発委託契約のひな形は、このような基本契約と個別契約から構成されている。

---

10)　IPAのウェブサイト http://www.ipa.go.jp/sec/reports/20120326.html から解説付きでダウンロードできる。なお、同モデル契約については、梅本大祐「アジャイル開発の特性と契約のポイント」ビジネスロー・ジャーナル64号40頁も参照。ウォーターフォール型、アジャイル型については巻末の**用語集**を参照されたい。

図表 2-3　基本契約と個別契約の関係図

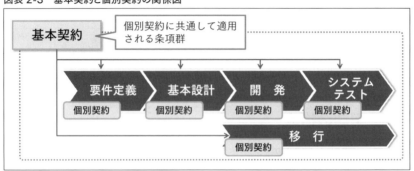

　基本契約には、紐付く個別契約に共通して適用される条項が列挙されるだけなので、基本契約を締結しただけでは一部の規定（秘密保持条項等）を除いて、ユーザ・ベンダ間に具体的な権利義務を生じさせるわけではないことに注意が必要である。基本契約は、提案書の評価を経てベンダ選定を終えた時点で締結されることから、ベンダが提案書記載の金額にてシステムを完成させることを約束した書面であると誤解されることもあるようだが、特段の記載がない限りは、基本契約の締結そのものからそのような効力が生じるものではない。

2　各工程に対応する個別契約の法的性質

　各工程に対応する個別契約の法的性質について検討する（**図表2-4**）。適宜、巻末の**用語集**も参照されたい。
　システム化計画工程では、ユーザの経営課題、システムの現状等を整理して計画を立案する工程であるから、ユーザ自身で行うことも多い。外部に委託する場合でも、計画書という成果物が納入されることはあっても、特定の目的物の完成、引渡しを目的とするものではないことから、準委任契約の形態で行われるのが通常である。
　要件定義工程では、要件定義書という文書が作成されるが、ユーザが主導的に実施する業務であることから、当該工程を委託する契約を締結する際に

は、準委任契約の形態で行われるのが通常である[11]。

基本設計工程では、ベンダが作業を主体的に実施し、基本設計書という文書が作成、納入される。ユーザの関与はプロジェクトによって異なり、システム外部設計における画面、帳票などの可視化された部分の確認にとどまる場合もあれば、より積極的に関与して仕様の決定に関わることもある。したがって、準委任契約・請負契約いずれの形態もあり得る。経産省モデル契約〈第一版〉71頁以下では、外部設計書作成業務（基本設計工程に対応）の契約形態について、準委任契約による場合（A案）と請負契約による場合（B案）の両案が併記されている。

図表 2-4　（参考）経産省モデル契約〈第一版〉における工程の分類と契約類型

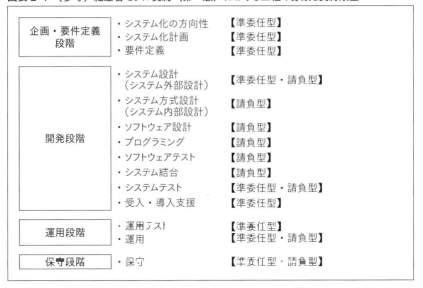

プログラミング・単体テスト工程は、ベンダが主体的に実施し、ユーザの関与はほとんどなく、また、プログラム等が納入されることから、請負契約の形態で行われることが多い。

---

11) 経産省モデル契約〈第一版〉33頁。なお、西本強『ユーザを成功に導くシステム開発契約（第2版）』（商事法務、2016）61頁は「要件定義の主体がユーザであることと要件定義を準委任契約で行うということの法律的な論理必然性はない」と述べる。しかし、自らが主体的に行わず支援的な立場で関わる業務において、仕事の完成義務を負う請負契約に基づいて実施することは実態に沿わないと考えられる。

第2章　システム開発委託契約の基礎知識

　システム結合テスト工程は、ベンダの内部でまとまりのあるプログラムの連接、結合確認を行うものであり、ベンダが主体的に実施する。結合テストを終えたプログラム等の納入を目的とするものであるから、請負契約の形態で行われることが多い。

　システムテスト工程では、ベンダが計画立案、準備、実施まで行うケースでは請負契約の形態で行うこともあるが、ユーザが主体的に実施し、ベンダが支援するという立場であれば、準委任契約の形態で行うこともあり得る。経産省モデル契約〈第一版〉78頁以下でも同様に、システムテスト工程は準委任契約、請負契約の両方が考えられるとしている。

　運用テスト工程では、ベンダはシステムの環境やデータを整備したり、発生した不具合の検証、修正をするなど、支援的な役割を果たすことにとどまるから、準委任契約の形態で行われることが多い。

　運用・保守工程は、障害、変更要望など、外的事象をトリガーとして業務を行うものであるから、準委任契約の形態で行われる。ただし、システムの改修作業として一定のまとまりがあるものについては、請負契約として実施することになるであろう。

　データ移行は、プロジェクトによってユーザ・ベンダの役割が大きく異なる。「旧システムから新システムへデータを移す」ということを目的とするものであるから、請負契約になじむ性質を有するが、ユーザが主体的に実施し、そのサポート（環境整備、プログラム実行結果の確認等）を行うにとどまる場合には、準委任契約となるであろう。

　プロジェクトマネジメント業務を個別の契約として切り出す場合は、進捗管理等の事務作業を遂行するものであるから、準委任契約となるであろう。

　このように、請負契約か準委任契約の区別は実施する業務の内容やユーザ・ベンダの役割分担によって自ずと決まるべきものである。

3　一括請負契約と多段階契約

　経産省モデル契約〈第一版〉では、「見積り時期とリスクとの関係を踏まえて、ユーザ・ベンダの双方のリスクアセスメントの機会を確保する観点か

ら、多段階契約（工程ごとに個別契約を締結する）と再見積り（曖昧さがある段階の見積りを、要件が明確になった段階で見積りなおす）の考え方を採用した」（3頁）と述べて、全体の開発工程を分割して個別契約を締結していく方式を推奨している（以下、本書においても「多段階契約方式」と呼ぶ）。すなわち、システム開発業務は、作業の進捗に応じて開発分量や見積金額が変わり得ることから[12]、作業の開始時点で金額や納期などの諸条件を固定的に定めるのではなく、適宜契約内容を見直すことができるようにすることを目的とするものである。筆者が代理したケースでは、1つのシステム開発プロジェクトにおいて大小40以上もの個別契約に分割されて締結されたということもあった。

　他方で、このような多段階契約方式については、ユーザの立場から「システムが完成するまで開発費用が確定しない」「ベンダがシステムを完成する責任をいつまでも負わない」「開発スケジュールについての責任主体があいまいになるおそれがある」などの疑問を呈する声もある[13]。

　ここでは、多段階契約方式か、一括請負契約方式かという二者択一について結論を出すことを試みるのではなく、それぞれの契約形態を採用した場合におけるユーザ・ベンダそれぞれのメリット・デメリットを対比しつつ、契約形式を選択するにあたってのポイントについて解説する。

（1）ベンダの視点から

ア　一括請負契約方式のメリット・デメリット

メリット

　一括請負契約方式で受託したベンダは、開発作業の途中で他のベンダに切り替えられたり、打ち切られたりするリスクが低い[14]。

---

12)　開発作業の進捗とともに想定していない作業が発生したり、仕様が変更されることは当然のことであり、それに対応するための追加費用が発生することはいわば常識であるということを判示した裁判例として、東京地裁平成15年5月8日判決がある。

13)　西本・前掲注11）82頁以下。上山浩『弁護士が教えるIT契約の教科書』（日経BP、2017）21頁以下では多段階契約にはリスクがあることを指摘し、契約を細切れにしないよう提言している。阿部・井窪・片山法律事務所編『契約書作成の実務と書式』（有斐閣、2014）第9章「ソフトウェア開発契約」360頁では、一括請負方式と多段階契約方式の比較検討がなされている。

14)　請負契約における注文者は、仕事が完成する前はいつでも解除できるが、損害賠償義務が生じる（民法641条）。

第2章　システム開発委託契約の基礎知識

デメリット

他方で、提案・企画段階などの初期の段階では、ベンダに与えられている情報は限られている。そのような中で開発総額や、稼働時期などの契約の主要条件を合意し、それに拘束されることになるため、見積誤り（提示された情報に基づいて見積もった作業工数が、実際に要する作業工数よりも下回ってしまうこと）による損失が発生するリスクがある[15]。十分な情報がない状態で、最後まで完成させるという重い責任を負うことになり、最終的に完成させることができない場合には、一切の報酬を受けられなくなる可能性もある。

イ　多段階契約方式のメリット・デメリット

多段階契約方式のメリット・デメリットは、基本的に上記で述べたこととの裏返しになる。

メリット

多段階契約方式では、前の工程が終わる段階で、次の工程の作業工数、報酬の見積を行うことになるため、精度の高い見積を提示することができ、見積誤りのリスクを軽減することができる。また、現在受注している工程の範囲内でのみ義務を負うことになるので、履行の範囲が限定され、報酬をこまめに請求、回収しやすくなる。システムが完成しないまま途中で終了してしまった場合でも、履行が完了した契約に基づく報酬については原則として返還する義務が生じない（ただし、履行が完了した契約に基づいて支払われた報酬が、後続する契約の債務不履行による損害賠償の範囲に含まれることはあり得る。）。

デメリット

他方で、システムの稼働まで含めた受注が約束されておらず、工程ごとに他のベンダを含めた競争が行われる可能性もある。工程のたびに契約交渉、見積作業が必要になり、ユーザから提案金額を下げる圧力がかかるというデメリットがある。

---

15) もちろん、想定よりも作業量が少なくなり、予想以上の利益が出る方向にも振れる可能性はある。しかし、実際には、ベンダは受注したいという意識がある以上、できるだけ提案金額を低くしようとする傾向にあるものと思われ、結果的に過小見積となる傾向が強いと思われる。

（2）ユーザの視点から

ユーザの視点から検討する場合には、基本的にベンダの視点から述べたこととの裏返しになる。

ア　一括請負契約方式のメリット・デメリット

メリット

一括請負契約方式の場合には、提案・企画段階に、これから開発しようとするシステムの開発にかかる総額が確定することになるため、投資判断がしやすいというのが最大のメリットだといえる。また、請負契約の場合には、目的物の完成、引渡しによって報酬支払義務が生じることになるため、システムが完成しないまま途中で終了してしまった場合には、報酬支払義務が生じないと考えられる。

デメリット

ベンダは、見積誤りによる損失発生リスクを回避するため、バッファを見込んだ金額を提示せざるを得なくなり、高額の金額が提示されるおそれがある。

イ　多段階契約方式のメリット・デメリット

メリット

多段階契約方式では、直前の工程で確定した要件・仕様に基づいて作業量や金額が見積もられるため、ベンダからは適正な金額が提示されることが期待できる。また、前工程でのベンダの品質、成果に不満がある場合には、他のベンダに切り替えることも可能であり、工程ごとにベンダ間を競争させることにより、費用の節減等の効果も生じ得る。さらには、自社の都合により開発プロジェクトを中止せざるを得なくなった場合でも、工程の切れ目で次の契約を締結しないという選択肢があるため、ベンダに対して原則として法的責任を負うこともない。工程ごとに契約上も成果物の納入や確認がなされるため、ドキュメント類が充実し、ベンダとユーザの認識に齟齬がある場合でも早期に検出できるといえる。

第2章　システム開発委託契約の基礎知識

デメリット

　他方で、ベンダからの提案において概算見積が提示されていても、開発の総額は個別の工程に対応する契約が締結されない限り確定しない。そのため、工程が進むごとに想定以上に費用がかかるということもしばしば起きている。ベンダは、個別契約に基づく義務の履行責任は負っているものの、システムを最後まで完成させるという義務を負担しているわけではないので、仮にプロジェクトの後半で頓挫してしまった場合でも、前の工程の契約を解除して、支払済みの報酬について原状回復を求めたり、損害賠償請求したりすることは困難になる。

（3）双方の視点から

　一括請負契約方式の場合には、契約交渉は基本的に最初の段階だけに限られるため、契約交渉にかかるコスト、手間が双方にとって軽減される。多段階契約方式の場合には、工程ごとの個別契約を締結するたびに、見積金額の折衝や、他のベンダからの見積の比較などの作業が発生する。この作業は双方にとって負担になり、ひいてはシステム開発スケジュール全般にも影響を及ぼす可能性がある。

　他方で、システム開発の工程の上流段階はユーザがより積極的に参画して要件を提示し、ベンダがそれをまとめていくという作業であり、開発段階においてはベンダが主体的にプログラミング等の作業を行い、また最後のテスト段階ではユーザがその結果を主体的に検証するというように、工程に応じてユーザ・ベンダの役割は異なってくる。そうすると、請負・準委任といった契約形式はそれぞれの工程の性質に応じて選択する必要があるため、多段階契約方式のほうが選択の幅があるといえる。

（4）適切な契約形式の検討

　以上、（1）から（3）の視点をまとめると、**図表2-5**のようになる。

IV　契約の構成

図表 2-5　一括請負契約方式と多段階契約方式の比較

	一括請負契約方式	多段階契約方式
ベンダ	○ 途中で切り替えられる可能性が低い。	○ 見積精度が高まり、誤りの可能性が低い。 ○ 責任範囲が限定され、報酬を請求・回収しやすい。
	✖ 過小見積による損失の危険がある。 ✖ 完成させられない場合に報酬が得られない可能性がある。	✖ 他のベンダとの競争が続き、価格を下げる圧力になる。
ユーザ	○ 初期の段階で全体金額が確定する。 ○ 途中で終了した場合に報酬支払義務が生じない。	○ 適正金額の提示が期待できる。 ○ 他のベンダへの切り替えや、中途終了の可能性を残せる。
	✖ 高額な金額が提示されるおそれがある。	✖ 全体金額が最後まで確定しない。 ✖ 途中で終了した場合でも終了分の工程について損害賠償請求又は原状回復請求することが困難となる可能性がある。
双方	○ 契約交渉のコスト・手間が軽減できる。	○ 作業分担の実態に即した契約形式を選択できる。
		✖ 契約交渉のコスト・手間がかかる。

　図表2-5を見る限り、ベンダの立場からは多段階契約方式に、ユーザの立場からは一括請負契約方式にメリットが多いように思えるが、どのように考えたらよいだろうか。

　一括請負契約方式、多段階契約方式の形式的かつ本質的な違いは、開発費用やスケジュールといった契約の要素についての見直し、再見積が強制的に発生するか否かという点にある。その他の違いとして**図表2-5**中に挙げられるものは、いずれも本質的な違いとは言い切れない。例えば、一括請負契約方式の場合、多段階契約方式と比べて、ベンダは報酬の支払いが最後まで受けられないという指摘がなされることがあるが、一括請負契約方式であっても、一定のマイルストーンを達成した時点（例えば設計書の完成・検収等）で、部分的な支払いをするようなアレンジは可能である。また、契約解除の効力が全体に及ぶか、当該個別契約だけにとどまるか、といった違いもあり得るが、たとえ一括請負契約方式であっても、工程ごとに分割して検収が行われ、その分割された給付について独立した利益を得ているという場合には、契約

43

第2章　システム開発委託契約の基礎知識

解除の効力は未履行部分にしか及ばないと考えられる[16]。よって、契約解除の効力についても本質的な違いはないといえる。

　また、ベンダの立場から見れば、契約を細切れにすることによって履行終了部分についての報酬を維持できるから有利であるという考えもあろう。しかし、東京地裁平成28年10月31日判決[17]では多段階契約において履行済みの上流工程の契約解除が認められたり、東京高裁平成25年9月26日判決では、債務不履行が発生した時点に遡って損害額が算定されたりするなど、履行が形式的に完了しているからといって将来にわたって返還する義務が生じないというわけではないことに注意が必要である[18]。

　以上より、ユーザ・ベンダともに、契約の要素（開発金額、スケジュール等）の見直し（あるいは中止判断）の契機をどの程度必要とするかということを中心に考慮して、適切な契約方式を選択していくことが重要となる。

ア　一括請負契約方式が適しているケース

　そもそも、上流工程である要件定義からシステムの稼働までを、文字どおり1つの請負契約のみで実施することが可能なケースは限られている。一定規模以上のシステムの場合には、最低でも要件定義工程を経ないとシステムの全体像が見えてこないため、開発の対象や報酬金額を決めることができない[19]。小規模かつ定型的な処理を行うシステムであれば、2、3度のヒアリングを行う程度で開発対象を特定して全体の報酬金額を算定することも可能であろうし、そのようなシンプルなシステム開発であえて多数の工程ごとに契約を細分化すると、その都度契約交渉のコスト・手間がかかるため、一括請

---

16)　改正民法634条では請負が仕事の完成前に解除された場合（同条2号）でも、すでにした仕事の結果のうち可分な給付によって注文者が利益を受けるときはその部分は完成とみなすとしている（よって当該部分に解除の効力は及ばない）。民法改正前の裁判例でも、最高裁（三小）昭和56年2月17日判決（建築の事例）、東京地裁平成25年7月18日判決、東京地裁平成25年7月19日判決（以上、システム開発の事例）などで同様の判断がなされている。

17)　本件の控訴審（東京高裁平成29年12月13日）も同様である。

18)　同様に多段階契約によって開発が進められた東京地裁平成28年4月28日判決では、納入物の検収を受けて代金の支払いを受けてきたことから上流工程の個別契約に債務不履行があったとはいえないとしており、上流工程の契約の解除を否定した。

19)　西本・前掲注11）113頁では、要件定義から運用テストまで含めた一括の請負契約を締結することも法律上は可能とする。たしかに法律上の問題はないが、システムの開発範囲が不明確な段階で長期・大型の開発案件で金額・スケジュールを合意することは現実的ではない。

負契約方式が適しているといえる。目安としては、開発・導入期間、3か月から4か月で総額2000万円以下くらいの規模であれば、一括請負契約方式を採用することに合理性があるかと思われる。

あるいは、ベンダに委託する時点で、要件定義が完了しており、ベンダが確定的な見積を提示しやすい場合にも一括請負契約方式を採用することができる。この場合は、次に述べる二段階契約の二段階目から開始するということと同じである。

イ　二段階が適しているケース

上記のとおり、要件定義から稼働までをカバーできる一括請負契約方式が採用できるケースは限定されている。大規模なシステムの場合には、要件定義終了段階であっても、システム開発にかかる報酬金額を確定させることは困難である[20]。しかし、要件定義終了段階で画面レイアウトなどの外部設計の作業が行われているほか、ユーザが決めるべき事項が概ね確定している場合には、①要件定義に関する個別契約、②基本設計から稼働までをカバーする個別契約という二段階契約を採用することも可能である。この場合、各契約の法的性質は、①は準委任契約、②は請負契約をベースに進めていくことになるだろう。

全体金額を見直す契機は、原則として、②の契約を締結する段階のみに限られる。したがって、ユーザとしては、②の契約交渉過程において、①の結果を踏まえてベンダから提示された金額をもって、投資判断の意思決定を行うことができる。また、①が終了した段階で改めてベンダ選定を行うことで、最適な委託先を選定し直すこともできる。

この場合でも、運用テストなど、ユーザが主体的にすべき工程については、作業分担や範囲をめぐる紛争が生じないよう、役割を明確化したり、準委任契約との混合的な内容にしたりするとともに、テストの状況によって前提が

---

20)　野々垣典男・大谷和子・松島淳也「[鼎談] スルガ銀行 対 日本 IBM 事件 ベンダ・ユーザが学ぶべきこと」ビジネスロー・ジャーナル 53 号 72 頁では、ベンダ法務が「相手がお付き合いの長いお客様で、しかも実績があるパッケージでカスタマイズがほとんどなくて済むといった特別な条件が重ならない限り、要件定義の直後に確定金額を出すことは難しいと思います」「信頼性の高い確定金額を出すには、やはり外部設計の段階まで進んでいないと困難だと思います」と述べている。

変更された場合には、期間や報酬金額を調整する余地を残しておくべきであろう。ユーザの意思決定の際にも、こうしたブレ幅を想定してある程度の予備費（バッファ）を残しておくほうが、後に柔軟な対応ができる。

仮に二段階目の契約（②の契約）履行中に頓挫した場合、ユーザは②の報酬を支払う義務を負わず（ベンダに帰責事由がある場合）、開発を再開する場合には、①の要件定義の成果に基づいて他のベンダに委託して継続することができる。他方、ベンダは、もともと①と②を別個独立した契約に基づいて実施しており、場合によっては異なるベンダで実施することもあり得たことからすれば、①の要件定義が完了している限りは、受領済みの報酬を返還する義務は生じないと考えられる。

ウ　三段階以上が適しているケース

二段階以下の契約によって進めようとしても、要件定義終了時点では、実装上の不確定要素も多く、規模が比較的小さいシステムでない限りは、現実的ではない。しかし、大企業の基幹系システムのように、大規模なシステムであっても、基本設計終了段階まで至れば、開発範囲や実装方法が確定し、不確定要素が少なくなるため、ベンダから高い精度の見積を提示することが可能なはずである。したがって、一括請負契約あるいは上記の二段階契約が採用できない場合でも、①要件定義に関する個別契約（準委任契約）、②基本設計に関する個別契約（準委任契約又は請負契約）、③詳細設計から稼働までをカバーする個別契約（請負契約）という三段階契約を採用することが妥当であろう。

これにより、②の契約交渉過程だけでなく、③の契約交渉過程においても、ベンダ、ユーザ双方が報酬金額全体を見直す契機を設けることができる。ユーザは、②の段階、③の段階の前で、改めて別のベンダを選定するというオプションを残すことができ、ベンダにもそれぞれの段階で離脱するというオプションが残る。このように契約を多段階にすることで、ベンダ、ユーザ双方に契約締結する／しないという選択肢が増えてくる。ただし、ベンダを変更した場合には、その両者間の整合性による問題（例えば、必要な引継ぎが行わ

れなかったことによる手戻りや遅滞）が生じやすいため、ユーザの負担も大きくなることに留意が必要である。

　また、これに加えて、③の契約から、運用テスト等、ユーザが主体的に行うべき稼働前の工程について別の個別契約（④準委任契約）として切り出すことも考えられる。経産省モデル契約〈第一版〉も、①に相当する業務として「要件定義作成支援業務」（第3章第1節）、②に相当する業務として「外部設計書作成（支援）業務」（同第2節）、③に相当する業務として「ソフトウェア開発業務」（同第3節）に加えて、④に相当する業務として「ソフトウェア運用準備・移行支援業務」（同第4節）を切り出しており、これらをそれぞれ別の個別契約として締結することを想定している。運用テスト等の工程を別契約として切り出す理由は、③の開発業務が請負契約として締結されるのに対し、運用テスト等の工程は、準委任契約として締結するほうが実態に合致しているからである。基本設計終了時点では、運用テスト等の業務量も見積が可能であるから、③と④の契約締結時期は同じタイミングにして、基本設計終了時点において、全体の報酬金額を確定しておくことは可能であろう。なお、運用テスト等の業務量は、設計や仕様の内容のみならず、ユーザとベンダの役割分担によって影響を受けるため、この時点で役割分担が確定していることが必要である。

　また、データ移行業務や、プロジェクトマネジメント業務など、さらに別の業務を個別契約として切り出すケースもあるが、これはあくまで③の契約締結時点において、当該業務の委託条件（相手先、範囲等）が決まっていない場合には別の契約とすることに合理性があるが、委託条件が決まっている場合には、あえて契約を細切れにする必要はないものと考える。その理由は、(4)の冒頭で述べたように、1つの契約の単位が大きくなってしまったとしても分割検収という手段をとることにより、ベンダは部分的に報酬を請求することは可能であるし、可分かつ独立して価値を有する範囲については、仮に途中で頓挫して契約が解除されたとしても、その解除の効力は当該範囲にまでは及ばないと考えられているので契約を細分化するメリットはなく、かえって契約交渉の手間が増えるだけだからである。

4 基本合意書
(1) 基本合意書の意義

　ユーザは、ベンダから提示された概算見積を比較しながら、ベンダを選定して、基本契約を締結した場合でも、その基本契約書に多くの場合にはベンダが提案書に記載した概算のトータル費用や、システムの本番稼働開始時期が明記されることは少ない。ベンダが提示する概算の金額は、この段階では法的拘束力を有しないのが通常である。そのため、工程の進捗とともにベンダから提示される次工程の個別契約の見積金額が増加し、当初の概算見積金額との乖離がトラブルに発展し得ることはすでに述べたとおりである。こうした事態を回避するために、工程ごとに分割して個別契約が締結される多段階契約方式を採用しつつも、システム全体にかかる全体金額、導入時期についての合意内容を記載した書面（以下「基本合意書」という）を取り交わす場合がある（図表2-6）。

　基本合意書を取り交わすことの意義は、プロジェクト全体に関わる重要事項（金額、納期）に関する合意内容を当事者間で明らかにするところにある。すなわち、予定された金額に収め、納期に間に合うよう双方で協力して進めていくとともに、開発範囲を明らかにすることで、工程の進行とともに開発対象が膨らんだり、金額が不明確になったり、ひいてはトラブルに発展したりすることを抑えることができるようになるといえるだろう。ユーザから見

図表 2-6　基本合意書と基本契約書の関係

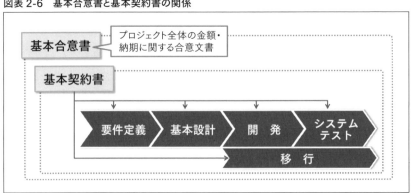

IV　契約の構成

れば、全体金額や納期を一定範囲に収めやすくなる一方で、ベンダから見れば、積極的な意義を見いだしにくいともいえるが、ユーザとの長期的関係を構築、維持したいといった経営上、営業上の判断によって取り交わすことが考えられる。

　もちろん、基本合意書は、基本契約書と別の書面として取り交わすことが必須ではなく、同一の書面で兼ねることもできる。

（2）基本合意書の内容

　基本合意書の内容は、特にモデルとなるものも存在せず、記載すべき事項の定式はない。しかし、その作成目的が、全体金額、納期などの重要事項について、合意内容を書面化するところにあることからすると、**図表2-7**のような内容が考えられる（一例としてその抜粋を示す）。

図表 2-7　基本合意書の記載例（骨子）

第1条　ユーザは、ベンダによる別紙提案書の内容を評価した結果、ベンダを次世代基幹系システム（本件システム）の開発を委託する主たる業者に指名する。

第2条　本件システムの範囲は……とする。

第3条　本件システムの開発費総額は、〇億円とする。ベンダは、これを変更する必要があると認めるときは、合理的な説明をしなければならない。

第4条　本件システムの本番稼働開始時期は、〇年〇月とする。ベンダは、これを延期する必要があると認めるときは、合理的な説明をしなければならない。

第5条　本件システムの開発業務は、以下の工程に応じた個別契約を締結することによって進める。

　（1）基本設計フェーズ

　（2）詳細設計・開発・単体テスト・結合テストフェーズ

　（3）システムテスト・運用テストフェーズ

　第2条は、開発のスコープを示すものである。第3条以下で、開発費の総額、本番稼働時期を記載しているが、その前提となる範囲を特定する必要が

第2章 システム開発委託契約の基礎知識

ある。下流工程において、開発費の増額要求、スケジュールの変更要求をめぐってトラブルになることがあるが、当初の合意されていた範囲を確定しておくことはこうしたトラブルの予防のために重要である。

　開発費の総額、本番稼働時期は、多段階契約方式を採用した場合には、個別契約に記載されることはないが、ベンダから提出された提案書に書かれていることは多い。そのため、ベンダ・ユーザ間の共通認識として、基本合意書に記載するという方法が考えられる。開発費の総額は、ユーザがベンダに支払う金額のみを意味するのか、他のベンダや、ユーザ内部の支出も含むのか、といった意味付けも明らかにする必要があろう。ただし、基本合意の締結段階においては未確定の要素が多いことから、確定的な記載とせずに、明示的に法的拘束力を負わないと記載したり、変更の余地を残しておくべきであろう（**図表2-7**の例ではベンダの説明義務が履行されることを前提に変更を可能にしている）。

第3章
契約交渉・締結段階における
トラブル

第3章　契約交渉・締結段階におけるトラブル

Ⅰ　はじめに

　システム開発取引は複雑な取引であり、契約締結に至るまでのプロセスも複雑であることから、システム開発契約交渉時点、あるいは作業着手直後のトラブルは少なくない。また、契約締結前のベンダの説明の内容と、実態とが乖離したまま開発を進めた場合に問題が起こることもある。本章では、システム開発契約の交渉段階におけるトラブルとその予防について解説する（Ⅲ・Ⅳ）。

　また、Ⅴ以下では、システム開発作業の途中で生じたトラブルにおいて、契約書の内容、構成が争点となった事例を取り上げて、将来のトラブル回避あるいは早期解決に向けて契約交渉・締結段階において留意すべき点を述べる。

Ⅱ　契約交渉・締結段階におけるトラブルの実態

1　設例3-1

　契約交渉・締結段階におけるトラブルの典型的な事例として以下のような場面を想定してみる。

> **設例3-1**
>
> **Xによる提案活動**
>
> 　中堅SIベンダXの営業であるAx氏は、コンシューマー製品メーカーYのシステム企画担当のSy次長から、基幹業務システムの再開発を行うためのRFP（Request for proposal）[1]を受領し、1か月後に50頁からなる提案書を提出するとともに、プレゼンを行った。
>
> 　ベンダXは、国内大手ソフトウェアメーカーのPが開発したSaaS[2]型基幹業務サービス "Cool Suites" を軸に、柔軟にカスタマイズできる点をアピールし、Sy次長その他のYの反応は上々だった。
>
> 　提案書には、概算見積として、Cool Suitesのライセンス料に要件定義、

---

1) 巻末の**用語集**を参照されたい。
2) クラウド・コンピューティングの3つのサービスモデル形態の1つで、Software as a Service の略。事業者が、サーバに実装したアプリケーションソフトウェアをインターネット経由で利用者に使用させるサービスをいう。

カスタマイズ作業、導入支援を含めて、2億6000万円とされていた。

Sy次長らは、4社の提案を比較検討し、大手独立系のSIベンダZか、X に絞った。Xの提案は、SaaSの利用によって初期導入費用を抑えつつ、短納期かつ柔軟なカスタマイズにより自社の業務への適合性が高いということで、魅力的であり、Yの内部ではXを推す声が強くなってきた。

Fit & Gapの着手

Sy次長は、Xの営業Ax氏を呼んで、「御社に依頼したいと思っているし、社内もその方向に進んでいます。ただ、費用がまだまだ概算なので、予算確保が難しい。費用の変動要因はカスタマイズ分量だと思われるが、精度の高い見積をお願いできないだろうか」と依頼した。

Ax氏は、「見積精度を高めるためには、Fit & Gap[3]をやらなければなりません。また、金額の最終フィックスは要件定義フェーズ終了時になることはご理解ください」と回答したところ、Sy次長は「わかりました。よろしくお願いします」と頼んだ。この日は、Ax氏は、Sy次長に対し、「システム開発業務基本契約書」「個別契約書（要件定義フェーズ）」と題する書面をメールで送付し、Sy次長は、「検討しておきます」と回答した。

Ax氏は、Cool SuitesのFit & Gap要員を確保しようとしたが、プロジェクトマネージャー候補のBx氏とSEのCx氏以外は社内での人員確保が難しく、協力会社のW社からDw氏とEw氏を呼び、4人体制で進めることとした。X社はW社に対し、1人月[4]当たり120万円として導入支援業務を発注した。

再見積結果の提示

Bx氏がYの担当者らにヒアリングしたり、資料を閲覧したりするなどしてFit & Gapを進めていくと、RFPには記載されていない業務が多く見つかった。それにより、Cool Suitesの標準機能で対応できない個所が想定より多くなることが判明した。1.5か月後に、プロジェクトマネージャーBx氏と営業担当Ax氏は、3y次長に対し、3億8000万円（初回提案は2億6000万円）の見積を再提示した。見積書とともに、Yの業務を一覧化・整理したFit & Gapシートと称する書面や、ヒアリングメモなど、120頁ほどのドキュメントも提出した。

Sy次長は、「スクラッチで作る[5]」という他社の提案と比べて、初期導入費用が安くなるということで、Xの提案に魅力を感じたのだが、これでは費

---

3) 巻末の**用語集**を参照されたい。
4) 巻末の**用語集**を参照されたい。
5) 既製のパッケージソフト等を使用せず、カスタムメイドでゼロから作ること。

用面のメリットはないな。我々も我慢しなければならないところがあることは理解しているので、何とか3億円以下になるような提案をしてもらえないか」と回答した。

Ax氏としては、これ以上、無償でFit & Gapを続けることには抵抗を感じたが、3億円を下回る提案をすれば、ほぼ受注できそうであることや、現在のFit & Gapに要する工数も含めて提案金額に混ぜ込んでしまえば損はしないと考えて、Sy次長の依頼を了承した。また、併せてSy次長に「契約書の件はどうなっていますか?」と聞いたところ、「法務で確認しています」との回答も得た。

営業のAx氏は、早速プロジェクトマネージャーBx氏を呼んで「何とか2億9000万円くらいの範囲で収まるようにカスタマイズのボリュームを抑えるような提案にしてくれないか」と頼んだが、これまで多くの現場を経験したBx氏は、「受注するために無理に3億円以下の見積を提示したとしても、結局は、ユーザの要求を反映していくと、大きく超過することが一般的だし、プロジェクトの途中段階で追加予算を確保することも難しい。途中で信用をなくすのも我々だ。だから、少なくとも現実味のある3億3000万円程度の提案をすべきだ」と抵抗した。

こうしたX内部の調整や、Yへの再ヒアリングなどを行った結果、さらに1か月後にSy次長に3億2000万円で再々提案した。その後もYからの正式回答があるまで、Bx氏らはYを頻繁に訪れて、ヒアリングや設計作業を継続した。

第三者への依頼の検討

このころ、ZからYに対し、Cool SuitesのサービスプロバイダであるPの信用力や、クラウドのセキュリティの不安などの問題点を指摘して巻き返しをしつつあり、Y内部では、SaaSを使わずに開発したとしても、費用・スケジュールともにほとんど違いがないのではないかという意見が強くなってきた。

Xからの再々提案を受領した月の翌月のYの取締役会では、次期基幹業務システム開発業者はZとすることが決定され、Sy次長は、Ty部長とともにXを訪れて、「このたびは、いい提案をいただいたのですが、他社に発注することにしました。これまでいろいろとご協力いただいたことは感謝していますが、御社の作業は本日限りで中止してください」と伝えた。

Xとしては、すでに協力会社Wに対する6人月720万円の支払いは確定しており、その他、社内の工数も合わせれば1400万円相当の作業は実施したと考えている。Fit & Gapの結果として作成した文書は、Yに提示して

ある。

2 問題の所在

(1) なぜ契約書取り交わし前に着手するのか

　本設例のような場合において、ベンダXは、ユーザYに対して、何らかの報酬が請求できるだろうか。逆に、Yとしては、Xに対して何らかの金銭支払義務は生じているだろうか。

　システム開発業務の契約交渉プロセスはRFPの提示に始まって、提案書の提出、ベンダの選定など、多くのステップを経て行われる。また、多額の投資を伴うことになるため、ユーザ側は慎重に審議し、取締役会等の決議など、多段階の手続を経て意思決定が行われることも多い。そのため、特定のベンダに絞り込んだ場合であっても、費用の確定や、最終的な契約書の取り交わしに至るまで時間がかかることがある。

　契約書の取り交わしまで時間がかかることは、業界における半ば「常識」であるといえる。むしろ、筆者の感覚としては、作業の着手前に契約書の取り交わしが完了していることは稀で、作業を先行させることのほうが一般的である。では、本設例におけるXのように、あえてリスクをとりながら、契約書の取り交わしの前から作業を先行させてしまうのはなぜだろうか。

　作業が先行することの要因としては、納期に対する厳しい要求が背景にある。仮に、ユーザにおける次の取締役会での正式決定のために1か月待ったり、契約書の表現・条件に関する交渉に3週間かかったり、最終的な金額調整に時間がかかったりしても、それにより、ユーザが本番稼働開始時期を遅らせることを許容するとは限らない。最近では、企画から本番稼働開始まで半年程度での開発を求められるケースも少なくないから、1か月の待機は致命的になりかねない。また、ベンダとしては、いったん当該開発プロジェクトのために人材（社内のエンジニア、協力会社を含む）を確保している以上、どのみちコストは発生してしまうため、遊ばせておくわけにもいかないという事情もある。そのため、発注されないかもしれないという可能性を認識し

第3章 契約交渉・締結段階におけるトラブル

ながら、少しでも作業を進めておきたいという事情がある[6]。

その結果、本設例のように、作業着手後に作業中止を求められるというケースは少なくない。

（2）主要な争点は契約が成立しているか否か

本設例の場合において、ユーザとベンダとの間に、すでにシステム開発委託に関する契約が成立していたとすれば、ユーザからの一方的な中止の通知は、「契約の解除」に当たり、その契約が請負契約（民法632条）であったとすれば、注文者による契約解除（同法641条）の規定により、損害賠償を請求することができる。

> **（注文者による契約の解除）**
> **民法641条**
> 　請負人が仕事を完成しない間は、注文者は、いつでも損害を賠償して契約の解除をすることができる。

ここでいう損害とは、原則としてそれまでに要したエンジニア等の工数に対応する費用や、すでに確保した人員のために支払った費用等が含まれることになるだろう。さらには、投下した実費相当額にとどまらず、当該契約を履行していたとすれば得られたベンダの利益相当額（履行利益）も含まれ得る。

また、準委任契約（民法656条）であったとしても、「委任が履行の中途で終了した」場合等に当たるとして、履行の割合に応じて報酬を請求し得る（同法648条3項）。

---

6)　清水建成「システム開発取引における紛争」判タ1335号26頁では、契約締結前に作業着手する事情として「ユーザーとの事業上の関係やバーゲニングパワーの問題」とベンダによる「営業的な理由」を挙げている。

56

> （受任者の報酬）
> **改正民法648条**
> 1　（省略）
> 2　（省略）
> 3　受任者は、次に掲げる場合には、既にした履行の割合に応じて報酬を請求
> 　することができる。
> 　　一　委任者の責に帰することができない事由によって委任事務の履行をす
> 　　　ることができなくなったとき。
> 　　二　委任が履行の中途で終了したとき。

　一方で、契約が成立していないとすれば、ベンダは自らの営業活動の一環として、リスクをとって作業を着手しただけにすぎず、ユーザに対して報酬を請求することは難しくなる。

　このように、契約が成立しているかどうかというのは、システム開発業務の初期段階で中止してしまった場合に、当事者間の権利義務に大きく関わる問題といえる。この点は、IIIにて詳述する。

（3）契約締結の拒絶が法的責任を生じさせる場合も

　前述のとおり、契約が成立していなければ、ベンダからユーザに対して報酬又は損害賠償を請求することは難しい。

　原則的には、契約を締結する前の段階においては、相互に契約締結の自由があるため、契約締結を拒絶したことに対して法的責任を生じることはないが、契約締結に至らなかった過程において、一方当事者において信義則に反する事情があった場合には、契約締結上の過失の理論に基づいて損害賠償責任が生じることがある（**図表3-1**）。この点は、IVにて詳述する。

図表 3-1　契約交渉段階で生じた紛争における典型的な攻撃防御の構造

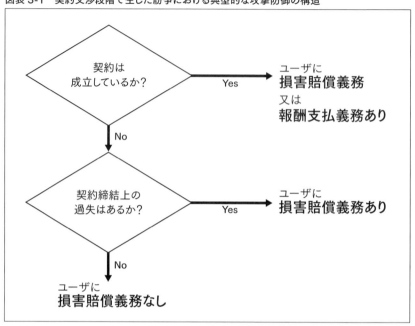

（4）問題が生じるのは作業着手時点だけとは限らない

　以上の問題は、本設例のように、新たなベンダを選定し、これから作業を着手しようという段階で生じがちな問題ではあるが、プロジェクト進行中にも起きる問題である。

　すなわち、**第2章Ⅳ**で述べたような多段階契約方式によって開発業務が進められている場合において、最初の工程の作業（例えば要件定義）を終えて、次の工程（例えば基本設計）の見積書を出したものの、個別契約書の取り交わしが完了する前に、作業を継続した結果、最終的に金額の合意に至らずプロジェクトが中止してしまうようなケースである[7]。この場合、ベンダもユーザも、個別契約書が取り交わされていないこと、次の工程の報酬額あるいは作業範囲が確定していないことを認識した上で、「見切り」で後続の工程の作業を継続

---

7)　東京高裁平成27年5月21日判決は、多段階契約に基づいてシステムを開発していたところ、フェーズ3の契約が締結されなかったことについて、ベンダが債務不履行又は不法行為に基づく損害賠償を請求したという事案である。

しており、基本設計に関する契約が成立したかどうかが問題となり得る。

　ベンダ選定の段階での見切り発車の場合と異なり、この段階では、ユーザも他のベンダに委託する可能性はかなり低いといえるため、契約締結に向けた意思の合致はあると評価できる。しかしながら、すでにユーザ・ベンダ間で基本契約書が締結されていて、個別契約は書面の取り交わしによってのみ成立する、といった定めがあることも多く、書面が存在しない場合の個別契約成立を認めにくいといった事情もある。

Ⅲ　契約の成立自体が争いとなる場合

1　原則論

　契約はどの時点で成立するだろうか。法律上は、契約とは、「申込みと承諾という2つの意思表示の合致によって成立する」のであって、書面による契約書を取り交わすことは要件とされていない。したがって、口約束であっても、意思表示が合致していれば、契約が成立するのが原則である。これは、どの教科書にも書いてある基礎的なことであるが、実務においては、契約の成否は、システム開発契約に限らず各種契約類型においても問題になることが多い。

（1）どの部分について合意している必要があるか

　「意思表示の合致」といっても、どの部分について合致していればよいのかが問題となる。システム開発委託のような複雑な業務において、「やりましょう」「お願いします」といったやり取りだけでは契約が成立しないのは当然である。例えば、請負契約を前提としたシステム開発委託契約の場合、原則として請負契約の要素である①仕事の目的物（開発対象となるシステム）と、②報酬額（もしくは報酬額の決め方）が決まっていることが求められる[8]。

---

8)　司法研修所96頁は、請負契約の成立要件たる事実は、①契約の当事者、②契約年月日、③仕事の内容、④報酬だとする。請負契約においては、実費精算方式や作業量当たりの単価のみをあらかじめ定める方式により相当な報酬を支払う合意があれば、請負契約の成立を認めてもよいとされている（東京高裁昭和56年1月29日判決ほか）。

第3章　契約交渉・締結段階におけるトラブル

「開発対象となるシステム」がどの程度具体的に合意されているかどうか
が重要である。システム開発は、要件定義、基本設計など多数の工程を経て
進められることを考慮すると、対象となるシステムが具体的に確定するのは
設計工程がだいぶ進行した後ということになる。そうすると、要件定義や設
計の工程がすべて契約締結のための準備行為ということになりかねない。

この点に関し、後述する名古屋地裁平成16年1月28日判決（裁判例❶）では、
仕様書が提示され、それをユーザが承認することによって成立すると述べて
いる。他方、司法研修所は「建築の場合との均衡上、システム化しようとし
ている範囲と概要が分かれる程度の特定で足りるであろう」（96頁）、「シス
テムの概要については合意するものの、請負契約の締結時にシステムの仕様
が具体的内容まで確定していることはほとんどない。」（99頁）と述べており、
契約締結時点において仕様が確定していないことを当然の前提にしているよ
うである。このように、システム開発には、規模の大小、複雑さなどに幅が
あることや、ベンダとユーザの取引関係、力関係などにも違いがあり、契約
の成立を認めるに足りる開発対象の確定にも差があるため、個別具体的な事
情の下で判断せざるを得ない。

なお、債務不履行責任の不完全履行、契約適合性との関係で問題とされる
のは、詳細な仕様の中身であって、契約締結後の作業を経て徐々に形成され、
あるいは変更されていくものである。したがって、契約の成否の段階におけ
る仕様の確定度合いと、債務の履行の段階における仕様の確定度合いは別の
問題としてとらえておく必要がある。

（2）誰と誰の間で合意している必要があるか

企業間取引において「意思表示の合致」とは、誰と誰の間において合致し
ていればよいのかという点も問題になる。株式会社の場合、原則として取締
役（代表取締役を定めた場合には、代表取締役）のみが会社を代表して契約を締
結する権限を有することになる（会社法349条）。もちろん、支配人その他の
従業員に対して権限を委譲することはできるが（例えば同法14条1項）、ベン
ダの営業担当者とユーザのシステム部門の担当者同士が合意していたとして

も、それぞれの担当者が会社を代表する権限を有しているとは限らない。取引の規模と、それに応じた職位、役職によって適切な権限を有する者が定まる。

（3）契約書の重要性

　言うまでもなく、上記のような原則論に照らせば、双方当事者の代表権を有する者の記名捺印がある契約書が存在していれば、契約が成立したことの決定的な証拠となる。ビジネス上の重要な取引において、「契約書」を作成して当事者間の権利義務を確認するという慣行がある以上、逆に「契約書」が取り交わされていない場合には、当事者間でまだ契約が成立していないという方向に作用する。特に、契約書の案文のやり取りが行われていながら、捺印に至っていないという状況では、契約はまだ成立していないというのが契約当事者の意識に近いであろう。現に、システム開発委託契約の成立が問題となった紛争の多くは、こうした契約書が取り交わされていない事例である。

2　裁判例

　以下では、契約の成否が問題となった裁判例を取り上げて、システム開発契約における契約成否のポイントを探ることとする。

（1）名古屋地裁平成16年1月28日判決（裁判例❶）

　本事例は、契約書を取り交わさないまま途中で頓挫したことから、契約の成否が争点の1つとなっている。事案はかなり複雑であるため、契約の成否にかかる争点に関する部分に限定する。

　ユーザ（地方自治体）は、ベンダに対し、財務会計システム等の導入を委託していたところ、その中の税務システムについてはパッケージソフトを利用することを想定していたが、ベンダが提示したカスタマイズの量が多く、費用の折り合いがつかなかったため、仕様が確定しないまま税務システムの導入が断念された。そこで、税務システム領域まで含めた全体の請負契約が成立していたかどうかが争点となった（本事例は、**設例3-1**のようにユーザが

61

第3章　契約交渉・締結段階におけるトラブル

契約の成立を否定する立場をとるケースと異なり、ユーザが税務システム領域まで含めた全体の請負契約の成立を主張していたものである）。なお、ユーザからは、「総合行政情報システム導入に関する提案書の提出について（依頼)」と題するRFPが提示され、これに応じる形でベンダからの提案書及び見積書が提示されていた。

　裁判所は、システム開発あるいはカスタマイズ契約成立の一般論として次のように述べている。

> 　業務用コンピューターソフトの作成やカスタマイズを目的とする請負契約は、業者とユーザ間の仕様確認等の交渉を経て、業者から仕様書及び見積書などが提示され、これをユーザが承認して発注することにより相互の債権債務の内容が確定したところで成立するに至るのが通常であると考えられる。

　すなわち、ユーザが、ベンダから提示された「仕様書及び見積書など」を承認して発注することによって、初めて成立すると述べている。逆にいえば、仕様書（この内容がどの程度具体化されていれば足りるといえるかは事案によって異なるであろう）も提示されておらず、開発の目的が明らかになっていない段階では契約は成立していないと判断している。

　本事例では、ベンダから提案書が出され、ユーザからは当該ベンダを採用する旨の採用通知が提出されていたことを根拠に、ユーザは契約が成立していると主張した。しかし、この点について裁判所は、次のように述べて契約の成立を否定している。

> 　ベンダらが、本件提案書を作成するに当たりユーザの業務内容等につきユーザと打合せをするなどして十分に検討した事実は認められず、また、ユーザにおいても、ベンダらから本件提案書等を受領してからベンダに採用通知を送付するまでの間、ベンダらの提案するシステムを導入するにあたり、パッケージソフトのカスタマイズを要するか否か、カスタマイズを要するとしてどのような内容、程度のものが必要となるか、これに要する費用がどの程度となるか等につき、具体的に検討した事実は認められず、これらの点について検討し、確定させるのは、専ら、<u>その後の仕様確認等の交渉を経てされる</u>

62

ことが予定されていたものであることが推認される。

　ユーザは、本件提案書等の提出をもって、ベンダらによる契約の申込みである旨主張するが、本件提案書は、上述のとおり、ベンダらにおいてユーザの業務内容等を十分に検討した上で作成されたものとは認められない上、その内容は必ずしも具体的でなく、ユーザらの要望に即した形でベンダら及びその提供するシステム等の概要及び長所を紹介したものとの域を出ないともいい得る。また、ユーザは、ベンダに対する本件採用通知の送付をもって、契約の申込みに対する承諾である旨主張するが、上記のとおり、本件提案書の内容は必ずしも具体的ではないのであるから、何について承諾をしたといえるのかが明確でなく、むしろ、本件採用通知の送付は、今後本件総合システムの導入を委託する業者として交渉していく相手方をベンダに決定したことを意味するに止まるものと解するのが相当である。以上によると、本件においては、ユーザとベンダとの間で、個別のシステム又はプログラム等につき、仕様確認等の交渉を経て、カスタマイズの有無、カスタマイズの範囲及び費用等につき合意がされた時点で、契約として成立することが予定されていたものというべきである。

　そうすると、ユーザがベンダに対して本件採用通知を送付したことをもって、ユーザとベンダらとの間で、本件提案書及び本件見積書等に記載された内容に沿った一定の合意がされたとみる余地があるとしても、その合意内容は、ユーザがベンダらに対してその履行を強制し、あるいはその不履行に対して直ちに損害賠償を請求することができるような性質のものということはできないし、また、それらが可能であるという程度に特定又は具体化されていたということもできない。

　すなわち、裁判所は、ベンダから提出された提案書について契約の申込みとは認めず、ベンダに交付された採用通知は承諾だとは認められないとした。

　しかし、この点のみをとらえて、一般論として提案書の提出が契約の申込みに当たらないとまではいえないことに注意が必要である。上記のとおり、本件の提案書は、ユーザからのヒアリング等が十分に行われない段階で提出されたもので、契約の要素である目的物に関する記載が具体的でなかったと見られ、むしろ営業資料的な意味合いが強いものであった。また、採用通知も、交渉相手を絞り込んだという程度の意味しか持たないとしている。仮に、ユーザからベンダに対して具体的なシステム化要件が記されたRFPが提示され、十分な検討期間を経て、開発の目的となるシステムの仕様、構成や金額等の

第3章 契約交渉・締結段階におけるトラブル

契約の要素を含む提案書が、ベンダから当該RFPに応答する形で提出されていた場合には、当該提案書の提出をもって契約の申込みと評価できるケースはあり得るだろう。なお、契約の成否が争いになった事例ではないが、提案書の記載内容が契約書の一部を構成することが当然の前提となっているとした事例に東京地裁平成16年3月10日判決[9]がある。

本事例は、上記1（1）の合意内容が具体的ではなかったとして契約の成立を否定したものである。

（2）東京地裁平成20年7月29日判決（裁判例❷）

本事例は、機密保持契約と、開発基本契約の締結までは争いがなかった。しかし、具体的な金額、作業範囲が記された個別契約書、注文書等のやり取りがないまま、ベンダのエンジニアがユーザの事務所に常駐して、要件定義等が開始されたものの、ユーザが別のベンダに乗り換えてしまったために、ベンダが作業対価を請求したという事案である。やはり、本件でも契約の成否が争点となっている（**設例3-1**に近い事案だといえる）。ベンダは、成立していたとする契約は準委任契約だったとして、民法648条3項に基づく報酬を請求している[10]。

裁判所は次のように述べて、契約の成立を否定した。

> 確かに、前記1で認定した事実によると、ベンダは、ユーザとの間で、平成17年2月10日に本件機密保持契約を締結した上で、本件システムの開発業務に着手し、同年4月20日には本件基本契約を締結し、翌21日以降、Eをユーザに常駐させて本件システムの開発業務に専念させたことが認められる。
> しかしながら、他方、前記1で認定した事実によると、① 平成17年2月の時点では、ユーザ内部において、本件事業の方針や具体的内容が定まっておらず、本件事業の提携先や提携業務の範囲も未確定で、本件システムとして開発、設計する範囲さえも明確になっていなかったこと、② 本件事業の方針や提携先との関係、本件システムとして開発、設計する範囲等が確定したのは、ユーザによる契約締結拒絶の通告後のことであること、③ 本件事業は、ユー

---

9) 本裁判例については第4章で詳しく紹介、解説する。
10) ほかに、契約締結上の過失に基づく損害賠償請求もしているが、その点については後述する。

ザがeコマース事業の一環として並行して進めていた複数の事業の一つである
ところ、本件機密保持契約や本件基本契約には、単に「ユーザのEC事業に関
わる業務及びシステム全般」のための機密情報であるとか、「eコマース事業
技術支援、WEBサイト構築の支援及びそれら付随する業務」を委託する旨の
記載があるだけで、eコマース事業の具体的内容も委託業務の範囲も明示され
ていなかったこと、④ 本件基本契約が締結された当時、ベンダは、本件事業
だけではなく、eコマース事業の一つであるポイント還元ショップ事業のシス
テム開発にも携わっていたこと、⑤ ユーザは、本件機密保持契約及び本件基
本契約の締結時と近接した時期に、Ⅴ社との間でも、これとほぼ同内容の機密
保持契約や業務委託基本契約を締結していること、⑥ ベンダは、Cから本件
システムの開発について相談を受けた際、見積額を口頭で伝えただけで、そ
の後、ユーザから契約締結拒絶の通告を受けるまで、報酬額についてユーザ
と具体的に協議することはなかったこと等を指摘することができる。

　これらの諸点に照らすと、前記（1）の事実のみからでは、ベンダとユーザ
との間で本件システム開発委託契約が締結されたものと推認することはでき
ず、他に、本件システム開発委託契約の締結を認めるに足りる証拠はない。

　本事例においても、eコマースシステムに関する要件定義作業は進行して
いたとしつつも、契約の要素たる開発、設計範囲が明確になっていなかった
として契約の成立を否定した。この事例からも明らかなとおり、システム開
発業務においては、対象となるシステムは個々のケースによって異なるので
あるから、その内容を確定させるための作業（要件定義等）は不可欠である
といえる。また、確定させるための作業自体も、ユーザの協力を前提としつ
つも専門的知識を有するベンダに委託せざるを得ないことから、工程に応じ
て多段階での契約を締結するという実務にも一定の合理性があるといえる。

（3）その他の裁判例

　上記裁判例❶・❷のほかにも、次のとおりシステム開発委託にかかる契約
の成否が争われた事例は少なくない。

第3章 契約交渉・締結段階におけるトラブル

	判決日等	成 否	概 要
❸	東京地裁 平成21年9月4日 判決	一部成立、 一部否定	ベンダが要件定義実施後にユーザから中止を申し入れられたために、要件定義費用、パッケージライセンス費用等の支払いを求めたのに対し、ユーザは、システム全体を完成させる契約が成立していたが、債務が履行されていない（システムは完成していない）として、支払いを拒絶した。 裁判所は、総額8000万円超の取引であるにもかかわらず、書面が作成されていないのは不自然であることや、発注書のひな形のやり取りがあったことなどから、全体の契約については否定し、終了した要件定義費用、ライセンス費用の請求を認めた。
❹	東京高裁 平成21年5月27日 判決 原審：東京地裁 平成20年9月30日 判決	否定	契約締結日の調整まで行われていたが、予定5日前になってユーザから交渉を白紙に戻したという事案において、裁判所は、最終的には上層部の決裁が必要であることは前提になっていたことや、契約書の案文のやり取りは確定していなかったことなどから、契約は成立していないとした。
❺	東京地裁 平成19年11月30日 判決	否定	基本設計フェーズ1までの契約が締結され、履行された後に、基本設計フェーズ2の個別契約が締結されないままユーザの親会社の承認を得られなかったとして中止されたため、ベンダから報酬請求がなされた。 裁判所は、見積書のやり取りはあったものの、先行するフェーズで存在していた注文書の取り交わしはなかったことや金額が確定していなかったことから、契約は成立していないとした。
❻	東京地裁 平成17年3月28日 判決	否定	作業着手後に見積金額が折り合わなかったことからユーザから作業の中止を申し入れたところ、ベンダから契約解除に基づく損害賠償等が請求された。「キックオフミーティング」が開催され、ユーザ担当者の捺印がなされた議事録が作成されていた。 裁判所は、着手された作業が有償であるという認識がなかったことや、キックオフミーティングの位置付けが特別な意味を持っていなかったなどとして、契約は成立していないとした。
❼	東京地裁 平成20年7月10日 判決	否定	基本契約の定めによれば個別契約は注文書・注文請書の取り交わしによって締結されるとされていながらも、これらの書面がなかったことや、報酬が支払われた期間に対応する注文書等は発行されていたことなどから、基本契約のみで業務委託料は請求できないとし、基本契約が定める運用が形骸化したという事実もないとして、契約の成立を否定した。

❽	東京地裁 平成26年11月5日 判決	肯定	ベンダが、メールのやり取りによって構築する環境の内容を具体的に提案し、納期についてもメールで指定されていたことから、必ずしも具体的な金額が定められていなかったとしても契約成立要件として必須ではないとして、契約の成立を認めた。

3　契約の成否を分ける事情

　以上の裁判例を踏まえて、システム開発委託契約の成否を分ける事情を検討する。

- ・　記名・押印ある契約書がない場合は消極的

　上記のとおり、契約の成否が争われた事案のほとんどは、契約書が取り交わされていない事案である。裁判所は、重要なビジネス取引において、契約書の存在なくして契約の成立を認めることに消極的であるといえる。ただし、別の取引関係がある中で、メールのやり取りがあることによって契約の成立を認めた例もある（裁判例❽）。

- ・　契約書案の送付等のやり取りがあっても捺印がない場合は消極方向に作用する

　契約交渉の過程も考慮されている。前フェーズでは書面が交わされていたにもかかわらず、書面が交わされていないという事情や（裁判例❺・❼）、契約書のひな形を交付したものの、捺印には至っていない事情（裁判例❸・❹）なども、契約の成立を否定する方向に作用した。すなわち、契約書案のやり取りが行われていたということは、当事者間においても捺印済みの契約書を取り交わすことによって契約を成立させることが前提になっていたのであり、捺印に至らなければ意思表示の合致がなかったという判断に結び付きやすい。

- ・　目的物、作業内容が明確でない場合は消極的

　目的物、作業の内容・範囲等が明確になっていない場合には、ベンダが作業に着手していたとしても、やはり契約の成立を認めていない。

第3章 契約交渉・締結段階におけるトラブル

- ・ 作業に着手していても有償であるとの認識がない場合は消極的

作業がある程度進行した場合には、黙示の契約成立を認める余地もあるところだが、裁判例❷・❻のように、作業が有償であるという認識がユーザにあると認められない場合には、（無償の）営業活動との線引きは難しく、契約の成立を認めていない。後掲・裁判例❾では、ユーザの事務所で作業を継続したという事情があったが、その前提としてユーザからの受注の見通しが低いことを聞かされていたことから、「（ベンダの負担をユーザに）転嫁することは許されない」と判断されている。

以上のとおり、両当事者間で明確な合意がない場合には、作業に着手していたとか、担当者による通知があったといった周辺の事情のみをもって契約の成立を認めることは困難な場合が多い。その結果、一方当事者が大きな不利益を被る場合には、次に述べる契約締結上の過失の法理の適用によって妥当な解決を導く方法が考えられる。

4 設例3-1の検討

以上を踏まえて、本章冒頭の**設例3-1**における契約の成否について考えてみたい。

ユーザのSy次長は、ベンダの営業担当であるAx氏に対し、「御社に依頼したいと思っているし、社内もその方向に進んでいます」と述べ、それを受けて契約書案のやり取りや、4人体制でのFit & Gapにも着手した。その作業は2.5か月にも及んでいる。しかしながら、契約書の押印手続に至っていないことは明らかであり、ベンダからユーザに対してFit & Gapが有償であるということが伝えられたこともなく、ユーザにもその意識があった様子はうかがえない。また、報酬の額も交渉中であり、確定していない。したがって、上記3で挙げた事情に照らしてみても、**設例3-1**において、XY間でシステム開発委託に関する何らかの契約が成立していると見るのは困難であろう。

68

Ⅳ　契約締結を拒絶したことによるユーザの損害賠償責任

　すでに見たように契約書が取り交わされていない場合には契約の成立が認められる可能性は高くない。ベンダはその場合、一切の金銭請求をすることができないのだろうか。この場合、ベンダ側は、契約の成立が認められない場合の予備的な主張として、契約締結上の過失に基づく損害賠償請求が考えられる。

1　契約締結上の過失とは

　「契約締結上の過失」理論について現行の法律上明文の規定はないが[11]、ドイツ法に由来するもので、日本国内でも過去の裁判例によって認められている理論である[12]。加藤新太郎編『契約締結上の過失［改訂版］』（新日本法規出版、2012）2頁によれば、次のように定義されている。

> 　契約成立過程における一方当事者の故意・過失によって相手方が損害を被った場合には、一定の要件を充たせば、何らかの責任を肯定すべきであるという法理

　「契約締結上の過失」理論は、①原始的不能の場合、②交渉破棄の場合、③不当に契約を成立させた場合、④契約締結前に相手方に人身損害等を与えた場合など、幅広い射程を有するものであるが、本項ではそのうち、**設例3-1**のような②に限定して検討を進める。

　②は、契約交渉の過程においては、各当事者は交渉を中断して、契約を締結しない自由があるものの、信義誠実の原則に照らして、およそ誠実といえない交渉破棄によって相手方当事者が損害を被った場合には、賠償責任を負わせるというものであり、その法的根拠は、民法1条2項（信義誠実の原則）に求められる。最高裁は、マンション購入希望者が、売主に対して電気容量

---

11)　平成25年3月に公表された法務省「民法（債権関係）の改正に関する中間試案」によれば、第27の1「契約締結の自由と契約交渉の不当破棄」という項目で、契約締結の自由の原則を維持しつつも、一定の場合には信義則に照らして損害賠償義務を負うという案が提示されていたが、改正法には反映されなかった。
12)　「契約準備段階における信義則上の注意義務違反」という表現が用いられることも多い。

の問い合わせ等をし、それに応じて売主が設計変更をしたにもかかわらず契約が成立しなかったという事例において、マンション購入希望者に「契約準備段階における信義則上の注意義務違反」があったとして損害賠償義務を認めているが[13]、この責任が債務不履行に基づく責任であるか、不法行為に基づく責任であるかは判決文上明らかではない。

この契約締結上の過失の法理は、実務的には、契約の成立までは認められないが一方当事者を救済すべきである事案においてたびたび用いられる。後述するように、損害額の調整も過失相殺を適用することにより柔軟にできるなど、公平、公正な結論を導くために使い勝手の良い論理だといえる。

2 契約交渉の破棄による責任

(1) 考え方

具体的な事案において、どのような場合に交渉当事者に責任を認めるのかが問題となるが、責任を認める要素としては、①交渉の進捗状況、②先行行為・準備行為（相手方の信頼を生じさせるような積極的行動あるいは、相手方の信頼に基づく行為の黙認等）、③交渉のイニシアティブ（契約成立への期待を誘発する行動の有無）、④挫折の原因とその主たる惹起者などが挙げられている[14]。これらの要素の有無、程度を基にして、交渉を破棄する者の責任の有無が判断される。

(2) 裁判例

上記のとおり、信義誠実の原則に照らして、およそ誠実といえない交渉破棄については、法的責任が生じ得る。ただし、上記 **(1)** で述べたような過失の有無の判断要素が挙げられているものの、具体的事例の下での「およそ誠実といえない交渉破棄」と「通常の交渉の結果の範囲内」の区別は容易ではない。以下では、システム開発委託契約の交渉の結果、契約締結に至らなかった事例において、契約締結上の過失理論の適否が問題となった裁判例を

---

13) 最高裁（三小）昭和 59 年 9 月 18 日判決。
14) 加藤新太郎編『契約締結上の過失［改訂版］』（新日本法規出版、2012）293 頁等。

俯瞰することにより、その傾向を検討する。

ア　肯定例：東京地裁平成20年7月29日判決（裁判例❷）

本事例は、契約締結の直前になって、他のベンダに委託することとなった事案であるが、それに加えて次のような事情があった。

- ユーザが短期間でシステムを完成させることを求め、秘密保持契約が締結されたこと
- ベンダはそれを受けてプロジェクトマネージャー、ベテランSEを常駐させたこと
- ユーザは納期に間に合わせるために要件定義作業と設計作業を並行して実施するよう求め、ベンダもそれに従っていたこと
- ユーザは、他社と接触していたことをベンダに秘匿し、明らかになった時点でも「社長に稟議を通すための形式的なもの」という説明をしていたこと
- 他社を入札させるためのRFPには、ベンダが作成した資料に基づく記述もあったこと
- ベンダは要件定義を終了させ、基本設計、詳細設計の一部も実施していたこと

裁判所は、上記のような行為を認めた上で、「ベンダがユーザとの間でシステムの開発業務に関する委託契約が締結されることについて強い期待を抱いていたことは相当の理由がある」と述べて、ユーザに契約準備段階における信義則上の注意義務違反があると認めた。

本事例における信義則上の注意義務違反を根拠付ける事情を上記（1）の要素に照らして挙げるとすれば、①ベンダをいったんは1社に限定し、相当程度作業が進行するなど、交渉は成熟しつつあり、②他社を入札させる行為について「形式的なもの」などと他社への委託可能性を秘匿するなどのベンダを信頼させる言動があり、③さらに作業に着手するよう求めたものの、結果として④ユーザ側の事情により白紙撤回したことが挙げられる。

イ　肯定例：東京地裁平成24年4月16日判決（裁判例❾）

　本事例は、ベンダ選定の結果、1社に絞り込まれて仕様の検討が開始されたが、その後の金額交渉において、金額の合意に至らず白紙撤回されたという事案であるが、より詳細には次のような経緯があった（日付はいずれも平成19年）。

3月15日	ベンダからユーザに提案書提出（初期費用は1億6205万円）
4月3日	ユーザからベンダに「貴社を「構築事業者」と決定しました」との通知
4月・5月	仕様に関する打ち合わせ（合計6回）
5月23日、6月21日	ベンダからユーザに見積書提出（初期費用は1億3605万円に変更）
6月27日	ベンダからユーザに正式発注がなければ作業を中止する旨の通知
7月3日	ユーザからベンダに正式発注はできないが作業を継続してほしい旨の要請
7月4日	ユーザからベンダに減額の要請
7月23日	ベンダからユーザに正式契約締結の要請
8月23日	ユーザ・ベンダの協議が物別れ
9月27日	ユーザからベンダに正式に契約締結しない旨の通知

　裁判所は、以上の事実経過から、次のように述べて契約締結拒絶は不法行為に当たるとした。

　ベンダとしては、同年6月下旬までは、技術提案応募要領に記載されたとおり、選定された構築事業者として見積書記載の見積金額でユーザとの間で本件業務委託契約が締結されるものと信頼して本件システムの構築に向けた具体的作業を行っていたことは明らかであり、上記の経緯に照らし、ベンダがそのような信頼を抱いたことについては相当の理由があるというべきである。したがって、ユーザは、信義則上、ベンダに対し、上記の信頼を裏切って損害を被らせることのないよう配慮すべき義務を負っていたものである。
　（中略）
　ユーザは、同年4月以降、同年7月4日の打合せに至るまでの間、ベンダがユーザとの打合せに基づいて本件システムの構築に向けた仕様の確定等の具体的作業を行っており、それに必要な費用を支出していることを認識しながら、ベンダの提出した見積書の見積内容や見積金額に疑問や不満を述べることもなく、これらの作業に協力しており、それにもかかわらず、見積金額の

合意成立の見込みがないことを理由として本件業務委託契約の締結を拒絶するに至ったのであるから、そのようなユーザの対応は、上記のような信頼を抱いていたベンダとの関係においては、信義則上の義務に違反したものと認めるのが相当であり、ユーザは、本件業務委託契約の締結を信頼したためにベンダが支出した費用等の損害について不法行為による賠償責任を負うというべきである。

　本事例において信義則上の注意義務違反を根拠付ける事情としては、①ベンダを1社に絞り込んだ後に、ベンダから出された見積書に疑問、不満もなく、②構築事業者に決定したという通知の後に打ち合わせ、作業が相当程度進行し、③たびたび正式契約の依頼を受けながらも、作業を継続してもらいたいとの依頼をした後に、④金額が合意できないとの理由によりユーザから破棄されたことが挙げられ、結果としてユーザの責任が認められた。

　なお、ベンダを1社に絞り込んだのちに価格交渉をすることが許されないというものではなく、一方的に契約締結に向けた強い期待を抱かせないなど、双方が、契約交渉状況、期待値を正しく認識できるようにしておくべきであったといえるだろう。

ウ　肯定例：東京地裁平成19年11月30日判決（裁判例❺）

　本事例は、基本設計フェーズ1が終了後の基本設計フェーズ2（基本設計フェーズ1の後続の工程）の契約について、注文書が発行されていないことなどから成立が否定された事例であるが、次のような事情をもとに、ユーザの信義則違反を認めた。

- 　基本設計フェーズ1と基本設計フェーズ2は、基本設計の工程を2つに分割したにすぎないものであること
- 　先行するフェーズでも、注文書発効前からユーザの協力の下でベンダの作業が開始されていたこと
- 　ユーザのマネージャーも基本設計がフェーズ1で終了してしまうことはまったく想像していなかったこと

第3章　契約交渉・締結段階におけるトラブル

> 　ベンダとしては、基本設計フェーズ1の作業終了後である（平成16年）8月には、主にユーザの担当者等との打ち合わせ等を通じ、ユーザにより基本設計フェーズ2についてもそれまでの工程と同様の形で発注行為がなされるものとの強い信頼を有するに至っていたと認められるから、ベンダとの間で本件基本契約及び個別契約を締結して本件プロジェクトを基本設計フェーズ1まで進めてきたユーザとしては、そのような打ち合わせ等の過程に照らし、信義則上、ベンダに対し、そのような信頼を裏切って損害を被らせないように配慮すべき義務を負っていたというべきである。
> 　にもかかわらず、ユーザは、現場責任者であるCにおいて平成16年8月の時点で基本設計フェーズ2の開始を了承し、その後同年10月下旬に本件プロジェクトが凍結となるまで、ベンダが上記作業を行っていることを認識しながら、これらの作業について注文書が発行されない可能性の有無やその場合にベンダが負うリスクについて言及することなく、むしろユーザの現場担当者がベンダに協力して作業を進めるのを漫然と容認していたのであって、そのようなユーザの対応は、上記のような信頼を抱いていたベンダとの関係において、上記信義則上の義務に違反したものと認めるのが相当である。

　本事例において信義則上の注意義務違反を根拠付ける事情としては、①基本設計フェーズ2まで継続することが当然の前提となっていたこと、②③ユーザ責任者からフェーズ2の開始を了承し、2か月間作業が継続している状況をユーザが漫然と容認したにもかかわらず、④ユーザ側の内部事情により作業の中断に至ったことが挙げられ、ユーザの信義則違反と評価された。

　フェーズの区切りで条件が折り合わない場合に、ベンダとしては確保した要員を遊ばせておくこともできないことから、契約締結の強い期待の下に見切りで作業に着手しがちである。本件では、ベンダのそのような期待を保護したものといえる。しかし、後述するように、ユーザの信義則違反は認められたものの、ベンダの被った損害は完全に填補されたものではないことから、契約の成立が明確にならない段階で作業に着手することがベンダにとって大きなリスクになることは変わりない。

エ　肯定例：東京高裁平成21年5月27日判決（裁判例❹）

　本事例は、契約の成立が認められなかった事案であるが、次のような事情

IV　契約締結を拒絶したことによるユーザの損害賠償責任

があった。

- 何度か商談が行われ、契約書案がベンダから提示されるなどのやり取りがあった。
- 正式に契約を締結する日の調整が行われ、4月18日を締結予定日とすることが担当者間では確定していた。
- しかし4月に入るころには他社に委託するのではなく、自社でエンジニアを採用して開発することが事実上確定していた。

原審[15]では、以上のような事情の下でも、契約の締結は確実であるという期待を抱かせる言動はなかったものであって、信義則上の注意義務違反はないとしてベンダの請求を棄却していた。

しかし、裁判所は、次のように述べてユーザの注意義務違反を認めた。

> すなわち、4月初めの時点で見ると、ユーザは、むしろ自社でシステム開発をする方向に動いており、ベンダとの契約締結が確実なものなどとは到底いえないものであったにもかかわらず、ユーザ担当者は、ベンダをして契約締結が確実なものと誤信させる言動をし、かつ、納期を守るためには4月初めから作業を開始する必要があるためベンダが4月初めころから作業に入ることを十分認識しながらそれをそのままにしていた、ないしはむしろそれを求めるかのごとき言動をしていたのである。
>
> このようなユーザの行動は、契約締結に向けて交渉をしていた者としての信義に違反するものといわなければならない。ベンダが、ユーザのこのような言動の結果、4月6日ころから作業に入ったことは無理からぬものといえる。契約準備段階における信義則上の注意義務として、ユーザは、少なくともベンダが作業に入ることが予想される4月初めの時点において、ベンダに対し、社内の状況等から契約成立が確実とはいえないことを告げ、ベンダが納期を守るためあらかじめ作業に入るようなことをさせないようにする注意義務を負っていたというべきである。しかし、ユーザは、この注意義務を尽くさなかったのである。

---

15)　東京地裁平成20年9月30日判決。

第3章 契約交渉・締結段階におけるトラブル

　本事例において信義則上の注意義務違反を根拠付ける事情としては、①契約締結予定日が担当者間で合意され、契約書の内容もほぼ固まるなど、相当程度成熟しており、②締結を前提に作業に着手させる一方で、③自社でエンジニアを採用して自社開発するという事情をベンダに一切知らせることはなかった上、④契約締結予定日の5日前になって白紙撤回したことが挙げられ、結果として信義則上の注意義務違反を認めたものである。

オ　否定例：東京地裁平成17年3月28日判決（裁判例❻）

　本事例は、「キックオフミーティング」と称する会議が行われて議事録に捺印もされていたが契約の成立が否定された事案である。

　裁判所は次のような事情を考慮して、契約締結の交渉過程における信義則上の注意義務違反はないとして、ベンダからのいずれの請求も否定している。

- 　もともと、当該ベンダを含めた3社の提案を比較して選定するという前提になっていたこと
- 　当該ベンダに対して発注するということを明示的に発言したことはないこと
- 　3つの条件を満たせば発注するというメールが送られていたが、逆にいえば、3つの条件が満たされなければ発注しないということがあらかじめ通知されていたこと
- 　ユーザが、ベンダが提示した見積額が上昇したことを理由に提案を断ったこと

　上記（1）①から④いずれの要素についても、特段の信義則違反と評価できる事情は見当たらなかったといえる。逆に上記のような事情は、信義則上の注意義務違反の評価障害事実として評価される。

カ　ベンダ・ユーザ双方で責任の所在が争われた例：東京地裁平成19年10月31日判決（裁判例❿）

　本事例は、請負契約の締結に至らなかったという点については争いがない

ものの、ユーザ・ベンダの双方が、その責任は相手方にあるとして、それぞれが信義則上の注意義務違反があると主張していた事案である。契約締結に至らなかった事情としては、要件定義作業の遅れ等により、ベンダが、ユーザの希望する運用開始時期には間に合わないと提案したために、ユーザが契約締結を拒絶したというものである。

裁判所は、もともと平成18年4月1日に運用開始を前提とした作業日程の基本合意が成立していたという事情から、次のように述べた。

> 遅くとも平成17年11月7日の時点では、ベンダは、ユーザに対し、信義則上、新会計システムが平成18年4月1日に運用開始できるように、新会計システムの要件定義作業を速やかに進めるなどして、ソフトウェア作成請負契約の締結に向けた準備作業を誠実に行うべき義務を負担したものというべきである。

そして、ベンダがユーザに対してスケジュールに間に合うように調整するなどの方策を講じなかったことがベンダの信義則上の注意義務違反であるとして、信頼利益の賠償を認めた。なお、ユーザ側の信義則上の注意義務違反については、「発注者であり、コンピュータのソフトウェアの開発等を業とするものではない」などとして、特段の注意義務違反はないとした。本件では、中身の作業もかなり進行しており、典型的な契約交渉中の不当破棄という事例ではない。実質的には**第4章**で述べるようなベンダのプロジェクトマネジメント義務類似の注意義務違反を認めたと評価し得るものである。

ベンダ側も要件定義作業、データベース設計作業を実際に実施したことから、契約締結上の過失に基づく損害賠償請求ではなく、商法512条に基づいて相当額の報酬を受ける権利があるとし[16)]、作業相当分についてベンダによる請求を認容した。

---

16) 商法512条に基づく報酬請求は、ベンダが仕様変更・追加作業を実施した場合において、契約金額以上の対価を請求する際にしばしば利用される法的構成である。この点については、別途**第4章**にて取り扱う。

第3章 契約交渉・締結段階におけるトラブル

キ　否定例：東京高裁平成27年5月21日判決（裁判例⓫）

　本事例は、フェーズ1（要件定義及び基本設計）、フェーズ2（詳細設計及び開発）の順に契約締結と作業が進められていたところ、フェーズ3の個別契約が締結されなかったために、ベンダが、フェーズ3が発注されることを前提にフェーズ2の代金を減額したなどとして債務不履行又は不法行為に基づいて損害賠償を請求したという事案である。

　原審（東京地裁平成26年11月20日判決）では、次のように述べて次の工程にかかる個別契約が締結されるものと正当な期待を生じさせたユーザが損害賠償責任を負うとして一部の請求を認めた。

　基本契約と個別契約とを切り分けて締結している本件システム再構築に係る発注方式（多段階契約方式）の下では、次工程の個別契約を締結することが当然に約束されているものではないが、発注者であるユーザにおいて、請負人であるベンダに対し、次工程の個別契約が締結されるものとの正当な期待を生じさせた場合には、信義則に照らし、ユーザはその期待を侵害したことについて不法行為上の損害賠償義務を免れないものと解される。

　しかし、東京高裁は多段階契約方式による開発業務の場合は、全工程の個別契約の締結までもが当然に約束されていたものではないとし、代金額の調整がつかなければ契約がキャンセルされることもあり得ることが告げられていたことや、メールはフェーズ3の発注を確約する内容でもないことから、フェーズ3が発注されると誤信させるような内容ではないとして、ベンダの期待は法的保護に値するものではないとして請求を棄却した。

（3）契約締結上の過失を基礎付ける根拠事実・障害事実

　以上の裁判例や、実務上の相談例をまとめると、ユーザによって契約交渉が破棄された場合における契約締結上の過失を根拠付ける事実、障害となる事実としては次のようなものが挙げられる。それぞれの事実が単独で決定的になることはなく、総合的に判断されると考えられる。

● ユーザの過失の評価根拠事実
・他社に委託することが確定していたにもかかわらず、それを秘して作業を継続させること
・契約締結に至らなかった事由がもっぱらユーザにのみ存すること
・無償による作業が相当長期間、大量に及ぶこと
・ベンダ選定プロセス等において 1 社に絞り込んでいたことや、対象事業者を決定する旨の通知等を行っていたこと
・内示書、仮注文書等の書面が交付されていたこと
・担当者同士のやり取りでは委託することが確定していたこと

● ユーザの過失の評価障害事実
・他社に委託する可能性が示されていたこと
・社内の意思決定プロセスが相手方に伝えられていたこと
・金額、作業範囲等の交渉が成熟していなかったこと
・契約締結に至るまでの前提条件について当事者間で共通認識があったこと

3　不当な契約交渉破棄による損害の額

（1）損害の範囲

　交渉を破棄した当事者の責任が認められた場合における損害賠償の範囲については、信頼利益に限られると見るのが一般的である[17]。信頼利益とは、契約が有効であると信じたことによる損害をいい、契約準備、契約交渉、履行準備にかかる費用などが含まれる。他方で、契約が履行されていれば得られたであろう履行利益については含まれないとされるために、原則として逸失利益は請求できないと見るのが一般的である。

　設例3-1 のように、システム開発契約の交渉破棄事例では、ユーザの責任が認められる場合であっても、交渉開始から発生したあらゆる費用が問題となるのではなく、注意義務が生じた時点から交渉破棄に至るまでに投下した、

---

17)　谷口知平＝五十嵐清編『新版注釈民法（13）債権（4）契約総則［補訂版］』（有斐閣、2006）135 頁。ただし、近時では信頼利益に限定する見解に対する有力な批判もあるところである（加藤・前掲注 13）296 頁参考）。

ベンダあるいはその協力会社の作業工数に対応する費用が損害だといえるだろう（図表3-2）。したがって、契約交渉の過程において、どの時点で注意義務が発生していたかがポイントとなる。

また、契約交渉の破棄は必ずしも一方当事者のみの責めに帰すべき事由によって行われるものではないことから、契約締結上の過失による損害賠償請求の事案においては、過失相殺（この場合は契約の成立を信頼したベンダ側の帰責割合に応じて請求額を減額する）が行われることがある。

図表 3-2　損害の範囲

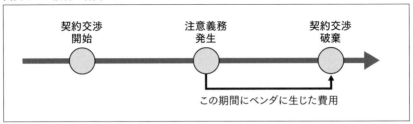

（2）裁判例

前記2（2）で紹介した裁判例のうち、契約締結上の過失が認められた事例における損害の算定について紹介する。裁判例❷を除いて、原則として信頼利益のみを賠償範囲とし、裁判例❺は過失相殺を認めている。

裁判例❷（前掲・東京地裁平成20年7月29日判決）では、ベンダが受注するはずだったシステムの開発費が少なくとも1億2000万円であるとした上で、次のような一般論を掲げて、1350万円の損害を認定した。

- 一般に、コンピュータ・システムの開発は、設計段階、製作段階及び運用段階の3工程から成ること
- このうち設計段階は、さらに要件定義、基本設計及び詳細設計の3区分に分けられること
- これらの工程、区分の割合はほぼ同程度であること
- ベンダは、設計段階のうち、要件定義をほぼ終了させ、基本設計及び詳

細設計の一部に着手したこと

　以上から、1億2000万円の総開発費のうち「9分の1をやや上回る程度の作業工程を終えていて、その成果がその後の被告の開発作業にも活かされたものと認められる」として、損害は1350万円を下らないとした。
　この考え方は、損害の出発点が「総開発費」であることから、信頼利益のみならず履行利益も含まれている（ベンダの利益も含まれるはずだから）と考えられるため、伝統的な考え方とは整合しない。
　また、裁判例❾（前掲・東京地裁平成24年4月16日判決）は、ベンダが他の協力会社に支払った業務委託料約5800万円について損害に含まれるとしたが、ユーザ・ベンダ間での契約成立に関するトラブルが生じた後にベンダから第三者に対して発注されたハードウェアの代金は、「この購入契約に基づいて支払った購入代金は、ベンダが本件業務委託契約の締結を信頼したために被った損害ということはでき」ないとした。
　裁判例❺（前掲・東京地裁平成19年11月30日判決）は、基本設計フェーズ2のために要した費用について損害を認めつつ、正式な発注行為がなかったにもかかわらず作業に着手したことについて、ベンダの落ち度があったとして賠償責任を3割減じている。
　裁判例❹（前掲・東京高裁平成21年5月27日判決）は、注意義務違反が生じた後に費やされたベンダの作業分について、1人日当たり4万2000円の人件費が生じているとして、ユーザの注意義務違反が生じた以降の作業工数を乗じて損害額を認定した。しかし、逸失利益については棄却していることから、これも信頼利益の考え方に基づく。なお、過失相殺の主張については退けられている。
　裁判例❿（前掲・東京地裁平成19年10月31日判決）は、「信頼利益」が賠償範囲であることを明記した上でベンダの2名分の人件費、交通費等の賠償を認めた。

第3章　契約交渉・締結段階におけるトラブル

4　設例3-1の検討と実務上の留意点

以上を踏まえて、**設例3-1**におけるユーザの責任の有無について考えてみたい。

2（1）で挙げた要素に照らすと、ユーザのSy次長からベンダのAx氏に対して、「御社に依頼したいと思っているし、社内もその方向に進んでいます」などと、発注先候補を絞り込む発言をした上で、開発費の総額について詳細な交渉をしていることから、ベンダから見ると契約が成立するであろうという信頼が生じる段階に達しているといえる。また、①交渉の進捗状況はかなり成熟化しており、②ベンダに対して発注確度が高いことを示す行動をするとともに、2.5か月にもわたるFit & Gapを実施させているなど、相手方の信頼に基づく行為を黙認し、③交渉のイニシアティブも、開発費の総額についてユーザからの要望を積極的に伝えている。さらには、④交渉終了となった原因は、ユーザが他のベンダZからの営業攻勢を受けて翻意したものであり、Zから攻勢を受けていることについてベンダXには事前に伝えていない。

以上の諸点に照らすと、ユーザYは、ベンダXに対する信義則上の注意義務違反が生じる可能性があり、契約の成立を信頼して支出した協力会社Wに対する720万円の委託費用について賠償義務が生じる可能性がある。もっとも、ベンダとしても、契約締結が確定していないことは認識していたのであって、契約締結が完了しない状態が長期にわたる場合には、有償の作業であることを通知したり、意思決定を促進したりするなどの対処をとり得た可能性があるため、過失相殺により請求額が減じられることも十分にあり得る。

なお、ベンダからユーザに対してFit & Gapの成果物である文書を提示してあるということから、商法512条に基づく報酬請求権が認められる余地もある。

設例3-1のように、商談の開始、ベンダの選定から契約締結までには相当の時間を要し、かつ、作業は先行して着手しなければならないという実情を踏まえると、契約不成立による（ベンダの）損害発生や、紛争化のリスクを回避するためには、作業着手を依頼された時点で、「内示書」「仮発注書」「作業着手依頼書」等の文書の提示を求め、契約締結に向けた信頼が高まったこ

とを証拠化することも検討に入れるべきであろう[18]。さらには、当該文書において、契約締結に至らなかった場合の費用・報酬の精算方法を入れる例もあり（**図表3-3**の第3項・第4項）、無用な紛争の回避につながるといえる。

図表3-3　内示書のサンプル[19]

平成○年○月○日

○○システムズ株式会社
○○　様

○○株式会社

内　示　書

1.　貴社から提示された平成○年○月○日付け次期システムに関する見積書に基づく要件定義作業の着手を依頼します。
2.　貴社との契約は、双方署名捺印ある契約書の取り交わしをもって成立することとします。
3.　前項の契約の締結に至らなかった場合には、貴社から当社に対する作業中の成果物の引渡し及びその作成経過及び内容の説明を条件に、本内示書の交付日から契約不成立が確定した日まで、1日当たり○円の精算金を支払います。
4.　本内示書の交付日から60日以内に前記契約の締結に至らなかった場合にも、前項と同様とします。

---

18)　もっとも、その文書の表題、内容次第では、当事者間で契約が成立していなかったことの認識を示す証拠として評価され得ることにも注意が必要である（例えば「記名押印ある契約書の取り交わしをもって正式な契約が成立するものとする」といった表現など（図表3-3第2項）があれば、当事者間において契約が成立していないことを示す証拠となり得る）。
19)　経産省モデル契約〈第1版〉131頁以下には「仮発注合意書」のサンプルが掲載されている。ただし、「極めて限られた場合にのみ使用すべきものであり、仮発注合意書のプロセスを設けることを推奨するものではない。」としている。

第3章　契約交渉・締結段階におけるトラブル

V 個別契約は書面による合意によって成立するとされている場合の契約の成否

1　問題の所在

　契約成立の条件については、Ⅲの1にて述べた。ここでは、契約成立条件があらかじめ当事者間の合意によって定められていた場合において、その方法以外による契約の成立が認められるかどうかを取り上げる。

　実務的には、基本契約書が取り交わされていた場合において、個別契約の成立・変更に関する次のような条項が置かれていることが多い[20]。

　この契約、この契約にもとづく個別契約、およびこれらにもとづくその他の契約の締結ならびに変更は、甲（ユーザ）乙（ベンダ）を代表、若しくは代理する権限を有する者によって記名捺印された書面によってのみなし得る。

　個別契約は、前条に定める事項を記載した注文書を甲（ユーザ）が乙（ベンダ）に交付し、乙（ベンダ）が当該注文書に対する注文請書を甲（ユーザ）に交付することにより成立する。

　つまり上記の例のように、個別契約は、注文書とこれに対応する注文請書が取り交わされた場合においてのみ成立するという合意がなされているなど、書面の取り交わしが必要とされているが、実際には、基本契約のみが締結されて個別契約書の取り交わしがないまま作業に着手したり、途中の工程からは書面が取り交わされることもないまま作業が進められたりすることも少なくない。こうして作業が進められた後に中止された場合に、個別契約が成立していたかどうかが争いになることがある。

　なお、契約の成立条件を定める合意は、一種の証拠制限契約だと考えられる。証拠制限契約とは、一定の証拠方法を裁判所に提出しないことを約する合意であって、自由心証主義との関係が指摘されることもあるが、一般的に

---

20)　ここでは、後述する東京地裁平成19年1月31日判決（裁判例❷）の当事者間で締結されていた条項を引用している。経産省モデル契約〈第一版〉第3条第2項では、合意事項の変更は第33条に従ってのみ行うことができるとし、口頭等による合意を排除しているが、個別契約の成立は、書面の取り交わしのみによることは明示されていない。

84

効力が認められている[21]。

2 裁判例

　上記のような点が争点となったのが裁判例❷（前掲・東京地裁平成19年1月31日判決）である。本事例は、ユーザ・ベンダ間で基本契約が締結されたことについては争いがなく、個別契約の成立が争われた事例である。本事例における基本契約書には、上記1のような個別契約の成立条件についての文言があった。

　ベンダは、クレジットシステム開発に関する請負契約と、同クレジットシステム開発に関する要件定義書及び概要設計書の作成作業を行うことを内容とする準委任契約の成立を主張していた。

　裁判所は、当該基本契約に基づく個別契約としての請負契約の成立については、基本契約の文言に忠実に判断して否定した。しかし、次のような事情を考慮して、「システム開発の要件定義書及び概要設計書の作成のための作業を行うこと」を内容とする準委任契約が口頭により成立したと認めた。裁判所は、書面による個別契約の成立条件を前提としつつも、基本契約締結後にユーザの部長が「本格的に作業に入ってもらいたい」と述べたこと等を理由として、書面によってのみ契約が成立するという条項が当該準委任契約には適用されないことがユーザ・ベンダ間で了解されたものであると認定した。

- ・　第2回の打ち合わせにおいてユーザの部長から作業を開始してほしいという依頼を受けて、ベンダが要件定義作業に取りかかったこと
- ・　第3回の打ち合わせで別の部長から「本格的に作業に入ってもらいたい」という指示があって、作業日程、場所の打ち合わせが行われたこと
- ・　ユーザとベンダとの間で、要件定義作業等に関する13回の打ち合わせが行われ、それに基づく要件仕様書、機能概要書の作成作業が行われたこと

---

21)　伊藤眞『民事訴訟法［第5版補訂版］』（有斐閣、2016）頁確認頁。賃貸借契約における増改築においては賃貸人の書面による承諾を要する旨の特約に関し効力を認めた例として東京地裁昭和42年3月28日判決。

第3章　契約交渉・締結段階におけるトラブル

- 要件定義作業、概要設計作業を行ったベンダの担当者は、見積書作成担当者とは別の者であったこと

3　実務上の留意点

裁判例❷の基本契約には、対象となる個別契約から準委任契約に係るものを排除するといった限定はなかったが、ユーザの発言などにより、「準委任契約には適用されないことがユーザ・ベンダ間で了解された」とし、口頭の合意を優先する判断を行うことにより、妥当な結論を導いている。

ただし、本件裁判例の判断に基づいて、作業の実態や口頭の合意があれば、基本契約に個別契約の成立条件が明記されていたとしても排除できるとするのは早計である。すなわち、本件で認められた準委任契約の対象となる業務は要件定義作業と概要設計作業である一方、見積書の対象となっていた業務は開発業務であり、両者は一応区別可能であったという事情が存在したからである（裁判所も認定しているとおり、担当者も分かれていた）。

また、仮に口頭の合意が優先されるとしても、訴訟において、両者の言い分が食い違う中で、口頭による契約成立を立証することは容易ではない。この点は、Ⅲの2で紹介した各裁判例において、書面がない場合に契約の成立を認めていないことからもうかがえる。

したがって、基本契約において個別契約の成立条件として書面による合意を定めた場合には、口頭による合意を頼りにするべきではなく、契約の成否、合意の状況を当事者間で明確にしておくべきである。たしかに、多段階契約方式を採用した場合には、工程ごとに契約条件の交渉が生じるため、交渉が長引いた場合、全体スケジュールが遅延する危険はある。そのため、交渉に時間がかかり、後続の工程に着手せざるを得ない場合には、Ⅳの4で述べたような内示書等の活用をすることが望ましい[22]。

---

22) この点に関し、経産省モデル契約〈第一版〉第4条第2項では、「甲及び乙は、作業スケジュールの進捗に支障を来すことのないように各個別契約の締結交渉に着手し、可能な限り早期に合意に至ることのできるよう双方誠実に協議するものとする」と誠実交渉義務を明記している。

Ⅵ 開発対象の範囲が争いとなる場合

1 問題の所在

　システム開発委託契約の成立にあたっては、開発対象となるシステムの内容についての合意が必要であることは、Ⅲの1（1）で述べた。しかし、システム開発は、作業開始前においては、要件定義等の作業を経ない限りシステムの内容を具体的に特定することが困難であることに加え、ユーザからベンダへの伝達漏れ、あるいは事業環境の変化等によって、システムの内容が変容していくこともある。そこで、契約締結時点においては、契約書にて開発対象が抽象的に書かれることも少なくない[23]。

　当然ながら、ユーザは、開発対象の範囲を広く解釈する傾向にあるのに対し、ベンダは、限定的に解釈しがちである。そのため、ユーザが受け入れる時点（検査段階）において所望のシステムが完成していないとして支払いを拒絶するなどの争いが生じたり（完成の問題）、途中で指摘した要件が仕様変更に当たるとして追加費用が請求されるという争いが生じたり（追加報酬請求の問題）することがある。

　この場合、契約締結時点に合意されていた開発対象の範囲がどこまでであったかということが問題になる。合意の内容は、契約書本体及びその付属書類に記載されることが原則であり、契約解釈の問題に帰着する。また、契約書以外にも、ベンダから提出された提案書や、ユーザから提示されたRFPに記載された内容が合意の内容に含まれるか否かが争いになることもある。

2 裁判例

（1）東京地裁平成17年4月22日判決（裁判例⓭）

　本事例は、契約書で定められた範囲を超えて開発を行ったと主張するベンダが、契約書記載の報酬に加えて追加報酬を請求したのに対し、ユーザは、契約で定める業務は完了していないこと等を理由に争った事例である。見積

---

23)　Ⅲ・1（1）で引用した司法研修所99頁参照。

の前提条件は「現行システム業務＋新機能」としか書かれておらず、書籍在庫管理システムのうち、個別出版社対応機能が、もともと両当事者間で合意された開発範囲に含まれているかどうかが争点となった。

　裁判所は、契約締結の前提としてベンダが作成した見積は、ユーザから提示された仕様書類に基づいて作成されたものであるとし、個別出版社対応機能は、その仕様書類に含まれていなかったとして、契約上で合意された開発範囲は、個別出版社対応機能を除いた現行システムの業務に別途合意された新機能であると認定した。

　本件固有の事情として、ユーザは、他のベンダに一度は開発を委託したものの失敗し、本件原告となったベンダに委託し直したという経緯があった。先に委託されたベンダの開発範囲には個別出版社対応機能は含まれておらず、それを引き継いだという経緯から前記のような認定につながっている。

　本件は、見積の前提となった仕様書類に記載されていた内容を根拠に開発範囲が特定された事例である。

（2）東京地裁平成 16 年 6 月 23 日判決 （裁判例⓮）

　本事例は、ユーザが、業務に必要な「遠隔操作機能」が実装されていないとして契約を解除したため、ベンダが開発は完了しているとして解除の無効を主張し、開発業務報酬の残額を請求した事例である。ユーザ・ベンダ間で締結された契約書から参照される仕様書には、遠隔操作機能は記載されていなかった。

　裁判所は、遠隔操作機能が仕様書に記載されていなかったものの、「もともとソフトウエアの仕様書は複雑なものであり、専門家でなければ容易にわかり得ないものであるから、仕様書に記載がないからといって、契約の内容になっていないということはできない」と述べて、ユーザの属する業界において、遠隔操作機能を実装することは不可欠であることや、打ち合わせの中でユーザからその点を伝え、ベンダも了承していたこと等を根拠に、「ベンダは、ユーザから、口頭で、遠隔操作機能の開発依頼も受けたものというべきである」とした。

本件は、仕様書（当事者間の合意文書）に記載がない場合であっても、必要不可欠な機能であることに加えて、口頭でのやり取りがあったことにより、開発対象に含まれると認定された事例である。

（3）東京地裁平成23年4月6日判決（裁判例⓯）

本事例は、ベンダからユーザにシステムが提供されているものの、当該システムが契約の本旨に従ったものであるか（完成しているか）どうかが争われた事例である。なお、被告となったベンダは元請ベンダ、下請ベンダの2社となっている。

裁判所は、元請ベンダとユーザとの間で締結された契約書の記載を出発点に、そこから参照される文書（見積仕様書）、それに基づいて締結された下請ベンダと元請ベンダとの契約書等を辿り、下請ベンダから元請ベンダに対して提出された「本件一覧表」（システム仕様の一覧が記載された文書）に記載されている機能が、「本件システムに備えるべき機能」であると認定した。

本件は、契約締結時点においては、開発対象の範囲は明記されていなかったものの、ベンダから提示された仕様の一覧表を開発対象とするとした事例である。

（4）名古屋地裁平成16年1月28日判決（裁判例❶）

本事例は、上記Ⅲの2(1)で紹介した事例である。契約の成否も争点となっているが、財務会計システムのほか、税関連システムまで開発対象の範囲となっているかどうかが問題となった。ユーザから提示されたRFPには、「導入システムの業務範囲」として「統合OAシステム」「財務会計システム」「住民記録・税関連システム」「人事・給与システム」が書かれており、これに応じる形でベンダからの見積書、提案書が提示されていたため、ユーザは、上記4つのシステム全体について開発対象の範囲に含まれるとしていた。

しかし、上記Ⅲの2(1)のとおり、裁判所は、全体についての契約の成立を否定するとともに、提案書の内容が具体的ではないといった理由により、提案書の提出が契約の申込み、採用通知が承諾の意思表示に当たらないとし

第3章 契約交渉・締結段階におけるトラブル

た。

　本件は、RFPに対応する提案書が提出されていた状況においても、その内容が具体性を欠く場合には開発対象に含まれないとした事例である。

（5）東京地裁平成16年3月10日判決（裁判例⓰）

　本事例は、**第4章**にて述べる「プロジェクトマネジメント義務」の有無及び内容について言及した裁判例として知られている。ユーザからはRFPが提示され、ベンダからはこれに対応する形で現状分析調査報告書と、提案書が提出されていた。ユーザは、提案書は、契約書と一体のものであるとし、提案書に記載されていた「共済システム」と「電算システム」との連動が実現されていないことから、システムの完成を争った。このように、連動機能がシステム開発の対象となっているか否かが争点となっている。

　裁判所は、提案書と契約書の一体性については、当事者間に争いはなく、ベンダは契約書及び提案書に従って、これらに記載されていたシステムを完成させる債務を負っているとした。あくまで、開発の対象は、RFP、提案書又は契約書に具体的に列挙されているものに限られるとしつつも、共済システムの提案書中に「本件電算システムのマスターを流用し、情報の一元管理とシステム資産の有効活用を図る」という記載があったこと等から、共済システムは、電算システムのマスターを参照し、これと連動することを内容とするものであるとした（結論としては不完全であるとして完成を否定した）。

　本件は、提案書は契約書と一体を成すとし、開発対象の範囲、実現レベルについて、提案書の内容から認定した事例である。

（6）札幌高裁平成29年8月31日判決（裁判例⓱）

　本事例も、**第4章**にて述べるベンダのプロジェクトマネジメントに関する責任について言及した裁判例として知られる。ベンダが開発すべきカスタマイズの範囲も争点の一つとなっていたが、ユーザが要求仕様書等を作成し、これを踏まえてベンダが技術仕様書等を作成して契約に至ったという経緯に照らしてユーザが主張する範囲は対象外であるとした。

本件は、ユーザとベンダとの間の仕様にかかわる文書の取り交わしの経緯から、パッケージのカスタマイズ範囲を認定した事例である。

3　実務上の留意点

（1）開発対象の範囲を書面によって特定する

　以上の各事例は、いずれも開発対象の範囲が争点となっているが、裁判所は原則として契約締結前後に提示、交付された各種書面に基づいて開発対象の範囲を認定している（ユーザから提示した仕様書類（裁判例❸）、契約締結後の仕様の一覧表（裁判例⓯）、提案書（裁判例⓰）、ユーザが提示した要求仕様書とベンダが提示した技術仕様書（裁判例⓱））。したがって、開発対象の範囲に関する争いを避けるためには、契約書あるいは契約書から明示的に参照される文書において、開発対象の範囲を明記することが求められる（単に「○○システム」といった名称ではなく、機能の一覧のレベルであることが必要である）。開発対象の範囲は、ベンダの主たる債務の範囲にほかならないのであるから、契約書以外の書面に記載する場合には、契約書に直接添付するか、「開発対象は、○月○日付け提案書○頁記載の「開発対象一覧」記載のとおりとする」といった明確な記載をすることによって、後の疑義をできる限り排除すべきである。

　また、裁判例⓮では、「仕様書に記載がないからといって、契約の内容になっていないということはできない」と述べて、仕様書に記載がなくとも口頭の合意により遠隔操作機能が開発対象の範囲に含まれるとした。ただし、これは当然備えているべき機能が仕様書に記載されていなかったこと及び口頭でのやり取りによって追加することの合意があったという事実の下に認められたものであり、契約書、仕様書の内容が口頭のやり取りによって容易に変更することができることを意味しない。むしろ、このような仕様の範囲の争いを避けるためには、当事者間で合意したことをできる限り書面に記録しておくべきである。

（2）開発対象の範囲の特定方法を契約で定める

　一括請負契約形式等のように、契約締結時点において開発対象の範囲を特

第3章　契約交渉・締結段階におけるトラブル

定できない場合には、開発対象の範囲を特定するプロセスを契約書中に定め、そのプロセスに従って、両当事者間で開発対象の範囲を画するような運用が求められる。具体的には、次のような契約条項が考えられる[24]。

（要件定義書の確定）

第17条　甲が要件定義書の作成を完了した場合、甲及び乙は、個別契約において定める期間（以下「要件定義書の点検期間」という。）内に要件定義書が前条所定の要件定義検討会での決定事項に適合するか点検を行うものとし、適合することを確認した証として甲乙双方の責任者が要件定義書に記名押印するものとする。但し、点検の結果、要件定義書が要件定義検討会での決定事項に適合しないと判断された場合、甲は、協議の上定めた期限内に修正版を作成し、甲及び乙は再度上記の点検、確認手続を行うものとする。

2.　前項による甲乙双方の確認をもって、要件定義書は確定したものとする。

3.　第1項の修正に伴い作業期間、委託料等個別契約の条件を変更する必要が生じる場合は、第33条（本契約及び個別契約内容の変更）の手続によるものとする。

　上記の例は、「要件定義」の範囲を確定するプロセスについて定めた条項であるが、これに続いて外部設計についても同様の確定方法を導入し、開発対象の合意を両当事者間で明確にしておくことが考えられる。

（3）開発対象の範囲の変更方法を書面によって定める

　開発対象の範囲は、一度特定されたとしても、追加、変更が必要となることは珍しくない。法改正やユーザの業界ルールの変更といった外部的な要因、ユーザの業績の変更あるいは経営方針の変更といった内部的な要因、さらにはユーザ・ベンダ間の認識の相違が明らかになった場合など、その理由は様々である。例えば、追加報酬請求の可否が争点となった東京地裁平成15年5月8日判決（裁判例⓲）では、やや極端ではあるが、次のように述べている。

---

24)　経産省モデル契約〈第一版〉70頁。

> システム開発作業においては、作業を進める中で当初想定していない問題が明らかになったり、より良いシステムを求めて仕様が変更されたりするのが普通であり、これらに対応するために追加の費用が発生することはいわば常識であって、追加費用が発生しないソフトウェア開発など希有であるといって過言ではないところ、本件開発契約がそのような希有なものであったことを推認させるような事情は全くない。

　開発対象の範囲が変更されることがあり得ることを想定し、その場合の変更プロセスを契約書中に定めて、そのプロセスに従った場合のみ、変更を可能とするような運用が求められる。例えば、経産省モデル契約〈第一版〉では、第33条にて、契約内容の変更は書面によってのみ可能であるとするとともに、仕様書の変更について、第34条から第37条において具体的な手続を定めている。また、前掲札幌高裁判決（裁判例**⑰**）では、ベンダとユーザとの間で一切の追加開発要望を出さないという合意をした事実が認定されているが、仮に契約上の変更プロセスが定められていない場合の運用方法として参考になる（詳細は**第4章**にて詳述する。）。

Ⅶ　契約の法的性質・形態が争われる場合

1　問題の所在

　システム開発委託契約の法的性質は、請負契約、準委任契約のいずれかの要素を有するということについては、**第2章Ⅱ**で述べた。ユーザ・ベンダ間で締結された締結を請負契約あるいは準委任契約に分類することの意義は、契約の内容が明らかでない場合に、民法が定める典型契約に関する条項のうち、どの条項を適用すべきかという場面において表れる。例えば、引き渡したシステムに瑕疵があったことが判明した場合において、請負契約であれば原則として修補義務あるいは損害賠償義務といった瑕疵担保責任（改正後の民法では契約不適合に関する責任）を負担するのに対し、準委任契約であればそのような責任は負わない。

　このように、仕事の完成義務や瑕疵担保責任が問題となる場合には、ユー

第3章　契約交渉・締結段階におけるトラブル

ザ・ベンダ間で締結された契約の法的性質が問題となることがある。

2　裁判例

（1）東京地裁平成24年4月25日判決（裁判例⓳）

　本事例は、システムのメンテナンスを行っていたベンダが報酬を請求したところ、ユーザが一部しか支払わなかったために、その残額を請求した事案である。ユーザは、ベンダの作業が完成していないことや、瑕疵修補の作業に相当する報酬が請求されていると主張していたことから、両者間で締結されていた契約が請負契約なのか準委任契約であるかが争点となった。

　裁判所は、契約書の文言からは、報酬は請負内容ではなく稼働時間によって定められていたことや、月額の固定報酬が定められていたことから、「本来は準委任契約に近い性質を有していた」としたが、実態として、「必ずしも軽微とはいえない改変又は機能追加」が行われていたこと等から、「その後の運用の実態において、本件個別契約の実質は請負に近いものとなっていた」とし、黙示の合意により契約内容が変更されたと認定した。

　本件では、必ずしも契約書の文言にとらわれず、その実態として行われた業務の状況等から契約の法的性質を認定したといえる。

（2）東京地裁平成22年9月21日判決（裁判例⓴）

　本事例は、ベンダがユーザに対して開発代金の請求をした事案であるが、両者間で締結された「コンサルティング契約」の法的性質が争点となった。特に、ユーザが債務不履行を理由とする解除を行ったことから、解除に伴う損害賠償の範囲が問題となった。

　裁判所は、請負契約に当たると解されるシステム構築及び準委任契約に当たると解されるコンサルテーションの両方の業務が含まれるとしつつ、準委任契約に当たる部分についても請負契約の要素を含むとした。

　本件は、請負契約の要素を含むとした根拠として、対象としている作業が業務分析や要件定義が請負契約の一部分であるとされることや、開発管理の対象が請負契約となっていることなどを挙げているが、むしろ、業務分析や

94

要件定義は準委任契約で行うことが一般的であるし[25]、開発管理の対象が請負契約であったとしても、開発管理業務自体は準委任契約で行うことと両立し得るため、その理由付けとしては疑問が残る。

（3）東京地裁平成21年11月24日判決（裁判例㉑）

本事例は、契約を途中で解除したユーザが、既払金の返還を求めたのに対し、ベンダは、顧問契約であるから遡及効はなく、返還義務の有無を争った事案である。契約書には、「本件業務の技術顧問の対価として」月額報酬を支払うことが定められていた。

裁判所は、契約に至る経緯や作業の実態に照らして、ユーザとベンダ間の契約は「インターネット対応売上管理システムを構築することが1つの目的となって」いたとし、ソフトウェア開発の請負契約が含まれていたとした。

本件も、契約書の文言だけでなく、契約締結に至る経緯等から契約の法的性質を認定したといえる。

（4）東京地裁平成28年4月20日判決（裁判例㉒）

本事例は、ベンダが、ユーザ・ベンダ間で締結された契約は準委任契約であって、追加で依頼された作業は、報酬請求権が生じると主張して追加作業に対する報酬を請求した事案である。

裁判所は、見積書に単価や工数が記載されていないことなどから、ベンダが主張するような準委任契約ではなく、成果物の検収合格を以って報酬が支払われるとされていたや瑕疵担保責任が定められていたこと、成果物の著作権が業務委託料の完済によってユーザに移転することなどの定めから、仕事の完成を目的とする請負契約であるとした。

他方で、請負契約であるとしても契約の範囲外の作業を求められて追加報酬のやり取りをしていたことなどから、基本設計書に記載された範囲を超えた作業については、その作業量に対応する相当な報酬を追加で支払う旨の黙

---

25) 経産省モデル契約〈第一版〉第14条以下では、準委任契約の形態で実施するとしている。他方、外部設計は準委任、請負契約の両案が併記されている。

第3章　契約交渉・締結段階におけるトラブル

示の合意があったとした。

　本件は、契約の性質が争点となったものの、その性質から直ちに結論を導いたのではなく、両当事者間の意思を合理的に解釈し、契約範囲外の作業については黙示的な合意があるとしている。

(5) 東京地裁平成20年4月24日判決（裁判例㉓）

　本事例は、業務委託契約を解除されたベンダが、ユーザに対し、解除時までの相当報酬額を請求した事案である。システムが完成しなかったことには争いがなく、契約の性質が争点となった（準委任契約であれば、一定の報酬請求権が発生することが前提となっていた）。

　裁判所は、要求仕様、基本設計の確認までは、ユーザが主導的な役割を果たし、その後の制作段階ではベンダが主導的な役割を果たすものであることからすれば、少なくとも基本設計工程までは準委任契約であるとした。

　本件は、契約書はなかったが、一つの契約のうち、上流工程部分については準委任契約であると認定したものである。

3　実務上の留意点

　裁判例を見ると、裁判所は契約書の表現を中心に据えつつも、両当事者の認識、委託業務の内容、実務上の運用を総合的に判断して契約の法的性質を検討している[26]。また、請負契約か、準委任契約か、といった二者択一的な判断ではなく、それぞれの要素を考慮した複合的な性質であると認めつつ、当該事案に即した両当事者の権利義務を導出するなどの柔軟な判断をしている（裁判例⑲でも「結果として、本件個別契約は、請負契約とも準委任契約とも割り切ることができない契約関係となった」と混合的な性質を有するとしている）。

　仮に請負契約に該当するとしても、**第4章**にて述べるとおり、システム開発委託契約は、伝統的な請負契約とは異なり、ユーザ・ベンダ間の共同作業としての性質を有するため、ベンダの仕事の完成義務だけでなく、ベンダの

---

[26]　田中俊次ほか「ソフトウェア開発関連訴訟の審理」判タ1340号8頁では、ソフトウェア完成までの工程表の作成の有無、代金支払時期、完成物が特定されていたかなどという事情が考慮されているとし、当事者がある程度具体的な完成品像を念頭に行動していたかどうかを検討していることがうかがわれるとしている。

プロジェクトマネジメント義務、ユーザの協力義務など、契約書に明示されていない付随的義務が生じることに留意が必要である。

また、一般には、請負契約の場合には、ベンダは仕事の完成義務、瑕疵担保責任などの重い責任を負うことから、これを回避する傾向があり、ユーザは請負契約を望むといわれる。しかし上記のとおり、契約の法的性質は二者択一的に決まるものではない。請負契約であっても、**第4章**で詳述する「仕事の完成」の判断にあたっては工程の終了を判断基準とする裁判例が多く、一点の曇りもない成果物の引渡しをすることが求められているわけではない。他方で準委任契約も成果に対して報酬を支払うことを約した場合においては、報酬は成果の引渡しと同時に支払わなければならないとされており（改正民法648条の2第1項）、両者の区別は相対的であって、契約の性質が決まればおのずと結論が導かれるものでもない。

したがって、ベンダ、ユーザともに契約交渉にあたっては、請負契約か準委任契約のいずれかを勝ち取るという発想ではなく、業務の内容、役割分担に応じて報酬請求権の発生条件等を個別具体的に協議し、契約書に明記していくことが求められる。

Ⅷ　契約の法的拘束力が争われる場合

1　問題の所在

Ⅲにおいて、契約書が取り交わされていない場合には、契約の成立が否定される場合が多いことを述べた。しかし、双方の記名、押印がなされた文書が交わされていた場合であっても、その文書に記載された内容の法的拘束力が問題となる場合がある。

例えば、基本合意書[27]にて開発業務全体についての包括的な合意（金額や納期等）を定めた場合において、ベンダは、システム全体を完成させる義務を負っていたのかどうかが問題となり得る。

27）　基本合意書の意義、内容については**第2章Ⅳの4**参照。

第3章 契約交渉・締結段階におけるトラブル

2 裁判例

東京高裁平成25年9月26日判決（スルガ銀行対日本IBM事件控訴審・裁判例㉔）において、全体金額等が記載された「最終合意書」には、次のように書かれていた（抜粋）。

> 第1条
> 　両当事者は、（中略）本件システムの構築をベンダへの支払総額89億7080万円でベンダが行うことに同意する。
> （中略）
> 第8条
> 　（中略）各個別契約が締結され、各関連個別契約の中で両当事者の各局面における義務が規定されるまでは、いずれの当事者も本合意書に基づく何らの法的義務を負わないものとする。（以下略）

このように、最終合意書の中では、「何らの法的義務を負わない」ということが明記されていたため、裁判所は、ベンダは最終合意書記載の金額にてシステムを完成させる義務を負っているとはいえないとしたが、その原審[28]では、次のように述べて、ベンダの責任認定に一定の影響があることを示した点が注目される。

> 　上記支払総額の規定が設けられたのは両当事者が目標とする重要な指針を定める趣旨であることは疑いのないところであり、本件最終合意書が交わされた平成17年9月30日の時点において、ベンダは、本件システム開発のコスト見積りの前提となる基礎数値を確定させてユーザの支払金額を決めたものであることなどからすれば、上記支払総額の規定された本件最終合意書が交わされたとの事情が、ベンダの信義則上ないし不法行為上の義務違反の有無を考慮するに当たり意味を有し得るものであることを否定するものではない。

3 実務上の留意点

通常のシステム開発契約（基本契約、個別契約を含む）において法的拘束力

---

28) 東京地裁平成24年3月29日判決。

が問題となるケースはあまり多くないと思われるが、問題となるのは裁判例❷のような基本合意書（**第2章Ⅳの4**参照）である。

　基本合意書締結段階において注意すべきことは、①金額や納期の確度、拘束力を明記することに加えて、②金額や納期の意味付けを明確にすること、③プロジェクトの進捗に応じて変更されたり、確度が高まったりしたときにはその都度変更することが考えられる。

　このうち①は、定まった形式がなく、個別の事案に応じて当事者間の交渉によって決定されるべき問題だが、ベンダとしては、全体像が不透明で概算見積しか提示し得ない中で拘束力を生じさせるのは、避けたいところであるし、ユーザは、予算確保・確定のためにはできるだけ確度を高めたいところなので、表現に工夫が必要な部分である。②に関して、「開発費総額」の中には、委託先ベンダの開発報酬のみを含むのか、ハードウェア購入金額や第三者への報酬、さらにはユーザに生じる費用も含めた予算を示すのかなどを明らかにしないと、拘束力が生じるとしてもどの範囲に生じるのか明らかにならない。納期についても、システムが本番稼働する時期なのか、ベンダからユーザへ納入する時期（システムテスト終了時点など）なのかによって意味が異なり、拘束力がどの範囲に及ぶのか明らかにする必要がある。③は、一度合意すれば終わりというわけではなく、例えば要件定義が終了した段階で、確度の高い金額、表現に変更することが考えられる。特に③の点については、裁判例❷ではプロジェクトの進捗に応じて三度にわたって同種の基本合意書が取り交わされ、少しずつ内容が充実していったという事情があった（**図表3-4**）。

第3章　契約交渉・締結段階におけるトラブル

図表 3-4　基本合意書等の作成時期

平成16年			平成17年	平成18年	平成19年
3月　基幹系システム提案	9月　基本合意書 締結	12月　基本合意書② 締結	9月　最終合意書 締結	サービスイン時期・スコープ・追加費用の折衝続く	7月　契約解除通知

　このように、進捗に応じて情報を更新し、その情報（金額・納期）の確度に応じて、拘束力についても表現を適切なものに変更していくことが重要であろう。

第4章
プロジェクト進行中における
トラブル

第4章 プロジェクト進行中におけるトラブル

Ⅰ はじめに

システム開発プロジェクトの進行中に発生するトラブルは、複雑多岐にわたると思われがちである。しかし、裁判例や相談事例を整理すると、一定の傾向があることが把握できる。

まず、ベンダがユーザに対し、成果物を納期までに納品していない場合には、納品しなかった理由が問題となる。この類型は、さらに、ベンダ又はユーザの帰責事由により、プロジェクトが頓挫してしまう場合（以下「プロジェクト頓挫型」という）と、ユーザの自己都合で、情報システムを開発すること自体が不要になってしまった場合（以下「自己都合解約型」という）に分類することができる。

次に、ベンダがユーザに対し、成果物を納品したが、ユーザが対価の支払いを拒否している場合（以下「不完全履行型」という）がある。この場合、システム開発を目的とした請負契約における仕事が完成していると評価できるか否か、及び瑕疵担保責任に基づく契約解除や損害賠償請求等が問題となる。

各トラブルの類型の区別と内容を整理すると**図表4-1**、**図表4-2**のとおりである。

以下、プロジェクト進行中に発生する各類型のトラブルについて、ベンダ及びユーザの責任を明らかにしつつ、どのようにしてトラブルを回避すべきであるのかという点について解説する。

II プロジェクト頓挫型の対応

図表 4-1　各トラブル類型の区別

```
        成果物の納品は
        完了しているか？  ──Yes──→  不完全履行型

            │
            No
            ↓

        プロジェクトは、
        ユーザの自己都合により  ──Yes──→  自己都合解約型
        終了したのか？

            │
            No
            ↓

        プロジェクト頓挫型
```

図表 4-2　各トラブルの類型とその内容

類　型	内　容
プロジェクト頓挫型	ベンダがユーザに対し、成果物を納期までに納品することができず、成果物を納品できなかったことについての帰責事由の有無が問題となる場合
自己都合解約型	プロジェクトの途中で、ユーザの自己都合によりシステム開発をする必要がなくなり、専ら、損害賠償等の清算処理が問題となる場合
不完全履行型	ベンダがユーザに対し、成果物を納品したが、ユーザが仕事の未完成又は瑕疵担保責任を理由に対価の支払いを拒否している場合

II　プロジェクト頓挫型の対応

1　設例4-1

　プロジェクト頓挫型の典型的な事例として以下のような場面を想定してみる。関連する法律上の問題点について解説した上、どのような結論になるの

第4章　プロジェクト進行中におけるトラブル

か検討する。

設例4-1

プロジェクトの全体像

　大手SIベンダ（以下「X」という）は、化粧品メーカー（以下「Y」という）の新基幹システム（以下「新システム」という）の開発を受託している。開発費用の総額は約10億円の案件であったが、要件定義が完了した時点で、大幅に予算を超過することが明らかとなり、プロジェクトが頓挫してしまった。事実の経緯は以下のとおりである。

RFPの検討及び提案書の提出

　Xが、Yから提出されたRFP（提案依頼書）の内容を確認したところ、Yの依頼は、現行システムのデータを新システムに移行した上、新システムの導入により、業務の改善を図るというものであった。

　Xの開発部門は、旧システムから新システムへのデータの移行についても、旧システムの仕様書が開示されていたため、仕様書の内容を確認した上で可能であると判断した。また、業務提携しているZが開発したパッケージソフトウェアαを利用すれば、Yの要望事項を9割程度は充足できるのではないかと考え、パッケージソフトウェアαを利用することを前提とした提案書を作成し、パッケージソフトウェアαに含まれる機能について説明することにした。

　Xは、要件定義約1億円、基本設計約2億円、開発工程（詳細設計からシステムテスト）約6億円、運用テスト約1億円、総額約10億円の概算見積を提示しようとしていた。

X社内での法務部、営業部門の検討

　Xの開発部門は、開発規模の大きな案件であるため、提案書の提出段階から法務部門にサポートしてもらうことにしたが、法務部門からは、以下のように、リスクを十分に告知すべきでないかとの指摘を受けた。

① 　見積額や開発期間については、パッケージソフトウェアαで9割の機能が充足できること、及び、旧システムのデータが仕様書とおりに記録されていることが前提であることを明記すべきではないか？
② 　要件定義や基本設計の工程を通じて、パッケージソフトウェアαでカバーできない機能が発生した場合には、別途、カスタマイズ開発が必要となり、現在の見積額に加え、カスタマイズ料が発生することを

説明すべきではないか？
③　Yの業務や旧システムのデータについては、Yのほうが熟知しているのであるから、パッケージソフトウェアの充足率の確認はYにも依頼すべきだし、旧システムからのデータ抽出作業はYに担当してもらうようにすべきではないか？

　Xの開発部門が、法務部門の指摘について営業部門に説明したところ、営業部門からは、以下のような指摘を受けた。

①　リスクの告知ばかりしていたら、Yからの発注を受託できなくなる可能性がある。
②　他の大手SI業者も提案書を提出しているが、彼らだって、そのようなリスクの説明はしていないだろう。
③　もし、要件定義の工程を実施して、見積額では開発できないことになった場合には、その時点で、要件定義の費用を請求しないことにすればよいだけなのであるから、まずは受託することが先決である。

　Xの開発部門は、法務部門の指摘も気になったが、営業部門の指摘にも一理あると考え、法務部門の指摘を反映しないまま提案書を提出した。

Y社内での検討
　Xの提案書に加え、パッケージソフトウェアαに実装されている機能についての説明を受け、パッケージソフトウェアαを使用することにより、約9割の機能を充足できそうであるとの見通しが示されたことで、YはXの提案が、Yにとって最も有利な条件であるとの考えに至った。Y側では、パッケージソフトウェアαでどの程度の機能を充足できるのかという点についての検討を改めて実施することはしなかった。

要件定義作業及びデータ移行作業の進捗状況
　XはYから採用通知書を受領し、要件定義工程の作業に着手した。しかし、Yからの要望事項の詳細を確認していくと、パッケージソフトウェアαをカスタマイズしないで充足できる機能は、3割程度しかないことが確認できた。
　そのため、要件定義の工程自体、スケジュールと比較して遅滞し始めていた上、基本設計以後の費用が大幅に増額することも明らかになった。
　また、データの移行作業についても、Yの担当者が、現場の判断で旧システムの仕様書とおりにデータを入力していなかったため、提案書提出時

第4章　プロジェクト進行中におけるトラブル

よりもデータ移行作業の費用が大幅に増額することが明らかになった。

カスタマイズ作業の増大についてのYの主張

Yは、パッケージソフトウェアαで充足できる機能が3割程度に止まり、カスタマイズ量が増大した原因は、Xがパッケージソフトウェアαについての事前検証を十分実施していなかったからであると主張している。

カスタマイズ作業の増大についてのXの主張

Xは、Yの業務を熟知しているのはYであり、YはXからパッケージソフトウェアαに関する説明を受けているのであるから、パッケージソフトウェアαを自己の業務に適合させられるか否かについては、Yが責任を負うべきであると主張している。

データ移行作業の増大に関するXの主張

データ移行作業が増大したことについて、Xは、事前に開示された旧システムの仕様書とは異なるイレギュラーな入力がされていることが、見積額を誤らせた原因なのであるから、データ移行作業が増大した責任はYにあると主張している。

データ移行作業の増大に関するYの主張

Yは、旧システムの仕様書は参考資料にすぎず、Xは仕様書のみではなく、旧システムのデータを直接検討すべきであるのにこれを実施していなかったのであるから、データ移行作業が増大した責任はXにあると主張している。

2　システム開発プロジェクトにおけるベンダとユーザの役割分担

　システム開発プロジェクトが途中で頓挫してしまう原因は、ベンダ及びユーザの両方又は一方が、自己の役割を果たしていないことに起因する場合が圧倒的に多いように思われる。

　開発業者であるベンダに十分な資質がなければ、システム開発プロジェクトが円滑に進捗しないことは当然であるが、ユーザが役割を果たしていないがためにトラブルになることも少なくない。

　特に、オーダーメイドのシステム開発プロジェクトは、ユーザにも相当の負担がかかる。ユーザの立場からすると、「情報システムの専門家であるベンダに高額な委託料を支払っているのであるから、自らが要望する情報シス

テムを納品してもらえるはずだ」と考えたくなるところだろう。

しかし、オーダーメイドのシステム開発プロジェクトでは、どのような機能を実装する必要があるのか、表示画面のレイアウトはどのようにすべきか、帳票として印字すべき項目は何か等、開発を求める情報システムの具体的な仕様を特定しなければ、ベンダが開発作業を実施することはできないのである。

すなわち、情報システムの技術的事項については、システム開発の専門家であるベンダに知識や経験が偏在しているのに対し、情報システムで処理したいユーザの業務の内容については、ユーザに知識や経験が偏在しているから、ベンダ及びユーザの両方が、自己の役割を十分に果たさないとプロジェクト全体としては頓挫するのである。

ベンダとユーザの役割分担について、契約書で十分定められていない場合があることに加え、契約書で役割分担表が作成されていたとしても、抽象的な表現にならざるを得ない場合もあるし、契約締結段階では予期し得なかった事項について対応を迫られることもある。

したがって、ベンダとユーザの役割分担を契約書で定めておくことは非常に重要ではあるが、それだけで十分対応できるわけでもない。

そこで、裁判所における判決では、ベンダの役割を表現する用語として「プロジェクトマネジメント義務」、ユーザの役割を表現する用語として「協力義務」という概念が利用されることがあり、この概念の中に、信義則を根拠として、必ずしも契約書の文面には表現されていない役割まで含めているのである。

裁判所の判断は、頓挫したプロジェクトを事後的に清算し、ベンダとユーザとの権利義務関係を確定することを目的とする手続であり、プロジェクトを円滑に進行させるための手続ではない。しかし、裁判所の判断は、以下の点で有意義である。

① 進行中のプロジェクトの担当者が果たすべきベンダ及びユーザの義務を明らかにしている点

第4章 プロジェクト進行中におけるトラブル

② 万が一、訴訟でトラブルを決着せざるを得ない状況となった場合、同種の事案においては、同様の判断がされる可能性が高いという点

したがって、本書では、できる限り裁判所の考え方を示しながら、プロジェクト運営のあり方を検討してみる。

3 ベンダのプロジェクトマネジメント義務とユーザの協力義務とはどのような義務か？

（1）裁判例における用語の意味

前述のとおり、裁判所の手続の中で、ベンダのプロジェクトマネジメント義務、ユーザの協力義務という概念が利用されることがある。ベンダがプロジェクトマネジメント義務を十分に履行し、ユーザも協力義務を十分に履行したのであれば、当該プロジェクトは頓挫することなく、目的を達成できる可能性が高い。

プロジェクトマネジメント義務、協力義務という用語は、いずれも、民法等の法律によって規定されている用語ではなく、裁判所が判決の中で利用することによって定着してきた用語であるので、まずは、これらの用語を使用している裁判例を確認してみる。

プロジェクトマネジメント義務という用語を使用している代表的な裁判例としては、東京地裁平成16年3月10日判決、東京地裁平成24年3月29日判決、東京高裁平成25年9月26日判決等がある。

プロジェクトマネジメント義務について、前掲・東京地裁平成16年3月10日判決では、契約が締結されていることを前提に、ベンダは、「契約書及び本件電算システム提案書において提示した開発手順や開発手法、作業工程等に従って開発作業を進めるとともに、常に進捗状況を管理し、開発作業を阻害する要因の発見に努め、これに適切に対処すべき義務」「システム開発はユーザと打合せを重ねて、その意向を踏まえながら行うものであるから、ベンダは、注文者であるユーザのシステム開発へのかかわりについても、適切に管理し、システム開発について専門的知識を有しないユーザによって開

発作業を阻害する行為がされることのないようユーザに働きかける義務」を負うと判示されていたが、前掲・東京高裁平成25年9月26日判決では、契約締結前の企画・提案段階でも発生する義務であることを明言し、契約締結後のみならず、契約締結前の交渉段階で生じる義務も含まれるとしている。

　また協力義務についても、前掲・東京地裁平成16年3月10日判決では、契約が締結されていることを前提に、「ユーザが開発過程において、内部の意見調整を的確に行って見解を統一した上、どのような機能を要望するのかを明確にベンダに伝え、ベンダとともに、要望する機能について検討して、最終的に機能を決定し、さらに、画面や帳票を決定し、成果物の検収をするなどの役割を分担することが必要」と判示されていたが、前掲・東京高裁平成25年9月26日判決では、契約締結前の企画・提案段階でも、ベンダはユーザがシステム化しようとする業務の内容について必ずしも詳しくないことを根拠に、ユーザに対して一定の役割を果たすことが求められることを判示している。

（2）本書における位置付け

　これらの裁判例からするとプロジェクトマネジメント義務及び協力義務は、契約締結の前後を問わず発生し得るものと考えられる。そして、契約締結前の段階では契約締結に向けた交渉過程における信義則に基づく不法行為法上の義務として位置付けられ、契約締結後の段階では、システム開発委託契約に付随する信義則上の義務又は信義則に基づく不法行為法上の義務と位置付けられるのではないかと考えられる。

　具体的な事例においては、「プロジェクトマネジメント義務」や「協力義務」という用語を使用する必要性がなく、契約書に明記された義務（例えば善管注意義務等）で説明できてしまう場合も少なくないと推測できる。しかし、「プロジェクトマネジメント義務」を「契約上明記されていない事項も含めたベンダの役割」、「プロジェクトマネジメント義務違反」を「ベンダの帰責事由」を意味する用語として使用し、他方で、「協力義務」を「契約上明記されていない事項も含めたユーザの役割」、「協力義務違反」を「ユーザの帰責事由」

第4章 プロジェクト進行中におけるトラブル

を意味する用語として使用して、プロジェクトが頓挫した原因が、ベンダの
プロジェクト義務違反によるものであるのか、ユーザの協力義務違反による
ものであるのかを検討する手法は、非常に理解しやすいので、本書ではこの
ような理解のもと、プロジェクトマネジメント義務・協力義務の用語を使用
することとする。

4 契約締結前の企画・提案段階で課せられるプロジェクトマネジメント義務と協力義務

（1）プロジェクトマネジメント義務

　契約を締結する前の企画・提案段階でも、ベンダにプロジェクトマネジメント義務や協力義務が発生するのか問題となった前掲・東京高裁平成25年9月26日判決では、以下のとおり、企画・提案段階でもプロジェクトマネジメント義務の発生を肯定している。

東京高裁平成25年9月26日判決

　企画・提案段階においては、プロジェクトの目標の設定、開発費用、開発スコープ及び開発期間の組立て・見込みなど、プロジェクト構想と実現可能性に関わる事項の大枠が定められ、また、それに従って、プロジェクトに伴うリスクも決定づけられるから、企画・提案段階においてベンダに求められるプロジェクトの立案・リスク分析は、システム開発を遂行していくために欠かせないものである。そうすると、ベンダとしては、企画・提案段階においても、自ら提案するシステムの機能、ユーザのニーズに対する充足度、システムの開発手法、受注後の開発体制等を検討・検証し、そこから想定されるリスクについて、ユーザに説明する義務があるというべきである。このようなベンダの検証、説明等に関する義務は、契約締結に向けた交渉過程における信義則に基づく不法行為法上の義務として位置づけられ、控訴人はベンダとしてかかる義務（この段階におけるプロジェクト・マネジメントに関する義務）を負うものといえる。

　この判決では、ベンダのプロジェクトマネジメント義務の内容について、「企画・提案段階においても、自ら提案するシステムの機能、ユーザのニーズに対する充足度、システムの開発手法、受注後の開発体制等を検討・検証

し、そこから想定されるリスクについて、ユーザに説明する義務がある」と判示した上、プロジェクトマネジメント義務の法律上の位置付けについて、「契約締結に向けた交渉過程における信義則に基づく不法行為法上の義務」と判示している。

契約交渉時点における説明義務違反を、債務不履行責任ではなく不法行為責任と捉える考え方は、最高裁（二小）平成23年4月22日判決ですでに確認されており、前掲・東京高裁平成25年9月26日判決も、最高裁判決の判断を踏襲したものと評価できる。

> **最高裁（二小）平成23年4月22日判決**
> 　契約の一方当事者が、当該契約の締結に先立ち、信義則上の説明義務に違反して、当該契約を締結するか否かに関する判断に影響を及ぼすべき情報を相手方に提供しなかった場合には、上記一方当事者は、相手方が当該契約を締結したことにより被った損害につき、不法行為による賠償責任を負うことがあるのは格別、当該契約上の債務の不履行による賠償責任を負うことはないというべきである。
>
> 　なぜなら、上記のように、一方当事者が信義則上の説明義務に違反したために、相手方が本来であれば締結しなかったはずの契約を締結するに至り、損害を被った場合には、後に締結された契約は、上記説明義務の違反によって生じた結果と位置付けられるのであって、上記説明義務をもって上記契約に基づいて生じた義務であるということは、それを契約上の本来的な債務というか付随義務というかにかかわらず、一種の背理であるといわざるを得ないからである。契約締結の準備段階においても、信義則が当事者間の法律関係を規律し、信義則上の義務が発生するからといって、その義務が当然にその後に締結された契約に基づくものであるということにならないことはいうまでもない。

もっとも、前掲・東京高裁平成25年9月26日判決は、以下のとおり、ベンダのプロジェクトマネジメント義務違反となる場面を制限している。

第4章　プロジェクト進行中におけるトラブル

> **東京高裁平成25年9月26日判決**
> 　ベンダは、システム開発技術等に精通しているとしても、システム開発の対象となるユーザの業務内容等に必ずしも精通しているものではない。企画・提案段階における事前検証を充実させることにより、システム開発構想の精度を高め、想定外の事態発生の防止を図り得ると考えられるが、受注が確定していない段階における事前検証等の方法、程度等は自ずと限られ、ユーザ側の担当者等から得られる情報や協力にも限界があることは明らかである。そのため、プロジェクトが開始され、その後の進行過程で生じてくる事情、要因等について、企画・提案段階において漏れなく予測することはもとより困難であり、この段階における検証、説明等に関する義務も、このような状況における予測可能性を前提とするものであるというべきである。
> （中略）
> 　企画・提案段階におけるシステム開発構想等は、プロジェクト遂行過程において得られるであろう情報、その過程で直面するであろう事態等に応じて、一定の修正等があることを当然に想定するものといえ、企画・提案段階の計画どおりシステム開発が進行しないこと等をもって、直ちに企画・提案段階におけるベンダのプロジェクト・マネジメントに関する義務違反があったということはできない。すなわち、企画・提案段階における控訴人のプロジェクト・マネジメントに関する義務違反の存否については、前記説示した点を考慮して検討することを要するものというべきである。

　前掲・東京高裁平成25年9月26日判決は、ベンダが、企画・提案段階において、システム開発の対象となるユーザの業務内容等に必ずしも精通していないという前提で、説明義務違反となる場面を制限する立場を採用している。

　したがって、前掲・東京高裁平成25年9月26日判決の考え方からすると、業務に精通していないベンダの予測可能性を前提とする以上、契約締結前の企画・提案段階でベンダのプロジェクトマネジメント義務違反が肯定される場面は、制限されるのではないかと考えられる。

（2）協力義務

　前掲・東京高裁平成25年9月26日判決では、ベンダのプロジェクトマネジメント義務に関する判示に引き続き、以下のとおり、企画・提案段階にお

いてユーザに要求される役割についても言及している。

東京高裁平成25年9月26日判決

　ベンダとユーザの間で、システム完成に向けた開発協力体制が構築される以前の企画・提案段階においては、システム開発技術等とシステム開発対象の業務内容等について、情報の非対称性、能力の非対称性が双方に在するものといえ、ベンダにシステム開発技術等に関する説明責任が存するとともに、ユーザにもシステム開発の対象とされる業務の分析とベンダの説明を踏まえ、システム開発について自らリスク分析をすることが求められるものというべきである。

　前掲・東京高裁平成25年9月26日判決では、「ユーザにもシステム開発の対象とされる業務の分析とベンダの説明を踏まえ、システム開発について自らリスク分析をすることが求められる」と結論付けており、ユーザの協力義務について判示しているものと考えられる。そして、「企画・提案段階においては、システム開発技術等とシステム開発対象の業務内容等について、情報の非対称性、能力の非対称性が双方に在する」ことを協力義務の発生根拠としている点が特徴的である。この判断は、ベンダは情報システムの技術的な事項に関する専門家ではあるが、ユーザの業務について必ずしも精通しているわけではないし、逆に、ユーザは、自己の業務には精通しているが、情報システムの技術的な事項に精通しているわけではないから、ユーザも一定の役割を果たすべきであるという意味である。

　そうすると、ベンダの説明を踏まえてリスク分析をすれば、パッケージソフトウェアを使用しても業務の充足度が著しく低く、カスタマイズ量が、ベンダの想定よりも圧倒的に多くなることが予測できるにもかかわらず、これを怠ったがためにプロジェクトが頓挫したと評価できるような場合には、ユーザの協力義務違反も成立し得るのではないかと考えられる。

（3）どのような場面で問題となるか？

　企画・提案段階で問題となり得る代表的な事例として、①パッケージソフトウェアの選定等に関する問題、②データ移行に関する問題、③見積額から

第4章　プロジェクト進行中におけるトラブル

の増額に関する問題が考えられるので、これら3つの問題を検討してみる。

ア　パッケージソフトウェアの選定等に関する問題

（a）パッケージソフトウェアを利用するメリットやデメリットは何か？

パッケージソフトウェアとは、特定の業務用にあらかじめ作成され、市販されているソフトウェアのことである。企業におけるシステム開発プロジェクトでは、既存のパッケージソフトウェアの使用を前提として、情報システムが開発されることがある。

システム開発で、パッケージソフトウェアを利用するにあたり、ユーザが想定するメリットとしては、以下の事項が指摘されている[1]。

ユーザが想定するメリット

①　パッケージソフトウェアの持つ機能や業務の流れを利活用する事で、自社の業務改革を実施する事ができる。

②　導入期間とコストを削減することができる。

③　導入のための専門要員を確保しなくても、システムを導入する事ができる。

④　導入後、即座にシステムを稼働する事ができる。

しかし、他方で、パッケージソフトウェアを使用した場合の問題点も顕在化しており、以下の事項が指摘されているところである[2]。

現実の問題

①　パッケージソフトウェア自体は完成しているが、ユーザの目的を達成するシステムとしての導入及び開発期間は短いとは限らない。

②　要件にそぐわないパッケージソフトウェアの導入を図ったり、カスタマイズを実施した場合、予想を上回るコスト増大を招く場合がある。

③　パッケージソフトウェア本来の設計意図に反するカスタマイズを実施した場合、大幅なパフォーマンスの低下や制限事項の増加を招く場合がある。

1）　経産省モデル契約〈追補版〉7頁。
2）　経産省モデル契約〈追補版〉7-8頁。

④　既存システムの置き換えまたは刷新において、従来は実現可能だった機能が実現できるとは限らない。場合によっては、機能実現のためにコストの増大や、使い勝手の悪化を招く場合がある。

⑤　既設のシステムとの連携、データ交換は可能であるが、システムのOSや基本構造が異なる場合は、膨大な費用がかかることがあり、また、意図するタイミングで想定する出力が得られるとは限らず、既設システムの大幅な改造が必要となるケースも散見される。

⑥　パッケージソフトウェアにカスタマイズを実施した場合、パッケージソフトウェア本体のバージョンアップが困難になる場合や、不具合改修などの保守サポートが受けられない、もしくは、割高のコストを負担しなければならない場合がある。

そして、パッケージソフトウェアが、ユーザの業務を充足することができない場合には、このような「現実の問題」が顕在化し、訴訟にまで発展することになりかねないのである。パッケージソフトウェアを使用するか否か、使用するとして、どのパッケージソフトウェアを使用するのかという点は、要件定義、基本設計、開発等の各工程に影響するため、ベンダが、企画・提案段階でどの程度の検証を実施し、リスクの説明をユーザに行ったかという点が問題となり得るのである。

（b）パッケージソフトウェアの選定等がプロジェクトマネジメント義務違反や協力義務違反の問題となるのはどのような場合か？

パッケージソフトウェアの事前検証の程度等が問題となった事例としては、前掲・東京高裁平成25年9月26日判決及びその原判決である前掲・東京地裁平成24年3月29日判決が著名であるので、ここでも、これらの裁判例を題材として取り上げる。これらの判決ではいずれも以下の①から③について判断しているが、いずれの点についても異なる結論を導いている。

①　ベンダによるパッケージソフトウェアの事前検証が適切であったか否か

②　パッケージソフトウェアを選択した場合の開発手法が適切であったか否か

③　パッケージベンダを含めた開発体制が適切であったか否か

第4章　プロジェクト進行中におけるトラブル

　これら2つの判決内容を比較すると、「企画・提案段階での説明義務違反の問題」であることが、結論にどのように影響するのかよく理解できる（**図表4-3、図表4-4、図表4-5**）。

図表 4-3　パッケージソフトウェアの事前検証についての判断の要約

	東京高裁平成25年9月26日判決	東京地裁平成24年3月29日判決
結論	企画・提案段階で必要とされる機能や充足度についての事前検証がされていないとはいえない。	十分な検証をしていたとはいえない。
主な理由	ベンダは、本件システム開発開始の2年以上前から、パッケージソフトウェアの機能や充足度について検証を行っている。 ユーザ以外の他の銀行において、現実に当該パッケージソフトウェアが使用され、システムが稼働している。	ステアリング・コミッティ[3]等の議事録の記載「パッケージソフトウェアがどこまでできるのか、これまでベンダはわかっていなかった。BRDにより肌で感じることができた」等の一連の記録や、被告代表者等の意向表明の内容。

図表 4-4　パッケージソフトウェアを選択した場合の開発手法についての判断の要約

	東京高裁平成25年9月26日判決	東京地裁平成24年3月29日判決
結論	許容することのできない手法選択の誤りであったと認めることはできない。	十分な検証又は検討をしていたものということはできない。
主な理由	ベンダは、当初、パッケージベースアプローチではなく、カスタマイズベースアプローチを採用していたが、ユーザと合意した本件システムの提案内容に沿い、ユーザの意向等を考慮した上、社内で確立されていた開発手法に基づきカスタマイズベースアプローチにより現行システムの処理フローを分析し、新システムの開発スコープを見定めようとしたためである。	パッケージを使用する場合、既製のプログラムを最大限利用することで新規開発量を削減し、開発コストの削減と開発スケジュールの短縮を重要な目的とするから、ユーザが実現を望んでいる機能をパッケージの既存機能で実現する方法を検討し、既存機能では実現不可能な部分をギャップとして新規開発（カスタマイズ、アドオン）する方法（パッケージベースアプローチ）を採るのが合理的であるのに当初、被告（ベンダ）はこのような方法を採用していなかった。

---

3)　巻末の**用語集**を参照されたい。

II　プロジェクト頓挫型の対応

図表 4-5　パッケージベンダを含めた開発体制についての判断の要約

	東京高裁平成 25 年 9 月 26 日判決	東京地裁平成 24 年 3 月 29 日判決
結論	ベンダとパッケージベンダとの間の開発体制には円滑とはいいがたい点が存し、機動的な対応力が不足したことは認められるけれども、開発・提案段階における許容しがたい不備とまでいうことはできない。	パッケージソフトウェアのカスタマイズ作業を適切に実施できる体制を整えていたとはいえない。
主な理由	ベンダは、ユーザに提案する 2 年以上前からパッケージベンダの協力を得てパッケージソフトウェアの日本化（Japanization）の作業を進めており、パッケージベンダとの共同関係を構築し得ないような状況にあったとは認めることはできない。	パッケージソフトウェアにはパッケージベンダしか分からない部分があるので、ベンダは、パッケージベンダからの支援を受けることが必要であるが、ベンダは、一定の作業が進行するまでの間、パッケージベンダの社員を関与させてはいなかった。

　前掲・東京地裁平成 24 年 3 月 29 日判決と前掲・東京高裁平成 25 年 9 月 26 日判決を比較すると、①から③のいずれについても、後者のほうが、ベンダのプロジェクトマネジメント義務について寛大な立場を採用していることが把握できる。

　これは、前掲・東京高裁平成 25 年 9 月 26 日判決が、ベンダは、企画・提案段階において「ユーザの業務内容等に必ずしも精通しているものではない」ということを根拠に、ベンダの予測可能性を厳格に判断しているからであると考えられる。

イ　データ移行作業

　データ移行作業に関する責任が争われた裁判例はまだ少ないが、法律相談では頻繁に話題となる。この問題について、今後、ベンダのプロジェクトマネジメント義務やユーザの協力義務が問題となりそうな場面を説明する。

　（a）データ移行作業とはどのような作業か？

　データ移行とは、旧システムの老朽化等の理由で新システムを開発する場面において、旧システムのデータ（顧客との取引に関するデータ等）を、新シ

第4章　プロジェクト進行中におけるトラブル

ステムに移行する作業のことである（巻末の**用語集**参照）。

　旧システムから新システムにデータ移行することを前提とするシステム開発プロジェクトでは、新システム自体の開発に加え、旧システムから新システムにデータ移行するための作業も同時進行で行われることになる。しかし、このデータ移行に失敗したため、新システムが稼働できず、プロジェクトが頓挫することも多い。

　データ移行の作業を簡単に説明すると、概ね以下の手順で実施されている。

手順1 データ移行の対象とすべき旧システムのデータを特定する。
手順2 手順1で特定したデータをCSV等の一定の形式で抽出する。
手順3 手順2で抽出されたデータを新システムに投入する。
手順4 手順3で投入したデータが正しく反映されているか、新システムの表示画面や帳票をプリントアウトすることで検証する。
手順5 手順4の検証の結果、データが正しく移行されていない場合は、データを補正する。

この関係を図示すると**図表4-6**のとおりである。

　（b）データ移行作業でのベンダ・ユーザの役割分担はどのようになっているのか？

　データ移行作業の役割分担は大きく分けると2つの方法が考えられる。

　1つ目の方法は、ユーザが手順1及び手順4を実施し、それ以外の手順は、ベンダが担当するという方法である（以下「方法1」という）。手順1の移行データの特定作業は、「どのデータを新システムで使用したいのか」という問題であるので、ユーザ側で決定するほかないし、手順4の検証作業も、要望とおりに移行されたかどうかの判断はユーザがすべきであるから、性質上、ユーザが実施すべき業務以外は、すべてベンダが実施する方法であるといえる。ユーザに情報システム部門等の専門部署が存在しない場合、この方法が採用されることが多いのではないかと思われる。

118

図表 4-6　データ移行作業の工程

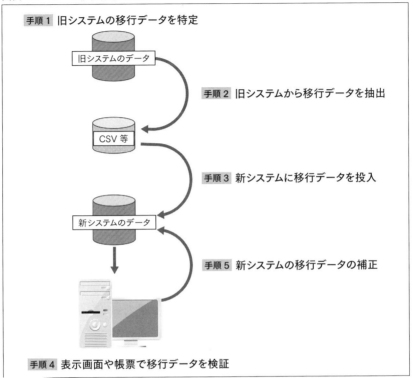

　2つ目の方法は、ユーザが手順1、手順4のみならず、手順2も実施し、それ以外をベンダが担当するという方法である（以下「方法2」という）。この方法は、旧システムに関しては、ベンダよりもユーザが詳しいという前提で、旧システムに関する作業についてはユーザが実施し、新システムに関する作業についてはベンダが実施するという方法である。旧システムと新システムとではベンダが異なる場合で、なおかつ、ユーザ側にもシステム部門が存在し、一定の専門知識を有している場合などに採用されやすい方法である。

　いずれの方法を採用したのかによって、ベンダとユーザに課せられる義務の内容が異なるから、それぞれどのような場合に、ベンダのプロジェクトマネジメント義務やユーザの協力義務が問題となるのかを検討してみる。

第4章　プロジェクト進行中におけるトラブル

（c）データ移行作業でプロジェクトマネジメント義務違反や協力義務違反が問題となるのはどのような場合か？

● 方法1を採用した場合

　方法1を採用する場合、ベンダが、手順2の旧システムからの移行データ抽出作業を実施するためには、手順2をベンダ側で引き受けることを約束する前に、旧システムでの移行データの状態を調査・検証する必要がある。なぜならば、移行データは膨大な量となることが通常であるから、方法1を採用した場合、ベンダは、手順2の旧システムから移行データを抽出する作業を、プログラムを開発することで自動化する必要があるからである。しかし、現実には、旧システムの仕様書等の文書に記載されていないようなイレギュラーな処理がされているなどの事情により、自動化することが困難な場合も少なくない。そのため、旧システムに記録されている移行データの状態について、十分な調査・検証を経ることなく方法1を採用すると、新システム自体は完成しているにもかかわらず、旧システムから新システムに対してデータを移行することができずに、プロジェクト全体としては頓挫するという状況に陥ることがある。このような場合にはベンダのプロジェクトマネジメント義務違反が認定されてしまう可能性がある。

　裁判例としても東京地裁平成28年11月30日判決のように、方法1を採用した事案について、ベンダの注意義務を以下のとおり設定し、注意義務違反を認定した事例がある。

> **東京地裁平成24年3月29日判決**
>
> 　ベンダは、本件請負契約に基づくデータの移行業務として、本件旧システム上のデータを本件新システムに単に移行させることにとどまらず、移行したデータにより本件新システムを稼働させる債務、具体的には、データの移行業務を開始する前に、本件旧システム上の移行の対象となるデータを調査・分析して、データの性質や状態を把握し、そのデータが本件新システムに移行された後、その稼働の障害となるかを検討し、障害となる場合には、いつ、いかなる方法で当該データを修正するかなどについて決定した上で、データの移行業務（移行設計、移行ツールの開発、データの移行）に臨み、最終的には、本件旧システムから移行したデータにより本件新システムを稼働させる債務を負担していたものと認めるのが相当であり、本件においては、データ移行に当たり、データ不整合を是正・解消すべき義務を負うものというべきである。

　ベンダとしては、十分に旧システムの状態を事前調査すべきであるが、システムの規模が大きく、契約締結前の段階で（報酬が得られない段階で）、十分な事前調査ができない場合には、①事前調査の部分のみを対象とした契約を締結し、調査結果を踏まえて、改めて、その他の業務に関する契約を締結する方法や、②契約締結時の重要事項として調査後の契約金額の変更可能性について十分に説明し、調査後において、契約金額について交渉できる内容の契約を締結する方法等を検討すべきである。

　逆に、ユーザの視点で考えると、方法1の場合、ユーザは手順1と手順4しか実施しないわけであるから、ユーザが協力義務違反に問われるのは、移行データの特定が遅れた場合、現実のシステムに記録されているデータの状況と仕様書とは食い違いがあるにもかかわらず仕様書とおりであるという趣旨の誤った説明をしていた場合、多忙等を根拠に検証作業を怠っていた場合等であり、ユーザの責任が問題となる場面は限られるのではないかと考えられる。

●方法2を採用した場合

　方法2を採用する場合、ベンダは、あらかじめユーザとの間で取り決めた

第4章　プロジェクト進行中におけるトラブル

フォーマットのデータファイル（CSV等）が記録された媒体を受領し、この
データを新システムに投入するためのプログラムを開発することになる。こ
の作業では、移行元になるデータファイルのフォーマットや新システムの仕
様はあらかじめ決定しているはずであるから、手順3において、ベンダの帰
責事由で失敗するのは、単純に開発したプログラムにバグが存在しているよ
うな場合ではないかと思われ、ベンダが、手順3に関しプロジェクトマネジ
メント義務違反に問われる場面は、限られるのではないかと考えられる。

　逆に、ユーザの視点で考えると、方法2の場合、ユーザのシステム部門の
担当者が、手順2の旧システムから移行データを抽出するプログラムを開発
することになるが、ベンダの担当者が開発する場合と同様、事前に十分な調
査・検証をしないと、移行データの抽出に失敗するおそれがあり、この場合、
ユーザの協力義務違反が認定されてしまう可能性がある。特に、旧システム
を長期間利用しており、旧システムを開発した当時の担当者がすでにユーザ
社内に在籍していない場合等は要注意である。

ウ　開発費用の増額

　ベンダが、企画・提案段階でプロジェクト全体の金額に言及し、工程が進
むにつれて、企画・提案段階で示唆した金額では続行不可能であることを説
明し、プロジェクトが頓挫する場合があるので、企画・提案段階の概算見積
額の提示とプロジェクトマネジメント義務違反の関係について解説する。

（a）企画提案段階の見積額や基本合意書における見積額はどのような意味を持つのか？

● 企画提案段階の見積額

　まず、ベンダが企画・提案段階で提示する見積額についてどのような意味
があるのかを検討してみる。この点について、ベンダは、概算見積額であっ
て、後続する工程を実施することで見直すことが予定されている金額である
と考えているのに対し、ユーザは、要件の追加がない限り見直すことが予定
されていない確定金額であると考えている場合が多いようである。主な理由

は**図表4-7**のとおりである。

図表4-7　見積額に関するベンダとユーザの捉え方

	ベンダ	ユーザ
結論	概算見積であり、後続する工程を実施することで見直すことが予定されている金額（法的な拘束力はない）	要件の追加がない限り見直すことが予定されていない確定金額（法的にも拘束力を有する）
理由	① ベンダは、企画・提案段階では、見積をするために十分な資料を得られていないのであるから、確定金額を見積もることはできない。 ② 要件定義や基本設計（外部設計）を実施することで、開発するシステムの対象が特定される[4]。	① 確定金額でないとすると、事業計画が立てられず、ベンダに発注するか否かの判断が困難になる。 ② 基本設計（外部設計）の工程まで完了しないと開発対象が特定できないとしても、予備費の計上や経営判断をすることで、金額の合意をすることもできるはずである[5]。

　このような両者の捉え方からすると、ベンダが、企画提案段階や、要件定義完了時点等で、リスクを回避し、確定金額を提示することを拒否したとしても、不合理な対応ということはできないと考えられる。しかし、ベンダが、コンペにおいて競合他社より優位に立つため、リスクを覚悟して金額を提示していたり、詳細なデータに基づいて金額を提示している場合には、法的な拘束力を持つ確定金額として扱われる可能性が高まるから、結局のところ、ベンダ・ユーザ間においてどのような趣旨の合意をしたのかということを、個別に検討するしかない。

　したがって、ベンダが企画・提案段階で確定金額として合意したと評価できる場合には、法的拘束力を有すると考えられるが、前述したとおり、企画提案段階で確定金額を算出することが困難であると考えているベンダは、このような合意に応じない可能性もある。

---

4) 野々垣典男・大谷和子・松島淳也「[鼎談] スルガ銀行対IBM事件　ベンダ・ユーザが学ぶべきこと」ビジネスロー・ジャーナル53号72頁では、「相手がお付き合いの長いお客様で、しかも実績があるパッケージでカスタマイズがほとんどなくて済むといった特別な条件が重ならない限り、要件定義の直後に確定金額を出すことは難しいと思います」「信頼性の高い確定金額を出すには、やはり外部設計の段階まで進んでいないと困難だと思います」との意見が記載されている。

5) 野々垣・大谷・松島・前掲注4）72頁では、要件定義終了後の確定金額の算出について「たしかに、ベンダにとってリスクがあることだと思います。しかし、プロジェクトマネジメントとしてどれだけの予備費を見込んでおくかということですから、経験を踏まえ、自社の経営判断で確約することは可能なはずですし、そうしてほしいですね」との意見が記載されている。

● 基本合意書による合意金額

システム開発プロジェクトでは、要件定義や基本設計（外部設計）の工程が完了した時点等で、基本合意書を締結し、プロジェクトの総額を決定することがある。

ユーザの立場からすると、事業計画や予算の都合上、できる限り早い段階でプロジェクトの総額を決定したいと考えるのが通常であるし、逆に、ベンダとしては、プロジェクトの総額を決定するとしても、開発対象が十分に特定された時点で、リスクを排除した上で合意したいと考えるのが通常である。このようにいずれにしても両当事者の間に考え方のギャップがあり、どの段階でプロジェクトの総額を合意できるかも、個々の取引ごとに検討するしかないということになる。

基本合意書で合意された金額等の法的拘束力について判断した事例としては、前掲・東京地裁平成24年3月29日判決があり、以下のとおり判示されている。

> **東京地裁平成24年3月29日判決**
> 　本件最終合意書1条及び8条ただし書によれば、本件最終合意書に記載された原告の支払金額の法的拘束力については、ユーザとベンダとの間で本件プロジェクトの各局面における義務を定めた個別契約が締結されることを前提条件として生ずるものとされていると解すべきである。
> 　そして、本件最終合意書1条記載の個別将来契約のうち、（中略）個別契約の大半が未締結であることが認められる。
> 　そうすると、上記支払総額が法的拘束力を有するに至る程度に条件が充たされているとはいえないので、被告の債務不履行又は不法行為の成立をいう原告の上記主張は採用することができない。

この事件では、基本合意書を作成してはいるが、個別契約を締結することで初めて法的拘束力を有することになることが明記されていた事案であり、個別契約の大半が未締結であったために法的拘束力は否定されている。この判示内容からすると、基本合意書が作成されている場合であっても、金額に法的拘束力が認められるか否かは個別に判断すべきことになろう。

もっとも、この判決においても、基本合意書における合意内容についてまったく意味がないとしているわけではなく、以下のとおり判示し、不法行為責任を肯定している。

東京地裁平成24年3月29日判決

上記支払総額の規定が設けられたのは両当事者が目標とする重要な指針を定める趣旨であることは疑いのないところであり、本件最終合意書が交わされた平成17年9月30日の時点において、ベンダは、本件システム開発のコスト見積りの前提となる基礎数値を確定させてユーザの支払金額を決めたものであることなどからすれば、上記支払総額の規定された本件最終合意書が交わされたとの事情が、ベンダの信義則上ないし不法行為上の義務違反の有無を考慮するに当たり意味を有し得るものであることを否定するものではない。

したがって、ユーザとしては、基本合意書で合意した金額の法的拘束力が否定される場合でも、一定の意味が認められることに着目すべきであるし、ベンダとしては、一定のリスクを負うことになるから、注意が必要である。

(b) 開発費用の増額はプロジェクトマネジメント義務違反となるのか？

システム開発プロジェクトでは、企画・提案段階での見積額や基本合意書での合意額について、ベンダが増額を申し出ることがあり、プロジェクトが頓挫することがある。

このような場合、ユーザとしては、企画・提案段階や基本合意書におけるベンダの見積手法や説明内容に問題があったのではないかと考えたくなるところである。企画・提案段階の見積額や基本合意書で合意した金額が、確定金額（法的拘束力を有する）であるとの判断になった場合、ベンダが法的な責任を負うか否かは、確定金額で、プロジェクトを完遂させることができなかった理由に依存することになる。すなわち、頓挫した理由が、ベンダの帰責事由によるものであるのか、ユーザの帰責事由によるものであるのかという点が問われることになるものと考えられる。

しかし、ベンダは、プロジェクト全体の総額の見積をする場合でも、開発対象が特定されるまでは、できる限り、法的な拘束力が発生しない方式でプ

ロジェクトを進めようとする場合もあり、法的拘束力はないという前提でベンダの責任を検討すべき事案もある。この場合、企画・提案段階で想定した概算見積額等でシステムを完成することが不可能であることの認識や、予見可能性の有無によって、ベンダのプロジェクトマネジメント義務違反が判断されることになると考えられる。例えば、前掲・東京高裁平成25年9月26日判決は、企画・提案段階の開発費用等について以下のとおり判示している。

> **東京高裁平成25年9月26日判決**
> 　本件システム開発の企画・提案段階から、想定されていた開発費用、開発スコープ及び開発期間では、システム開発を完成させることが不可能であることを既に認識し、あるいは容易に認識することができたとすれば、システム開発に当たるベンダとして、企画・提案段階における義務違反（プロジェクト・マネジメントに関する義務違反）があるといえよう。

　そうすると、要件定義や基本設計（外部設計）の工程でユーザからの要望が増加し、これに伴って開発コストが増大したのであれば、企画提案段階の概算見積額の算定自体に、ベンダのプロジェクトマネジメント義務違反があるとの評価になる可能性は低い。

　また、前掲・東京高裁平成25年9月26日判決の事案のように、要件定義の作業を進める中でパッケージソフトウェアとユーザの業務のギャップが明らかになり、開発工数が増大し、企画・提案段階で想定した開発費用で対処することが極めて困難となったという場合も、企画・提案段階での概算見積額の算定自体にプロジェクトマネジメント義務違反を問われる可能性は低いのではないかと考えられる。

　逆に、ベンダによる企画・提案段階での概算見積額の提示に関し、前掲・東京高裁平成25年9月26日判決が上記のように判示していることからすると、プロジェクトマネジメント義務違反が問われるのは、ユーザから、提案依頼書（RFP）等で開発対象とすることが明示されていたにもかかわらず、これを見積の対象から外していた場合や、見積時の計算ミス、受注のためにあえて実現不可能な低額な見積額を提示していた場合等が考えられる。

II プロジェクト頓挫型の対応

5 契約締結後のプロジェクトマネジメント義務と協力義務

（1）契約締結後にベンダのプロジェクトマネジメント義務が問題となるのはどのような場合か？

　契約締結後についてもベンダにプロジェクトマネジメント義務が課せられることは、判例上、認められている。代表的な例としては、前掲・東京地裁平成16年3月10日判決や前掲・東京高裁平成25年9月26日判決[6] が挙げられる。

東京地裁平成16年3月10日判決

　ベンダは、納入期限までに本件電算システムを完成させるように、本件電算システム開発契約の契約書及び本件電算システム提案書において提示した開発手順や開発手法、作業工程等に従って開発作業を進めるとともに、常に進捗状況を管理し、開発作業を阻害する要因の発見に努め、これに適切に対処すべき義務を負うものと解すべきである。そして、システム開発はユーザと打合せを重ねて、その意向を踏まえながら行うものであるから、ベンダは、注文者であるユーザのシステム開発へのかかわりについても、適切に管理し、システム開発について専門的知識を有しないユーザによって開発作業を阻害する行為がされることのないようユーザに働きかける義務（以下、これらの義務を「プロジェクトマネージメント義務」という。）を負っていたというべきである。

　この裁判例では、プロジェクトマネジメント義務の内容として以下の2つの義務を区別している。

　① 契約書や提案書において提示した開発手順や開発手法、作業工程に従って開発作業を進めるとともに、常に進捗状況を管理し、開発作業を阻害する要因の発見に努め、これに適切に対処すべき義務（以下「進捗管理・阻

---

6) 東京高裁平成25年9月26日判決は、プロジェクト・マネジメント義務について、「ベンダとユーザとは、本件システム開発において、ベンダが、事業・業務要件定義、要件定義、外部設計工程、内部設計工程、プログラミング工程（実装工程）、総合テスト、システムテスト、運用テストの全てを担当し、本件システム開発の完成まで受任することとして、3つの基本合意と16個の個別契約を締結した。ベンダは、前記各契約に基づき、本件システム開発を担うベンダとして、ユーザに対し、本件システム開発過程において、適宜得られた情報を集約・分析して、ベンダとして通常求められる専門的知見を用いてシステム構築を進め、ユーザである被控訴人に必要な説明を行い、その了解を得ながら、適宜必要とされる修正、調整等を行いつつ、本件システム完成に向けた作業を行うこと（プロジェクト・マネジメント）を適切に行うべき義務を負うものというべきである」と判示しており、前掲・東京地裁平成16年3月10日判決とほぼ同趣旨であると考えられる。

127

第4章　プロジェクト進行中におけるトラブル

害要因対処義務」という）

②　注文者であるユーザのシステム開発へのかかわりについても、適切に管理
し、システム開発について専門的知識を有しないユーザによって開発作業を
阻害する行為がされることのないようユーザに働きかける義務（以下「発注
者管理義務」という）

これらの義務に違反すると評価され得る例としては、**図表4-8**に示す場合
が考えられる。

図表 4-8　プロジェクトマネジメント義務違反と評価され得る事例

進捗管理・阻害要因対処義務違反の例	発注者管理義務違反の例
①　要件定義工程等におけるベンダの主力メンバーが、開発工程以後の工程に関与していないため（病気、退職等）、ユーザから提示された仕様や開発内容を正確に把握できず、納期遅延した場合 ②　単体テストや結合テストの不足により、プログラムに障害・不具合が多数発見され、納期までにテスト・改修作業が完了しない場合	①　ユーザが主体となって行う要件定義等で必要となる情報の提供等について、ユーザに対して期限や必要となる情報等の説明や働きかけをしていない場合 ②　ユーザからの仕様変更や機能追加の要望について、当該要望を受けた場合には納期に遅延することを把握していたにもかかわらず、安易にこれを引き受け、納期に遅延した場合

そして、ベンダがプロジェクトマネジメント義務に違反した場合、ユーザ
から債務不履行や不法行為に基づく損害賠償請求を受ける可能性がある。

（2）契約締結後にユーザの協力義務違反が問題となるのはどのような場合か？

契約締結後についてもユーザに協力義務が課せられることは、判例上、認
められている。代表的な例としては、前掲・東京地裁平成16年3月10日判
決、東京地裁八王子支部平成15年11月5日判決[7] などがある。例えば、前掲・
東京地裁平成16年3月10日判決では、以下のとおり判示し、ユーザに要請

---

7)　前掲・東京地裁八王子支部平成15年11月5日判決は、「ユーザも、一つの企業体として事業を営み、その事業のためにシステムを導入する以上、自己の業務の内容等、ベンダがシステムを構築するについて、必要とする事項について、正確な情報をベンダに提供すべき信義則上の義務を負うものと解される」と判示しており、前掲・東京地裁平成16年3月10日判決とほぼ同趣旨であると考えられる。

される役割について明らかにしている。

東京地裁八王子支部平成15年11月5日判決

　本件電算システム開発契約は、いわゆるオーダーメイドのシステム開発契約であるところ、このようなオーダーメイドのシステム開発契約では、ベンダのみではシステムを完成させることはできないのであって、ユーザが開発過程において、内部の意見調整を的確に行って見解を統一した上、どのような機能を要望するのかを明確にベンダに伝え、ベンダとともに、要望する機能について検討して、最終的に機能を決定し、さらに、画面や帳票を決定し、成果物の検収をするなどの役割を分担することが必要である。

前掲・東京地裁平成16年3月10日判決で要請されるユーザの役割を整理すると、**図表4-9**のとおりである。

図表4-9　各工程におけるユーザの協力義務

工程	協力義務の内容
要件定義	どのような機能を要望するのかを明確にベンダに伝え、ベンダとともに、要望する機能について検討して、最終的に機能を決定する。
外部設計（基本設計）	画面や帳票を決定する。
検収	検収作業を実施する。

　要件定義や外部設計（基本設計）の段階でユーザに協力義務が発生する理由は、ユーザが開発対象を特定していなければ、システムの専門家であるベンダでもシステムを完成させることができないからである。ベンダは、ユーザの業務内容等に必ずしも精通しているものではないから、ユーザがどのような機能を欲しているのか、また、画面のレイアウトや帳票の出力項目等についても、原則としてユーザ自身が決定すべきである。

　そして、検収段階でもユーザに協力義務が課せられるのは、ユーザが欲した機能や画面・帳票が実現されているかのチェックは、性質上、発注者であるユーザにしかできない事項だからである。

　ユーザが協力義務に違反した場合、ベンダから債務不履行や不法行為に基づく損害賠償請求を受ける可能性がある。

第4章　プロジェクト進行中におけるトラブル

　なお、判例上、ユーザの協力義務違反が認定された事例は、**図表4-10**に示すとおりである（但し、ユーザによる無効な解除の意思表示と協力義務の関係については、本書**第7章**325頁を参照）。

図表 4-10　**ユーザの協力義務違反を認定したと評価できる裁判例**

	判示内容
東京地裁 平成9年9月24日判決 ユーザによるデータ登録作業の不実施が協力義務違反	平成3年4月以降のユーザ代表者のベンダに対する対応（特に、登録作業の不実施）は、必ずしも好ましいものとはいえず、このことが、本件システムの本稼働へ向けてのスケジュールを遅滞させた一因となっていることは否定できないのであるから、仮に、ユーザが主張するように、平成4年4月の本件システムへの切り替えが不可能な事態となっていたとしても、そのことを理由として本件システムについての契約を解除することは認められないものといえる。
東京地裁 平成16年3月10日判決 ベンダからの懸案事項を目標期限までに解決しなかった点が協力義務違反	ベンダは、打合せ時に生じた懸案事項について、ユーザに検討、解決を求め、かつ、システム連絡会議やシステム開発進捗会議等において、随時、懸案事項の解決の遅れが原因で画面仕様や帳票仕様の確定が遅れていること、開発作業全般の遅れの原因になっていることなどを説明し、懸案事項の解決目標期限を設定するなどして解決を促したが、ユーザは、目標期限までに懸案事項を解決しないことがあった。 （中略） ユーザは、ベンダから解決を求められた懸案事項を目標期限までに解決しなかった点において、適時適切な意思決定を行わなかったところがあるということができ、適切な協力を行わなかったところがあるといわざるを得ない。
東京地裁 平成18年1月23日判決 ユーザが、要求仕様を確定する情報を提供していないことや、総合テストを実施可能なスケジュールを組もうとしていなかったことが協力義務違反	ユーザは、本件ダウンサイジング（大型のホストコンピューターを用いてデータ処理を行う中央集中型のシステムから、パソコンやワークステーション等の複数の小型コンピューターを用いてデータ処理を行う分散型システムに置き換えること）を行うに当たり、ベンダに対して、ユーザの要求仕様を確定させるのに必要な情報を明確に提示し、また、総合テストを実施することが可能なスケジュールを組むことを許容するなどの本件契約上ベンダの義務履行の前提となる自らの協力義務を果たしたものとは認め難く、ベンダにおいて、トラブル（中略）について、債務不履行の責任を負うべきいわれはないといわざるを得ない。
東京地裁 平成21年5月29日判決 ユーザ担当者の退職時に引継ぎが行われず、後続の担当者が、従前の内容と異なる注文をしたため、完成に至らなかったという点が協力義務違反	従前の契約内容の確定経過を知らないA（ユーザ担当者）が、B次長（ユーザの元担当者）らからほとんど引継ぎを受けないまま、本件システムのあるべき姿を自ら独自に検討して、従前の注文内容を超えた、あるいは従前の注文内容と異なる別個の内容の注文、要請を繰り返し、ベンダが、Aの上記注文、要請に応えようとして、本件システムに追加、変更を加えていった結果、バグの修正どころか、本件システム全体が完成しなくなってしまったものである。

（3）仕様変更の要望は、ユーザの協力義務違反・ベンダのプロジェクトマネジメント義務違反のいずれの問題として捉えるべきか？

システム開発プロジェクトでは、ユーザがベンダに対し、仕様変更や機能追加等の追加開発作業の要望が発生し、追加開発作業によりベンダが納期に遅延する場合がある。追加開発作業の発生時期によって結論が変わり得ると思われるので、ユーザからの追加開発作業の要望が発生した時期ごとに裁判例等を検討する。

ア　追加開発作業の要望が外部設計（基本設計）工程等の仕様確定前に発生した場合

まず、ベンダが、プログラム開発作業に着手する前の基本設計作業中に、ユーザから追加開発作業の要望を受けた事案である前掲・東京地裁平成16年3月10日判決では、以下のとおり判示している。

東京地裁平成16年3月10日判決

　ユーザがベンダに対し、基本設計作業中に構築するシステムに関する様々な要求をするのは、本件のようなシステム開発の工程では当然のことであり、しかも、専門的知識のないユーザにおいて、当該要求が追加の委託料や納入期限の延期等を必要とするものであるかどうか、作業工程に支障をもたらすものであるかどうかなどを、的確に判断することは困難であったということができるから、ユーザにおいて、追加の委託料や納入期限の延期等をもたらす要求を自制すべきであったなどということもできない。むしろ、ユーザが追加の委託料や納入期限の延期等を必要とする要求をしたのであれば、プロジェクトマネージメント義務を負うベンダにおいて、ユーザにその旨伝えて、要求の撤回や納入期限の延期等に関する協議を求めるなどし、開発作業に支障が生じないようにすべきであったということができる。

この判決では、以下の2つの理由により、ユーザの協力義務の問題ではなく、ベンダのプロジェクトマネジメント義務の問題であると判示している。

①　基本設計作業は、開発対象となるシステムの内容を特定する工程であるから、ユーザが様々な要望を提示することは当然であること（追加開発作業が

第4章　プロジェクト進行中におけるトラブル

発生した工程の性質）

②　ユーザは、システム開発に関する専門的知識を有しておらず、要望事項により、追加の委託料や納入期限の延期等を必要とするものであるか否かの判断が困難であること（システム開発に関する知識の偏在）

　ただし、ベンダのプロジェクトマネジメント義務の問題となるとしても、ベンダに課せられるのは、ユーザに対し、要求の撤回や納入期限の延期等に関する協議を求めるなどして、開発作業に支障が生じないようにする義務であって、そこで要求されるのは、ユーザとのコミュニケーション能力である。ユーザの要望を受け入れた上で、追加開発作業発生前の納入期限や委託料を遵守する義務を負うというものではないから、注意が必要である。

　逆に、ユーザの視点からすると、前掲・東京地裁平成16年3月10日判決に従う限り、ユーザが追加開発作業の要望を提示すること自体は、特に法的な問題を生じないということになる。もっとも、ベンダのプロジェクトマネージャーが上記のようなコミュニケーションを試みたにもかかわらず、追加開発作業の要望に固執し、プロジェクト全体が頓挫したというのであれば、ユーザの協力義務違反が問題となり得る。例えば、ユーザが、追加開発部分が存在しなければ情報システムを開発する意味がないと主張し、しかも、委託料や納期の変更を許さないという方針に固執し、その結果、プロジェクトが頓挫してしまった場合等は要注意であるといえる。

イ　追加開発作業の要望がプログラミング工程やテスト工程等の仕様確定後に発生した場合

　次に、基本設計書等の仕様書により、開発対象のシステムの仕様が確定した後に、仕様変更や機能追加等の追加開発作業が要望された場合についても、前述の根拠①、②が妥当するか検討してみる。

　この場合、追加開発作業が発生しているのは、基本設計作業が完了して仕様が確定した後であるから、工程の性質から当然にユーザによる追加開発作業の要望が許されるという関係にはないので、根拠①は妥当しない。

しかし、この場合でも、ベンダに情報システムに関する知識が偏在していることは同様であるから、根拠②は妥当する。

もっとも、基本設計書等で仕様を確定した後の工程で仕様変更や機能の追加を要望することは、ベンダに一度開発したプログラムのやり直し作業を実施させることになり得るから、工数が増大し、大幅な納期遅延を引き起こす可能性があるし、仕様変更したことにより、新たな障害・不具合を発生する原因になることもある。

さらに、あまりに多くの仕様変更や機能追加が発生するということは、ユーザが要件定義や基本設計等の上流工程で協力義務を果たしていたのか（開発を要望する機能や画面のレイアウト、帳票の出力項目等について、社内での意思統一を図るための手続を十分実践していたのか）という点についての疑義を生じさせることになりかねない。

したがって、ユーザは、基本設計書等で仕様が確定した後は、追加開発作業の要望をできる限り控えるべきであり、強硬に仕様変更や機能追加を主張すると、協力義務違反であるとの認定を受け、又は、瑕疵担保責任の瑕疵の発生に寄与したなどとして、不利益な判断をされる可能性がある。

例えば、東京高裁平成26年1月15日判決では、外部設計工程が完了した後に、多数の仕様変更が発生した事案について、以下のとおり判示し、ベンダのプロジェクトマネジメント義務違反を認定しながらも、ユーザ側にも過失があるとして、損害賠償額を4割減額するとの判断をしている。

第4章　プロジェクト進行中におけるトラブル

> **東京高裁平成26年1月15日判決**
>
> 　外部設計後に多数の変更を行えば、本件新基幹システムにおける不具合・障害の発生の可能性を増加させ、その検収完了が遅延するおそれが生じ得ることに照らせば、控訴人（ユーザ）が被控訴人（ベンダ）に対し本件新基幹システムについて多数の変更を申し入れたことは、本件ソフトウェア開発個別契約の目的を達成できなくなった原因の一つであると認められ、その点において控訴人（ユーザ）に過失のあることを否定できないのである。
>
> 　（中略）
>
> 　控訴人（ユーザ）がシステム開発等についての専門的知見を備えているとは認められない顧客であるのに対し、被控訴人（ベンダ）は、システム開発等の専門的知見や経験を備えた専門業者であって、控訴人（ユーザ）からの変更の申入れに応じることが、本件新基幹システムにおける不具合・障害の発生の可能性を増加させ、そのために検収終了時期を大幅に遅延させ、本件ソフトウェア開発個別契約の目的を達成できなくなる場合においては、本件プロジェクトの業務委託基本契約に基づく善管注意義務及び本件ソフトウェア開発個別契約における付随的義務として、その専門的知見、経験に照らして、これを予見した上、控訴人（ユーザ）に対し、これを告知して説明すべき義務を負うものであって、なお、控訴人（ユーザ）が変更を求めるときは、これを拒絶する契約上の義務があると認められるのである。

　更に、札幌高裁平成29年8月31日判決では、新たな機能の開発要望はもちろん、画面や帳票、操作性に関わるものも含め、一切の追加開発要望を出さないという合意をしたにもかかわらず、合意後も、現行システムの備える機能を最大限取り込むことを要求していた事例について、以下のとおり判示し、ベンダのプロジェクトマネジメント義務違反を否定し、ユーザの協力義務違反の問題として処理されている[8]。

8）　旭川地裁平成28年3月29日判決では、この点について、「そもそもシステムの開発過程においては、ユーザ側から、本来ベンダが開発義務を負うものではない項目について開発（カスタマイズ）が要望されることはしばしばみられる事態である。そうすると、システム開発の専門業者である被告としては、納期までに本件システムが完成するよう、原告からの開発要望に対しても、自らの処理能力や予定された開発期間を勘案して、これを受け入れて開発するのか、代替案を示したり運用の変更を提案するなどして原告に開発要望を取り下げさせるなどの適切な対応を採って、開発の遅滞を招かないようにすべきであったというべきである。」と判示し、ベンダである被告がその責任の大半を負担すべきであるとした上、責任割合をユーザ2割、ベンダ8割としている。

> **札幌高裁平成29年8月31日判決**
>
> 　ベンダは、平成21年3月4日以降、専門部会等において、繰り返し、ユーザによる追加開発要望の多くは仕様外のものであること、ベンダとしては、これらの追加開発要望に対応するのは難しく、同年9月24日（本件原契約におけるリース開始日）に間に合わなくなることを説明した。そして、ベンダは、同年7月7日、ユーザによる625項目の追加開発要望を受け入れる（本件追加開発合意）一方で、以後は、新たな機能の開発要望はもちろん、画面や帳票、操作性に関わるものも含め、一切の追加開発要望を出さないという合意（本件仕様凍結合意）を取り付けたものである。このように、ベンダは、プロジェクトマネジメント義務の履行として、追加開発要望に応じた場合は納期を守ることができないことを明らかにした上で、追加開発要望の拒否（本件仕様凍結合意）を含めた然るべき対応をしたものと認められる。これを越えて、ベンダにおいて、納期を守るためには更なる追加開発要望をしないようユーザを説得したり、ユーザによる不当な追加開発要望を毅然と拒否したりする義務があったということはできず、ベンダにプロジェクトマネジメント義務の違反があったとは認められない。

　この裁判例では、仕様確定の合意をしていたことを重要視して、「納期を守るためには更なる追加開発要望をしないようユーザを説得したり、ユーザによる不当な追加開発要望を毅然と拒否したりする義務」はないとしているが、ベンダとしては、漫然とプロジェクトを続行すれば、プロジェクトが頓挫する可能性は高まるのであるから、義務の有無にかかわらず、まずは、ユーザを説得する等の対応をすべきであろう。

6　ベンダがプロジェクトの中止を提言しなければならないのはどのような場合か？

　前掲・東京高裁平成25年9月26日判決は、以下のとおり、ベンダが、プロジェクトを途中で中止することの要否についての説明義務（以下「中止提言義務」という）を負うと判示した。

第4章　プロジェクト進行中におけるトラブル

東京高裁平成25年9月26日判決

　　また、前記義務の具体的な内容は、契約文言等から一義的に定まるものではなく、システム開発の遂行過程における状況に応じて変化しつつ定まるものといえる。すなわち、システム開発は必ずしも当初の想定どおり進むとは限らず、当初の想定とは異なる要因が生じる等の状況の変化が明らかとなり、想定していた開発費用、開発スコープ、開発期間等について相当程度の修正を要すること、更にはその修正内容がユーザの開発目的等に照らして許容限度を超える事態が生じることもあるから、ベンダとしては、そのような局面に応じて、ユーザのシステム開発に伴うメリット、リスク等を考慮し、適時適切に、開発状況の分析、開発計画の変更の要否とその内容、更には開発計画の中止の要否とその影響等についても説明することが求められ、そのような説明義務を負うものというべきである。

　前掲・東京高裁平成25年9月26日判決は、プロジェクトの途中で適切な見直しができなければプロジェクトが頓挫することが予見できる場合、見直しをしないまま続行しても、ユーザの損害額が増大するだけであるから、プロジェクトの中止を提言すべきであると判示しているものと考えられ、これは合理的な判断である。

　中止提言義務は、具体的な事例で考えてみたほうが理解しやすいのではないかと思うので、ここでは、仮想のプロジェクトAを前提に議論を進めてみる。プロジェクトAのベンダ担当者は、ユーザからの提案依頼書の内容を確認し、見積額として総額10億円と提示するのが妥当であると判断したとする。しかし、実際に要件定義作業を実施してみたところ、外部設計以後の開発工程は企画・提案段階の見積額の約3倍の費用を要することが明らかになったとする。このような場合にベンダ担当者はどうすべきなのかというのが、中止提言義務の問題である（**図表4-11**）。

図表4-11 中止提言義務の問題

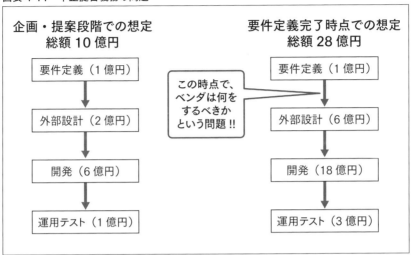

　ベンダ担当者は、要件定義が完了した時点で、企画・提案段階の見積額の約3倍近い28億円の費用を要することを把握しているのであるから、ユーザとの間で適切な見直しをしなければ、プロジェクトAは中途で頓挫することを容易に認識できるはずである。

　このような場合、ベンダはユーザに対し、情報システムの専門家としての知識や経験、プロジェクトAに関する分析等に基づいて、開発費用、開発スコープ及び開発期間のいずれか、あるいはその全部を抜本的に見直す必要があることについて説明し、適切な見直しを行わなければプロジェクトAを進めることができないことや、従来の投入費用や今後ユーザが投入する費用が無駄になることを具体的に説明し、ユーザの適切な判断を促すことになる。

　しかし、それでも、ユーザとの間で、危機を回避できる適切な見直しができない場合がある。前掲・東京高裁平成25年9月26日判決は、このような場合に、ベンダはユーザに対し、プロジェクトAを中止することを提言すべきであると判示しているのである。

　プロジェクトAでは、単に要件定義を実施したところ、開発量が増大したという設定であるが、仮に、ベンダの企画・提案段階におけるプロジェクト

第4章　プロジェクト進行中におけるトラブル

マネジメント義務違反が原因でコストが増大した場合（例えば、開発作業量は
まったく増加していないのに、単純な見積ミスをしていた場合等）であっても、ベ
ンダには中止提言義務が発生するのではないかと考えられる。

　なぜなら、ベンダに中止提言義務を課すのは、ユーザの損害が徒に増大し
ないようにするためであると考えられるところ、見直しが必要になった原因
が、ベンダの企画・提案段階におけるプロジェクトマネジメント義務違反に
起因する場合であっても、ユーザの損害の増大を防止する必要があるという
点は同様だからである。

7　元請会社と下請会社との間でもプロジェクトマネジメント義務と協力義務の関係は妥当するか？

　システム開発プロジェクトに関する紛争は、元請ベンダ（注文人）と下請
ベンダ（請負人）との間でも発生し得る。そのため、ベンダ・ユーザ間の紛
争と同様に、注文人である元請ベンダに協力義務、請負人である下請ベンダ
にプロジェクトマネジメント義務が課せられることになるのかという点が問
題となり得る。

　しかし、プロジェクトマネジメント義務と協力義務の考え方は、ベンダが
情報システムの専門家であり、ユーザの業務に必ずしも精通しておらず、他
方で、ユーザは自己の業務の専門家ではあるが、必ずしもシステム開発業務
に精通していないこと[9]を根拠とするものであり、元請ベンダ・下請ベンダ
の関係には妥当しない。すなわち、元請ベンダと下請ベンダは、いずれも情
報システムの専門家であり、しかも、注文人となる元請ベンダのほうが、請
負人となる下請ベンダよりも、システム開発に関する経験や知識が豊富な場
合も多い。

　したがって、一般論としては、ユーザ・ベンダ間におけるプロジェクトマ
ネジメント義務と協力義務の考え方が、元請ベンダ・下請ベンダ間において
も直ちに妥当するわけではなく、①元請ベンダと下請ベンダとの間で締結さ

---

9)　前掲・東京高裁平成25年9月26日判決の判示する、システム開発技術等とシステム開発対象の業務内容
等についての情報の非対称性、能力の非対称性。

れた契約内容、②システム開発に関する経験や知識の差、③ユーザ業務への精通の度合い、④元請業者が下請業者に発注する内容等を考慮して、双方に課せられる役割分担が決定されることになるのではないかと考えられる。

8　設例4-1の検討

　設例4-1では、パッケージソフトウェアの不適合によるカスタマイズ量の増大（開発費用の増大）が問題となっており、この点についてのベンダのプロジェクトマネジメント義務違反が問題となる。

　ベンダが通常要求される程度の検証作業を実施していたか否か、実施していたとして、3割程度しかカバーできないことについて予測できなかったのか否かという点が問われることになり、予測可能性があったにもかかわらず、これを予測できずにプロジェクトに着手したということであれば、プロジェクトマネジメント義務違反との判断になる可能性がある。逆に、3割程度しかカバーできなかった理由が、ユーザ側の機能追加、仕様変更等の追加開発作業が発生したことに起因するのであれば、プロジェクトマネジメント義務違反との判断にはならないものと考えられる。

　これに対し、ユーザについても、設例4-1のように、ベンダからパッケージソフトウェアについての説明を受けたにもかかわらず、パッケージソフトウェアとユーザ業務との適合性を確認していなかったのだとすると、協力義務違反との判断になる可能性がある。

　設例4-1では、データ移行作業についても、提案書提出時の予想よりも大幅に作業量が増大し、プロジェクトが頓挫する原因の1つになっているから、プロジェクトマネジメント義務違反の有無が問題となり得る。

　設例4-1では詳細な設定をしていないが、仮に、ベンダが旧システムのデータの抽出から新システムへのデータの投入まで一貫して担当することになっていたにもかかわらず、旧システムのデータの調査・確認をしていなかったのだとすると、プロジェクトマネジメント義務違反との判断になる可能性がある。ただし、ユーザからの説明及び旧システムの仕様書の内容を前提として作業工数を見積もり、事後的に旧システムのデータを調査した結果、作業

工数が増大する可能性があることを十分説明していたのであれば、プロジェクトマネジメント義務違反に問われる可能性は低い。もっとも、**設例4-1**のベンダは、法務部門の説明を受け入れず、提案書等で十分な説明をしていないものと考えられるから、このような理由でプロジェクトマネジメント義務違反を免れることはできないのではないかと考えられる。

逆に、ユーザが仕様書と異なるデータ入力をしていたにもかかわらず、これを説明せず、仕様書とおりであると説明していたのであれば、協力義務違反との判断になる可能性がある。

9　ベンダ担当者が検討すべき事項

（1）企画提案段階においてベンダ担当者が検討すべき事項

ア　ベンダのユーザに対する説明義務

前掲・東京高裁平成25年9月26日判決は、「企画・提案段階においても、自ら提案するシステムの機能、ユーザのニーズに対する充足度、システムの開発手法、受注後の開発体制等を検討・検証し、そこから想定されるリスクについて、ユーザに説明する義務がある」と判示し、ベンダに企画・提案段階で説明義務が発生することを明示している。

もっとも、この判決では、「プロジェクトが開始され、その後の進行過程で生じてくる事情、要因等について、企画・提案段階において漏れなく予測することはもとより困難であり、この段階における検証、説明等に関する義務も、このような状況における予測可能性を前提とするものである」と判示し、ベンダの予測可能性を前提としている。また、説明義務の内容が法定されている不動産取引（宅地建物取引業法35条、マンションの管理の適正化の推進に関する法律72条、建築士法24条の7）とは異なり、情報システムの場合は法定されているわけではない。

したがって、ベンダに課される説明義務の内容も、一律に定まるものではなく、個々の取引において個別に検討されるべき事項であると考えられる。

しかし、企画・提案段階でのプロジェクトマネジメント義務違反が問題となり得る主な類型としては、本書でも取り上げた①見積額、②パッケージの

選定、③データの移行に関する紛争等があり、これらの事項に対応することで紛争を回避することが期待できるから、説明義務の有無にかかわらず**図表4-12**で示す点について説明しておくべきである。

図表4-12　各類型に対する説明内容

項目	説明内容
見積額	・　見積額に対応する開発対象の範囲や前提となる資料や条件 ・　見積額の意味（確定金額なのか概算見積にすぎないのか） ・　概算見積にすぎない場合には、見積額の見直しをするタイミング
パッケージの選定	・　パッケージソフトウェアの事前検証の結果 ・　パッケージソフトウェアに含まれる機能 ・　ユーザの業務との適合性については、ユーザの確認が必要であること
データ移行	・　ベンダの役割分担（旧システムのデータの調査及び抽出作業は、ベンダ・ユーザのいずれが実施するのか） ・　見積額の前提（仕様書とおりにデータが記録されていることが前提であること等を明確にするため）

イ　企画・提案段階における説明義務違反の代償とチェックリストの活用等

さらに、ベンダの担当者は、企画・提案段階での説明義務違反が認定されると、損害賠償額が極めて高額になる可能性があるという点に注意すべきである。

例えば、企画・提案段階におけるベンダの不法行為が認定された前掲・東京地裁平成24年3月29日判決では、ベンダがすでに完了していた作業も含め、プロジェクトのために支出した費用のほぼすべてが損害になると判断されていることからも明らかなように、ベンダに対し、巨額の損失を与えることになりかねない。

企画提案段階の説明義務違反は、ベンダにとって、巨額の損失を発生させるかもしれない事項であるにもかかわらず、前述のとおり、必ずしも、担当者が十分に意識して義務を履行しているとは限らないという点で、非常に大きなリスクになっているのではないかと思われる。

したがって、ベンダとしては、説明義務の内容について各担当者に委ねて

しまうのではなく、経済産業省から提案されている重要事項説明書を利用した契約手続[10]の採用や、①見積額の前提となる事項、②パッケージの選定に関する事項、③データの移行に関する事項等、典型的に紛争となり得る事項に関するチェックリスト等を作成して説明漏れの防止に努めるべきである。

（2）契約締結後にベンダ担当者が検討すべき事項

ア　プロジェクトマネジメント義務の履行

ベンダは、契約締結後においてもプロジェクトマネジメント義務を負うが、「常に進捗状況を管理し、開発作業を阻害する要因の発見に努め、これに適切に対処すべき義務」「注文者であるユーザのシステム開発へのかかわりについても、適切に管理し、システム開発について専門的知識を有しないユーザによって開発作業を阻害する行為がされることのないようユーザに働きかける義務」[11]を負うとされているのであるから、ベンダは、この裁判所の判示内容に沿った対応をすべきある。

例えば、進捗会議において、自己の帰責事由でスケジュールが遅滞しているのであれば、追加の要員を投入する等して、スケジュールの遅延を挽回する等の方策を検討することになるし、ユーザの意思決定の遅れによりスケジュールが遅延しているのであれば、進捗会議等で、ユーザに対しその旨を説明し、ユーザによる作業の履行を促すべきである。

イ　主要メンバーの離脱

プロジェクトが順調に進捗しない原因には諸々の事情が考えられるが、主要メンバーの離脱（病気、退職等）は代表的な原因である。一般的に、進捗が遅れ気味のプロジェクトでは、ベンダの担当者が深夜残業や休日出勤をして、過重労働の状況になっていることが多く、体調を崩して離脱するというケースが散見される。

しかし、過重労働の結果、ベンダの担当者が体調を崩したとしても、それ

---

10)　経産省モデル契約〈追補版〉55-64頁。
11)　前掲・東京地裁平成16年3月10日判決。

はベンダの労務管理の問題であると判断される可能性が高く、ベンダがユーザに対する責任を免れる可能性は低い。

　また、時折、ユーザ担当者の威圧的な態度によって、ベンダの担当者が体調を崩したのであるとベンダが主張する場合がある。しかし、このような場合には、①ユーザ担当者が威圧的な態度をとった理由や②ユーザ担当者が威圧的な態度をとったこととベンダ担当者が体調を崩したこととの因果関係の有無等を検討する必要がある。例えば、東京地裁平成19年12月4日判決は、以下のとおり判示している。

東京地裁平成19年12月4日判決

　ベンダは、ユーザ代表者が、ベンダ担当者に対し、攻撃的、高圧的な言動によって罵倒するなどしたことにより、ベンダ担当者が本件請負業務から離脱せざるを得なくなったと主張する。

　たしかに、ユーザ代表者は、平成15年11月ころの打ち合わせにおいて、「やる気がないのか」、「何だ、この契約は終わりだぞ。自分がこの部屋から出て行ったら終わりだぞ。」などと強い口調で言ったことは認められるが、それは基本合意において平成15年10月末までがプロトタイプ期間とされていたにもかかわらず、要件定義書案に本件開発目的の追加機能が一向に盛り込まれない上、提出された要件定義書案にコメントを付して回答しても、それに対する応答もなかったというベンダの作業の遅滞やその対応に起因しているものであって、度を超えた言動とまではいえない。

　また、Cが病気により本件請負契約の業務から離脱したことについて、その原因は定かではないが、本件請負業務によるストレスが原因になっていたとしても、本件請負業務の作業負担の見通しなど、基本的にはベンダにおける労務管理上の問題というべきであって、これをユーザの責めに帰することもできない。

　この裁判例では、ベンダの作業の遅滞等の帰責事由を認定した上で、ユーザが「やる気がないのか」「何だ、この契約は終わりだぞ。自分がこの部屋から出て行ったら終わりだぞ」という発言をしたとしても、度を超えた言動とまでいえないと判断した上、離脱の原因も定かではないことを理由に、ベンダの労務管理の問題としている。

　現実に、システム開発プロジェクトでは、ベンダ担当者がユーザ担当者か

第4章　プロジェクト進行中におけるトラブル

ら威圧的に理不尽な要求をされることがあり（例えば、膨大な追加開発作業の実施を強要したり、ユーザの提示した仕様書とおりに開発したにもかかわらず、その仕様では業務に耐えないから、まったく別の仕様で開発し直すことを強要されたりすることがある）、これにより体調を崩すこともあり得るが、このような場合でも、体調を崩したことと、ユーザの態度との因果関係を証明することは一般的には困難である。

　したがって、ベンダとしては、担当者の症状が重篤な状況になる前に担当者を交替させる、又は、担当者1人でユーザと打ち合わせをすることのないように配慮する等、組織的な対応をすることも検討すべきである。

　また、一定の規模以上のプロジェクトでは、開発期間が長期化し、担当者が離脱する可能性も高まるから、担当者が離脱してもプロジェクトの進捗に重大な支障を来すことのないように、ある程度余裕をもって担当者を用意すべきである。担当者に余裕をもたせることはコスト増になるため、ベンダはこのような体制を取りたがらないが、主要メンバーが病気等で離脱した場合、これを挽回するための人的資源の確保や損害賠償等のコストを考えると、最初からある程度余裕をもたせた体制を整えるほうが合理的である。

ウ　追加作業の取扱い

　システム開発プロジェクトでは、仕様変更や機能追加等の追加開発作業が頻繁に発生する。真面目なベンダの担当者は、ユーザから仕様変更の要望等があると、「自分が休日を返上して対応すればなんとかなる」などと考え、ユーザからの要望事項に対応しようとする者もいるようだが、このような対応では、無理なスケジュールを余儀なくされる結果、プロジェクトを頓挫させることになりかねない。

　前述したように、外部設計や基本設計等の仕様が確定する以前の段階における仕様変更や機能追加等の要望については、委託料や納入期限を確認し、従前の契約内容の枠内に収まらないと判断した場合には、これらの事項についてユーザとの間で調整すべきである。

　また、テスト工程等、仕様が確定した後の追加開発作業では、その影響範

囲を分析するとともに、影響を受けるプログラムが広範な場合等、開発作業に与える影響が大きい場合は、ユーザからの追加開発作業の要望を拒否すべきである。スケジュールの延長や金額の増額に関する協議をすることも考えられなくはないが、すでにテスト工程を実施中で、開発作業も大詰めになった段階では、ユーザが大幅なスケジュールの延長や金額の増額を承認しない場合も多い。

特に、システム開発に関するベンダとの窓口役となっているユーザのシステム部門と、実際に情報システムを利用する部門との間でうまく意思疎通ができていない場合には、ユーザのシステム部門において利用部門からの追加開発作業の要望を凍結してもらうように調整すべきである。

エ　プロジェクトの中止

前掲・東京高裁平成25年9月26日判決はベンダの中止提言義務について判示しており、ベンダの担当者としては、これに従った対応をすべきである。

ベンダの中止提言義務は、ユーザの損害の発生を防止するためにベンダに課せられる義務であるから、中止せざるを得なくなった理由にかかわらず発生する義務であると考えられる。中止せざるを得なかった原因が、ベンダの帰責事由や過失による場合、ベンダはユーザから、債務不履行や不法行為に基づく損害賠償請求を受ける可能性があるのに対し、ベンダの帰責事由や過失によらない場合は、その可能性が否定されるという違いが生じるだけではないかと考えられる。

ベンダの担当者は、プロジェクトの中止を提言することはプロジェクトの失敗を意味することになるから、中止の提言をすることに消極的である。

しかし、プロジェクトを継続しても頓挫することが確実視される場合、プロジェクトの継続は、ベンダ・ユーザの双方の損害が膨れ上がることを意味するだけであるから早急に対応すべき課題である。

また、前掲・東京高裁平成25年9月26日判決は、ベンダの中止提言義務について言及したものであるが、ベンダとしては、ユーザとの間の契約において、プロジェクトを中止する権利も保持したいところである。

第4章　プロジェクト進行中におけるトラブル

　例えば、JEITAモデル契約では、システムの仕様変更が発生し、ベンダ・ユーザ間の調整ができない場合の解約権を規定しているが[12]、経産省モデル契約〈第一版〉では、ベンダによる解約権は規定されていない。その理由として「ベンダによる解約権を規定していないのは、ベンダとしては変更協議の合意が成立しない限り従前の条件で業務を遂行すればそれで債務を履行したことになることから、特に解約権を認める必要性がないと考えられるためである」との説明がされている[13]。しかし、現実には、ユーザが合意できない仕様のシステムや納期で納品したとしても、トラブルになる可能性が高く、ベンダの立場からするとこのような場合にも解約権を確保しておきたいところである。

　また、上記モデル契約は、仕様変更等が発生した場面を想定しているが、仕様変更のみならず、企画・提案段階で想定していなかった課題が発生し、これにより費用や納期の大幅な見直しが必要になった場合も同様の問題が発生し得るのであるから、プロジェクトを継続することが社会通念上困難であると判断した場合には、ユーザとの契約を解約してプロジェクトを中止できるようにすべきである。

　中止提言義務が課せられる場合、ベンダは、本来、契約上の根拠規定がなくても、信義則上の義務として中止の提言をすべきであるが、実務上は、契約上、解約権が明記されていることにより中止に向けた交渉に着手しやすいというメリットもある。

10　ユーザ担当者が検討すべき事項

(1) 企画提案段階において検討すべき事項

　前掲・東京高裁平成25年9月26日判決は、企画・提案段階のユーザの役割について、「ユーザにもシステム開発の対象とされる業務の分析とベンダの説明を踏まえ、システム開発について自らリスク分析をすることが求められるものというべきである」と判示し、ユーザにも一定の役割が求められる

---

12)　JEITAモデル契約第38条。
13)　経産省モデル契約〈第一版〉88頁。

ことを明らかにしている。

この裁判例の判示だけで、ユーザが負担すべき具体的な作業内容まで把握できるわけではないが、ベンダの説明を踏まえ、①ベンダ提示見積額に自己の要求する要件等が含まれているか否かの検証、②パッケージソフトウェアの業務との適合性（充足度）の検証、③データ移行作業における自己の役割の履行可能性の検証については、一定の範囲で検証作業を実施すべきである。

（2）契約締結後に検討すべき事項

ア　協力義務の履行

オーダーメイドのシステム開発プロジェクトでは、ユーザには契約締結後も協力義務が課せられる[14]。ユーザに要請される協力義務の内容とされる典型的な業務は、①要望する機能について検討し、最終的に機能を決定する、②画面のレイアウトや帳票の出力項目を決定する、③成果物の検収をするといった業務であり、特に問題となりやすいのは要件定義や基本設計等の上流工程である。

ユーザは、システム開発の専門家ではないから、一般的には、要件定義書や外部設計書（基本設計書）等の文書を自ら作成するのではなく、ベンダが作成したドラフトをレビューし、これに加筆・修正することで最終的な機能・画面・帳票等の仕様が確定することが多い。ユーザが協力義務違反を回避するためには、ベンダの働きかけに対し、ベンダと合意した期限までに仕様確定業務を進捗させることが必要である。

しかし、ベンダとの窓口となっているユーザのシステム部門が、現実に納品されたシステムを利用して業務を遂行する利用部門との間で、十分な意思疎通ができていない場合が散見される。このような場合、システム部門が利用部門の要求する仕様を把握することができず、以下のような問題が発生し得る。

---

14)　前掲・東京地裁平成 16 年 3 月 10 日判決等。

第4章　プロジェクト進行中におけるトラブル

- ユーザとしての統一見解を整理することができない
- 仕様の確定作業が遅延する
- 仕様変更等の追加作業が多発して追加の開発委託料が発生し、稼動時期も遅延する

　したがって、システム部門は、利用部門の各担当者に、各画面や帳票の仕様確認作業を割り当てる等して、通常業務で多忙な利用部門の担当者の参加を促し、ユーザとしての統一見解を円滑に提示できるような体制を整えるべきである。

イ　進捗会議に参加するユーザ担当者の役割

　ユーザは、通常、定期的に開催されるステアリング・コミッティ等の打ち合わせで、プロジェクトの進捗状況を確認することができる。このような会議に参加するユーザ担当者は、ベンダとともにプロジェクトの課題を分析し、分析結果に基づいた適切な処置をすることで、プロジェクトの成功に寄与することが第一の役割であるが、プロジェクトが頓挫した場合に、自己に不利益な判断が示されることを回避すべく記録等を残すことも求められている。

　例えば、開発スケジュールが遅延している場合であれば、なぜそのような事象が発生しているのかについて分析し、それがベンダの帰責事由によるものであるのか、それともユーザの帰責事由によるものであるのかを見極める必要がある。

　そして、スケジュール遅延等がベンダの帰責事由による場合には、プロジェクトを成功させるため、ベンダと対応策を協議し、決定事項等を議事録に記録し認識を共有することが求められるし、訴訟対応という意味では、スケジュール遅延等の課題が発生した原因についてもベンダから書面で説明を受けるべきである。

　逆に、ユーザの帰責事由による場合（例えば、仕様の確定が遅滞しているため、プログラムの開発も遅滞している場合等）は、プロジェクトを成功させるため、直ちに原因の解消に努めるべきであるし、訴訟対応という意味では、原因が

解消された時点で、解消された事実を議事録等の書面に記録しておくべきである。

ウ　仕様変更の要請

システム開発プロジェクトでは、ユーザが仕様変更や機能追加等の追加開発作業を要望することがある。ユーザの立場からすると、せっかく高額な費用を支払って情報システムを開発するのであるから、できる限り理想的な仕様を実装したいと考えるのは当然である。

しかし、ユーザがベンダに対して追加開発作業を要望し、ベンダがこれを承諾した場合であっても、以下の不利益を被る可能性があることも考慮すべきである。

- ベンダに対し、追加の開発委託料を支払うことになる
- 本稼働時期が遅れる
- 仕様変更に伴う障害・不具合が発生する可能性がある

特に、システムテスト等のテスト工程に突入してからの仕様変更等の追加開発作業は、基本設計（外部設計）からテスト工程までのやり直し作業を発生させ、ベンダが納期を遵守できなくなる可能性がある。また、納期の直前に発生する仕様変更では、十分な開発時間を確保できず、仕様変更による影響範囲を吟味することができないため、新たな障害・不具合の発生原因にもなる。

したがって、ユーザは、仕様が確定した後の仕様変更等の追加開発作業について、ベンダから拒否された場合には、原則としてベンダの意見を尊重すべきである。

第4章　プロジェクト進行中におけるトラブル

Ⅲ　自己都合解約型の対応

1　設例4-2

自己都合解約型の典型的な事例として以下のような場面を想定してみる。

設例4-2

プロジェクトの全体像

　大手SIベンダ（以下「X」という）は、自動車メーカー（以下「Y」という）の新販売管理システム（以下「新システム」という）の開発を受託した。新システムの各工程の委託料は、要件定義工程1億円、基本設計工程2億円、開発工程（詳細設計からシステムテスト）6億円、運用テスト1億円、全工程の開発期間は約1年10か月のプロジェクトであり、開発工程も中盤に差し掛かったところであった。

開発工程の進捗状況

　開発工程は、請負契約に基づいて、平成25年1月1日から12月末日まで12か月間で実施する予定であったが、平成25年6月末の時点で進捗は遅れ気味であった。

Xの再委託の状況

　Xは、詳細設計からシステムテストの開発工程を下請企業に再委託していた。Xは、Yのプロジェクトのために6社の下請企業と基本契約を締結し、個別契約は1か月単位で発注書と発注請書で締結していた。また、Xが下請企業の第三者からの受注の機会を奪うことがないように、下請企業に対し、作業開始日の14日前までには、個別契約を継続するか否かの通知をしなければならないとされていた。

Yの事業方針の転換

　Yが新システムの開発に着手した理由は、海外での販売拠点における売上等も一括して管理することができるような仕組みを必要としていたからである。

　しかし、平成25年5月1日付けでYの代表取締役が交代し、同年6月から、業績不振に陥っている海外事業から撤退すべきか否かの検討が本格的に開始された。

下請事業者に対する平成25年7月分の発注

Xは、平成25年6月15日に、下請企業6社に対し、平成25年7月分の作業を発注した。

Yによる契約の解除

Yのシステム部長は、Yの経営陣が、平成25年7月1日付けで、海外事業から撤退する方針を打ち出すことを決定したため、Xに対し、平成25年7月10日付けで解除通知書を送付し「開発途中の成果物については、出来上がっている部分を整理して納品してほしい」と説明した。

Xの残務処理

Xは、Yのシステム部長の説明を受け、下請企業6社に対し、8月以降の発注がなくなることを説明した上、7月末までに、現在までに完了している成果物を整理して提出してほしいと依頼した。

Xの主張

Xは、XY間の契約では、Yが中途解約する場合、出来高部分の委託料を支払い、さらに損害を賠償することになっているから、①平成25年1月1日から6月末日までの委託料相当額である3億円(1年間の開発工程の総委託料6億円の12分の6)、②7月分の下請企業に対する支払分3000万円、③解約されなかったら得られたであろう逸失利益3000万円(具体的には、本件プロジェクトから費用を控除した利益は10%であるので、未了部分6か月分(7月から12月分)の委託料3億円の10分の1)を合計した3億6000万円を支払ってほしいと主張している。

Yの主張

Yは、プロジェクトを中止した理由について、①Xによる作業が遅滞しているから債務不履行解除したと主張し始めている。その上で、仮に自己都合解約であるとしても、②Xの作業はスケジュールよりも遅滞していたため、総委託料6億円を期間按分した金額を支払う義務はないから、出来高を厳格に立証してもらわない限り、1円も支払うことはできない。また、③7月分の下請企業の人員確保に関する費用は下請企業の契約当事者であるXが負担すべきである、④逸失利益については、契約上、損害賠償の対象外とされているから支払えないと主張している。

第4章　プロジェクト進行中におけるトラブル

2　解約の原因を特定する

　ベンダ担当者は、ユーザが自己都合解約したと考えていたとしても、ユーザから債務不履行解除や合意解約などの主張がなされることがある。

　債務不履行解除であると評価されれば、民法641条とは逆に、ベンダがユーザに対して損害賠償義務を負うことになる。また、合意解約の場合、通常は、ユーザが一定の金銭的な負担をすることを合意した上でプロジェクトを終了することになるから、どのような金銭的な負担をすることを合意したのかという点を検討することになる。

　自己都合解約、債務不履行解除、合意解約を区別するためには、プロジェクトの進捗状況やベンダ・ユーザ間の交渉過程等を把握しなければならず、その判断は必ずしも容易ではない。

　したがって、ベンダ担当者としては、ユーザが自己都合解約したとの認識があるのであれば、メールや議事録に解約原因に関する記録を残し、ユーザが後から争うことを封じ込められるようにしておくべきである。

3　報酬請求額又は損害賠償額を確認する

　ユーザが自己都合解約した場合、ベンダがユーザに対し、完成割合に応じた報酬の請求や、損害賠償請求等を行うことが可能となる場合がある。

　ベンダ・ユーザ間の契約が準委任契約の場合、民法648条3項に基づいて、「既にした履行の割合に応じて報酬を請求することができる」から、履行済み部分に対応する報酬を請求することができるし、ベンダに「不利な時期に委任の解除をした」と評価できる場合には同法651条に基づく損害賠償請求が可能な場合もある。

　また、ベンダ・ユーザ間の契約が請負契約の場合、民法641条に基づいて損害賠償請求することができる。

> **民法641条**
> 　請負人が仕事を完成しない間は、注文者は、いつでも損害を賠償して契約の解除をすることができる。
>
> **民法648条3項**
> 　委任が受任者の責めに帰することができない事由によって履行の中途で終了したときは、受任者は、既にした履行の割合に応じて報酬を請求することができる。
>
> **民法651条**
> 　委任は、各当事者がいつでもその解除をすることができる。
> 2　当事者の一方が相手方に不利な時期に委任の解除をしたときは、その当事者の一方は、相手方の損害を賠償しなければならない。（ただし書・略）

　さらに、ユーザの自己都合解約により契約が終了する場合の処理を、契約で定めている場合も少なくない。

　契約上の特約が存在しなくても利用できる民法641条に基づく請求をする場合を検討してみる。同法641条に基づく損害賠償の範囲は、支出した費用ばかりではなく、「得べかりし利益」も含まれるから[15]、**設例4-2**で考えると、理論的には以下の3項目に整理することができる。

① 　履行済み部分の委託料相当額（設例4-2では、平成25年1月から6月の委託料で利益と費用が含まれている）

② 　解約の意思表示がされた時点で、①とは別に、すでに発生している費用（設例4-2では、平成25年7月分の人員確保に関する費用）

③ 　解約されなければ得られたであろう得べかりし利益相当額（設例4-2では、平成25年7月から12月分までの利益相当額）

　もっとも、②の費用は、下請企業に再委託していない場合には問題となら

15）　能見善久＝加藤新太郎編『論点体系 判例民法［第2版］6 契約Ⅱ』（第一法規、2013）122頁。

ないし、③については、ベンダ・ユーザ間の契約において損害賠償の対象外としている場合も多いので注意が必要である。なお、民法641条に基づく損害賠償請求の上限は、開発委託料額が上限になるものと考えられる[16]。

また、契約上の特約に基づく損害賠償請求が認められた事例としては、東京地裁平成23年4月27日判決がある。

この裁判例では、前述した①から③とは異なり、履行済みであるか否かを問わず、予定していた作業工数に対応する費用と利益の総額を請求していた事案であり、履行済み部分の費用（利益部分は除く）について、以下のとおり判示し、社内費用については工数に単価を乗じた金額の請求を認め、外注費用についても全額認めているから、少なくとも①の費用部分に相当する金額は、全額認めているのではないかと考えられる。

---

16) 前掲・東京地裁平成16年3月10日判決では、「民法641条に基づく損害賠償は、契約が解除されずに履行されていた場合と同様の利益を請負人に確保させる趣旨のものであるから、これを超えるものではないというべきである」とされている。

Ⅲ 自己都合解約型の対応

（既履行部分の費用についての判断）
　原告：下請ベンダ
　被告：元請ベンダ
　本件下請契約第18条1項は、同条項に基づく解約があった際に、下請けベンダが、元請ベンダに対し、<u>原告が既に実施した作業に要した費用の支払を求めることができる旨定めている。</u>
　（中略）
　（ア）下請ベンダの従業員による開発作業に要した費用
　下請ベンダが、本件下請契約の締結後、平成20年5月に最終的に<u>プロセス2の開発作業を中止するまでにした作業に要した工数（下請ベンダの従業員による作業工数）は、140.06人月</u>と認められる。
　そして、下請ベンダは、本件下請契約の締結に当たり、<u>1人月当たりの費用を70万円と設定して代金額を見積もっていた</u>のであるから、本件下請契約において下請ベンダが実施した開発作業を金銭的に評価するに当たっても、同額を1人月当たりの費用と認めるのが相当である。
　したがって、下請ベンダが、下請ベンダの従業員によるプロセス2の開発作業に要した費用は、9804万2000円と認められる。
　（計算式）
　<u>140.06人月×70万円＝9804万2000円</u>
　（イ）　外注による開発作業に要した費用
　<u>下請ベンダは、プロセス2の開発作業の一部をA社等に外注し、これらの外注先に対し、合計8265万1500円の報酬を支払ったことが認められる</u>（甲7）。
　上記報酬は、下請ベンダが、プロセス2の開発作業の一部を他社に委託することにより支払ったものであるから、下請ベンダが開発作業に要した費用であると認められる。
　（ウ）　合計
　以上のとおり、上記（ア）及び（イ）の合計額である1億8069万3500円が、プロセス2の開発につき、下請ベンダが既に実施した作業に要した費用であると認められる。

　これに対し、①の利益部分、②の費用のうち解約後の作業に要する部分、③に相当する部分等については、以下のとおり、契約条項の文言を重視し、下請ベンダの請求を棄却している。

第4章　プロジェクト進行中におけるトラブル

> **（既履行部分の利益と未履行部分についての判断）**
> 　原告：下請ベンダ
> 　被告：元請ベンダ
> 　下請ベンダは、平成20年5月までに下請ベンダが実施した作業工数の費用に加え、その後、プロセス2の開発を継続した場合に要することとなる作業予定工数222.5人月に要する費用及び下請ベンダの取得すべき利益相当額として、作業費用総額の40パーセントに当たる金額の金員の支払を求めている。
> 　しかしながら、本件下請契約第18条1項は、元請ベンダにより同条項に基づく解約があった場合に、同解約時点までに下請ベンダが既に実施した作業に現実に要した費用を支払うと規定しており、「現実に要した費用」との文言上、同条項は、解約時点において未だ実施していない作業の費用や、開発作業において現実に要した費用を超えた利益相当額を支払うべきことを定めたものではないというべきである。

　また、①及び③の利益部分についての請求を認容した裁判例として、東京地裁平成21年9月29日判決がある。

> **東京地裁平成21年9月29日判決**
> 　最後に、ベンダは、本件請負契約の解除によって得べかりし報酬23万2908円相当額の損害を被った旨主張する。確かに、証拠（甲37、40、41、証人Cの証言）及び弁論の全趣旨によると、平成19年度におけるベンダの営業利益（2億1936万円）の売上高（21億0733万2000円）に占める割合は、約10.4％であったことが認められるから、本件請負契約が解除されなかった場合には、ベンダは、本件請負代金223万9500円の10.4％に相当する23万2908円程度の利益を得ることができたはずであるとみるのが相当である。そうすると、ベンダは、本件請負契約の解除によって得べかりし報酬23万2908円相当額の損害を被ったというべきである。

　この裁判例は、利益部分の計算方法として、「1年間のベンダの営業利益の売上高に占める割合」を請負代金額に乗じるという方法を認めているという点が特徴的である。

　しかし、システム開発プロジェクトにおける利益率は、ベンダが同じでも、各プロジェクトによって異なるし、極端な例では、赤字覚悟のプロジェクト

も存在するのであるから、このような計算方法でよいのかという点は疑問が残るところである。詳細な事情は不明であるが、本来的には、各プロジェクトの請負代金から費用を控除した部分を利益とすればよいのではないかと考えられる。

4　設例4-2の検討

設例4-2の場合、契約の終了原因について争いがあるが、自己都合解約の場合、XY間の契約上、出来高の報酬と中途解約により生じる損害賠償を請求することができるから、1月から6月分の出来高、7月分の下請企業に対する支払い、逸失利益の立証に成功すれば、Xの言い分は合理的であるように見えるが、以下の点を検討する必要がある。

まず、出来高に対応する報酬の請求については、作業工程が遅滞していたことからすると、Xの言い分のように日割で計算する方法は合理的ではなく、Xは現実の出来高を立証する必要があるのではないかと考えられる。この場合、Xは下請6社の作業状況を正確に把握する必要があるが、すでに終了してしまったプロジェクトについて下請企業に協力してもらうことは、必ずしも容易ではない。特にオフショア開発している場合には、この作業が難航する可能性は高い。このような場合、出来高に代えて、民法641条を根拠に、現実にXが下請企業6社に対して支払った費用を請求することも考えられる。この請求では、黒字プロジェクトの場合、出来高の報酬を請求する場合と比較して請求額は低額になるが、立証は出来高よりも容易であろう。

また、7月分の人件費については、下請企業からの請求・支払関係が立証されれば、これを損害として認めてよいと思われる。

さらに、黒字プロジェクトであれば、未了部分について、本件プロジェクトから費用を控除した利益相当額を立証することで、逸失利益相当額を請求することもできるであろう。ただし、設例4-2では、Yは契約上の特約により、逸失利益は損害賠償義務の対象外であることを主張しており、このような特約が確認できれば、逸失利益に関するXの請求は認められないことになろう。

5　ベンダ担当者が検討すべき事項

　自己都合解約型の紛争でベンダが最も労力を要するのは出来高や損害の立証である。通常、ベンダ・ユーザ間の契約では、ユーザの自己都合解約の場合、ベンダはユーザに対し、完了部分（出来高）の委託料の請求と損害賠償請求ができると規定されていることが多い。

　しかし、出来高を請求するためには、完成割合の立証をしなければならないのであるが、この立証は相当な困難を伴うことも多い。出来高を集計するには、各下請企業に割り振った作業項目について、どの作業項目が、どの程度進捗しているのか立証しなければならないが、この作業に相当な労力を割くことになる。特に、下請企業が多数存在するプロジェクトでは、各下請企業からヒアリングするなどして進捗状況を確認しなければならないし、ヒアリングした結果を裏付ける資料の準備等は相当に大変である。しかも、立証が不十分であると判断された場合には、立証の準備に要した労力が無駄になってしまう。

　したがって、出来高については、契約で請負代金を解約時点までの日数で日割計算することにする等、あらかじめ簡単に計算できるようにしておくための工夫が必要である。

　これに対し、出来高部分の開発のために要した費用に限定すれば、比較的計算が容易である。通常、社内の開発費用は工数×単価で計算できるし、下請業者の費用については、現実に支払った金額としてよいと思われる。

　したがって、利益率が低いプロジェクト等では、出来高ベースの請求を断念して費用ベースでの請求に限定し、効率よく債権回収することも検討すべきである。

6　ユーザ担当者が検討すべき事項

　ユーザが自己都合解約する場合、事前に損害賠償額を確認し、解約の意思表示をする前に、ベンダに対して支払うべき損害賠償額等について概算金額を確認すべきである（正確な金額を算出しようとすると、解約の意思表示をするための時間が徒に長くなってしまうため）。

そして、**設例4-2**のように、開発工程の期間が12か月で、開発費用が6億円のプロジェクトであれば、1か月当たり概ね5000万円程度の出来高が発生することは想像できるはずである。ベンダからの提示額が、契約内容を前提としても不当に高額であると判断できる場合には、その理由についての説明を求めるべきである。

ベンダはユーザとの取引が継続している場合、ユーザの意向をできる限り尊重しようとするが、契約が解約され取引が消滅することが明らかになれば、法的に許容される金額については全額請求するというスタンスに切り替えるのが通常である。

ユーザの担当者が、思い込みで、本来支払うべき金額よりも著しく低額な金額を予想していたり、又は低額な金額に抑え込もうとして無茶な交渉をすると、本来不要な訴訟をしなければならないことになりかねないし、このような場合は訴訟をしても満足できる結果は得られない可能性が高いので要注意である。

Ⅳ　不完全履行型への対応

1　設例4-3

不完全履行型の典型的な事例として以下のような場面を想定してみる。

設例4-3

プロジェクトの進捗状況

　大手SIベンダ（以下「X」という）は、文房具メーカー（以下「Y」という）の新販売管理システム（以下「新システム」という）の開発を受託した。新システムの概算見積は、要件定義工程1億円、基本設計工程2億円、開発工程（詳細設計からシステムテスト）5億円、運用テスト1億円、開発期間約2年6か月の大がかりなプロジェクトであったが、XはYの作成したシナリオとおりに動作するか否かを確認するシステムテストを1か月後に完了し、開発したプログラムを納品する予定となっていた。

第4章　プロジェクト進行中におけるトラブル

追加開発の発生

　Yはシステムテストに立ち会って実際に表示画面のレイアウトや実装されている機能を確認したところ、Y社内のシステム利用部門の従業員から「イメージしていた仕様とは異なる部分があるし、現行システムで実現できていた機能が実現されていないから機能の追加をお願いしたい」との意見が相次いだ。

　Y社内のシステム利用部門の従業員が整理した仕様変更及び機能追加項目のリストを作成すると約50項目の要望事項となったが、YはXに対して、これらの要望事項に対応するように依頼した。Xは、納期は1か月後なので、今さら50項目も要望事項を提示されても対応できないと回答したが、Yが、「必要な機能であるからどうしても対応してほしい。50項目の要望事項についての納期は2週間程度遅れてもかまわない」と説明したため、Xは、スケジュール的にはかなり厳しいと判断したが、引き受けることとした。しかし、正確な見積を提示した後に作業に着手しようとすると納期に遅れてしまうため、費用については後で協議することとした。

検収の状況

　1か月後（50項目の要望事項については1か月半後）に成果物が納品され、Yによる検収が開始された。Yが検収したところ、3か月の検収期間で、210件（毎月約70件）の要望事項が発生した。Xは、そのうち、約半分の100項目については不具合であると認め対応すると回答したが、それ以外の項目については、「仕様とおりである」として対応しなかった。検収期間満了時で、Xは100件の不具合のうち、90件について対応済みの状況であり、残りの10件の不具合も、2週間程度で修補できると説明した。しかし、Yは、10件の不具合の中には、オペレーターが在庫の検索をしようとすると30分程度の時間を要し、業務に重大な支障をきたす不具合が存在するし、3か月の検収期間では発見されていない潜在的な不具合も相当数見込まれることを根拠に、検収不合格との判断をしようとしていることを内々にXの開発部長に伝えた。

Xの資金繰りの状況

　Xの開発部長は、Yからの連絡を受け、「資金繰りが苦しいから検収は合格としてほしい」「不具合については、遅滞なく修補する」と説明し、YもXの窮状を察し、検収合格の通知書を発行し、翌月末に支払いをすると説明した。

IV　不完全履行型への対応

検収後の状況

　Xは、不具合が発生した原因は、Yが納期の直前に50項目もの追加作業の実施を強硬に主張し、この作業のためにプログラム間の不整合が発生していることが原因であると主張しつつも、検収合格後も1か月間修補作業を続けた。Yは、この期間でもさらに70件の不具合を確認したが、Xは順次不具合を解消したため、検収合格後1か月が経過した時点でも、やはり10件程度の不具合が残存することとなった（ただし、10件の中には、最初の検収で発見された在庫の検索処理に30分程度の時間を要するという不具合は解消されずに残っていた）。この結果、Yは状況が改善されていないと判断し、代金の支払いを拒否した上、契約を解除した。

Xの主張

　XはYに対し、「当社はすべての工程を完了して納品し、検収も終えている。システム開発では、不具合は不可避的に発生するが、不具合の数は、開発規模を考慮すれば多いとはいえないし、順次解消している。しかも、不具合が発生した原因は、納期の直前にYが追加開発作業を実施するように依頼したからである。したがって、Yによる契約解除の意思表示は無効であり、YはXに報酬を支払うべきである」と主張している。

Yの主張

　YはXに対し、「在庫照会の検索に30分もの時間を要するという重大な不具合が解消されていないことや、検収期間及び検収合格後の1か月間の合計4か月間、順次、障害・不具合が発生している以上、未完成又は瑕疵担保責任を理由に契約を解除し、代金の支払いを拒否することも可能である。追加開発作業の依頼によって、どのような影響が生じるのか、システムの専門家ではないYでは判断できないことから、不具合の発生についてYに責任はない。YはXに対し、Xの債務不履行によって発生した損害について損害賠償請求できる」と主張している。

　Xは、プロジェクトを再開した場合のスケジュールなどを提示し、プロジェクトの再開を試みたが、YはXの申し出を拒否した。そのため、XはYに対し、開発工程の費用5億円と50項目の要望事項に関する追加開発費用5000万円の支払いを求めて訴訟を提起した。

2　不完全履行型の類型

　システム開発プロジェクトで一括請負契約を採用している場合、民法の請

第4章 プロジェクト進行中におけるトラブル

負の規定が適用される可能性が高く、また、多段階契約を採用した場合も開発工程（詳細設計からシステムテスト）は請負契約で締結されるのが通常である。

そして、契約上の特約が規定されておらず、民法上の請負契約の規定が適用されることを前提とすると、不完全履行型の場合、法律上の効果から、その状態を以下の4類型に分類することができる（**図表4-13**）。

図表 4-13　不完全履行型の類型と法律的な効果

	類型	法律上の効果
第1	仕事が未完成と判断される事案	ベンダはユーザに対し、原則として報酬を請求できない。ただし、未完成（履行遅滞）の原因がユーザの協力義務違反による場合、損害賠償請求できる可能性があるし、履行不能となった原因が、ユーザの帰責事由による場合は、民法536条2項に基づく報酬の請求ができる。
第2	仕事は完成しているが、「契約をした目的を達することができない」瑕疵（民法635条）があると判断される事案	ユーザがベンダとの契約を解除すると、ベンダはユーザに対し、報酬を請求できない。逆に、ユーザはベンダに対し、損害賠償請求することができる。
第3	仕事は完成し、「契約をした目的を達することができない」瑕疵もないが、損害賠償や瑕疵修補の対象とすべき瑕疵があると判断される事案	ベンダはユーザに対し報酬を請求することができるが、ユーザもベンダに対し、瑕疵担保責任を根拠に損害賠償請求することができる。そのため、通常は、報酬債権と瑕疵担保責任に基づく損害賠償請求が対等額で相殺される。
第4	仕事は完成し、瑕疵もないと判断される事案	ベンダはユーザに対し報酬を請求することができる。ユーザは、損害賠償等を求めることはできない。

以上のように不完全履行型の場合、どの類型に分類されるのかにより、法律上の効果が異なる。そのため、ベンダ・ユーザ双方の担当者は、問題となっているプロジェクトがいずれの類型に属するのかを正確に判断する必要がある。フローチャートで示すと**図表4-14**のとおりである。

以下では、どの類型に分類されるのかを判断するための要件について検討した上、ベンダ、ユーザの双方の担当者の留意点について言及する。

162

図表 4-14　類型判断のためのフロー

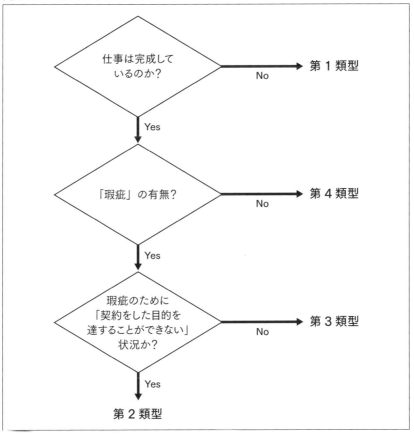

3　仕事が完成しているか否かを見極める
(1) 仕事の完成はどのようにして判断されるか？
　請負契約における「仕事」の「完成」には、以下の2点において重要な意味があり、第1類型と第2類型の大きな違いとなっている。

① 　特約のない限り、ベンダはユーザに対し、仕事が完成しないと報酬を請求することができない（民法632条）。
② 　完成しているか否かにより契約解除の要件が異なる。未完成の場合は民法

第4章　プロジェクト進行中におけるトラブル

541条等、完成後の瑕疵担保責任の問題としては同法635条の適用の有無が
問題となる。

　ベンダの立場からすると、報酬を請求することができる状況になっている
か否かという点で重要であるし、ユーザの立場からすると、契約解除の要件
を把握する上で意味があるということになる。
　ここでは、仕事の完成についての判断基準を示した東京地裁平成14年4
月22日判決を紹介する。

> **東京地裁平成14年4月22日判決**
> 　民法632条及び633条は、請負人の注文者に対する報酬の支払時期について、
> 請負人が仕事を完成させ、仕事の目的物を注文者に対して引き渡したときで
> あると規定し、他方、同法634条は、仕事の目的物に瑕疵があるときは請負
> 人は注文者に対し担保責任を負い（1項）、請負人が仕事の目的物の瑕疵につ
> いてその担保責任を果たすまでは注文者は報酬の支払につき同時履行の抗弁
> 権を有すると規定している（2項）。これら民法の規定によれば、法は、仕事
> の結果が不完全な場合のうち仕事の目的物に瑕疵がある場合と仕事が完成し
> ていない場合とを区別し、仕事の目的物に瑕疵が存在しても、それが隠れた
> ものであると顕れたものであるとを問わず、そのために仕事が完成していな
> いものとはしない趣旨であると解される。
> 　よって、請負人が仕事を完成させたか否かについては、仕事が当初の請負
> 契約で予定していた最後の工程まで終えているか否かを基準として判断すべ
> きであり、注文者は、請負人が仕事の最後の工程まで終え目的物を引き渡し
> たときには、単に、仕事の目的物に瑕疵があるというだけの理由で請負代金
> の支払を拒むことはできないものと解するのが相当である。

　この裁判例は、「請負人が仕事を完成させたか否かについては、仕事が当初
の請負契約で予定していた最後の工程まで終えているか否か」で判断すると
している。この判断基準は、もともと建築の請負契約で利用されていた基準
であるが[17]、システム開発に関する多数の裁判例でも採用されている考え方で
あり[18]、裁判所は、今後もこの基準で判断することが予想される。

---

17)　東京高裁昭和36年12月20日判決。
18)　東京地裁平成25年5月28日判決、東京地裁平成22年1月22日判決等多数。

したがって、ベンダ・ユーザ双方の担当者は、自己の担当しているシステム開発プロジェクトにおける「最後の工程」が、いかなる工程を意味するのかを検討しなければならない。

「最後の工程」について、「ソフトウェア開発の標準的な工程では、検収の終了により運用に移行するため、原則として検収の終了で仕事の完成を認定してよいと思われる」とする見解が述べられているが[19]、検収はユーザ側が実施する作業であるとして、検収に至る直前の工程を最後の工程と認定している裁判例[20]もあり、個々の事案において検討を要する事項である。

さらに、予定されていたプログラムの開発がすべて完了していないと報酬の請求が否定されるのかというと、必ずしもそうではない。例えば、東京地裁平成17年4月22日判決では以下のとおり判示している。

> **東京地裁平成17年4月22日判決**
> ユーザは、ベンダの業務が完了していないと争うが、前記認定のとおり、414本のプログラムについては、ベンダがその製作を完了し、そのうち407本の検収が完了している。ベンダが自認する未完成の8本については、ユーザからの仕様の提示がないために設計ができなかったものであり、その未完成部分が全体の分量に比べて少量であることにかんがみても、この点を請負業務の未完成の理由として主張することは信義則上許されない（なお、ベンダは、この未完成分8本分を含めた報酬金を請求するものではない。）。さらに、運用テスト（通常業務のデータを用いたテスト）が行われていないことも、これがユーザの協力なしには行えない事柄であるから、請負業務の未完成の理由とすることはできない。

この事例では、最後の工程まで完了しているか否かという基準で判断した場合、未完成のプログラムが存在する以上、仕事の完成は否定されることになりそうである。しかし、この裁判例では、以下の2点を理由にユーザがベンダの未完成を主張することは許されないと判断している。

---

19) 東京地方裁判所プラクティス委員会第二小委員会「ソフトウェア開発関係訴訟の手引」判タ1349号14頁。
20) 前掲・東京地裁平成25年5月28日判決。

第4章　プロジェクト進行中におけるトラブル

① 未完成部分が全体の分量に比べて少量であること
② 未完成部分が発生したのはユーザからの仕様の提示がないために設計ができなかったこと（ユーザの帰責事由によるものであること）

　また、この事例以外にも、ユーザ側の都合で開発されていない機能が存在しても仕事が完成していると評価した裁判例[21]も存在する。これは、仕事の完成という概念が、単なる事実を意味する概念ではなく、法律的な評価をも含む概念であることを意味している。
　したがって、ベンダ・ユーザの担当者としては、報酬請求の可否を検討するにあたり、①現実に納品したシステムが稼働しているか否か、②システム開発の後工程である運用工程の契約が締結されているか否か、③未完了部分が発生した原因やその量等、様々な要素を考慮して最終的な判断をすべきである。

（2）検収合格にはどのような意味があるのか？

　システム開発プロジェクトにおける検収とは、ベンダが納品した成果物をユーザが検査することである。前述したように、検収が最後の工程であると考えられる場合には、仕事が完成したことを客観的に示す事実になるし、検収はユーザ側の作業であるから最後の工程ではないという立場を採用している場合であっても、検収まで完了していれば、通常は、その前工程まで完了しているはずであるから、仕事が完成していることを基礎付ける重要な事実となり得る。
　また、システム開発プロジェクトでは、「検収」で行われる検査に合格することが、報酬の支払条件とされていることも多い。
　しかし、ベンダがユーザに成果物を納品しても、ユーザの担当者が、多忙等を理由に検収作業を実施してくれないという事案も時折見受けられる。このような場合に備え、システム開発プロジェクトの契約書では、みなし検収

21）東京地裁平成25年9月30日判決。

条項が用いられているので、この点についても触れておく。

　みなし検収条項とは、ユーザがベンダから成果物を受領した後、あらかじめ定められた検査期間内に検査結果を通知しないと、検査に合格したものとみなされるという趣旨の規定である。例えば、経産省モデル契約〈第一版〉では以下のとおり規定されており、第28条第3項がみなし検収規定である。

第28条
　納入物のうち本件ソフトウェアについては、甲は、個別契約に定める期間（以下、「検査期間」という。）内に前条の検査仕様書に基づき検査し、システム仕様書と本件ソフトウェアが合致するか否かを点検しなければならない。
2.　甲は、本件ソフトウェアが前項の検査に適合する場合、検査合格書に記名押印の上、乙に交付するものとする。また、甲は、本件ソフトウェアが前項の検査に合格しない場合、乙に対し不合格となった具体的な理由を明示した書面を速やかに交付し、修正又は追完を求めるものとし、不合格理由が認められるときには、乙は、協議の上定めた期限内に無償で修正して甲に納入し、甲は必要となる範囲で、前項所定の検査を再度行うものとする。
3.　検査合格書が交付されない場合であっても、検査期間内に甲が書面で具体的な理由を明示して異議を述べない場合は、本件ソフトウェアは、本条所定の検査に合格したものとみなされる。
4.　本条所定の検査合格をもって、本件ソフトウェアの検収完了とする。

　現実の訴訟においても、東京地裁平成24年2月29日判決のように、みなし検収規定の適用を肯定した事例は存在する。

東京地裁平成24年2月29日判決
　本件契約においては、被告会社は、本件システムの納品後、遅滞なく検査し、<u>10日以内に検収を行って書面で通知すること、上記期日までに通知がされない場合は検収合格したものとされる</u>ことが定められており、本件において検査に適合しない箇所の通知があったものとは認められないから、<u>納品及び検収の事実を認定することができる</u>。この点につき、被告らは、原告の担当者が立ち会って被告会社代表者に対して本件システムの表示動作を確認させる作業を経なければ納品及び検収をしたといえないと主張する。
　しかし、本件システムの仕様は前記のとおりであってシステムの利用に必ずしも精通しない多数の者が会員又は加盟店として利用することを予定する

167

ものであるから、被告会社代表者や担当者において基本的な画面表示等に困難を生ずるとは考え難いこと、本件契約の定めは、納品及び検収に原告担当者の立会いを要するものとされていないこと、仮に、被告会社又はトリプルポイントサービスにおける管理画面操作に困難があるのであれば、被告会社又はトリプルポイントサービスにおいて習熟者を手当てし、あるいは、原告にその旨の申入れをするなどして習熟に向けた努力をすべきであるというほかなく、本件契約上、納品及び検収のために原告において確認作業の立会い等を要するとする被告らの主張は採用することができない。

他方で、東京地裁平成16年6月23日判決のように、検査をするにあたり、ベンダの協力が不可欠であったことを考慮し、みなし検収規定の適用を否定した事例も存在する。

東京地裁平成16年6月23日判決

　ベンダは、ユーザが、成果物納入の日から10日以内に検査結果の通知を行わなかったから、本件ソフト開発契約書9条4）項により、成果物を検収したものとみなされる旨主張する。しかし、このような結果が行われるためには、ベンダの協力が不可欠であるところ、ベンダは、ユーザに対し、このような検査のための協力を行っていないと認められるから、本件においては、ユーザが、成果物納入の日から10日以内に検査結果の通知を行わなかったからといって、本件ソフト開発契約書9条4）項により、ユーザが本件ソフトを検収したものとみなされるものではない。

契約書のみなし検収規定では、その適用の有無を判断するにあたり、結果を通知しなかった理由を考慮するという内容は規定されていない。しかし、みなし検収規定が適用されると、ベンダのユーザに対する報酬請求権が認められ、ユーザに、重大な不利益を及ぼすことになる場合が多い。そこで、この裁判例では、ユーザの救済手段として、ベンダの協力状況も考慮したのではないかと考えられる。

しかし、このような判断手法が確立しているわけではないから、ベンダ・ユーザの担当者としては、契約書の規定内容に忠実な判断がされる可能性が高いことを前提として、契約内容に沿ったオペレーションを心掛けるべきで

ある。

4 瑕疵の有無、程度、発生原因を見極める

(1) 請負契約における瑕疵担保責任とは?

　請負契約の仕事が完成しているとの結論に至りそうな場合、ベンダ・ユーザの担当者は、瑕疵担保責任について検討すべきである。

　民法上の瑕疵担保責任に関する主な条文は以下のとおりであり、ユーザは、特約がない限り、ベンダが納品したプログラムに瑕疵がある場合は瑕疵の修補や損害賠償請求をすることが可能であり（同法634条）、さらに、瑕疵により「契約をした目的を達することができないとき」（同法635条）は、契約を解除することができる。ただし、ユーザの与えた指図により瑕疵が生じた場合、瑕疵担保責任を追及できないとされている（同法636条）。

　したがって、プログラムの「瑕疵」についての裁判所の判断傾向を確認した上、民法636条本文が適用され、ユーザが瑕疵担保責任を追及できなくなるのはどのような場合であるのかについて検討する。

民法634条1項本文

　仕事の目的物に瑕疵があるときは、注文者は、請負人に対し、相当の期間を定めて、その瑕疵の修補を請求することができる。

民法634条2項本文

　注文者は、瑕疵の修補に代えて、又はその修補とともに、損害賠償の請求をすることができる。

民法635条本文

　仕事の目的物に瑕疵があり、そのために契約をした目的を達することができないときは、注文者は、契約の解除をすることができる。

民法636条本文

　前2条の規定は、仕事の目的物の瑕疵が注文者の供した材料の性質又は注文者の与えた指図によって生じたときは、適用しない。

第4章 プロジェクト進行中におけるトラブル

（2）プログラムに「瑕疵」があると判断されるのはどのような場合か？

　ユーザとしては、プログラムの瑕疵について不具合が発生すれば、それはすなわち、法律上の「瑕疵」であり、瑕疵担保責任の対象となる瑕疵であると考えがちである。しかし、ベンダがいかに情報システムの専門家であったとしても、まったく不具合の存在しないプログラムを開発することは極めて困難であり、この点については裁判所も一定の理解を示している。

　例えば、前掲・東京地裁平成14年4月22日判決では、「プログラムに不具合が生じることは不可避」であることを前提として不具合が瑕疵と評価される場面を限定しているし、東京地裁平成9年2月18日判決でも、同趣旨の配慮がされている。

東京地裁平成14年4月22日判決

　情報処理システムの開発に当たっては、作成したプログラムに不具合が生じることは不可避であり、プログラムに関する不具合は、納品及び検収等の過程における補修が当然に予定されているものというべきである。このような情報処理システム開発の特殊性に照らすと、システム開発の途中で発生したシステムの不具合はシステムの瑕疵には当たらず、システムの納品及び検収後についても、注文者から不具合が発生したとの指摘を受けた後、請負人が遅滞なく補修を終えるか、注文者と協議した上で相当な代替措置を講じたと認められるときは、システムの瑕疵には当たらないものと解するのが相当である。

東京地裁平成9年2月18日判決

　コンピューターソフトのプログラムには右のとおりバグが存在することがありうるものであるから、コンピューターシステムの構築後検収を終え、本稼働態勢となった後に、プログラムにいわゆるバグがあることが発見された場合においても、プログラム納入者が不具合発生の指摘を受けた後、遅滞なく補修を終え、又はユーザと協議の上相当と認める代替措置を講じたときは、右バグの存在をもってプログラムの欠陥（瑕疵）と評価することはできないものというべきである。これに対して、バグといえども、システムの機能に軽微とはいえない支障を生じさせる上、遅滞なく補修することができないものであり、又はその数が著しく多く、しかも順次発現してシステムの稼働に支障が生じるような場合には、プログラムに欠陥（瑕疵）があるものといわなければならない。

170

これらの裁判例によると、プログラムの不具合が、請負契約における「瑕疵」と判断される典型的な類型は、以下の場合ということになる。

① 不具合が、システムの機能に軽微とはいえない支障を生じさせる上、不具合発生の指摘を受けた後、遅滞なく補修することができない場合
② 不具合の数が著しく多く、しかも順次発現してシステムの稼働に支障が生じるような場合

もっとも、上記の①、②は、典型的に「瑕疵」と評価される類型であって、これらの場合にしか瑕疵と認められないというわけではないであろう。例えば、不具合により、すでに高額な損害が発生しているにもかかわらず、不具合の指摘を受けた後、遅滞なく修補したからといって、当該不具合について「瑕疵」でないと判断される可能性は低いのではないかと思われるし、遅滞なく修補可能な場合であっても、ベンダがこれを怠っていた場合に瑕疵修補を請求できないというのは不合理だからである。

上記の裁判例は、「不具合の発生」＝「瑕疵」との結論を導くことが必ずしもプログラム開発の実情に適合しないことから、瑕疵担保責任が発生する場面を制限するための理論として用いられている基準と考えるべきで、現実には、上記の判断基準を斟酌しながら、個別の事案に即した検討をすることになる。

以上の検討を経て、「瑕疵」は存在しないとの判断になる場合には、第4類型に分類されることになる。

逆に、「瑕疵」が認められる場合は、さらに、「仕事の目的物に瑕疵があり、そのために契約をした目的を達することができないとき」（民法635条）に該当し、契約の解除まで認められる第2類型に分類されるのか、それとも損害賠償請求しか認められない第3類型に分類されるのかを検討することになる。

第4章　プロジェクト進行中におけるトラブル

（3）「仕事の目的物に瑕疵があり、そのために契約をした目的を達することができないとき」（民法635条）とはどのような場合か？

　第2類型と第3類型の違いは、契約の解除まで認められるのか否かという点である。

　第2類型のように契約の解除が認められる場合、ユーザはベンダに対し、報酬（開発費用）の支払いをしなくてよい。また、契約が解除されたことによって無駄になってしまったハードウェア・ソフトウェアの購入代金や、システムが完成することを前提として第三者に支払った外注費用等が損害賠償請求の対象となり得る。

　これに対し、第3類型のように契約の解除が認められない場合、ユーザはベンダに対し、報酬の支払いをしなければならない。また、損害賠償請求できる範囲も、「瑕疵」により発生した損害に限られるから、第2類型のようにハードウェア・ソフトウェアの購入代金や開発のための外注費用まで損害賠償請求の対象となることは稀であろう。例えば、「瑕疵」により販売管理システムにおける請求書の誤送信が発生したが、当該瑕疵はベンダが直ちに修補したような場合を想定すると、請求書の再発行や誤請求の謝罪文の発行のために要した費用相当額程度しか損害賠償請求の対象とならないのではないかと思われる。

　そのため、第2類型に分類すべき事案なのか第3類型に分類されるべき事案であるのかという点は、ベンダ・ユーザの双方にとって極めて重要な判断になる。

　以下の①、②に該当する場合には、プログラムの「瑕疵」が認定される可能性が高いことは前述のとおりであるが、これらの2類型に該当する場合には「仕事の目的物に瑕疵があり、そのために契約をした目的を達することができないとき」（民法635条）にも該当する可能性が高い。

①　不具合が、システムの機能に軽微とはいえない支障を生じさせる上、不具合発生の指摘を受けた後、遅滞なく補修することができない場合

②　不具合の数が著しく多く、しかも順次発現してシステムの稼働に支障が生じ

172

IV　不完全履行型への対応

　　るような場合

　まず、①の場合であるが、ベンダが、不具合を認識した場合、遅滞なく修補しようとするのが通常である。単純なプログラムのコーディングミスで発生した不具合であれば遅滞なく修補することが可能であろう。しかし、単なるコーディングミスではなく、さらにその前工程の設計段階にまで遡って見直しを図る必要性に迫られる場合がある。具体的には、情報システムの処理速度が著しく遅く、データベースの設計を見直さなければならない場合等がこれに当たる。

　例えば、前掲・東京地裁平成14年4月22日判決では、「販売管理システムにおいて、在庫照会の検索処理において、30分以上の時間を要する場合があり、そのためユーザは、手書きの在庫台帳を作成して顧客からの問い合わせに応じている」という事案において、契約の目的を達成することのできない瑕疵であると判断している。

東京地裁平成14年4月22日判決
　本件システムは、①在庫照会の検索処理に30分以上の時間を要する場合があり、その間、画面が止まったような状態になること、②売上計上等の処理速度も遅く伝票を出力するまでの待ち時間も長いこと、③1枚の仕入伝票を処理するのに約1時間かかること、④平成9年10月に実施した仮締処理では30分程度であった月次処理時間が同10年3月21日の時点で約4時間に増加し、その後も増加を続けたこと、⑤システム内容を変更した場合、朝の電源投入処理に数十分の時間を要すること、⑥月次処理の実行中は、端末自体が使用できなくなること等の不具合が発生していたことが認められる。
　本件システムは、販売管理に関するシステムであり、販売管理システムには、迅速化及び合理化が必須の要素として求められていること、ユーザの営業所では、検索に時間がかかるために、手書きの在庫台帳を作成して顧客からの問い合わせに応じていることによれば、本件本稼働後、本件システムに生じた処理速度に関する不具合は、ユーザが本件システムを用いて通常業務を行う上で、看過することができない重大な不具合であると認めるのが相当である。
　（中略）
　ベンダは、ユーザに対し、処理速度の改善に関しては、本件請負契約とは別個の二次対応とすることを告げており、本件全証拠を検討するも、ベンダ

第4章　プロジェクト進行中におけるトラブル

が、ユーザによる旧システムへの復帰時までに、処理速度を改善するために適切な代替措置をとったと認めるに足りる証拠が存在しないこと等に照らすと、本件システムに生じた処理速度に関する不具合は、本件システムの瑕疵と認めるのが相当であり、他にこの判断を覆すに足りる証拠は存在しない。

　また、東京地裁平成16年12月22日判決では、「販売管理システムの一括在庫引当処理においてテストデータ300件ですら処理時間に44分の時間を必要とし、一括在庫引当処理をしている間、ユーザは商品マスタを利用する処理ができず、また、1人でも商品マスタのメンテナンスを行っていれば、その間は全く一括在庫引当処理ができない」という事案においても契約の目的を達成することのできない瑕疵であると判断している。

東京地裁平成16年12月22日判決

　本件規模のシステムの場合に通常要求される一括在庫引当処理の一般的仕様は、数十秒からせいぜい1、2分程度というのであり、ベンダの主張によっても、簡単な修正により、30秒程度に修正できたというのであって、これらに照らせば、本件程度のシステムにおける一括在庫引当処理に要する時間は、せいぜい数分程度が一般的に要求される内容であったということができ、テストデータ300件ですら処理時間に44分も要するようなシステムは、およそ本件契約の内容に適合しないものというほかない。

　したがって、本件システムにおける一括在庫引当処理の時間に関しては、当事者間に処理時間の長さにつき明示の合意がないとしても、同程度のシステムに通常要求される内容に適合せず、他方で、前記したような処理時間を許容するような合意を認めることもできないのであるから、瑕疵に該当するというほかない。

　（中略）

　本件システムは、数時間を要する一括在庫引当処理中には、一切、他の商品マスタを利用する処理ができず、また、一人でも商品マスタのメンテナンスを行っていればその間は全く一括在庫引当処理ができないことになり、同様のことが「要発注リスト」及び「棚卸差異反映処理」の場合にも生じるのであって、本件システムが実際の業務において使用に耐えないことは明白であるから、およそ本件契約の内容に適合しないといわざるを得ず、したがって、一括在庫引当処理及び排他制御の問題は、契約の目的を達することができない重大な瑕疵に該当することが明らかである。

174

IV　不完全履行型への対応

　次に、②の場合であるが、「不具合の数が著しく多く、しかも順次発現してシステムの稼働に支障が生じるような場合」は、個々の不具合を修補するための時間はそれほど長期間になることはないが、順次、不具合が発現するため、すべての不具合が収束して使用に耐える状態になるまで、一定の期間を要することになるから、個々の不具合ではなく、「不具合が順次発現しており、今後も一定の不具合の発生が見込まれる」という傾向を調べる必要がある。ベンダも不具合と判断した事項については、遅滞なく対応することが可能であるから、一定の時期で区切って観察すると、わずかの不具合しか残存していないかのように見える。

　しかし、②の場合、確認済みの不具合のみならず、潜在的な不具合がどの程度存在するのかという点まで考慮する必要がある。

　東京高裁平成26年1月15日判決は、ベンダが、4ヶ月弱の検収期間において、150件を超える不具合対応を実施したが、検収期間満了時に8件の不具合が残存しており、これを補修した上で再納入したが、再納入後の約1ヶ月間の再検収において、更に不具合が発見され、31件の不具合が未補修となっている状況で、ユーザが契約解除の意思表示をした事件である。この事件は、解除の意思表示の後に、更に29件の不具合が発見され、補修にどの程度掛かるのか不明であったことを「契約の目的を達することができない」（民法635条）の解釈における考慮事情の一つであるとし[22]、契約解除の意思表示が有効であると判示している。

---

22)　この事件では、「本件新基幹システムが検収され、現行システムとの並行稼働が可能となる状態になるのは、現行システムのホストコンピュータの保守期間満了から少なくとも半年以上経過した後になる」ことも解除を有効と判断する根拠の一つに挙げられている。

第4章 プロジェクト進行中におけるトラブル

東京高裁平成26年1月15日判決

　被控訴人（ベンダ）の認識においても、上記検収期間終了時である同年6月16日の時点で、本件新基幹システムの補修未了の不具合、障害は31件であり、その他に本件新基幹システムの補修未了の不具合、障害が29件（高1件、中6件、低22件）あって、その補修工数は合計93.4人日要するところ、期間の経過により発現数は減少しているものの、本件新基幹システムの障害・不具合が順次発現していたことに照らせば、同日の時点において、本件新基幹システムに今後どの程度の障害・不具合が生じ、その補修にどの程度掛かるのかについて明らかであったことを認めるに足りる証拠はなく、控訴人（ユーザ）及び被控訴人（ベンダ）は、同日の時点で、本件新基幹システムに、今後どの程度の障害・不具合が生じ、その補修にどの程度掛かるのかについて、その目途が立たない状態にあったものと認められるのである。

（4）瑕疵の発生原因はベンダ・ユーザのいずれにあるのか？

　瑕疵が確認できたとしても、民法上、「前2条の規定は、仕事の目的物の瑕疵が注文者の供した材料の性質又は注文者の与えた指図によって生じたときは、適用しない」（同法636条）と規定されているし、この規定の趣旨を踏まえ、ベンダ・ユーザ間の契約において、「ベンダの責めに帰さない事由によって生じたとき」（すなわち、ユーザの帰責事由により瑕疵が発生した場合や不可抗力により瑕疵が発生した場合）は、瑕疵担保責任を負わないとしている契約書も少なくない。

民法636条

　前2条の規定は、仕事の目的物の瑕疵が注文者の供した材料の性質又は注文者の与えた指図によって生じたときは、適用しない。ただし、請負人がその材料又は指図が不適当であることを知りながら告げなかったときは、この限りでない。

> **JEITAモデル契約第29条**
>
> 第29条 前条の検査完了後、納入物についてシステム仕様書との不一致（以下本条において「瑕疵」という。）が発見された場合、甲は乙に対して当該瑕疵の修正を請求することができ、乙は、当該瑕疵を修正するものとする。但し、乙がかかる修正責任を負うのは、前条の検収完了後○ヶ月以内に甲から請求された場合に限るものとする。
>
> 2. 前項にかかわらず、瑕疵が軽微であって、納入物の修正に過分の費用を要する場合、乙は前項所定の修正責任を負わないものとする。
>
> 3. 第1項の規定は、瑕疵が甲の提供した資料等又は甲の与えた指示等乙の責に帰さない事由によって生じたときは適用しない。（ただし書・略）

したがって、瑕疵が認められる場合でも、その瑕疵の発生原因を確認しておく必要がある。

民法636条本文の適用については、①請負人と注文者との関係が専門家と素人の関係であるのか、②請負人と注文者との関係がいわゆる下請の関係で双方ともに専門家であるのかによって、適用の有無が変わり得る。すなわち、請負人が専門家であり、注文書が素人の場合には、同法636条本文の適用を回避する方向で解釈され、双方ともに専門家の場合のほうが、同法636条本文を認めやすいとされている[23]。

納期の直前に発生した仕様変更や機能追加等の作業が原因で不具合が発生したような場合、ベンダとしては、民法636条本文や、契約条項に基づいて、自己の帰責事由によって発生した瑕疵ではないと主張したいところであるが、これらの条項に基づいて瑕疵担保責任の発生自体を否定することができる事例は少ないのではないかと思われる。

前掲・東京地裁平成14年4月22日判決でも、ベンダは、瑕疵の発生原因について、ユーザの要望事項が肥大化したこと等を主張していたが、瑕疵の発生原因は「システムの設計自体に問題がある蓋然性が高い」と結論付けら

---

[23] 能見＝加藤・前掲注15）112頁では、「請負人が設計に際して注文者の希望をいれただけでは、「注文者が与えた指図」には当たらない（大判昭和10・5・31法学5巻111頁〔27543761〕）。請負人が専門家であり、注文者が素人である場合には、特にそうである。しかし、注文者も請負人も専門家である場合（例えば、下請の場合のたいていがそうである）、注文者の希望が「注文者が与えた指図」に該当するかどうかについては、請負人＝専門家、注文者＝素人の請負の場合よりも慎重に判断すべきであろう」とされている。

第4章 プロジェクト進行中におけるトラブル

れている。

> **東京地裁平成14年4月22日判決**
> 　ベンダは、本件各瑕疵の原因は、ユーザの要望事項が肥大化したことやデータに関する運用方法が未確定であること等にあると主張する。
> 　しかし、証拠及び弁論の全趣旨によれば、システム開発業者は、現状問題点の分析、概略機能と改善項目の整理及び運用手順の検討と作成を通じて、システムに必要な基本的要件を決定し、システム化の対象となる業務範囲、システムの稼働時期と費用概算及びデータ量、システム処理能力及び処理速度等を決定することが認められ、そうだとすると、ユーザの要望事項が肥大化したことをもって直ちに、本件各瑕疵の原因がユーザにあると認めるのは困難である。
> 　かえって、証拠及び弁論の全趣旨によれば、本件の墓石等関連システムは、①複数条件で複数のデータベースより情報を検索し複数明細を表示する処理であるため、処理する明細数に比例して処理時間がかかること、②受注登録等、更新を要する事項について、画面に情報を入れるたびにサーバーにアクセスする必要があること、③修正、取消しに時間がかかるのは更新ファイルの数が多いことに原因があること、④ユーザは、本件請負契約締結に当たって、処理速度を速めるために、ユーザの全支店、全営業所に、新たにISDN回線を設置していることが認められる。
> 　以上本件に顕れた諸事情を総合勘案すると、本件各瑕疵の原因は、ユーザの要望事項の肥大化や使用方法の問題ではなく、むしろ本件システムの設計自体に問題がある蓋然性が高いものと認めるのが相当である。

　ただし、納期の直前に発生した仕様変更や機能追加等の作業が原因で不具合が発生した場合、瑕疵担保責任に基づく損害賠償額を決定する上で、過失相殺の事由として考慮され、損害賠償額が減額されることは十分あり得るところであり[24]、ユーザとしても仕様が確定した後の仕様変更や機能追加の変更は控えるべきである。

---

24)　前掲・東京地裁平成25年5月28日判決。

IV　不完全履行型への対応

5　仕様変更、機能追加等の追加開発作業に関する報酬の有無を確認する

　システム開発プロジェクトにおいては、発注者となるユーザも要件定義や外部設計の工程で、十分に仕様を伝えることができるとは限らない。そのため、開発工程に進んだ段階で、仕様変更や機能追加等の追加開発作業を依頼することがある。しかも、ベンダが追加開発作業に該当すると判断する場合であっても、ユーザは、当初の仕様とおりの要求であると主張することも多い。さらに、追加開発作業であることについて争いがない場合であっても、報酬額について明示的に合意されていないこともある。

　そのため、多くのプロジェクトにおいて、①ベンダの作業が当初から予定していた作業とは異なる追加開発作業と評価できるか、②ベンダの追加報酬額の算出は、どのような方法によるべきかという点が問題となるので、以下、これらの点について解説する。

（1）追加開発と評価できるのはどのような場合か？

　システム開発プロジェクトでは、請負契約又は準委任契約でベンダ・ユーザ間の契約が締結される。そうすると、いずれの場合であっても、ベンダが受託する業務の内容と対価が定められるのが通常である。

　そうすると、報酬額を決定する前提として、ベンダが受託する業務内容が決定されているはずである。

　したがって、報酬額を決定する前提となる業務に含まれない業務は、追加開発作業であるし、含まれる業務は、追加開発作業ではなく、仕様とおりの作業ということになる。

　例えば、特定の機能を有するシステムを開発することを前提に報酬額が決定されているのであるならば、予定されていた機能以外の機能の作成を依頼する場合は、いわゆる機能の追加であり、原則として追加開発作業になる。

　また、仕様が確定した後に機能の仕様を変更する場合も、設計作業やプログラミング作業のやり直し作業が発生し、通常は、このような作業を前提として報酬額が設定されているわけではないから、原則として追加開発作業と

179

第4章 プロジェクト進行中におけるトラブル

位置付けることになる。もっとも、仕様が確定した後でも、文字の書体やボタンの配置等、仕様の詳細に関する変更については、仕様変更と見るべきではないと考えられている。

さらに、報酬額が一定の期間の業務の対価として定められている場合には、期間を超過した部分の作業について追加開発作業と評価することもできる。

追加開発作業であることを認めた裁判例を確認すると、**図表4-15**のとおり、報酬額がどのような業務を前提として決定されたのかを考慮した上、前提となる業務に含まれない事項に関しては、追加開発作業と認めるという傾向にある。

図表4-15　追加開発作業と評価できるか否かについての裁判所の判断

	判示内容
肯定例 大阪地裁 平成14年8月29日判決	ベンダの報酬額は、基本機能設計書の内容を基準に定められているとした上、ユーザの要望は、基本機能設計書に記載された仕様を変更するものであるとして追加開発作業であると認めたが、ソフトウェア開発においては、その性質上、外部設計の段階で画面に文字を表示する書体やボタンの配置などの詳細までが決定されるものではないから、仕様の詳細化の要求までも仕様変更とすることは相当でないと判断した事例
肯定例 東京地裁 平成17年4月22日判決	二次検収までの206本のプログラム作成については、当初の契約で合意した2352万円に含まれているが、二次検収後に増加した205本のプログラムについては、本件契約の当初の合意した業務範囲を超えるものであり、当初合意した開発費2325万円に含まれないものというべきであるとして、二次検収後の開発作業を追加開発であると判断した事例
肯定例 東京地裁 平成22年1月22日判決	平成17年1月から3月までの3か月間の期間における準委任としての作業の対価として、6000万円が定められている場合において、平成17年4月から9月の6か月間の作業が追加開発作業であると判断した事例
否定例 東京地裁 平成7年6月12日判決	ベンダが受託した業務は変更されているが、当初の契約内容に従った開発業務の範囲内であることに変わりはなく、右業務に関する対価は、本件契約当初に確定代金として約定されている委託代金額ですべてカバーされていると判断した事例

IV　不完全履行型への対応

（2）追加開発の報酬額はどのように決定するのか？

　システム開発プロジェクトでは、追加開発作業は繰り返し発生するため、追加開発作業が発生する度に、基本契約書や個別契約書を締結する場合と同様に双方の責任者の記名・捺印等で追加開発の内容を合意することは、現実的ではない。通常は一定の追加作業が蓄積された段階で、個別契約書や覚書を締結することも少なくないのであるが、このような手続がされる前にプロジェクトが頓挫すると、書面で合意内容が整理されていないことも多い。このような場合、どのようにして報酬額を算定したらよいのかという点が問題になる。

　このような場合には、商法512条に基づく報酬請求をすることが通常である。

　商法512条は、以下のとおり規定されているから、「ベンダ（商人）が、その営業の範囲内においてユーザ（他人）のために行為（追加開発作業）をしたとき」は、「相当な報酬」を請求することができることになる。

商法512条

　商人がその営業の範囲内において他人のために行為をしたときは、相当な報酬を請求することができる。

　商法512条における「相当な報酬」の算定には様々な方法が考えられるが、前掲・東京地裁平成17年4月22日判決が、「コンピューターシステムの開発の原価の大部分が技術者の人件費であり、その人件費は作成するプログラムの分量に概ね比例する」と判示しているように、いずれの裁判例でも、作業量に比例した追加開発の報酬請求を認めているという点が特徴的である（図表4-16）。

第4章 プロジェクト進行中におけるトラブル

図表4-16 追加開発費用の算出方法についての裁判所の判断

	判示内容
大阪地裁 平成14年8月29日判決 1人日当たりの開発費用を計算し、追加開発の工数を乗じた金額を「相当な報酬」とした事例	本件仕様変更に基づく開発工数は、上記工数の合計である257.5人日と見るのが相当であり、これを1人日当たりの開発費用を本件開発委託契約と同じ3万2500円（〈証拠〉では、単価は65万円（1人月当たり）であり、1月の稼働日数を20日とすると、1人日当たりの開発費用は3万2500円となる）として換算すると、本件仕様変更要求に基づく追加開発費用は、836万8750円とするのが相当である。
東京地裁 平成17年4月22日判決 プログラム1本当たりの単価にプログラムの本数を乗じた金額を「相当な報酬」とした事例	本件における追加分を含めた相当額の報酬金額について検討すると、コンピューターシステムの開発の原価の大部分が技術者の人件費であり、その人件費は作成するプログラムの分量に概ね比例することにかんがみれば、当初の契約金額である2325万円を二次検収までに完了した206本のプログラム数で除し、このプログラム1本当たりの単価に三次検収を経たプログラム数414本を乗じた金額4672万5728円（23,250,000÷206×414＝46,725,728）をもって相当と認める。
東京地裁 平成22年1月22日判決 開発期間の長さに応じて「相当な報酬」を算出した事例	ベンダの平成17年1月から3月までの3か月間の期間における準委任としての作業の対価として、6000万円が定められているところ、同年4月以降の作業には無償で行う作業が含まれている一方、前年同様、同年3月までの期間に比して新学期の開始により履修登録等のシステムが稼働される同年4月以降の作業量が増加したことが想定される。これらのことからすれば、上記3か月間の作業の対価として定められた6000万円を基礎に、ベンダの平成17年4月から9月の6か月間の作業に対する報酬は、1億2000万円とすることが相当である。

6 設例4-3の検討

設例4-3では、仕事の完成・未完成の判断において、一応検収合格との判断になっている点等を考慮して最後の工程まで完了していると判断することも可能ではないかと思われるが、検収合格とした理由が、Xの資金繰りに配慮したものであることを考慮すると、未完成であるとの判断になる可能性も十分ありそうである。もっとも、仮に、完成しているとの判断になったとしても、検収で発見された、在庫の検索処理に30分程度の時間を要するという不具合が、検収合格後、1か月経過した時点でも解消されていないことからすると、システムの機能に軽微とはいえない支障を生じさせる上、不具合

発生の指摘を受けた後、遅滞なく修補することができない場合であるとの評価になる可能性がある。さらに、納品後4か月間、継続して毎月70件の不具合が発生しており、障害が収束傾向にないことからすると、不具合の数が著しく多く、しかも順次発現してシステムの稼働に支障が生じるような場合であるとの評価になる可能性も十分にある。

したがって、「仕事の目的物に瑕疵があり、そのために契約をした目的を達することができないとき」（民法635条）に該当するとの判断になる可能性が高い。

この場合、YはXとの契約を解除し（契約解除できる範囲については、**第7章Ⅱの1（1）**参照）、Xの開発工程の費用5億円と50項目の要望事項に関する追加開発費用5000万円の請求を拒否することができることになるであろう。

逆に、YはXに対し、未完成又は瑕疵担保責任を根拠に、相当因果関係の認められる損害について損害賠償請求することが可能となる（損害賠償請求の範囲については、**第7章Ⅱの1（2）**参照）。

もっとも、本件では、Yが、納期の1か月前になって約50項目の要望事項を追加発注したことが、障害・不具合が収束しない理由の1つになっているから、YのXに対する損害賠償請求が肯定される場合であっても、過失相殺の法理により、損害賠償額は、減額される可能性が高いといえる。

7　ベンダ担当者が検討すべき事項

（1）報酬を請求することができる状態になっていることを確認する

設例4-3のように、ベンダがユーザに対して成果物を納品したにもかかわらず、検収してもらえないという事態は少なくない。このような場合、ベンダとしては、少なくとも以下の①、②を確認する必要がある。

① 　仕事の完成・未完成
② 　瑕疵担保責任（民法635条）の適用の有無

第4章　プロジェクト進行中におけるトラブル

　仕事が完成しており、瑕疵担保責任（民法635条）の適用がないことが確認できなければ、訴訟提起しても、報酬を支払ってもらうことができないからである。そのため、ベンダの担当者は、概ね**図表4-17**のような書類を確認することになる。

図表 4-17　確認すべき書類とその目的

書類	目的
納品書	不完全履行型の枠組みで検討してよい事案であるか否かを判断するため（納品書が発行されていない場合、プロジェクト頓挫型の可能性もある）
検収書又は検収不合格通知書	仕事が完成していると評価できるか否かの重要な判断指標となるため
課題管理一覧表	納品した後の障害・不具合の発生状況、修補状況を把握するため
設計書及び変更管理書	障害・不具合を判断するためのベンダ・ユーザ間の合意内容を確認するため
解除通知書及びユーザの意向が表明された文書	検収不合格書とともに、ユーザ検収不合格とする理由や解除の理由を確認するため

　ベンダとしては、これらの文書から、納品の有無、納品後の障害・不具合の発生状況等を確認し、報酬を請求できる状況になっているか否かを判断することになる。

（2）請求可能な報酬額を確認する

　契約書に契約金額が明記されているのが通常であるが、追加開発分については契約書が存在しないことも多い。この場合、①追加開発部分に関する見積書の有無及びその内容、②見積書に対するユーザの対応、③課題管理一覧表に記載されている追加開発作業の発生状況及びその額に関する合意の有無を確認し、契約の成立が否定され、商法512条の問題とされた場合の「相当な報酬」額の計算根拠を確認しておくことになる。

184

（3）ユーザからの反訴請求の内容を検討する

　システム開発に関する訴訟では、ベンダ又はユーザのいずれか一方が訴訟提起すると、相手方から反訴が提起される場合も多い。ベンダとしては、ユーザに対して訴訟提起した結果、逆に、ユーザから損害賠償請求等の反訴を提起される可能性があるから、反訴が提起された場合の損害賠償請求額も予測しておくべきである。

　現実の裁判例を見ても、ベンダが報酬の支払いを求めて訴訟提起したのに対し、ユーザから原状回復請求や損害賠償請求を受けてしまったという事例も多数見られるところである[25]。

（4）営業上のメリット・デメリットを確認する

　ベンダが報酬を請求できる状態となっているとしても、ユーザに対して訴訟提起する場合、当該ユーザとの取引は終了してしまう可能性が高い。また、訴訟で自己の言い分が認められたとしても、報酬を受領できるまでには相当な期間を要するのが通常であるし、担当者の手間や代理人費用等、一定の負担を強いられることになる。

　したがって、ユーザからの要望が少々理不尽であったとしても、訴訟提起した場合との対比において、訴訟を選択するよりは合理的であるとの判断になる場合には、訴訟を回避し、一定の譲歩を示すことも必要である。

（5）小括

　ベンダとしては、①報酬請求の可能性及びその額、②ユーザからの反訴の可能性及びその額、③営業上のメリット・デメリット等を考慮し、ユーザとの交渉内容や訴訟提起に踏み切るか否かの判断をすることになるであろう。

25）　東京地裁平成 23 年 1 月 28 日判決、東京高裁平成 26 年 1 月 15 日判決等。

第4章　プロジェクト進行中におけるトラブル

8　ユーザ担当者が検討すべき事項

（1）解除原因の有無の確認

　設例4-3のように、ベンダがユーザに対して成果物を納品したにもかかわらず、検収不合格と判断する場合、ユーザとしては、解除原因の有無を確認する必要がある。

　解除原因としてよく主張されるのは履行遅滞（民法541条）と瑕疵担保責任（同法635条）の2つである。

　納品していたとしても仕事が未完成であると評価されれば、履行遅滞の問題として取り上げられることになるであろうし、完成しているとの評価になれば、仕事の目的物に瑕疵があり「契約をした目的を達することができない」に該当するか否かを判断しなければならない。

　ここでユーザが特に注意すべきなのは、ユーザのシステム部門又は利用部門が主張する内容が、本当に障害・不具合と判断されるべき内容なのかという点である。

　例えば、ユーザの利用部門の担当者がイメージしていた動作とは異なる動作になっていたとしても、ユーザが了解していた基本設計書の内容が反映されているのであれば、それは、瑕疵を基礎付ける事情とならない可能性があるし、仮に、瑕疵であると判断されても、ユーザの帰責事由で発生した瑕疵との評価にもなり得よう。

　ユーザの法務担当者としては、課題管理一覧表等を確認し、障害・不具合であることが共通認識となっている項目と、ベンダ・ユーザ間で、障害・不具合と判断すべきであるか否かについて争いがある項目に分けて検討する必要がある。

　特に、後者については、なぜ判断に差が出ているのかという点について、担当者から十分に事情を確認すべきであり、この作業をすることによって正確な情報が得られ、担当者の誤解等が確認されることもある。

（2）技術的専門家への協力要請

　ユーザとしては、第三者の技術的な専門家に検証作業に協力してもらうこ

とが必要な場合もある。第三者の技術的な専門家が必要となる場合としては、以下のような場合が考えられる。

- 障害・不具合の判断において、ベンダとユーザで意見が異なるため、第三者の技術的な専門家の意見を仰ぐ必要性がある場合
- 前掲・東京地裁平成9年2月18日判決の「システムの機能に軽微とはいえない支障を生じさせる上、遅滞なく補修することができない」場合に該当することを明らかにするために、「補修に要する時間」を明らかにしたい場合
- 前掲・東京地裁平成9年2月18日判決の「その数（障害・不具合の数）が著しく多く、しかも順次発現してシステムの稼働に支障が生じるような場合」であることを明らかにするため、契約を解除した後も、テストを継続し、障害・不具合が収束していないことを立証する必要がある場合

　もっとも、第三者に協力を依頼すれば、当該第三者に対して報酬が発生するから、どの程度の協力を依頼するのかという点は費用対効果により決定されるべきである。

（3）解除の意思表示をするか否かを判断するにあたり考慮する事情

　解除の意思表示をする場合、まずは、民法541条・635条等の解除の要件を具備するか否かを検討すること、及び、解除した場合の事業への影響等を考慮すべきであるという点は、プロジェクト頓挫型の場合と同様である。

　もっとも、プロジェクト頓挫型の場合とは異なり、不完全履行型の場合、不完全であっても情報システムが納品されているのであるから、プロジェクト頓挫型の場合よりも、本稼働までの見通しを立てやすいはずである。

　したがって、解除の判断については、プロジェクト頓挫型の場合よりも慎重になるべきである。

第4章　プロジェクト進行中におけるトラブル

Ⅴ　プロジェクトを運営する上で必要となる文書

1　なぜ文書を記録することが重要なのか

　システム開発プロジェクトにおいては、文書で記録を残すことが極めて重要である。理由は、**図表4-18**のとおりである。

図表4-18　文書で記録を残すことが重要である理由

理由①	システム開発プロジェクトは、ベンダとユーザの共同作業的な色彩が強いプロジェクトであり、双方が自己の役割分担（義務）を履行しないと成功しないプロジェクトであるため、双方の認識の齟齬を埋めるには、書面で記録する方式が有効である。例えば、役割分担の確認、進捗状況の確認、企画・提案段階では想定していなかった課題の発生状況、課題への対処方法、障害・不具合と追加開発の区別等は、文書で記録して共有することにより、双方の義務が明確になるといえる。
理由②	システム開発プロジェクトが失敗に終わり、紛争になった場合、記録が文書化されていないと訴訟における立証が困難になる。例えば、履行遅滞となった原因、障害・不具合の発生状況、仕様変更・機能追加等の発生頻度やその内容等を立証するにあたり、文書で記録されていないと、立証が困難になる。

　理由①は、システム開発プロジェクトを成功に導くという前向きな視点によるものであるのに対し、理由②は、万が一の訴訟に備えるという視点によるものである。本書では、これらの視点から、文書の残し方について解説する。

2　議事録の残し方

(1) 議事録を残す目的

　システム開発プロジェクトでは、担当者レベルで実施される仕様や障害・不具合の詳細に関する確認のための会議から、ベンダ・ユーザの取締役等、一定の権限を有する責任者が参加し、プロジェクトのスケジュールや開発方針等、そのプロジェクトの重要事項や課題についての認識を共有し、方向性を決定する会議（ステアリング・コミッティ）に至るまで、様々なレベルの会議が設定される。

　前者の担当者レベルでの会議内容は、最終的に、基本設計書、変更管理書、課題管理一覧表等の文書に反映されることが予定されているから、議事録の

中で特に注目すべきなのは、ステアリング・コミッティのように、プロジェクトの重要事項の確認、決定をする会議体に関する議事録である。

　この種の会議体では、プロジェクトにおける各作業の進捗状況、スケジュール遅延の原因、スケジュール遅延のリカバリ策、成果物の品質問題の有無、品質問題に対する対応策等の重要事項の確認等を行うことが目的とされているから、議事録を作成する目的も、これら重要事項に関するベンダ・ユーザの共通認識を記録することにある。そして、ベンダ・ユーザ双方の確認の上で記録された議事録は、ステアリング・コミッティの作業実態を反映するものと考えられるため、議事録作成当時のベンダ・ユーザの認識を知る上で重要な証拠になり得るのであり、この点については、前掲・東京高裁平成25年9月26日判決でも以下のように判示されているところである。

　ベンダは、ステアリング・コミッティの議事録に基づいて本件システム開発の経過を認定することについて、同議事録の記載内容はユーザから修正を加えられたものであるとして、作業等の実態を必ずしも反映していない旨指摘している。しかし、ステアリング・コミッティは、本件システム開発の上級マネジメントレベルでの意思決定を行う目的で設定されたものであり、ベンダ及びユーザの双方から、本件システム開発の実施責任者が参加し、その総合評価、スケジュール・作業進捗の実績・課題の共有、重要課題の意思決定等を行うものであった。そして、そこで議論された要点については、会議の翌々営業日の午前中までにベンダが議事録を作成し、議事録データベースに登録し、同議事録によって会議の最終的な決定事項を記録化することとされていた。議事録を確定するに当たっては、ベンダ及びユーザは、議事録によって作業を記録化することの意義を十分に認識しつつ、その内容と表現を検討して、会議の実態を反映したものとして、記載内容を確定させたものと推認することができる。特に、ベンダはシステム開発を業とする者であり、このような議事録作成の意義と方法を当然熟知していたものといえる。したがって、確定した議事録は、ステアリング・コミッティの作業実態を反映するものとして取り扱うのが相当であるといえ、特段の事情が認められない限り、前記作業の経過内容等については、そこに記載された内容が当該期日におけるステアリング・コミッティにおいて総括されたものと認定するのが相当である。

第4章 プロジェクト進行中におけるトラブル

（2）議事録に何を記載すべきか

訴訟に備えるという視点で検討した場合、議事録に何を記載するかは、裁判所に紛争が持ち込まれたときにどのような争いになるのかという点から、逆算して記述することが望ましいといえる。

プロジェクト頓挫型の場合、頓挫した原因が、ベンダのプロジェクトマネジメント義務違反によるのか、ユーザの協力義務違反によるのかという形で争われることになるから、この点を意識した内容とすべきである。したがって、ベンダの立場からすると、①ユーザの協力義務違反に関する事実、②ベンダのプロジェクトマネジメント義務の履行に関する事実について議事録に残すべきであり、特に、ユーザからプロジェクトマネジメント義務違反に関する事実の指摘を受けた場合には、これを解消した上で、議事録にも解消された旨、記載しておくべきである。逆に、ユーザの立場からすると、①ベンダのプロジェクトマネジメント義務違反に関する事実、②ユーザの協力義務の履行に関する事実について議事録に残すべきであり、特に、ベンダから協力義務違反に関する事実が指摘された場合、これを解消した上で、議事録にも解消された旨、記載しておくべきということになる。記載すべき代表的な事項は**図表4-19**のとおりである。

図表4-19　議事録に記載すべき代表的な事項

ベンダの 立場から	**プロジェクトマネジメント義務の履行に関する事項** ・　予定されていた工程が完了した事実 ・　設計段階におけるユーザからの仕様変更等の要望事項に対し、納期の延長や代金の増額が必要となることを説明した事実 ・　プログラム開発工程以後のユーザからの仕様変更等の要望事項を凍結するように説明した事実 **協力義務違反に関する事項** ・　実現する機能、画面のレイアウト、帳票の出力項目等の仕様の特定作業の遅延が、ユーザの帰責事由によって発生している事実（ユーザ担当者の離脱（病気、退職等）） ・　ユーザ担当者の多忙等による検収作業の遅滞、不実施に関する事実

ユーザの立場から	**協力義務の履行に関する事項** ・　要望する機能、画面のレイアウト、帳票の記載項目の特定等、自己の役割分担の履行が完了した事実 **プロジェクトマネジメント義務違反に関する事実** ・　スケジュール遅延の原因となる事実（パッケージソフトウェアの検証不足に関する事実、移行データの検証不足に関する事実、ベンダ担当者の離脱（病気、退職等））

　自己都合解約型の場合、①解約の理由と②損害賠償額が争点となることが想定される。したがって、ベンダは、ユーザから社内の方針転換等で契約を解約したいとの申し出を受けた場合、解約の理由と、解約した場合にベンダに発生する損害賠償額の概算等を議事録等に記録し、ユーザに伝えるべきである。このようにすることで、後日のユーザからの反論を封じ込めることが期待できる。

　不完全履行型の場合、①障害・不具合の発生状況、②障害・不具合の修補に要する期間（多数の障害・不具合が順次発生している場合には、障害・不具合が収束するために必要な期間）、③ユーザの業務に与える影響、④障害・不具合の発生原因等が争点となることが想定できる。これらの情報は、担当者レベルで協議した結果を、課題管理一覧表等に記録するのが通常であるから、まったく書面での記録がないというケースはそれほど多くはない。しかし、ユーザの立場からすると、課題管理一覧表の内容を分析した上、裁判所の理解を求めるための作業は、非常に手間がかかる。ベンダに、課題管理一覧表から、①から④の内容を整理した情報を報告してもらい、議事録の添付資料として保管することにより、事実が概ね整理され、法的な評価をドすぱりの状況にすることが期待できるのではないかと考えられる。

（3）議事録の作成手順

　議事録については、ユーザ、ベンダのどちらがドラフトを作成すべきであるか、また、参加者の押印は必要であるかといった相談を受けることがある。

　前者について、一般論としては、自分でドラフトを作成したほうが、意図

に反したものになる可能性は低いとも考えられるが、相手方が内容を十分に吟味している場合には、修正履歴で真っ赤になった文書が返信されるだけである。結局、ベンダ・ユーザの双方が確認した上で記録される最終的な記述内容が重要であり、ベンダ・ユーザのいずれがドラフトを作成すべきであるかという点は、それほど重要ではない。

　これに対し、後者については、双方の参加者（特に、取締役等の権限のある人）が、その内容を確認した上で押印している場合には、議事録に記載されている内容が、現実のステアリング・コミッティ等で議論、確認、決定された内容であるとの判断になる可能性が高まるといえるから、押印はあったほうがよい。しかし、押印がなくても、電子メール等で、双方がその内容を確認していることが把握できれば、それだけでも一定の評価を得ることはできるので、押印がないからまったく意味がないというものでもない。

　したがって、担当者としては、議事録に記載された内容を確実に事実として認定してもらいたい場合には、押印まで要求したほうがよいといえるが、双方が内容を確認した上で議事録が保管されている状況が立証できれば、それだけでも証拠としての価値があると考えるべきである。

（4）事実と異なる内容の記載や法的な評価に相手方が固執する場合の対応

　プロジェクトの進捗状況が良好ではない場合、ベンダはユーザから、議事録等の文書に、ベンダの認識とは異なるにもかかわらず、自己の非を認めて謝罪した趣旨の文言を議事録に残すように指示され、また、スケジュール遅延等の原因が、ベンダ側の重過失によるものであることを認める旨の記録を残すように指示されることがあると聞く。

　そして、ベンダの責任者や担当者は、事実とは異なるが非を認めて謝罪したほうが、お客様であるユーザとの関係が改善されるし、事実と異なる点については後で説明すればわかってもらえるはずであると考え、このような要望に応じてしまうという実態もあるようである。

　たしかに、ベンダがユーザに要望されたとおりの記録を残すことで、ユー

ザとの関係が改善することはあるだろう。しかし、結局、関係が改善されず、訴訟提起された場合には、ユーザの主張を裏付ける重要な証拠になってしまう可能性があることも認識すべきである。前掲・東京高裁平成25年9月26日判決が、「確定した議事録は、ステアリング・コミッティの作業実態を反映するものとして取り扱うのが相当であるといえ、特段の事情が認められない限り、前記作業の経過内容等については、そこに記載された内容が当該期日におけるステアリング・コミッティにおいて総括されたものと認定するのが相当である」と判断しているように、後から事情を説明しても、裁判所等の第三者に理解してもらうことが困難な場合がある[26]ことを、ベンダの担当者は認識しておくべきである。

　もっとも、ユーザの担当者としても、ベンダから謝罪文が提出されたり、議事録にベンダの謝罪文言を記録しただけで、ベンダの責任を追及できるとは限らない。例えば、前掲・東京高裁平成25年9月26日判決は、ベンダの専務らの謝罪について、ベンダの責任を検討する上で無視しがたいもので、パッケージソフトウェアの機能や充足度の検証、開発手法の選択の検討等が不足し、「許容しがたい誤りがあったのではないかとの疑いが生じ得る」としながらも、以下のとおり、謝罪が行われた経緯やプロジェクトの状況等を考慮し、最終的には、謝罪文言のみからベンダの責任を認めることはしていない。

26）　例えば、東京地裁平成25年5月31日判決では、ベンダがユーザに対して提出した顛末書の記載について、ベンダの真意に反して作成させられたものであるとの主張を排斥している。

第4章　プロジェクト進行中におけるトラブル

> **東京高裁平成25年9月26日判決**
> 　前記発言や意向表明等は、いずれも、本件システム開発を企画・提案段階の見込みどおり進めることができず、開発費用の負担、サービスインの時期等をめぐって調整困難な事態に陥ったため、事態を打開するための新たな提案をする交渉過程でされたものであることを考慮する必要がある。また、その発言等は、困難な事態に至った結果責任を概括的に認める内容のものであり、開発当初の要因によりそのような事態に至ったものかについて、具体的な事実、実証的な分析等に基づいたものとは認めがたい。前記交渉過程における前記発言や意向表明等の発言、文言等を捉えて、本件システム開発当初選択した開発手法が、システム開発の在り方からすると許容しがたい不適当なものであり、Corebankが邦銀の勘定系システムを担うソフトとして全く適合しないものであったと認めることはできないというべきである。

　また、東京地裁平成28年6月17日判決でも、以下のとおり、ベンダが取引上の弱者、ユーザが取引上の強者であることを前提に、ベンダが、非を認めるかのような内容を含む文書をユーザに差し入れた事実が認められる場合であっても、ベンダの注意義務を否定している。

> **東京地裁平成28年6月17日判決**
> 　Jレポートは、プロジェクトの遅れについて原告（ベンダ）の責任を認めるような記載内容となっているが、一般の取引において、立場の弱いベンダ側が、その後のプロジェクトを進行するために、非を認めるかのような内容を含む文書をユーザに差し入れることも不合理であるとはいえないから、Jレポートの内容が原告（ベンダ）の責任を認めるような記載ぶりであったとしても、このことをもって、原告（ベンダ）に注意違反があったとすることはできない。

　また、重過失に該当するか否かといった法律的な判断は、弁護士等の専門家であっても必ずしも容易ではない。開発現場の担当者が重過失であると認めたからといって、裁判所が過失・重過失の有無を判断するにあたり拘束されるわけではないが、よほど杜撰なプロジェクト遂行をしていたのではないかという誤解を招く結果になりかねないから、やはり控えるべきである。
　したがって、このような場合には、ベンダとユーザとの間において認識の

相違があることを記録するにとどめた上、本来の業務に注力するよう、ユーザに働きかけるべきである。例えば、役割分担が不明確であるが故に、互いに相手方の役割であることを主張しているような場合であれば、「ユーザは、スケジュール遅延の原因は、ベンダが実施すべき××作業によって発生しており、ベンダに重過失があると説明し、ベンダは、××作業は、本来、ユーザが実施すべき作業であると説明した。もっとも、××作業は、プロジェクトの推進に不可欠であるため、今後は、ベンダで××作業を実施することを確認した」という程度の記録にとどめるべきである。

3 変更管理書の残し方

(1) 変更管理書を作成する目的

変更管理書は、ユーザがベンダに対し、仕様変更や機能追加等の追加開発作業を依頼する場合や、ユーザが障害であると主張していたが、ベンダが仕様変更であると判断した場合等に使用する文書である。

システム開発プロジェクトでは、ユーザが要件定義や基本設計等の工程で説明していた内容とは異なる機能を要望することがある。例えば、単純に要件定義や基本設計工程等での検討漏れがあり機能の追加を要望する場合、開発途中でユーザの事業方針が変更されたことに伴い開発中のシステムの機能も変更を余儀なくされる場合、ベンダとの窓口となっているユーザのシステム部門とシステムを使用する利用部門との間で認識に齟齬があり、仕様変更や機能追加等の追加開発作業が発生する場合等がある。

しかし、基本設計工程を完了した後に、仕様変更や機能追加等の作業が発生すると、ベンダは、実施した開発作業のやり直しを余儀なくされ、開発期間も不足することになる。

したがって、ユーザが仕様変更や機能追加等の追加開発作業を要望した場合、ベンダは、その内容を吟味し、①ユーザの要望を受け入れるか否か、②受け入れる場合には、費用の増額や納期の変更を要請するか否か等を検討することになる。

このような場面で使用する文書が変更管理書であり、ベンダ・ユーザ間の

第4章 プロジェクト進行中におけるトラブル

契約内容の変更を目的とする文書である。

（2）変更管理書に記載する内容

変更管理書を利用した変更管理手続については、すでに複数のモデル契約書でも取り入れられているところであり[27]、変更管理書に記載する事項については概ね共通して以下の項目が記載されることになっている。

- 変更の名称
- 提案の責任者
- 年月日
- 変更の理由
- 変更に係る仕様を含む変更の詳細事項
- 変更のために費用を要する場合はその額
- 検討期間を含めた変更作業のスケジュール
- その他変更が本契約及び個別契約の条件（作業期間又は納期、委託料、契約条項等）に与える影響

そして、変更管理書は、ベンダ・ユーザ間の契約内容の変更を目的とする文書であるから、ベンダ・ユーザ双方の責任者（プロジェクトマネージャー等）が、その内容を確認の上、押印する等の処理がされるのが通常である。

個々の仕様変更や機能追加等の詳細は、変更管理書で確認することになるが、多くのプロジェクトでは、合意された内容を、次に示す課題管理一覧表の一部に取り込んで管理しているのではないかと思われる。

4 課題管理一覧表の残し方
（1）課題管理一覧表を作成する目的

課題管理一覧表については、必ずしも作成目的が明確になっていない場合

---

27) 経産省モデル契約〈第一版〉第 37 条、電子情報技術産業協会ソリューションサービス事業委員会『ソフトウェア開発モデル契約の解説』（商事法務、2008）166-169 頁等。

が多い。一般的なプロジェクトでは、ユーザからの指摘事項が仕様変更や機能追加等の追加開発作業になるのか、障害・不具合として処理されるべき事項であるのかについての判断を記載しているようである。

しかし、ベンダが民法635条に基づく瑕疵担保責任を負担する場合の要件を具備しているのか、追加開発が発生した場合の追加開発費用の計算はどのようにすべきかといった問題意識があれば、記載すべき項目として何が必要なのか明らかになるだろう。ここでは、瑕疵担保責任の要件や追加開発の報酬の計算を意識し、以下の①から③を明らかにする目的で、課題管理一覧表を作成する場合について言及する。

① 納品後の障害・不具合の数及び内容
② 障害・不具合の改修に要する期間
③ 追加開発作業の有無及びその費用

（2）課題管理一覧表に記載する項目

課題管理一覧表に記載する項目は、この一覧表を作成する目的に依存するが、前述した①から③の内容を把握することを目的とするのであれば、**図表4-20**の各項目を記録する必要がある。

納品後の障害・不具合の数については、**図表4-20**の場合「ユーザ見解」「ベンダ見解」「協議結果」欄を集計することで把握できる。また、各障害・不具合の内容については、「課題内容」「対応」欄を確認することで把握することができる。納品後に、多数の障害・不具合が順次発現し、ユーザの業務に軽微ではない支障をきたすことが確認できる場合には、未完成又は瑕疵担保責任を根拠に契約を解除することが考えられ、課題管理一覧表はその判断をする上で重要な文書となる。

また、障害・不具合の修補に要する期間等については、**図表4-20**の場合、「連絡日」「対応予定日」「対応完了日」「ユーザ確認日」を確認することで把握できる。「連絡日」から相当な期間が経過しているにもかかわらず、対応が完了していない場合には、遅滞なく修補することができていないとの判断

が可能となり、瑕疵担保責任を追及する場合の根拠となり得るのである。

　追加開発作業の有無及びその費用については、「協議結果」欄が「追加」となっている項目は、追加開発であることについて争いのない項目であり、「未解決」となっている項目は、ベンダとユーザの言い分が食い違っている部分であるから、紛争になった場合、この項目については、基本設計書や変更管理書等を使って、どちらの言い分が正しいのか判断しなければならないということになる。「未解決」の部分は、ベンダ・ユーザの双方にとって不確定要素となる部分であるから、日々の確認作業の中で、できる限り決着をつけておくべきである。しかし、どうしても言い分が食い違って折り合いがつかない場合には、「未解決」とした上で作業を進めることもやむを得ないと考えられる。追加開発費用は、単価×工数で計算されるから、単価をあらかじめ通知しておけば、「追加工数」を集計することで追加開発費用を算出することが可能となる。

　例えば、前掲・東京地裁平成25年9月30日判決では、課題管理一覧表（判決文では「本件要望管理一覧」と表記されている）により、要望事項が障害・不具合であるのか追加開発であるかを判別した上、追加開発と判断された事項については、工数も記録されていたことから、これらを集計した結果に単価を乗じることで計算される金額を対価とする追加開発契約の成立が認定されている。

東京地裁平成25年9月30日判決
　前記認定のとおり、Ｘ（下請ベンダの担当者）と被告担当者のＹ（元請ベンダの担当者）との間では、Ｚ（ユーザ）から提出された多数の要望事項について、本件個別契約見積書の範囲内か否かについて認識を共通化しつつ、その範囲外であるものについては別途報酬の支払を予定して、本件要望管理一覧に「見積想定」欄と「追加工数」欄を追加して共有していたのであるから、本件要望管理一覧表のうち、上記「見積想定」欄に「外」と記載され、かつＸが対応のため作業等を行って「対応」欄に「済」と記載された要望項目に対してＸが行った本件開発（6月期）及び本件開発（7月期）については、ＹとＸとの間で、本件個別契約の範囲外の追加開発であるとの認識が共有していたものと認められる。

V　プロジェクトを運営する上で必要となる文書

　このような作業をしておかないと、個々の項目について、ユーザから、すべて追加開発ではなく障害対応であると争われることになりかねず、訴訟での認容額の見通しが困難となり、主張・立証の手間も著しく増加することになるのである。

図表 4-20　課題管理一覧表のサンプル

No	連絡日	ユーザ見解	課題内容	ベンダ見解	対応	対応予定日	追加工数（人日）	対応完了日	ユーザ確認日	協議結果
1	3/1	障害	商品Aと商品Bをセットで購入した場合には、値引きが適用されるはずであるのに、値引きされないで処理されている。	障害	本件は、障害ですので対応します。	3/7	−	3/7	3/8	障害
2	3/2	障害	商品検索をする場合に、商品コードでしか検索できず、商品名で検索することができない。	追加	基本設計書では、商品コードで検索することになっており、商品名で検索する機能は追加開発となります。	3/17	3.5	3/17	3/20	追加
3	3/3	障害	マスタに登録した商品コードが画面に表示されない。	仕様とおり	マスタの登録方法に誤りがあります。手順書4頁の記載に従って、登録し直してください。	3/7	−	3/7	3/10	仕様
4	3/4	追加	発注に関する承認の権限の設定を、現在の2段階から3段階に変更してください。	追加	追加開発として、別途、メールで送付する資料のとおりに開発します。	3/25	4.5	3/27	3/28	追加
5	3/5	障害	スマートフォンから商品の在庫照会をする機能が存在しない。	追加	要件定義で、開発対象から除外したとの認識ですので、開発対象とするのであれば、追加開発とさせていただきます。	3/26	10.0	3/28	3/30	未解決

第4章　プロジェクト進行中におけるトラブル

5　解除通知書の書き方

　解除通知書は、議事録、課題管理一覧表、変更管理書等の文書と異なり、プロジェクトを成功に導くための文書ではなく、プロジェクトを法律的に終了させるための文書である。

　システム開発プロジェクトにおいて、ベンダ側から契約解除の意思表示をすることは稀であり、通常は、ユーザがベンダに対して通知することになる。

（1）解除通知書に解除原因を記載すべきか？

　履行遅滞を理由とするのであれば民法541条、瑕疵担保責任を理由とするのであれば同法635条の要件を満たすか否かを検討することになる。また、ベンダ・ユーザ間の契約において、契約の解除に関する特約が設けられているか否かも検討する必要がある。

民法541条

　当事者の一方がその債務を履行しない場合において、相手方が相当の期間を定めてその履行の催告をし、その期間内に履行がないときは、相手方は、契約の解除をすることができる。

民法635条本文

　仕事の目的物に瑕疵があり、そのために契約をした目的を達することができないときは、注文者は、契約の解除をすることができる。

　では、このような解除原因は、解除通知書に明記する必要はあるのだろうか。ユーザから解除通知書を受領したベンダの担当者からは、解除通知書を読んでもなぜ解除されたのか理解できないことに不満を感じているとの相談を受けることがある。

　しかし、裁判例等を調べてみると、解除通知書に解除原因を必ず記載しなければならないとは判示されていない。例えば、前掲・東京地裁平成16年12月22日判決は以下のとおり判示している。

> **東京地裁平成 16 年 12 月 22 日判決**
> 　解除の意思表示には、必ずしも解除原因を示す必要はなく、複数の解除原因による解除を単一の意思表示によってすることができるのであり、解除の意思表示にあたってある理由を掲げても、特にそれ以外の理由によっては解除しない旨明らかにするなど特段の事情のない限り、当該意思表示は、解除当時存在していた全ての理由に基づき、およそ契約を一切終了させるという意思表示であると考えられる。

　この裁判例によると、「複数の解除原因による解除を単一の意思表示によってすることができる」と判示しているのであるから、納品されてはいるけれども未完成であるとの評価になるのか、瑕疵担保責任の問題となるのか微妙な場合、単に、ベンダとの間で締結した契約を解除するとの意思表示をすれば、訴訟になった後に、履行遅滞と瑕疵担保責任のいずれの解除原因を根拠にしても争うことができる。

　もっとも、解除原因を具体的に示すことにより、解除原因の判断を誤る可能性は小さくなるし、受領した相手方が解除は有効であるとの心証を抱いてくれれば、早期に紛争が解決する場合もあるから、解除原因を記載してもよいのではないかとも考えられる。

　むしろ、ユーザの担当者としては、「解除の意思表示にあたってある理由を掲げても、特にそれ以外の理由によっては解除しない旨明らかにするなど特段の事情のない限り、当該意思表示は、解除当時存在していた全ての理由に基づき、およそ契約を一切終了させるという意思表示であると考えられる」という点に注意する必要がある。この部分の判示によると、履行遅滞や瑕疵担保責任を理由とする解除が無効であったとしても、民法641条を根拠とする解除としては有効であるとの判断になりかねない。

　民法541条に基づく解除は、ユーザがベンダに対して損害賠償請求をすることになるのに対し、同法641条は、ユーザがベンダに対して損害賠償義務を負担することが前提となるので、ユーザは、解除の意思表示をする前に検討しておくべきである。

　この点について、民法541条の解除の意思表示をする場合はユーザに損害

賠償義務はなく、同法641条の解除の意思表示をする場合はユーザが損害賠償義務を負うことが前提となるから、同法541条の解除の意思表示が無効である場合に同法641条の解除の意思表示であると読み替えるべきではないとする考え方が有力である[28]。もっとも、システム開発プロジェクトに関する前掲・東京地裁平成16年3月10日判決では、以下のように判示されている。

> 　本件電算システム開発契約等は、前記のとおり請負契約であるところ、請負契約については、民法641条により、ユーザはいつでも損害を賠償してこれを解除することができる。そして、ベンダの債務不履行を理由とするユーザの解除は、前記のとおり認められないものの、本件解除に至る交渉経緯等にかんがみれば、ユーザの本件解除には、いずれにしても本件電算システムの開発を取りやめてベンダとの契約関係を終了させる旨の意思の表明が含まれていたものと解される。また、ベンダは、反訴事件において、ユーザの解除の主張を民法641条の解除として援用する旨主張しているところ、その後の経過を含む弁論の全趣旨によれば、ユーザはベンダの同援用を積極的に争わなかったものと認められる（いずれにせよ、本件解除により契約関係が終了しているとするものであり、債務不履行が認められなければ、現在でも契約関係が存続しているとするものとは解されない。）。そうであれば、ユーザの解除は、民法641条の解除として有効であると解するのが相当である。

　この裁判例では、「ユーザはベンダの同援用を積極的に争わなかった」という事情が考慮されているのではないかと思われる。

　民法541条の解除の意思表示が無効であると判断された場合に、同法641条の解除の意思表示であると判断される可能性を低くしたいのであれば、解除通知の段階から、同法641条に基づく解除の意思表示は含まれないことを明記しておくことが考えられる。

　もっとも、ユーザが解除の意思表示をした場合、その後、当該プロジェクトに関する義務を履行していないのが通常であるから、仮に、民法541条の解除の意思表示を同法641条の解除の意思表示として読み替えることができなくても、協力義務違反等を根拠に、債務不履行又は不法行為に基づく損害

28）　例えば、能見＝加藤・前掲注15）120-121頁では、原則として読み替えできないとした上、読み替えした裁判例を例外的な扱いをした事例であると位置付けている。

賠償請求を受ける可能性、または民法536条2項に基づく報酬請求の可能性があることに注意すべきである。

(2) 相当の期間を定めた催告とは？

また、民法541条では「相当の期間を定めてその履行の催告」をすることが要求されているが、「相当の期間」とはどの程度の期間のことを意味するのかという点も、よく受ける相談の1つである。履行遅滞の場合には、すでに納期に遅滞していることが前提となっているので、1週間程度の期間を定めて催告すれば、この要件を満たすことができる場合が多いのではないかと考えられる。

なお、民法635条の瑕疵担保責任に基づく解除の場合、条文上、「相当の期間を定めてその履行の催告」することが要件とされていないため、その要否が問題となるが、催告が必要であるとする裁判例も存在するので[29]、一応、催告は必要であるという前提で考えておくべきである。

もっとも、催告をするにあたり、「相当の期間を定めて」いない場合でも、催告から相当期間が経過すれば契約を解除できるし[30]、催告にあたり指定した期間が相当な期間よりも短い場合であっても、相当な期間が経過した段階で契約を解除できることに加え[31]、システム開発プロジェクトで履行遅滞や瑕疵担保責任が問題となる場合は、相当な期間を定めて催告しても、ベンダが納品又は瑕疵修補作業を完了することができない場合が多いから、「相当の期間」についてあまり神経質に考える必要はないとも考えられる。

(3) 解除通知書の通知方法

さらに、解除通知書の通知方法もよく相談を受ける点の1つである。解除の意思表示がベンダに到達したことを確実に証明するため内容証明郵便を利用することが多いが、解除の意思表示が相手方に到達したことが確認できればFAXや電子メールで通知しても構わない。

---

29) 前掲・東京地裁平成16年12月22日判決。
30) 最高裁（一小）昭和31年12月6日判決。
31) 最高裁（三小）昭和44年4月15日判決。

第4章　プロジェクト進行中におけるトラブル

　また、一定の規模の会社間の紛争では、解除の対象とする契約以外にも複数の契約が存在し、特定の契約を解除した後も取引関係が継続する場合があるため、直接面会した上で解除通知書を手渡す方法を選択する会社もある。

　どの方法でも同一の法的な効果を得ることができるが、各企業の担当者が相応の気遣いをしているところである。

（4）解除通知書のサンプル

　以上のような検討を踏まえた上で解除通知書を作成してみると、**図表4-21**のような文書になる。

　このサンプルは、履行遅滞を理由とする解除を前提として作成されたものであるが、万が一、民法541条による解除の意思表示が無効であると判断されたとしても、同法641条の解除の意思表示として読み替えられないように、「民法641条に基づく解除の趣旨を含むものではございません」と記載されている。

図表 4-21　解除通知書のサンプル

平成 27 年 4 月 15 日

株式会社 X
代表取締役　○○○○殿

株式会社 Y
代表取締役　○○○○

解 除 通 知 書

拝啓　貴社益々ご清祥のこととお慶び申し上げます。平素は格別のご愛顧を賜り、厚くお礼申し上げます。

　さて、弊社と貴社が平成 24 年 4 月 1 日付で締結した「システム開発委託契約書」（以下「本件請負契約」という）について、以下のとおり通知します。

　本件請負契約の納期は、平成 26 年 11 月末日とされていましたが、貴社が納期に遅延したため、平成 26 年 12 月 14 日付「覚書」で、納期を平成 27 年 3 月末日と変更しましたが、貴社は、この納期も遵守しておりません。

　したがって、貴社が、本書面を受領後、7 日以内に、本件請負契約上の貴社の義務をすべて履行しない限り、弊社は、本書面により、貴社が本書面を受領した日から 7 日の経過をもって、本件請負契約を解除します（ただし、民法 641 条に基づく解除の趣旨を含むものではございません）。

敬具

第5章
システム運用中のトラブル

第5章　システム運用中のトラブル

Ⅰ　はじめに

　システムの開発業務が終わってユーザに引き渡されて本番稼働を開始すると、運用・保守作業が始まる。開発プロジェクトは、企画から開発、テストまで数年を要するケースもあるが、完成して本番稼働開始した後は、最低でも数年、基幹系システムでは10年から20年運用され続けることが一般的で、ライフサイクルとしては、本番稼働前よりも本番稼働後のほうが長い。また、開発プロジェクト中に頓挫して完成に至らなかった場合と比べて、本番運用中のシステムに障害・事故が発生した場合、システムの安定稼働を前提として運営されているビジネスに深刻な影響が出る危険が高い。さらには、近時はインターネットを介して顧客、取引先、一般消費者との間で情報が直接やり取りされており、ひとたび障害・事故が生じた場合の影響はシステムのユーザ内部にとどまらず多方面に及ぶ可能性がある。

　本章では、システム運用中のトラブルとして、①本番運用中のシステムの故障、バグ、操作ミス等の理由によって生じた障害に関する問題（Ⅱ）、②ユーザの登録・保管したデータの消失に関する問題（Ⅲ）、③個人情報をはじめとする情報漏洩・流出を中心としたセキュリティに関する問題（Ⅳ）の3つの類型を挙げて、それぞれについて解説する。いずれの類型においても、ユーザからシステム運用事業者[1]に対して債務不履行に基づく損害賠償請求あるいは不法行為に基づく損害賠償請求、どちらの請求もあり得るところである。**図表5-1**は、それぞれの請求に対応する攻撃防御方法の構造と、争点になりがちな主張（「○」を付した箇所）であるが、債務不履行、不法行為のいずれの場合も主張の内容は重なり合う部分は多いので、以下では、債務不履行に基づく請求を中心に述べる。

---

1)　以下、本章では、システムの提供者、運用・保守担当者を総称して「システム運用事業者」と呼ぶ。

| はじめに

図表 5-1　システムトラブルの際の攻撃防御方法の典型的構造

ユーザの請求原因	
ユーザ・システム運用事業者との契約締結の事実	
システム運用事業者が契約に基づいて負うべき義務内容	○
前記義務の不履行[2]	
損害の発生とその額	○
損害と債務不履行の因果関係	
システム運用事業者の抗弁	
抗弁①　過失相殺	○
抗弁②　免責規定（責任制限規定）	○

　以上の攻撃防御方法を踏まえると、システム障害、データの消失、情報の漏洩のいずれのケースにおいても、判断の枠組みは以下の**図表5-2**のようになり、共通する。

---

2) 履行遅滞における「義務の履行がなかったこと」の主張立証責任については、義務者が「履行した」ことを抗弁として主張する考え方も有力であるが、ここでは、ユーザが債務不履行について主張立証責任を負うことを前提に整理した。

209

図表 5-2　システム運用中のトラブルにおける判断枠組み [3]

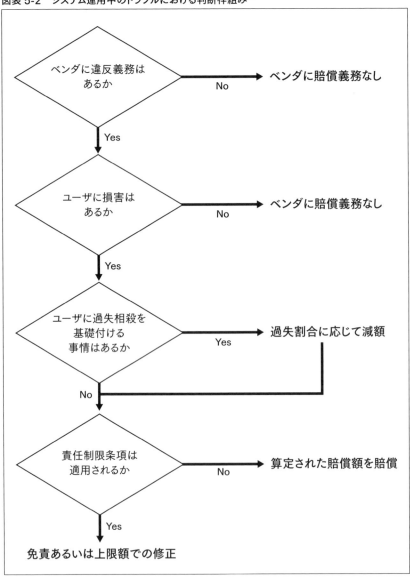

[3] なお、過失相殺と、責任制限条項（免責条項）の適用順序は、事実関係や条項の内容によって異なる。詳細は後述する。

II　システム障害

　システム障害とは、本番運用中のシステムが機器の故障・誤動作、ソフトウェアのバグ、人的操作ミス等の様々な理由により[4]正常に動作しないこと、あるいはユーザの所期する結果が得られないことをいう。ひとたび稼働中にシステム障害が発生すると、当該障害への対応（原因究明とシステムの修補）にとどまらず、業務への深刻な影響が生じ得るため、重大なトラブルに発展しがちである。

1　設例5-1

図表5-3　関係図

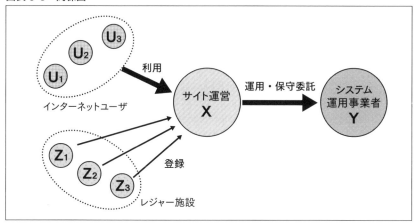

> **設例5-1**
> **サービスの概要**
> 　ITサービス業Xは、レジャー施設の予約ポータルサイト（本件ポータルサイト）を開設し、運営していた。これは、複数のレジャー施設（Zn）から、空き状況の情報を提供してもらい、インターネットを経由してユーザ（Un）から予約を受け付けて、予約を受けると、レジャー施設業者にその

---

[4]　日経コンピュータ誌のアンケート調査によれば、システム障害の要因として「ハードウェアの障害」「ネットワークの障害」「運用オペレーションのミス」「独自開発したソフトウェアのバグ」「人的リソースやスキルの不足」が上位を占めている（同誌835号120頁）。

第5章　システム運用中のトラブル

旨を通知するというサイトで、レジャー施設業者は、月々の基本利用料のほか、予約件数に応じた手数料を支払うという仕組みになっていた。

Xは、システム開発・運用業Yに対し、本件ポータルサイトの運用・保守業務を委託していた。

障害の発生

あるとき、Xは、本件ポータルサイトの一部仕様を変更するよう、Yに委託し、リニューアルオープンさせた。ところが、リニューアルオープンがなされた日から、いくつかのレジャー施設業者から、「予約の数が激減した」という問い合わせ・苦情が相次いだ。

Xは、予約の数が減少したのは、施設検索の表示優先順位を決めるアルゴリズムを変更したためであると判断し、「もう少し様子を見るべきだ」と回答していた。しかし、ある施設業者Znから「自己の施設の予約をしてみようとしたところ、実際には空きがあるにもかかわらず「満室のため予約できない」と表示されて予約を入れることができない。明らかなバグだ」という苦情が入ったために、XからYに詳細な調査をするよう求めた。

その後、YからXに対し、障害の報告がなされた。それによると、リニューアルオープン時に、データの一部を更新する必要があったところ、Yの担当者が予約残数を管理するデータを誤って変更してしまい、いくつかの施設について予約が極めて入りにくい状態になってしまったということだった。また、直ちに正しいデータへの更新が行われたことも併せて報告された。

なお、本来、委託先であるYの担当者は、本件ポータルサイトの本番データを直接修正することはできず、Xが自ら行わなければならなかった。しかし、Xは、自ら行うのが煩雑であることから、Yの担当者に本番運用中の本件ポータルサイトのデータ更新権限を与えたままになっていた。

リニューアルからはすでに1週間が経過しており、本来予約が入るべき施設に予約が入らないまま過ぎてしまうという事態は、少なくとも数千件規模で発生していただろうと推定された。

責任制限条項

なお、YとXとの間で締結されていたシステム運用・保守契約における損害賠償に関する条項には、「故意又は重過失による場合を除き、YのXに対する賠償額の上限は、1か月分の本件業務の報酬額を上限とする」という旨の責任制限条項があった。

この**設例5-1**のような場合において、誤ってデータを変更して障害を引き

起こしたYは、Xに対してどのような法的責任を負うだろうか。今回の障害によって、レジャー施設業者が本件ポータルサイトの利用をやめてしまった場合、Xに生じた損失までも補てんしなければならないだろうか。また、Xは、責任制限条項の存在により、Yに対する損害賠償請求が制限されるだろうか。

なお、ここでは、本件ポータルサイトの利用者であるUやZと、予約サービス提供者であるXとの間の関係については割愛する。

2　運用・保守事業者が負うべき義務内容とその違反

システム運用・保守を担当していた事業者が、作業ミス等、自らの帰責事由により、システム障害を発生させた場合には、システム運用・保守契約に基づく債務不履行責任を負う。なお、この場合、同時にシステム運用事業者は、不法行為責任（使用者等の責任、民法715条）も負う可能性がある。

（1）システム運用・保守契約とSLA

ア　システム運用・保守契約

「運用」はシステムを稼働させ、業務を円滑に遂行させるための作業を行うことをいい、「保守」はシステムが業務に適合するように維持管理（不具合の修補や機能改善等も含む）することをいう（巻末の**用語集**参照）。これらの業務は、具体的な仕事の完成を目的とするものではなく、定常的な業務を行ったり、逐次的に発生する作業に対応したりするものであるから、準委任契約に基づいて行われることが多い。

契約書の記載では「月額メンテナンス料299万2500円」と定め、ユーザの指揮命令下でシステム運用事業者のエンジニアが常駐する形態で、稼働時間に応じた報酬を定めていたことから、契約締結当時は、準委任契約を念頭に置いていたと見られるものの、実態としては、必ずしも軽微とはいえないソフトウェアの機能追加等が行われ、報酬支払いの前提としてユーザによる検収が行われていたことなどから、「当事者間の黙示の合意により契約内容が（請負に近いものに）変更されたとみるほかない」と判断された事例があ

第5章　システム運用中のトラブル

る[5]）。

　運用も保守も、その用語が多義的で、ベンダの担当する業務や責任の範囲が曖昧になりやすい。したがって、契約締結の際には、その性質を明らかにするとともに、**イ**で述べるようなサービスレベルアグリーメントにおいて、システム運用事業者が負うべき業務の範囲、水準について合意しておくことが、システム運用事業者・ユーザの双方にとって紛争の予防、早期解決につながると考えられる。

イ　SLA

　サービスレベルアグリーメント（SLA）とは、サービスの提供者と利用者との間でのサービスの品質に関する合意規定であり[6]、前述のシステム運用・保守契約とともにシステム運用事業者・ユーザ間の契約の一部を構成する。SLAでは、セキュリティ、保守、サポートデスクといったサービス対象ごとに、可用性、機密性、信頼性、性能などのサービスレベル条件が定められることが多い。SLAの内容はベンダが定めることが一般的であるが、主にシステム運用事業者の義務内容を定めたものであり、システム運用事業者はその内容、水準に拘束される。なお、SLAは**図表5-4**のように項目、内容、サービスレベル（水準）という形式で定められることが多いが、その水準に達しなかった場合の効果（単なる努力目標にすぎないのか、あるいはサービス料金の返金なのか）も様々であるため、システム運用・保守を委託する際には確認が必要である。

---

5)　東京地裁平成24年4月25日判決。
6)　電子情報技術産業協会ソリューションサービス事業委員会編著『民間向けITシステムのSLAガイドライン［第4版］』（日経BP、2012）10頁。同書ではITサービス全般について、SLAの標準例、項目を解説しているが、第4版からはクラウド・サービスも対象に含めている。また、経産省モデル契約〈追補版〉重要事項説明書37頁以下には、SLAのサンプルも掲載されている。ほかに、経済産業省「SaaS向けSLAガイドライン」（平成20年1月）（http://www.meti.go.jp/committee/materials/downloadfiles/g80207c05j.pdf）がある。

II　システム障害

図表 5-4 SLA の例 [7]

サービス範囲		項　目	内　容	サービスレベル
セキュリティサービス	ウィルス対策	機密性	（検知時間）ウィルスを検知してから通知するまでの時間	15分以内
	ファイアウォール	機密性	（検知時間）不正アクセスを検知してから通知するまでの時間	15分以内
保守サービス	HW障害対応	可用性	（故障率）一定期間内に HW が故障している時間の比率	0.5％以下
		確実性	（復旧時間）障害発生から障害復旧までの時間	3時間以内
ネットワークサービス	回線通信	可用性	（回線稼働率）故障により停止した時間の割合	0.1％以下
	帯域保証機能	性能	（帯域保証）	あり
	障害管理	確実性	（障害復旧時間）異常を検出し、復旧するまでの時間	3時間以内

　例えば、米国アマゾンが提供する PaaS の AWS（Amazon Web Service）では、月間の使用可能時間割合が99.00％以上99.99％未満であった場合には、利用者が支払った料金の10％が、99.00％未満だった場合には30％が払い戻される旨が定められている[8]。特に、クラウド型サービスの場合、利用者は、提供されているサービスの環境（ハードウェア、ソフトウェアの構成、仕様等）についてシステム運用事業者との間で合意の上で利用しているわけではないため、サービス環境への関心が低くなりがちであるが、ベンダの責任範囲を定める SLA の確認は不可欠である。

　一般的には、SLA には、サービス提供者であるシステム運用事業者の義務内容が書かれることになるが、ユーザとしてやっておくべきこと（システム運用事業者の責任が及ばないこと）が書かれることもある。

---

7)　電子情報技術産業協会ソリューションサービス事業委員会・前掲注6）184 頁以下に示されたサンプルより、著者が抜粋・編集した。
8)　Amazon EC2 サービスレベルアグリーメント（http://aws.amazon.com/jp/ec2/sla/）（平成 30 年 3 月 25 日確認）。

215

第5章　システム運用中のトラブル

（2）運用・保守事業者が負うべき義務と違反の有無

　第2章で述べたように、システム運用・保守契約は準委任契約の一種であると考えられることから、システム運用事業者は、システム運用・保守契約に基づいて善管注意義務を負う。その具体的内容は、前述の契約、SLAでの合意に従うことになるため、ケースバイケースにならざるを得ない。以下では、契約、規程等の解釈や、業務の実態を通じて具体的な義務内容が導出される過程を見るとともに、当該事案において、各システム運用事業者はどのような義務を負っていたか、また、義務違反が認められたか（認められなかったか）について検討する。

ア　証券取引所システムの事例

　本件は、証券会社の従業員が、1株61万円の売り注文を出そうとしたところ、誤って1円61万株の売り注文を出してしまい（警告メッセージが出されていたが、これを無視した）、直後に取消注文を出したものの、証券取引所の提供するシステムの不具合により、これが受け付けられず、証券会社に400億円を超える損害が生じたとして、証券会社が、証券取引所に対し、損害賠償を求めたという事案である（東京高裁平成25年7月24日判決。以下、便宜上、本書の表記に揃えて、判決文の引用箇所を含めて原告である証券会社を「ユーザ」、被告となった証券取引所を「システム運用事業者」という）。

　この事案では、訴訟当事者間の契約は、あくまで取引参加者契約であって、システム運用・保守契約ではないが、同取引参加者契約に基づいて、売買システムを提供する債務を負うことを前提に、サービスの提供者であるシステム運用事業者がどのような義務を負うのかが問題となった。裁判所は、次のように述べている。

216

> 　取引参加者契約に基づき提供すべき本件売買システムは、機械反応の処理により注文を取り消すことができるものでなければならないから（中略）、システム運用事業者は、取消処理ができるコンピュータ・システムを提供する債務（狭義のシステム提供義務）を負うと解される。これは基本的債務である。そして、信義則上、基本的債務のほかにシステム運用事業者においてコンピュータ・システム以外にフェールセーフ措置を講じるなど適切に取消処理ができる市場システムを提供する債務（義務）を負うと解することが相当である。これは、付随的債務（義務）である。

　そして、システム運用事業者が提供していた本件売買システムにはバグがあり、取消処理が実現できないという不具合があったことから、「適切に取消処理ができる市場システムを提供する債務」の履行が不完全であるとされている（ただし、バグの存在に関しては、後述するように免責規定により免責されている）。

　また、取引参加者契約の規定ではないが、システム運用事業者の業務規程において、「売買システムの稼働に支障が生じた場合には売買停止することができる」という定めがあったことに基づいて、裁判所は、その規定ぶりから権限行使について一定の裁量があるとしつつ、公益及び投資者保護の観点から、一定の場合には不法行為上の義務として売買停止義務を負うとした。一定の場合として、誤注文に基づく約定株式数が発行済株式数の3倍を超えた時点においては、必要な決裁を得るべきであり、売買停止義務が生じるとした。

　本件では、誤注文に基づく約定株式数が発行済株式数の3倍を超えた後、売買停止オペレーションの所要時間1分を経過した時点から売買停止義務違反があったと認定した。

イ　航空予約チェックインシステムの事例

　本件は、羽田空港の予約チェックインシステムに障害が生じたことにより、飛行機の出発が大幅に遅れたため、利用者（旅客）が航空会社（ここでも便宜上「システム運用事業者」と呼ぶ）に対して、旅客運送契約の債務不履行に基

第5章 システム運用中のトラブル

づく損害賠償等を求めた事案である（東京高裁平成22年3月25日判決）。本件は、
システム障害が原因となったトラブルではあるが、締結されていた契約は旅
客運送契約であり、その内容が問題となった。裁判所は次のように述べてい
る。

> 　本件旅客運送契約の合理的解釈として、運航時刻に関する合意の内容は、
> 物理的に不可能な場合を別にすれば、運航時刻の遵守よりも優先すべき安全
> にかかわる事情（以下「優先事情」という。）の生じない限りにおける予定時
> 刻を定めるものであって、システム運用事業者は、優先事情が生じない場合
> には、これを守る義務があり、優先事情が生じた場合には、できる限り遅れ
> を小さくするように対処する義務を負うと解するのが相当である。
> 　（中略）
> 　もっとも、優先事情が生じてしまった以上は、運航時刻を守るよりは安全
> を優先すべきであるから、システム運用事業者は、それ以降はできる限り遅
> れを小さくするように対処する義務を負うというべきであるが、優先事情自
> 体がシステム運用事業者の責めに帰すべき事由により発生したような場合に
> は、システム運用事業者は運航時刻の遅れにつき債務不履行責任を負うこと
> になると解するのが相当である。

　すなわち、旅客運送契約の性質上、優先事情が生じない限りは運航時刻を
遵守する義務があり、優先事情が生じた場合であっても、それがシステム運
用事業者の帰責事由によって生じた場合には、債務不履行に当たるとしてい
る。換言すれば、システム運用事業者としては、自己の帰責事由による優先
事情を発生させない義務を負っていたといえる。
　本件では、システム障害という優先事情については、「本件システム及び
バックアップシステムの双方が使用不能になる」という特殊な事情が重なっ
たとして、「予見可能性があったとは認められない」とし、かかるシステム
障害は、システム運用事業者の帰責事由によって生じたものではないとして
義務違反を否定した。

ウ　FX取引システムの事例1

　本件は、オンラインによるFX取引（外国為替証拠金取引）をしていたユー

ザが、FXサービスを提供する証券会社（ここでも便宜上「システム運用事業者」と呼ぶ）に対し、ロスカット処理[9]が遅延したとして、設定値と約定値の差額の賠償を求めた事案である（東京地裁平成25年10月16日判決）。本件も、訴訟当事者間で締結されていた契約はシステム運用・保守契約ではないが、システム運用事業者が提供するシステムの整備義務の内容が問題となったため、ここで取り上げる。

　ロスカット取引の性質上、相場の状況によってある程度のタイムラグが生じることは避けられず、ユーザが設定した値と約定値の間に差違が生じることがあることを前提としつつも、「（タイムラグは）合理的な範囲に制限するのが当事者の合理的意思にかなう」とした。すなわち、ロスカット処理を行うには、そのタイムラグを合理的範囲内に収める義務があるとしている。その合理的範囲とは、専門委員（**第7章Ⅳ**）の「10秒程度以内が許容範囲」という意見を斟酌して設定値に達してから10秒であるとした。

　本件では、実際にロスカット処理が行われたのが合理的範囲とされた10秒を超える18秒経過時点であったことに加え、10秒以内に成立させることが困難あるいは不可能であったことを基礎付ける特段の事情はないとして義務違反を認めた。

エ　FX取引システムの事例2

　本件もロスカット手続の遅延が問題となった例であるが、FX事業者のコンピュータ・システムにトラブルが生じたことから47分間停止したために遅延したことが問題となった（東京地裁平成20年7月16日判決）。

　裁判所は、ロスカットが安全弁としての機能を有するとし、システム運用事業者は「（外国為替証拠金）取引において起こり得る様々な事態に十分対応できるよう、ロスカット手続のためのシステムを用意しておかなければならない」として、様々な事態に対応できるようなシステムを構築しておく義務があるとした。

---

9)　評価損が一定額になると、強制的に決済して損失を一定範囲に抑える仕組みをロスカットという。

第5章　システム運用中のトラブル

本件では、顧客の注文に必要とされる通信量、取引口座の数等に見合うコンピュータ・システムを用意していなかったとして、債務不履行責任を認めた。

オ　銀行のシステム障害の事例

本件は、ユーザが、銀行のネットバンキングサービスを利用して送金手続をしようとしたところ、東日本大震災の義援金振込処理の集中によって、銀行で大規模なシステム障害が発生し、適時に送金処理ができなかったため、ユーザは予定していた金融取引が実行できなかったとして、銀行に対し、損害賠償を求めたという事案である（東京地裁平成26年10月1日判決）。

裁判所はユーザが賠償を求めた損害が、金融取引ができなかったことによる損害であって「特別損害」（民法416条2項）にあたるところ、銀行には予見可能性がなかったとして、責任の有無以前に、請求を棄却した。

もっとも、この判断の前提において、オンラインサービス契約が、サービス利用時間内において利用制限ができると定めているとしても、「合理的な理由がないのに上記サービスを提供しない場合や、銀行の故意又は重過失による事由等を原因としてシステム調整が必要となって上記サービスの提供を停止した場合には、銀行は顧客に対する債務不履行責任を免れない」と述べている点が注目される。

カ　設例5-1の検討

システムの運用・保守業務を提供するシステム運用事業者の義務内容、水準は上記のとおり様々であるが、システムの運用・保守業務の過程で、本番運用中のプログラムやデータに変更を加える必要があるときには、誤った操作を行うことによって生じる重大な影響に鑑みて、慎重に作業し、誤りが生じないようにする義務、作業直後に結果を検証するなどして誤りがないかどうか確認すべき義務とともに、万が一障害が発見された場合には速やかに障害から回復させる義務があるといえるだろう。

この**設例5-1**では、①本件ポータルサイトのリニューアルオープンに必要な範囲を超えて、予約残数のデータを間違って更新してしまったこと、②本

番稼働中のデータアクセスには制限がかけられるべきところ、直接データ更新ができるような運用がなされていたこと等（ただし、この点についてはユーザXの対応に問題があったといえる）に照らせば、Yの義務違反が認められると考えられる。

(3) 実務上の留意点

　システムには一定の頻度で障害、不具合が発生することは避けられない。また、発生した障害について、常に原因が判明するとは限らない。原因が明らかになった場合でも、システム運用事業者の帰責事由によるものであるかどうかは、運用・保守契約や、SLAの内容に照らして判断されるため、責任の所在が明らかになるようにするために、できるだけ具体的な義務内容について合意しておくべきである。この点は、義務違反の有無のみならず、後述する過失相殺の判断や、責任制限条項の適用（重過失か否か）においても重要な意味を持つ。

3　損害

　システムに障害を発生させたシステム運用事業者は、これによって生じた損害を賠償する責任を負う。システム障害によって生じた損害の内容は事案によって異なることから、これを一般化することは困難であるが、次のようなものを挙げることができる。

① 障害の対応のための作業等に要する費用
② システムが利用停止・機能不全になり、事業、業務ができなくなったこと等による直接的な損害
③ その他の信用を失ったことによる損害や間接的な損害

　前記2（2）で挙げた各種の事例において、損害として認められたのは②が中心である。例えば、**(2) ア**（証券取引所システムの事例）では、取消処理ができず、やむを得ずユーザが買戻し処理を行っており、売買停止義務が生じた時刻以降の約定株数に対応する売買代金の差額（約150億円）を損害と

第5章　システム運用中のトラブル

して認めた[10]。また、**(2) ウ**（FX取引システムの事例1）では、合理的期間とされた10秒の時点の額と、ロスカット処理が行われた18秒の時点の額の差額を損害として認めた。**(2) エ**（FX取引システムの事例2）でも、システム運用事業者の債務不履行がなければ適切なタイミングでの取引が成立した蓋然性が高かったとし、その差額を損害として認めた。他方、③に該当するようなシステム障害によって失われた利益の填補等が損害として認められるケースは少ない（**(2) オ**（銀行のシステム障害の事例）参照）。

　以下、**設例5-1**において上記3つの分類に沿って検討する。システム運用事業者Yが負うべき損害賠償責任の対象としては、まず、①のXがレジャー施設業者Zらからの問い合わせ対応作業等にかかる費用が考えられる。しかし、Y以外の第三者に委託した場合は別として、多くはXの従業員の人件費であると考えられるから、当該障害の発生如何にかかわらず生じる費用であるとすると、Yの債務不履行と因果関係ある損害だといえない可能性がある。ただし、障害の対応のための従業員の出張旅費、時間外割増賃金等については認められる余地もあるだろう[11]。

　次に、②として、Xが予約を受けられなかったためにZに生じた機会損失の補償や、Xが得べかりし予約に伴う手数料に関する損害が考えられる。Zが本来受けられるべき予約について、本件ポータルサイトの不具合によって受けられず、収益機会を逸していたとすれば、Xは、本件ポータルサイトの運営者として、Zに対してその損害を補償しなければならない。したがって、当該補償額については、Yの債務不履行による直接的損害だといえるだろう。また、滞りなく取引が行われていたとすれば、Xは、取引に応じた手数料を得られたことから、当該手数料相当額もXの得べかりし利益となり、Yは当該手数料相当額についても責任を負う可能性がある。

　③としては、本件ポータルサイトが障害を起こしたことによって信用を喪失し、将来の取引機会が失われることなどが考えられる。しかし、仮に本件障害が回復した後もなお、本件ポータルサイトの取引額が減少したというよ

---

10)　後述するように、過失相殺が行われている。
11)　東京高裁平成26年1月15日判決では、プロジェクト専従者の時間外割増賃金や出張旅費等が損害として認められている。

222

うな事情があったとしても、それが本件障害との因果関係があることが立証できない限りは、Yの債務不履行による損害であるとは認めにくいであろう。

4　過失相殺

　債務の不履行に関して債権者に過失があったときは、裁判所はこれを考慮して、損害賠償の責任及びその額を定めることができる（民法418条）。不法行為においても同様の規定があるが（同法722条2項）、条文上は債権者に過失がある場合には必ずこれを考慮しなければならないとされている。もっとも、不法行為と債務不履行とで、過失相殺の要件及び効果に実質的な差はないと一般的に解されている[12]。

　システム障害における債権者（すなわちユーザ）の過失として考えられるものとして、ユーザの操作ミスがある。例えば、**2（2）ア**（証券取引所システムの事例）では、証券会社（ユーザ）の従業員が、警告メッセージが出されていたにもかかわらず、これを無視して1円61万株という売り注文を出したという落ち度を根拠に、損害の3割を減じている[13]。

　この**設例5-1**において、ユーザXの過失として評価すべき事実としては、本番稼働中のシステムへのデータ修正作業は、ユーザXが行うべきところ、Yに委ねて、十分な確認をとらなかったという点が挙げられるが、重大だとまではいえず、過失相殺を認めるとしても大幅な減額は認められないだろう。

5　責任制限条項の適用

　設例5-1においては、ユーザXとの契約において、システム運用事業者であるYが責任を負う場合であっても、「賠償額の上限は、1か月分の本件業務の報酬額とする」旨の規定が存在していた。**設例5-1**に限らず、システムの運用・保守業務においては、ひとたび事故や障害が発生すると、ユーザの業務に重大な影響が生じ得るが、システム運用事業者は、必ずしもユーザの

---

12)　川井健『民法概論3 債権総論［第2版補訂版］』（有斐閣、2009）107頁など。
13)　本件裁判例に関する評釈（滝沢昌彦「判批」NBL 1025号29頁）では、故意に誤発注をしてバグを見つけて損害賠償請求するような事態を想定すると、本件において過失相殺をしたことは妥当であったと述べている。

第5章　システム運用中のトラブル

業務に与える影響を予想し得ないことから、システム運用・保守契約においては、責任制限条項が設けられていることが多い。

他方で、このような責任制限条項が適用されることにより、ユーザは、自己に生じた損害の填補を受けられないことになるため、その有効性、解釈が問題になることが少なくない。

なお、サービス事業者が一律に定める利用規約、利用約款等に定められた責任制限条項の解釈、適用については、データ消失事故に関するⅢの5にて詳述する。

（1）責任制限条項の記載例

例えば、経産省モデル契約〈追補版〉の基本契約書第10条では次のような規定がある[14]。

> **（損害賠償）**
> 第10条
> 1）　（省略）
> 2）　前項の損害賠償の累計総額は、債務不履行、法律上の瑕疵担保責任、不当利得、不法行為その他請求原因の如何にかかわらず、帰責事由の原因となった業務に係る別紙重要事項説明書に定める損害賠償限度額を限度とする。
> 3）　前項は、損害が損害賠償義務者の故意又は重大な過失に基づくものである場合には適用しないものとする。

これを受けて「別紙　重要事項説明書」には、保守業務契約の重要事項「ハードウェア保守」と「アプリケーション保守」及び運用支援業務の重要事項それぞれについて「損害賠償限度額：（項番ごとに記載）」という欄が設けられている（**図表5-5**）。ここでいう「項番ごとに記載」の意義は、例えば運用支援業務の場合、記入例として「1 サーバ稼働監視サービス」「2 ウィルス監視サービス」「3 ウィルス駆除サービス」の3項目が挙げられており、その各項目について損害賠償限度額を設けるという体裁になっている（経産省モ

14）　経産省モデル契約〈追補版〉の解説書として日経ソリューションビジネス編『ITシステム契約締結の手順とポイント』（日経BP、2008）がある。

デル契約〈追補版〉重要事項説明書39頁）。損害賠償限度額の定め方には、「1か月分の委託料相当額を上限とする」などの例も多い。

図表 5-5　経産省モデル契約〈追補版〉重要事項説明書の例（一部筆者編集）

K　運用支援業務契約の重要事項（2）明細					
項番	運用支援サービス名称 業務内容	サービス料金 （円/年）	サービス期間		SLA 合意
			開　始	終　了	
1	サーバ稼働監視サービス	○○○,○○○円	yyyy/mm/dd	yyyy/mm/dd	有
2	ウィルス監視サービス	○○○,○○○円	yyyy/mm/dd	yyyy/mm/dd	有
3	ウィルス駆除サービス	○○○,○○○円	yyyy/mm/dd	yyyy/mm/dd	有
受託金額合計			損害賠償限度額：（項番ごとに記載）		

　上記の例では、損害賠償限度額をかなり細かい単位で設定していることから、特定の機器、サービスに起因する障害により、システム全体、業務全体に大きな損害をもたらした場合には、ユーザは十分な補償を受けられない可能性がある。

（2）責任制限条項の限定解釈・有効性

ア　原則

　ユーザの立場からは、一方当事者の義務違反によって生じた損害を免責あるいは限定する条項については、制限的に解釈あるいは無効にすべきだという主張がなされることがある。しかし、これらの議論は、サービス提供事業者が一方的に用意した契約条項（約款）の解釈、適用の際には問題になり得るとしても、システム運用・保守契約のように、対等な当事者間（ほとんどの場合は事業者同士である）の交渉を経て締結されるケースにおいては、締結済みの契約書文言に従って解釈、適用されるのが原則であり、当然に事後的にこれらの責任制限条項の適用場面が限定されたり、責任制限条項自体が無効であると判断されたりするものではない[15]。東京地裁平成16年4月26日

---

15)　もちろん、故意による債務不履行の責任の全部又は一部を限定する条項等、公序良俗に反する場合など、無効になるケースがないわけではない。また、相対する当事者の契約といいつつも、力関係に大きな差がある当事者間において、実質的に契約交渉の機会がないような場合には、契約解釈、有効性に影響を与えることを否定するものではない。なお、ユーザ・ベンダ間で締結された責任制限条項について、故意又は重過失の場合には適用されないと限定解釈した例がある（東京地裁平成26年1月23日判決）。

第5章　システム運用中のトラブル

判決では、システム開発委託契約における責任制限条項について、「一般論としては、コンピューターのプログラムに不具合が存在した場合、その損害がときには莫大な額になる危険の存することからすれば、その危険のすべてを請負人側に負わせることを防ぐ趣旨において、合理性のあるものと思われ、よって、本件において、そのすべてが、信義誠実の原則（民法1条2項）及び公平の原則に照らし、また、民法90条に違反し、無効であると言いうる事情は認められ」ないとした[16]。

なお、いわゆる約款中の責任制限条項の解釈及び有効性については、Ⅲ（データ消失事故）において詳述する。

イ　重過失とは

責任制限条項が規定されている場合でも、多くの場合で**(1)**の経産省モデル契約〈追補版〉の基本契約書第10条第3項のように、故意又は重過失に基づくものである場合には、免責の対象外としている。したがって、ベンダの帰責事由によりシステムに障害が生じ、ユーザが損害を被った場合では、ベンダに重過失があったかどうかが結論を左右することになるため、重過失の意義が問題となる。

重過失とは、注意義務違反の程度が甚だしい過失をいい、過失の中でも軽過失を除いた概念である。「重大な過失」という表現は、各種法令（民法95条（錯誤）、商法17条（譲渡人の商号を使用した譲受人の責任等）、会社法429条（役員等の第三者に対する損害賠償責任）、特許法102条（損害の額の推定等）、消費者契約法8条（事業者の損害賠償の責任を免除する条項の無効）など）において多く用いられているが、具体的にどの程度の注意義務違反があれば重過失と評価し得るのかは、その文言からは明らかではない。

最高裁（三小）昭和32年7月9日判決は、失火責任法ただし書における「重大ナル過失」の意義について次のように述べている。この説示部分は、同法

---

16) 上記裁判例では、委託金額は500万円であったものの、結果的に8500万円程度の作業に膨れ上がったという事情を考慮し、低廉すぎる金額で契約が締結されたという場合には、これを賠償額の上限とすることは信義公平の原則に反するとして、「作成しようとしていたシステムの出来高を上限」という限度で有効と解すべきと判断しており、低すぎる賠償上限については限定解釈されるケースもあり得るだろう。

226

中の文言に限らず契約、約款における「重過失」の文言解釈においてたびたび引用されている。

> 重大な過失とは、通常人に要求される程度の相当な注意をしないでも、わずかの注意さえすれば、たやすく違法有害な結果を予見することができた場合であるのに、漫然これを見すごしたような、ほとんど故意に近い著しい注意欠如の状態を指すものと解する。

　このように重過失を「ほとんど故意に近い」と表現していることから、重過失と認定される場面はかなり限定されると考えられる。ところが、**2 (2) ア**（証券取引所の事例）では、上記の前掲・最高裁（三小）昭和32年7月9日判決を引用しながら、「重大な過失」の意義について次のように敷衍している。

> 重過失（重大な過失）について、判例（最高裁昭和32年7月9日判決・民集11巻7号1203頁）では「ほとんど故意に近い著しい注意欠如の状態」と表現し、「ほとんど故意に近い」とは「通常人に要求される程度の相当な注意をしないでも、わずかな注意さえすれば、たやすく違法有害な結果を予見することができた」のに「漫然とこれを見過ごした」場合としている。これは、結果の予見が可能であり、かつ、容易であるのに予見しないである行為をし、又はしなかったことが重過失であると理解するものである。これに対して、重過失に当たる「著しい注意欠如の状態」とは著しい注意義務違反、すなわち注意義務違反の程度が顕著である場合と解することも可能である。これは、行為者の負う注意義務の程度と実際に払われた注意との差を問題にするものである。前者のような理解は重過失を故意に近いものと、後者のような理解は重過失を故意と軽過失の中間にあるものと位置付けているようにも解される。

　前掲・最高裁（三小）昭和32年7月9日判決では、「ほとんど故意に近い」と「著しい注意欠如の状態」とを特に分けて論じているわけではないので、上記のように2つの基準、類型に分けて論じることについて十分な説明がなされているとはいい難いが[17]、専門家、事業者にとっての過失とは、客観的注意義務違反であるという近時の通説的理解に基づいて、重過失とは、結果

---

17)　この点について同じように取り上げたものとして吉田正夫「みずほ証券対東証事件 東京高裁判決のポイント」ビジネスロー・ジャーナル 68 号 43 頁がある。

第5章　システム運用中のトラブル

予見可能性・容易性があり、かつ、結果回避可能性・容易性がある場合をいうと解しているものと思われる[18]。

　当該事例においては証券取引所が提供する株式売買システムにバグが存在していたことには争いはなく、そのバグを作り込んでしまったこと、あるいは、検出、修正できなかったことが重過失に当たるかということが問題となった（ユーザに適用される取引参加者規程には「当取引所に故意又は重過失が認められる場合を除き、これを賠償する責めに任じない」という免責条項があった）。本件では、双方当事者から相反する内容の専門家意見書が多数提出されたが、裁判所は次のように述べて重過失を認定しなかった。

　以上によれば、本件バグの作込みを回避することが容易であったとは認めることができず、また、本件バグの発見・修正が容易であったとも認めることができない。この争点は、科学的・技術的争点であるが、当事者双方が提出する専門家意見書が相反するものであり、甲乙つけがたいものであるところ、この点の判断に当たっては前述したとおり、いわゆる<u>後知恵の弊に陥ることがないようにするが肝要</u>である。このような観点からみるに、ユーザの主張に沿う専門家意見書は、本件売り注文を取り消す注文が処理されなかったことの機序及び原因が判明した後に、それを前提として作成されたものであるから、そのことを加味した証拠評価をすることになる。そして、システム運用事業者の主張に沿う専門家意見書も少なからずみられることは、上記に説示したところである。そのような双方の専門家意見書の証拠評価を試みた結果、本件においては、一定の蓋然性ある事実として、本件バグの発見等が容易であることを認定することが困難であったということに尽きる。争点の性質上、司法判断としてはやむを得ないところである。また、本件不具合が複数の条件が重なることにより発生する性質のものであったことも、システム運用事業者において、結果の予見が可能であり、かつ、容易であったとの認定を阻むものである。

　上記の判断で注目すべきは、「後知恵の弊に陥ることがないようにするが肝要」であるとしていることである。すなわち、重過失が認められるためには、少なくとも結果回避の容易性が認められなければならないところ、往々

18）　重過失の意義については、後述する前掲・東京地裁平成26年1月23日判決においても、重過失とは「その結果についての予見が可能かつ容易であり、その結果の回避も可能かつ容易であるといった故意に準ずる場合」と、本件とほぼ同様の解釈をしている。なお、森田修「判批」NBL1025号22頁では、本判決において採用した重過失の概念は「行為者の負う注意義務の程度に比して、実際になされた注意が単に下回るだけでなく、その落差が著しく大きい場合を指す」ものであると評している。

228

にしてバグは軽微なミス、間違いによって生じるものであるから、不具合の原因が判明した後であれば、それが容易に回避可能であったという判断に至りやすいという危険があるために、専門家意見書については、その記載とおりに評価するのではなく、慎重に評価していることである。以上の判断経過に照らすと、プログラムエラーなどのバグの発生場面では、システム運用事業者に重過失が認められる場面はそれほど多くはないと思われる。

（3）設例5-1の検討

以上を踏まえると、ＸとＹの間のシステム運用・保守契約における責任制限条項は無効だとはいえない。そこで、Ｙのエンジニアによる①パッチプログラムのロジックにそもそも誤りがあったこと、②パッチプログラムを十分にテストしないまま本番稼働中のシステムにおいて実行してしまったことが重過失によるものか、という点が問題となる。前述したように、重過失は、結果の予見が容易であり、かつ、回避が容易であったような状態に限られることから、パッチプログラムにおけるロジック誤りの程度、実施したテストの程度が、よほど大きな問題を含んだ場合でない限りは、重過失によるものであるとはいえず、責任制限条項が適用される状況だといえる。

Ⅲ　データ消失事故

情報システム、クラウド・サービスにおいて、しばしば起きるのがユーザの保存した情報が失われるという事故である[19]。平成21年2月には、国内大手システムベンダが提供していたブログサービスで不具合が発生し、同サービスで利用者が書いたブログのすべてのデータが失われるという障害が発生した。結局、同サービスは、障害が発生した2か月後に、復旧しないままサービスを終了している[20]。また、平成24年6月には、F社が提供するレンタルサー

---

19) データの消失・紛失と損害賠償責任に関する判例を俯瞰するものとして、経済産業省「電子商取引及び情報材取引等に関する準則」Ⅲ-13「データ消失時の顧客に対する法的責任」321頁以下（平成29年6月）、岡村久道『情報セキュリティの法律［改訂版］』（商事法務、2011）247頁以下がある。

20) 藤代裕之「撤退時に見える、ソーシャルメディア運営企業の「心」」日本経済新聞電子版平成22年5月25日（http://www.nikkei.com/article/DGXBZO08010820U0A520C1000000/）。

第5章　システム運用中のトラブル

バサービス[21]のメンテナンスプログラムにバグがあったこと、マニュアルに沿った運用がなされていなかったこと等により、サーバ内に蔵置されていたデータが消失するという障害が発生した（以下「F社事例」という）。影響した利用者は個人、事業者を含めて5700に及ぶとされており、その中には、当該サービスを利用してインターネット販売サイトを運営していた利用者や、社内の重要な顧客情報等を保存していた利用者もいたため、かなり深刻な被害が生じたと報じられている[22]。

　本節では、システム障害の1類型として、特に問題となりやすいデータ消失事故を取り上げる。

1　設例5-2

設例5-2
レンタルサーバサービスの利用

　デザイン会社Xは、ウェブ、紙媒体カタログ等の制作を行っている。自社内にファイルサーバを設置し、必要なデータを保存していたが、容量が増えるたびにサーバの買い替えや増強をしなければならなかったり、外出先からのアクセス設定ができていなかったことから、レンタルサーバ事業者Yの提供する「専用サーバサービス」を利用することとなった。

　「専用サーバサービス」とは、Yが保有するサーバ1台を他のユーザと共有することなく、特定ユーザ専用に提供するサービスである。インターネットアクセス、ウィルス除去などのセキュリティサービスもついていた。利用料は月額約2万円だった。Xの社長は、Yのウェブサイトから申込み手続をとった。最初に、Yが提供する「利用約款」「個人情報の取扱について」等の規約関係がスクロール表示され、すべて「同意する」をチェックして、申込み手続が完了した。「利用約款」には、データのバックアップ責任はユーザにあること、Yはデータ消失に関する責任は一切負わないこと、Yが何らかの責任を負う場合であっても、故意又は重過失による場合を除いて賠償額は1か月分の利用料を上限とすることなどが書かれていた。

　Xは、自社のファイルサーバを撤去し、すべてのデータをYが提供するサー

---

21)　ネットワークを経由して、コンピュータの機能を利用させるサービスをいう。ホスティング・サービスともいう。これに対し、事業者がネットワーク、電源等の設備とともに、スペースを貸し出し、利用者が自己が保有する通信機器やコンピュータを持ち込んで利用するサービスをハウジング・サービスという。

22)　玄忠雄「ファーストサーバの障害でデータ消失　待機系も即時消去、5700契約に影響」日経コンピュータ812号11頁。

バ上に移行させた。Xが、Yの提供するサーバに保存していたデータは、X
のクライアントからの依頼に基づいて制作したウェブ、カタログ等のデー
タ（写真、イラスト、テキスト等）や、クライアントから預かった素材のほか、
自社の業務に用いる文書類など、およそすべての情報である。

　データのバックアップは、Xの従業員が個人的にPCに保存しているケー
スはあったが、特に会社としては実施していなかった。

障害の発生

　ある日、16時ころ、Xの従業員が作業中に、Yのサーバにアクセスでき
なくなったことに気付いた。Yのカスタマーセンターに連絡したところ「原
因を調査するため、追って連絡する」との回答があった。結局その日、X
は一切の作業ができなかった。

　翌日Yのサポート担当者からXに電話連絡があった。それによると、昨
日Yのデータセンターにおいて古くなったサーバを撤去するというメンテ
ナンス作業が行われたが、その際に、Yのメンテナンス担当者が、誤って
現にXが利用中のサーバを撤去してしまったということだった。Yの社内
ルールにより、サーバを撤去、廃棄するにあたっては、データの流出、漏
洩を避けるためにサーバ内のデータをすべて消去するという作業が行われ
ていた。

　Xは、Yからの謝罪と、1か月分の無料利用の提案を受けたものの、Xに
はそれだけでは到底埋められない損害が生じていた。制作中のデータはす
べて消失しており、データが復旧されない限り納期に間に合わないことは
確実であったし、一部には、制作のために取材、写真撮影、ロケも実施し
ていたが、それらのデータも消失し、取材のやり直しが必要になった。また、
Xの強みとして、ウェブサイトの制作において、過去の案件の蓄積による
充実したテンプレートがあることにより、短納期と低価格を実現していた
が、これらのテンプレートの多くが失われ、今後のXの事業継続すら危ぶ
まれることになった。

　この**設例5-2**のような場合において、誤ってXのデータを消去してしまっ
たYは、Xに対してどのような法的責任を負うだろうか。Xに生じた損害は
計り知れないとしても、Yの提供した利用約款に含まれる責任制限条項等に
より、XはYに対して賠償を求めることはできないだろうか。また、Xがバッ
クアップを適切にとっていなかったという事実は、どのように評価されるだ
ろうか。

第5章　システム運用中のトラブル

2　システム運用事業者が負うべき義務内容とその違反

　この設例5-2のように、ユーザの電子データ（以下、単に「データ」という）を保存するためのコンピュータ・リソースを提供するサービスにおいて、システム運用事業者はユーザが保存したデータに対してどのような義務を負うのかが問題となる。データに関して契約上、保存・保管するという義務を負っていないとすれば、仮に消失した場合であっても、ユーザはシステム運用事業者の責任を問うことができないのが原則である。

（1）データの消失を防止する義務の有無

　まず、システム運用事業者は、ユーザが保存したデータが消失しないようにする作為義務を負うのかどうか検討する。

ア　寄託契約上の保管義務類似の義務

　民法上の寄託契約においては、受寄者は保管義務を負い（民法659条）、有償寄託の場合や、商人がその営業の範囲内で行う場合には、善管注意義務を要求される（民法644条、商法593条）。飲食店や客の来集を目的とする場屋の主人の場合には、寄託を受けた物品の滅失、毀損について、不可抗力によることを証明しなければ損害賠償責任を免れないとしている等（商法594条）、重い責任が定められている。

　レンタルサーバサービスや、オンラインストレージサービス[23]のように、データの保存を主たる目的とするサービスの場合、これを寄託契約の一種と捉えれば、サービス事業者は、有償寄託契約の受寄者と同様に受寄物（データ）に対する善管注意義務を負うと考えられる。しかし、民法上の有償寄託契約は「物」を保管することを目的とする契約であって、有体物ではないデジタル情報について当然に適用されるものではない。また、運用・保守契約に基づいて、ユーザがサーバ等にデータを蔵置している場合には、契約の性質から当然にシステム運用事業者においてデータ保全義務が生じるものでも

---

23)　ネットワークを経由してハードディスク等の記憶装置を提供して貸し出すサービスをいう。

ない。

イ　各種サービス契約における定め方

前記より、データの保存を目的とするサービスの契約は、民法上の典型契約のいずれかに該当するとはいえないため、システム運用事業者にユーザが蔵置したデータを保全する義務があるかどうかはサービスの内容、性質、サービス契約の内容によって定められる。例えば、ある企業が提供するオンラインストレージサービスの利用規約では、以下のように明示的にデータの保管管理責任はユーザにあるとするものもあった（なお、本書出版時点では規約の内容は修正されている。下記は、2014年秋時点の規約を筆者が抜粋、編集したもの）。

〈ユーザ〉の一切のアイテム（注：ファイル及びフォルダ）を維持し保護する責任は〈システム運用事業者〉ではなく、〈ユーザ〉にあります。〈システム運用事業者〉は〈ユーザ〉のアイテムのいかなる損失又は破損、又はアイテムのバックアップや修復に要するいかなる費用の責任を負わないものとします。

また、同じくデータ等の保存を主目的とするレンタルサーバサービスにおいても、保管責任を利用者に負わせる内容になっていることが多い（下記はＦ社事例における利用規約の抜粋。筆者が適宜編集した）。

第〇条（データ等の保管及びバックアップ）
1項　契約者は、本サービスが本質的に情報の喪失、改変、破壊等の危険が内在するインターネット通信網を介したサービスであることを理解した上で、サーバ上において…保管記録等する…データ…のすべてを自らの責任において…保管管理…するものとします。
3項　契約者が契約者保有データをバックアップしなかったことによって被った損害について、当社は損害賠償責任を含む何らの責任を負わないものとします。

第〇条（その他の責任）
2項　契約者は、自らの費用と責任において、本サービスの不意の事故に備えた措置を講じておくべきものとします。

第5章　システム運用中のトラブル

　一般社団法人情報サービス産業協会がまとめた「ASPサービスモデル利用規約と利用申込書」（平成17年3月）[24]においても、次のように、バックアップサービスを提供している場合を除いて、データ保全に関する責任はユーザにあるとしている。

> **第31条（バックアップ）**
> 　契約者は、契約者等が本サービスにおいて提供、伝送するデータ等については、契約者は自らの責任で同一のデータ等をバックアップとして保存しておくものとし、利用契約に基づき当社がデータ等のバックアップに関するサービスを提供する場合を除き、当社はかかるデータ等の保管、保存、バックアップ等に関して、一切責任を負わないものとします。

　SaaSなどのアプリケーション利用、ストレージ提供など、様々なサービスにおいて、別段の合意がない限りは、上述のようにユーザが格納するデータを保全しておく責任を負うという定めが置かれているケースがほとんどである。

ウ　裁判例

　レンタルサーバサービスで生じた事故に関して、契約者以外の第三者から不法行為に基づく損害賠償を求めた事案において、プログラム、データの消失防止義務を負わないとした事例がある（東京地裁平成21年5月20日判決）。

> 　システム運用事業者は本件利用規約の免責規定を前提として契約者及び契約者の提供先である第三者に対して共用サーバホスティングサービスを提供しており、他方、第三者であるユーザAも上記免責規定を前提としてシステム運用事業者の上記サービスを利用していたのであるから、システム運用事業者は、ユーザAとの間で契約を締結していないものの、ユーザAとの関係においても免責規定を超える責任を負う理由はなく、したがって、本件プログラムや本件データの消失を防止する義務を負うとはいえない。

　同裁判例は、そのような義務を負わない根拠としてデジタル情報の特性を

---

24)　http://www.jisa.or.jp/Portals/0/resource/legal/download/asp_policy_model.pdf 以下。ASP サービス事業者向けに提供されたモデル規約である。

挙げている。

> サーバは完全無欠ではなく障害が生じて保存されているプログラム等が消失することがあり得るが、プログラム等はデジタル情報であって、容易に複製することができ、利用者はプログラム等が消失したとしても、これを記録・保存していれば、プログラム等を再稼働させることができるのであり、そのことは広く知られている（弁論の全趣旨）から、ユーザらは本件プログラムや本件データの消失防止策を容易に講ずることができたのである。このようなユーザら及びシステム運用事業者双方の利益状況に照らせば、本件サーバを設置及び管理するシステム運用事業者に対し、ユーザらの上記記録を保護するためにその消失防止義務まで負わせる理由も必要もないというべきである。

エ　契約締結時の留意点

　各種サービスの規約や、上記裁判例に照らすと、特段の合意がない限りは、ベンダがデータの消失防止措置を講じる一般的な義務を負っていると考えることは困難である。

　特定ユーザ専用で提供されているシステム、サービスの場合は別として、広く一般に提供されているASPサービスやクラウド・サービスを利用するにあたっては、ユーザが自己の力でバックアップを確保し、かつ、事故が生じたときにリストア（バックアップデータから復旧させること）することができるかどうかを確認しておく必要がある。特に、SaaSなどのアプリケーション・サービスを利用している場合、そもそもユーザが、入力した情報をシステムから独力で取り出すなどのバックアップ手段がないというケースもあり得る。また、エクスポート機能などが提供されているなどして、データのアーカイブが可能であっても、ユーザの独力でリストアできないこともあり得る。万が一、事故が発生したときに、完全に元どおりにリストアできるかどうか、また、その方法・手段について、サービスの利用前に確認が必要である[25]。

　仮に、データの保全に自己防衛の手段が提供されていないにもかかわらず、

---

25)　「SaaS向けSLAガイドライン」では、サービスレベル項目として「データバックアップを含む利用者データの保証にかかわる項目」を定め、バックアップの方法等を規定するよう求めるとともに、預託したデータがダウンロード可能になっているか確認することを求めている。

「データ保管に責任を負わない」「バックアップはユーザの責任」という条件が定められているような矛盾をはらんだサービスは利用すべきでないし、そのような状況下で事故が生じてデータが消失した場合には、当該条項の有効性が問題となり、データの消失についてベンダの善管注意義務違反を問うことができるのではないだろうか。

（2）データを消失させない義務

前記（1）で述べたように、システム運用事業者は、ユーザのデータが失われないように、必要な設備を用意したり、万が一の事故に備えてバックアップをとっておいたりするような作為義務までは負っていないというケースが多い。

では、システム運用事業者が提供する規約等に、「データ等の保管、保存について一切の責任を負わない」旨の文言があった場合には、仮にシステム運用事業者の何らかの過誤（メンテナンス作業での誤操作等）によってユーザのデータが消失してしまった場合まで、債務不履行が生じないのだろうか。すなわち、システム運用事業者はデータを消去しないという不作為義務すらも負わないのだろうか。

レンタルサーバサービスに限らず、システム運用事業者は、ハードウェア、ソフトウェア等のコンピュータ・リソースをユーザに提供する等のサービス提供義務を負っている。そして、ベンダの積極的な行為によってデータを消去したという場合には、かかるサービス提供義務が不完全履行であったと評価し得ることから、システム運用事業者は、サービス提供義務の一内容として、当然に、ユーザの保存したデータを消去しないという不作為義務を負っているというべきである。

レンタルサーバ事業者のミスによって、ホームページのデータが消失したという事案[26]では、契約上データ保存に関する義務について明らかではないものの、当然にベンダの債務不履行があったことが前提となっている。

---

26) 東京地裁平成13年9月28日判決。

（3）設例5-2の検討

　本件設例5-2におけるYは、どのような義務を負っていただろうか。Yの提供した利用規約において、「データのバックアップ責任はユーザにあること」「データ消失に関する責任は一切負わない」などの記載や、前掲・東京地裁平成21年5月20日判決に照らすと、Yにおいて、ユーザのデータが消失しないよう積極的に保護する義務まではあったとはいえないだろう。しかし、Yはレンタルサーバサービス事業者として、Xに対し、データを消失させることのない義務を負っていたといえる。Yの作業ミスによって、Xのレンタルサーバサービスの利用が阻害されたことから、この点において債務不履行があったことは間違いない。

3　損害

　実務的には、データの消失事故において、被害に遭ったユーザは何を損害として主張し、どう立証するかというのは容易ではない。例えば、前掲・東京地裁平成13年9月28日判決（レンタルサーバ障害）の原告は、①失われたホームページの再構築費用、②逸失利益（原告は自社のホームページから集客していた）等を損害として主張していた。また、前掲・東京地裁平成21年5月20日判決では、原告は複数いたが、同様に①失われたプログラムの再構築費用、②逸失利益を損害として主張していた。

（1）消失したデータの再作成費用

　損害賠償請求の実質が、原状回復請求にあることから、失われたデータを再作成するのに必要な費用を損害と捉えることは自然である。しかし、データが消失し、バックアップ等から復旧させることもできなかったという事案では、ユーザ本人であっても、どんなデータを保存していたのかを逐一記憶していることは現実的でないから、障害によって消失したデータを特定することすら困難である。そのため、「損害の性質上その額を立証することが極めて困難であるとき」に当たるとして、裁判所が民事訴訟法248条を適用して「相当な損害額」を認定するということも考えられる。しかし、このよう

な場合でも、少なくとも利用者は、裁判所の判断の根拠となるようなデータの内容、価値を主張、立証することが求められる。

前掲・東京地裁平成13年9月28日判決では、ホームページのデータ（htmlファイル等）が保存されていたことには争いはなかったが、その再構築費用について、原告、被告双方が提出した見積費用に10倍以上の開きがあった。裁判所は、原告主張が相当性を欠くとして、被告の提示した見積費用を損害額として認定している。

また、委託したパソコンのハードディスク内のデータを消去してしまったことによる損害賠償を求めた事案[27]では、海難審判検索システムという特殊なデータ、システムが消失したが、システムの再構築費用の算定は容易でないとしつつ、そのような場合にゼロとするのは「民事訴訟法248条の規定の趣旨に照らし相当でない」として慰謝料算定に考慮すると述べ、慰謝料として100万円を認定している。

（2）逸失利益

逸失利益は、障害によるデータ消失がなければ得られたであろう利益の賠償を請求するものであるから、障害がなかった平常時における利益（しかも、消失したデータの貢献による利益）が立証できない限り認められにくい。前掲・東京地裁平成13年9月28日判決では、ホームページの再構築に必要な期間を3か月と認定した上で、過去3期の平均売上の3か月分に、ホームページによる売上の貢献割合を8割と認め、原価を控除して算定した。他方、ウェブ解析ツールのIDが故意に削除されたことによる損害については、売上の減少と、IDの削除による蓄積データの消失との因果関係が明らかではないとして否定した事例がある[28]。

消失したデータが常に何らかの収益を生み出すケースばかりとは限らない。例えばデジタル・コンテンツは、それが販売用のコンテンツであれば、同様の算定の可能性があるが、鑑賞用のコンテンツや、社内業務で使用する

27）　広島地裁平成11年2月24日判決。
28）　東京地裁平成25年3月13日判決。解析用データを再生成するためのタグ埋め込み作業にかかる費用は損害として認められている。

ための蓄積データの場合には、逸失利益は観念しづらいであろう。

（3）設例5-2の検討

　設例5-2において、Xに生じた損害には様々なものがある。（1）で述べた「消失したデータの再作成費用」や（2）で述べた「逸失利益」も発生していたと考えられる。

　消失したデータの再作成費用については、過去にクライアントから受注して納品したコンテンツについては、対価を受領しているため、あえて再作成する必要がなく、損害といえないかもしれない。しかし、事例中にあったように、過去の蓄積に基づくテンプレートのような再利用する可能性があるものについては、再作成費用が損害となり得る。

　また、（1）でも述べたように、被害に遭ったX自身もどのようなデータが失われたのか把握しきれないことも十分にあり得る。その場合には、民事訴訟法248条の適用がない限り、損害の立証がないとして、存否が明らかではないデータについては損害として認められないと考えられる。

　逸失利益については、これまで繰り返し述べたように、事故の前後で有意の差があることを立証できない限りは損害として認められにくく、また、多くの利用規約において、これらの損害を賠償の対象から除いていることに照らしても、損害として認められにくいだろう。

4　過失相殺

　多くのサービス事業者が提供する利用規約では、データの保全は利用者の責務であると定めている。したがって、仮にシステム運用事業者の過失によりデータが消失する場合であっても、ユーザ自身が保全すべき義務を履行していなかったとして過失相殺がなされる可能性が高い。

　前掲・東京地裁平成13年9月28日判決では次のように述べて、過失相殺として損害の額の2分の1を減額すべきと判断している[29]。

---

29)　本事件ではレンタルサーバにデータをアップロードする際に、ftpという通信方式が用いられており、もともと手元のパソコンにあるデータはそのまま残り、サーバにコピーが保存される仕組みになっていた。そのため、バックアップを特に意識することはなくともデータが残っているべきケースだったことも考慮されている。

第5章　システム運用中のトラブル

> 　ユーザは、本件ファイルの内容につき容易にバックアップ等の措置をとることができ、それによって前記の損害の発生を防止し、又は損害の発生を極めて軽微なものにとどめることができたにもかかわらず、本件消滅事故当時、ユーザ側で本件ファイルのデータ内容を何ら残していなかったものと認められる。
> 　そして、本件においては、システム運用事業者の損害賠償責任の負担額を決するに当たり、この点を斟酌して過失相殺の規定を適用することが、損害賠償法上の衡平の理念に適うというべきである。

　前掲・広島地裁平成11年2月24日判決でも同様に、ハードディスク内のデータのバックアップを取ることは安全対策に不可欠であるなどとして、損害の額の2分の1を過失相殺により減じた。

　過失相殺されるか否か、される場合のその程度は、サービスの性質、価格や、消失したデータの重要性、再作成の容易さ等の事情を総合考慮して決せられるものと考えられる。事業者が提供する定型的なサービスの場合、契約上のデータ保全責任に関する定めの内容、バックアップを利用者自身で取ることができるかどうか、有償のバックアップサービスの提供の有無、SLAにおけるデータの管理水準の程度、といった事情も考慮されるだろう。

　なお、この**設例5-2**について見てみると、Yの定める利用約款にはデータのバックアップ責任はユーザにあることが明記されていたにもかかわらず、Xにおいて適切にバックアップをとっていなかったことが損害を拡大させたという点は否定できないことから、仮に、データの再作成費用について相当額の損害が認められる場合であっても、相当割合の過失相殺がなされると考えられる。

5　責任制限条項の適用 [30)]

（1）総論

　すでに述べたとおり、ほとんどのサービス事業者契約においては、定型的

---

30)　データ消失時のサービス事業者の責任制限に関しては、市川穣「データ消失時のサービス事業者の責任と責任制限条項」L&T 65号46頁参照。

な契約条項を提供し、システム運用事業者はデータ保管、バックアップ責任を負わない旨の規定が置かれている。また、これらのデータ保全義務に関する定めのほかに、包括的あるいはデータ消失に関する免責、減責規定を別途置いているケースがほとんどである（下記の例はF社事例における規定より抜粋）。画一的なサービスを提供するために、これらの契約条項について個別のユーザに応じて、交渉、変更されることは多くなく、ユーザ自身も、事故が発生して初めてシステム運用事業者がデータ保全責任を負わないことや、多くの場合免責されるということを知ることになる。

第35条（免責）
4．当社は、システムの過負荷、システムの不具合によるデータの破損・紛失に関して一切の責任を負いません。

さらに、F社事例では、免責規定が適用されず、損害賠償責任を負う場合であっても、その額は支払済み対価が上限であると定められていた。

第36条（損害賠償額の制限）
　本サービスの利用に関し当社が損害賠償義務を負う場合、契約者が当社に本サービスの対価として支払った総額を限度額として賠償責任を負うものとします。

このように、システム運用事業者は万が一の障害発生時であっても、免責あるいは限定されるような手当てをしているのが通常である。

利用者にとって不利益となる免責、責任制限条項（以下、一律に「責任制限条項」という）の効力を排除する考え方として、当該責任制限条項を限定的に解釈して適用される場面を限定するという方法と、当該責任制限条項そのものの有効性を否定したり合意から排除する考え方がある。以下、それぞれ検討、解説する。

（2）責任制限条項の限定解釈

一般に、サービス提供者が内容を一方的に定める約款については、これま

第5章 システム運用中のトラブル

で作成者不利に解釈するなど、限定的、制限的に解釈するということが行われてきた[31][32]。

　レンタルサーバ事業者のミスにより、ホームページのデータが消失したという障害について、利用者（消費者ではない）から事業者に対して損害賠償を請求した事案（東京地裁平成13年9月28日判決）において、当該レンタルサーバ事業者の利用規約には次のような責任制限条項があった。

> 　当社は、契約者がEインターネットサービスの利用に関して損害を被った場合でも、第30条（利用不能の場合における料金の精算）の規定によるほか、何ら責任を負いません。

　レンタルサーバ事業者は、当該条項を援用して免責を主張したが、裁判所は、

> 　本件約款34条は、契約者がシステム運用事業者のインターネットサービスの利用に関して損害を被った場合でも、システム運用事業者は、本件約款30条の規定によるほかは責任を負わないことを定めているが、その本件約款30条は、契約者がシステム運用事業者から提供されるべきインターネットサービスを一定の時間連続して利用できない状態が生じた場合に、算出式に基づいて算出された金額を基本料月額から控除することを定めているにすぎない。
> 　これらの規定の文理に照らせば、本件約款30条は、通信障害等によりインターネットサービスの利用が一定期間連続して利用不能となったケースを想定して免責を規定したものと解すべきであり、本件約款34条による免責はそのような場合に限定されると解するのが相当である。

と述べて責任制限条項の適用を否定した。さらに限定的な解釈をしなければならない理由について、次のように説明している。

---

31) 河上正二『約款規制の法理』（有斐閣、1988）261頁以下。
32) ホテルの宿泊約款には損害賠償の限度額が15万円とされていたが、故意又は重過失がある場合にはこれを適用しないとした事例（最高裁（二小）平成15年2月28日判決）がある。

242

> システム運用事業者の積極的な行為により顧客が作成し開設したホームページを永久に失い損害が発生したような場合についてまで広く免責を認めることは、<u>損害賠償法を支配する被害者救済や衡平の理念に著しく反する結果を招来しかねず、約款解釈としての妥当性を欠く</u>ことは明らかである。

なお、本事件では、比較的シンプルな契約条項であったが、今日では、各ITサービス事業者も詳細な利用規約を定めており、本事件のように解釈の裁量が生じにくくなっていると考えられる。

（3）責任制限規定の無効化等

サービス事業者と利用者との間の契約に責任制限条項が取り込まれている場合であっても、契約条項の内容が消費者契約法や民法、その他法律の規定に照らして不当である場合には、その効力は否定される。

ア 消費者契約法

ユーザが消費者（消費者契約法2条1項）の場合、システム運用事業者との間で締結される契約は消費者契約（同条3項）に当たるため、同法が適用される。

消費者契約法8条1項1号及び3号は、事業者の損害賠償責任の全部を免責する条項を無効とする。また、同項2号及び4号は、一部を免責とする条項については、事業者の故意又は重過失の場合にのみ無効とする。具体的には、「理由の如何を問わず、一切の責任を負わない」「事業者に故意又は重過失がある場合でも、賠償する損害の額は月額利用料を上限とする」というものは無効となる。

例えば、Ⅱの2（2）エで述べたFX取引システムの障害の事案[33]では、システム運用事業者が提示していた約款に次のような規定があった（抜粋）。

33） 前掲・東京地裁平成20年7月16日判決。

> 「通信機器および通信回線の障害等、不測の事態により取引が制限されるリスクがあります」
> 「ヘッジ先とのカバー取引が不可能又は制限されることにより、お客様と当社の取引も不可能もしくは制限される可能性があります」
> 「次に掲げる損害については、当社は免責されるものとします。
> （中略）当社のコンピューターシステム、ソフトウェアの故障、誤作動、市場関係者や第3者が提供するシステム、オンライン、ソフトウェアの故障や誤作動等と取引に関係する一切のコンピュータのハードウェア、ソフトウェア、システム及びオンラインの故障や誤作動により生じた損害」

　裁判所は、これらの規定の解釈について、消費者契約法8条1項1号及び3号を引用しつつ、当該事案においてシステム運用事業者は免責されないとした。

> 　（免責規定は）コンピュータシステム、通信機器等の障害により顧客に生じた損害のうち、真に予測不可能な障害やシステム運用事業者の影響力の及ぶ範囲の外で発生した障害といったシステム運用事業者に帰責性の認められない事態によって顧客に生じた損害について、システム運用事業者が損害賠償の責任を負わない旨を規定したものと解するほかなく、本件約款4条(5)は、システム運用事業者とヘッジ先とのカバー取引がシステム運用事業者の責に帰すべき事由により成立しない場合にまで、ユーザとシステム運用事業者との売買が成立しないことについてシステム運用事業者を免責する規定であるとは解し得ない。

イ　民法（定型約款）

　民法改正により、定型約款に関する規定が追加された（548条の2以下）。同条1項が定める「定型約款」には、事業者間取引であるソフトウェアの利用規約も対象になることが想定されている[34]。ただし、「条項のうち、相手方の権利を制限し、又は相手方の義務を加重する条項であって、その定型取引の態様及びその実情並びに取引上の社会通念に照らして第1条第2項に規定

---

34)　中田裕康『契約法』（有斐閣、2017）37頁。

する基本原則〔信義則〕に反して相手方の利益を一方的に害すると認められるもの」については、合意をしなかったものとされる（同条2項）。消費者契約法と異なり、無効とされるのではなく、「合意しなかったものとみなす」とされている。合意から排除される判断基準は「定型取引の態様及びその実情並びに取引上の社会通念」であり、個別具体的な事情次第であることから、今後、システム運用事業者が責任限定条項の適用を主張した際には、ユーザから本規定に基づく合意からの排除が主張されることも予想される。

ウ　重過失免責規定の有効性

消費者契約法が適用されない場合であっても、故意による債務不履行によって生じた責任を免責する規定は無効だと考えられている。しかし、重過失による場合の責任を免除する条項が一般的に無効だといえるかどうかについては明らかではない。

例えば、商法739条では、海上物品運送に関し、重過失による免責を否定している[35]。同種の規定は、国際海上物品運送法13条の2、鉄道営業法11条の2等にも見られる。また、書留郵便物について、郵便業務従事者の故意又は重過失による場合についても責任を限定する郵便法の規定を憲法17条に反して無効だとした最高裁（大）平成14年9月11日判決もある。これらの消費者契約法8条などの強行規定が存在する場合に限って重過失免責の効力が否定されるのであって、そのような制限規制がない限りは重過失免責も有効だという考え方もあり得る[36]。

重過失免責規定の有効性全般について判断した事例は見当たらないものの、ITサービス、電子商取引の利用規約において重過失が存在する場合も事業者の責任を免除、限定する条項は無効だとする見解は多い[37]。IIの5(2)

---

35) 「船舶所有者ハ特約ヲ為シタルトキト雖モ自己ノ過失、船員其他ノ使用人ノ悪意若クハ重大ナル過失又ハ船舶力航海ニ堪ヘサルニ因リテ生シタル損害ヲ賠償スル責ヲ免ルルコトヲ得ス」。

36) 電子情報技術産業協会ソリューションサービス事業委員会・前掲注6）56頁では、重過失免責について「必ずしも有効とはいい切れない」とするにとどめている。

37) 潮見佳男『債権総論［第4版］』（信山社、2012）181頁。ITに関する契約については、上山浩＝小川尚史「約款・利用規約等における免責条項および責任制限条項の有効性」NBL987号22頁、鹿野菜穂子「履行障害・トラブル」松本恒雄ほか編『電子商取引法』（勁草書房、2013）185-186頁、芝章浩「クラウド・コンピューティングと事業者の責任」寺本振透編集代表『クラウド時代の法律実務』（商事法務、2011）258頁等。

第5章　システム運用中のトラブル

イにて述べたように、「重過失」が相当程度限定して解釈されていることからすると、重過失の場合ですらも免責する規定は、それを正当化する根拠（例えばサービスの対価が無償あるいは低廉であること等）がない限り、無効になると解される。前掲・東京地裁平成26年1月23日判決においては、システム運用事業者の責任制限条項において賠償金額の上限が「個別契約に定める契約金額の範囲内において損害賠償を支払うものとする」という定め方がなされていたが、故意又は重過失がある場合でも、損害賠償義務の範囲が制限されることは「著しく衡平を害するものであって、当事者の通常の意思に合致しないというべきである（売買契約又は請負契約において担保責任の免除特約を定めても、売主又は請負人が悪意の場合には担保責任を免れることができない旨を定めた民法572条、640条参照）」と述べて、規定そのものの有効性を否定したわけではないが、重過失がある場合には「適用されない」とされた。

（4）データ消失事故と重過失

　上記のとおり、重過失免責規定の有効性については議論が残るところだが、サービス事業者が提供する規約、約款においては、故意又は重過失の場合は免責の対象外としていることが多い。したがって、データ消失事故が発生し、ユーザが損害を被った場合には、やはりシステム運用事業者に重過失があったかどうかが利用者保護の結論を左右することとなる（軽過失免責規定が有効に存在していることが前提である）。

　重過失の意義については、Ⅱの5（2）イで述べたところであるが、前掲・東京地裁平成21年5月20日判決では、機器の故障によってデータが消失したことが、レンタルサーバ事業者の重大な過失によるものであるという主張がなされたが、裁判所は次のように述べて重過失を認めていない[38]。

---

38)　そもそも義務違反が否定されているので、参考としての判断である。

証拠及び弁論の全趣旨によれば、システム運用事業者は共用サーバホスティングサービスを提供するために、サーバとして広く使用されているヒューレットパッカード社製のラックマウント型サーバ「HP ProLiant DL380 G4」を選定したこと、システム運用事業者は、平成18年4月12日にヒューレットパッカード社の代理店であるキヤノンマーケティングジャパン株式会社から「HP ProLiant DL380 G4」22台（本件サーバ）を購入し、同月17日に納入・据付を完了したこと、本件サーバは「vs37. pro. arena. ne. jp」のサービスに提供され、同年6月13日から使用を開始し、本件事故が発生した平成20年1月15日まで使用されたもので、この間の使用期間は約1年7か月であり、耐用年数の範囲内であること、システム運用事業者はサーバ管理施設において入退室管理、空調管理を行った上で、本件サーバの保守・管理を行ってきたことが認められる。これらの事実を総合勘案すると、システム運用事業者には本件サーバの設置及び管理につき格別の落ち度があるとはいい難い。他に本件サーバの障害事故につきシステム運用事業者に重過失があることを認めるに足りる事情ないし証拠はない。

　機器の故障の原因は様々なものが考えられる上、故障することが当然に予見できるような状況で放置したというような場合でない限り、こうした障害において重過失は認められにくいと考えられる。

　また、前述のF社事例においても、利用規約では故意、重過失を除いて免責される旨が定められていたことから、過失の有無及び程度が問題となった。裁判所による判断ではないが、サービス事業者が設置した第三者委員会（葉玉匡美委員長）の報告書[39]では更新プログラムの不具合及びマニュアルに従わない作業という管理上の過失を認めつつも、次のように述べて重過失ではないと結論付けた[40]（一部、名称等を仮名に変更している）。

---

39) F社平成24年7月31日付けプレスリリース「第三者調査委員会による調査報告書の受領について」（http://www.firstserver.co.jp/news/2012/2012073101.html）内のリンク（第三者調査委員会「調査報告書（最終報告書）〈要約版〉」http://support.fsv.jp/urgent/pdf/fs-report.pdf）（平成30年3月25日確認）。
40) F社の発表によれば、本件は、「本サービスの対価として支払った総額を限度額として損害賠償を負う」という利用規約の規定に基づいて、各利用者に賠償が行われたようである。

第5章　システム運用中のトラブル

> 　ほとんどの者が第1事故を容易に予見することができたという評価をすることは困難であり、第1事故に関する過失は、故意と同視できるほどの悪質な過失（重過失）には該当しないものと解される。
>
> 　しかし、第1事故は、不備のある更新プログラムによってデータを消失させたという積極的な過失であること、担当者Aが、F社が作成、実施をしてきたシステム変更のための社内マニュアルを故意に無視し、上長もこれを是認することで、積極的に情報セキュリティの不備を生じさせていたこと、担当者Aが、本来上長の許可が必要であることを認識しながら、無許可で本件メンテナンスを行ったことを考慮すれば、F社の過失は、<u>軽過失の枠内ではあるものの、比較的重度の過失であった</u>ものと解される。

　ただし、社内マニュアルを「故意に無視」し、上長もこれを是認するという実態があったことから、これを「軽過失の枠内ではあるものの」と評価することに疑問の余地はあり、裁判所において同様の判断となるかは不明である。

（5）設例5-2の検討

　設例5-2におけるYの利用規約にも「故意又は重過失による場合を除いて」賠償額は1か月分の利用料とする旨の免責条項があったことから、Yによる作業ミスが重過失であったかどうかが問題となる（仮に軽過失であったとすると、Xが請求できる賠償額は1か月分の利用料である2万円ということになる）。

　従来の最高裁は「重過失」とは、「通常人に要求される程度の相当な注意をしないでも、わずかの注意さえすれば、たやすく違法有害な結果を予見することができた場合であるのに、漫然これを見すごしたような、ほとんど故意に近い著しい注意欠如の状態」とし、これを敷衍する形で前掲・東京高裁平成25年7月24日判決が、「結果の予見可能性があり、かつ容易であって、結果の回避可能性があり、かつ容易である場合」という規範を挙げた。後者の基準に当てはめると、メンテナンス対象のサーバの同一性を誤ったという点は、レンタルサーバ事業者としての基本的な確認義務を怠ったものと評価し得るところであり、対象を誤った場合に生じ得る結果については容易に予見できるものであり、かつ、その回避方法は、管理番号、アドレス等を確認すれば容易であったと考えられることから、重過失によるものであったと評

248

価され得る。重過失の認定においては、その他にもYにおける業務ルール及びその運用状況や、過去の同種の事故事例の有無等も考慮されるであろう。

(6) 過失相殺と責任制限条項の関係

過失相殺と責任制限条項は、どちらもシステム運用事業者の責任を軽減する方向に作用し、それぞれが独立した抗弁となる。したがって、システム運用事業者からは両方とも主張されることが珍しくないが、これらの適用順序によって結論が変わり得る。例えば、仮に、責任制限条項に、1か月分の利用料（100万円）を賠償額の上限とする定めが置かれており、システム運用事業者の債務不履行と相当因果関係ある損害が500万円、ユーザ側に3割の過失相殺事由があるとされた場合、最終的にベンダがユーザに支払うべき賠償額はいくらになるだろうか。

先に責任制限条項を適用した場合には、100万円を上限にキャップがかかり、さらにそこから3割減じられるため、70万円が賠償額となる。他方で、先に過失相殺を行えば、システム運用事業者が500万円から3割減じた上で、100万円を超える部分は制限されるため、100万円が賠償額となる（図表5-6）。

図表５６　責任制限条項と過失相殺の適用順序

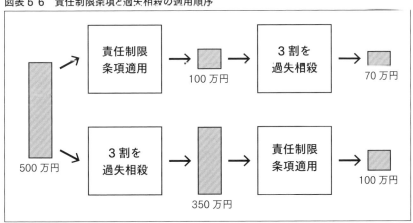

第5章　システム運用中のトラブル

　前掲・東京高裁平成25年7月24日判決では、先に軽過失免責を定めた責任制限条項を適用し、一定時期までの責任を排除した上で損害賠償額を算定し、その上で過失相殺を行った。他方で、前掲・東京地裁平成13年9月28日判決では、損害額の認定に続いて、過失相殺の有無を判断し、最後に責任制限条項の適用を判断している。また、前掲・東京地裁平成26年1月23日判決でも、過失相殺、責任制限条項の順に判断を行った[41]。

　これらの裁判例の整合性と、訴訟経済さらには責任制限条項を定めた当事者の合理的意思を考慮すると、次のように整理できると思われる。

- 軽過失免責条項のように、責任の存否に関わる規定については、訴訟経済、当事者の合理的意思の観点から、過失相殺より先に適用する
- 賠償額限定条項のように、一定の責任を負うことを前提に、責任範囲を限定する規定については、過失相殺をした後の、最終的な支払額の調整時に適用する。そのように解しても、たとえシステム運用事業者が責任を負うとしても一定の額に限定される（ユーザ側から見れば、一定の額までは請求できる）というシステム運用事業者・ユーザの合理的期待には反しない

Ⅳ　情報漏洩事故

1　近時の動向

　情報システム、クラウド・サービスに関する事故としてしばしば起きるのが、利用者の情報が外部に流出するというものである。近時は、個人情報が蓄積されたサーバに対する不正アクセスやコンピュータ・ウィルスによる漏洩事故の報道も目立つ。例えば、近時の重大な情報漏洩事件、事故としては**図表5-7**のようなものがある。

41）　東京地裁平成28年4月28日判決（第4章で紹介）において、原告であるユーザは、約40億円の損害を被ったと主張したが、当該訴訟における請求金額は契約上の賠償限度額である約18億円であった。本件では、「（ユーザが）請求する賠償額の3割相当（約5.4億円）」が相当因果関係ある損害だとされた。結果から見れば、ユーザが自主的に責任制限条項を適用し、その後、過失相殺が行われたような形になっている。

IV　情報漏洩事故

図表 5-7　重大な個人情報漏洩事故の例

発生時期	事業者	件　数	備　考
平成23年 4月	ゲーム会社が運営する ネットワークサービス	約7000万件	経済産業省が、同年5月に個人情報保護法33条に基づいて再発防止を指導[42)
平成26年 6月	通信教育、出版事業	最大で 約4000万件	経済産業省が、同年9月に同法34条に基づいて是正のための必要措置と漏洩再発防止の勧告[43)を実施（以下「B社事件」という）
平成27年 5月	日本年金機構	約125万件 の可能性	コンピュータ・ウィルスに感染した職員のPCからの情報漏洩

　統計的には減少傾向にあるものの、依然として個人情報に関する漏洩事故・事件は、注目を浴びている（**図表5-8**）。

　また、情報漏洩事故は、利用者個人への賠償義務が生じたりするなどの金銭的な損害のほか、企業の信用失墜にもつながりかねず、深刻な被害をもたらすおそれがある。情報漏洩事故には、個人情報に限らず、企業の営業情報、技術情報などの漏洩もある。これらの情報は、不正競争防止法の定める「営業秘密」（同法2条6項）に該当する場合には、同法に基づく差止め等の問題も生じるが、本節では、個人情報、プライバシーに関わる情報が漏洩した事故（下記**設例5-3**）を中心に解説する。

---

42)　経済産業省平成23年5月27日付けニュースリリース（http://www.meti.go.jp/press/2011/05/20110527005/20110527005.pdf）。
43)　経済産業省平成26年9月26日付けニュースリリース（http://www.meti.go.jp/press/2014/09/20140926002/20140926002a.pdf）。

251

図表 5-8　年度別 事業者 からの個人情報漏洩公表件数 [44]

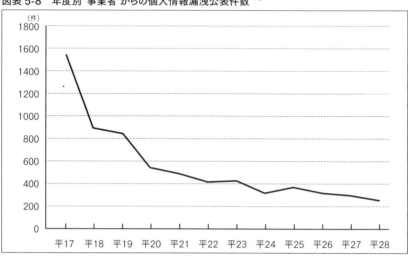

2　設例 5-3

図表 5-9　関係図

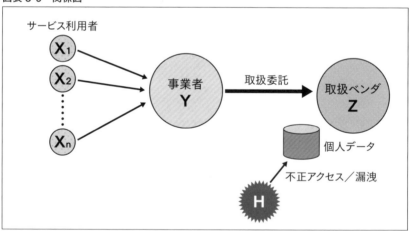

---

44) 個人情報保護委員会「平成 28 年度個人情報の保護に関する法律施行状況の概要」（平成 29 年 11 月）のデータに基づいて筆者が作成。あくまで事業者による公表件数であり、公表されていない件数も多々あると見られる。

IV　情報漏洩事故

設例5-3

サービスの内容

　インターネットショッピングサイトを運営するYは、会員Xから氏名、住所、クレジットカード情報等の個人情報を数万件取得していた。また、Yのサイトで会員が商品を購入した履歴（購入した商品の情報、購入日等）も保有していた。これらの情報は、サイトを開発した開発ベンダであるZに取扱いを委託しており、Zは、自己のサーバでこれを保管していた。

障害の発生

　あるとき、Zのサーバ運用担当者が、異常を感じて調査を開始したところ、Yのサイトで購入した顧客の氏名等のほか、クレジットカード情報が漏洩した可能性があることから、直ちに会員XにホームページとEメールによって告知と謝罪をするとともに、Yはサイトを閉鎖した。Yはクレジットカード会社に通知をすることにより、カードの不正利用の防止に努めた。

漏洩の原因

　その後の調査では、一定期間にYのサイトで商品を購入した顧客約5000名について、クレジットカード情報、購入履歴を含む個人情報が漏洩した可能性があることが判明した。そのうち数十名についてカードが不正利用された可能性がある旨の通知があった。

　Zは、本件サイトのウェブサーバソフトウェアとして広く使用されているソフトウェアαを使用していたが、何者かがソフトウェアαの脆弱性を突いてシステムに侵入し、ファイル内の情報を取得していた可能性が高いことが判明した。

　なお、Zが使用していたソフトウェアαのバージョンは2.1.55であったが、当該バージョンについては脆弱性が指摘されており、最新の2.1.6では解消されていた。最新のバージョンは、当該事故が生じる3週間前にはリリースされており、また、セキュリティに問題があるということは、ソフトウェアαを使用する開発者の間では3か月ほど前から指摘されていた。

　Yは、上記事故原因が判明し、セキュリティ対策を整えた上で、事故から3か月後にサイトを再オープンさせた。

　この**設例5-3**のような場合において、Yは、各会員Xに対してどのような法的責任を負うだろうか。またYは、Xに対して謝罪、賠償等の対応に要した費用をZに対して請求することができるだろうか。Zは、ソフトウェアα

第5章　システム運用中のトラブル

のバージョンを最新化することを怠っていたが、最新版が公表されてから事故までの期間は3週間であり、ソフトウェアαは世界で最もよく使われていた製品であることはどのように評価されるだろうか。

以下では、主に、会員X（ユーザ）とシステム運用事業者Yとの関係について整理、検討しつつ、Yと委託先であるZとの関係についても整理する。

3　サービス事業者が負うべき義務内容

（1）安全管理措置義務

個人情報の保護に関する法律（以下「個人情報保護法」という）は、個人の権利利益の保護を目的とする法律であるが(同法1条)、保護されるべき個人(本人)の権利を直接規定するものではなく、侵害を未然に防止することを目的に、個人情報の適切な取扱いに関するルールを定めた事前規制のための制度を定めた法律である。よって、同法には、個人情報の漏洩によって生じた場合において、本人から事業者に対する賠償請求、差止請求等に関する定めはない。

しかし、利用者は、事業者に対し、一定の契約関係に基づいて、自らの個人情報を預けている。契約の内容は、サービス内容によって異なるが、利用者の事業者に対する信頼に基づいて情報を預けているのであるから、事業者はこれを安全かつ適切に管理するために必要な措置を講じる義務を負い（個人情報保護法20条）、これを怠った結果、個人情報が漏洩した場合には、利用者と事業者間の契約関係に基づく債務不履行責任又はプライバシー権侵害を理由とする不法行為責任（民法709条）を負う可能性がある[45]。

例えば、エステティックサロンに登録した個人情報が流出した事件において、裁判所は、個人情報の秘匿性や法的保護について、次のように述べている（東京高裁平成19年8月28日判決［エステティックサロン事件]）。

---

45)　個人情報保護法は、個人情報取扱事業者に対して主務大臣との関係で義務を課す法律であり、同法の義務違反と不法行為の成否をリンクさせず、プライバシー侵害に基づく不法行為の成否は別途問題にするという考え方が通説である（板倉陽一郎「個人情報保護法違反を理由とする損害賠償請求に関する考察」情報ネットワーク・ローレビュー11巻2頁）。なお、B社事件に関し、最高裁は、氏名、性別、生年月日、住所等の情報はプライバシーに係る情報として法的保護の対象となるべきであり、漏えいによってプライバシーが侵害されたのであるから損害賠償請求が生じるとしている（最高裁（二小）平成29年10月23日判決）。

254

顧客であるＸらが、エステティックサービスを受けるために、自らの氏名、住所、電話番号、年齢、職業といった個人識別情報とともに、エステティック特有の身体的もしくは美的感性に基づく価値評価をくだすべき身体状況に係るものである個人情報を提供することは、まさにＸ各人が誰にも知られたくない種類の価値観に関係した個人情報を申告するものにほかならない。こうした個人情報の申告を受けるＹは、エステティック産業を営む企業体として、かかる情報管理の厳密さに関する信頼を前提にして、その申込みを勧誘するなどの業務を行い、その後、すでに提供された情報などを前提としてエステティックサービスを行うことに照らせば、（中略）一層慎重な配慮のもとに顧客の個人情報を厳密な管理下で扱わなければならないと解すべきである。以上によれば、個人識別情報のほかにエステティック固有の事情に関する情報は、全体として、顧客が個人ごとに有する人格的な法的利益に密接なプライバシーに係るものといえ、Ｘのサービス業務に関係しない何人に対しても秘匿すべき必要が高く、また、顧客の合理的な期待としても強い法的保護に値するものというべきである。

　前記エステティックサロンの事例は、身体状況などのいわゆる機微情報を含むものであるため、「強い法的保護」に値すると判断された。さらに住民基本台帳データが漏洩した事件においては、裁判所は次のように述べて氏名、性別、生年月日等の基本的な情報についても、各種の情報と一体として整理されている場合にはプライバシー情報に当たるとして、適切な保護がなされるべきものであるとしている（大阪高裁平成13年12月25日判決。最高裁（二小）平成29年10月23日判決も同様。）。

第5章　システム運用中のトラブル

> 　本件データに含まれる情報のうち、Ｘらの氏名、性別、生年月日及び住所は、社会生活上、Ｘらと関わりのある一定の範囲の者には既に了知され、これらの者により利用され得る情報ではあるけれども、本件データは、上記の情報のみならず、更に転入日、世帯主名及び世帯主との続柄も含み、これらの情報が世帯ごとに関連付けられ整理された一体としてのデータであり、Ｘらの氏名、年齢、性別及び住所と各世帯主との家族構成までも整理された形態で明らかになる性質のものである。
> 　このような本件データの内容や性質にかんがみると、本件データに含まれるＸらの個人情報は、明らかに私生活上の事柄を含むものであり、一般通常人の感受性を基準にしても公開を欲しないであろうと考えられる事柄であり、更にはいまだ一般の人に知られていない事柄であるといえる。したがって、上記の情報は、Ｘらのプライバシーに属する情報であり、それは権利として保護されるべきものであるということができる。

　なお、個人情報に限らず、企業の技術上又は営業上の情報が不正アクセス等によって漏洩した場合、その情報の保有者は不正競争防止法に基づく差止請求、損害賠償請求等を行うことが考えられる。ただし、当該請求の前提として、対象となる情報が営業秘密（同法2条6項）であることを要する。営業秘密の要件のうち、最も問題となるのが秘密管理性であり、これを欠く場合には保護を受けられない。秘密管理性については多くの裁判例があるが、本書では割愛する[46]。

（2）責任の主体

　情報が漏洩した事故において、不正アクセス行為等、漏洩行為に直接加担した者が、本人に対して責任を負うのは当然である。他方、**設例5-3**のように、結果的に不正アクセスを許してしまったのは、個人情報を直接に管理、保管していた取扱委託先事業者のＺであって、個人情報を取得したＹではない。この場合、Ｚは、Ｘらとの間に契約関係がないため、契約責任は負わないが、

---

[46] 「秘密として管理されて」いることに関しては、経済産業省「営業秘密管理指針」（全部改訂平成27年1月28日）（http://www.meti.go.jp/policy/economy/chizai/chiteki/pdf/20150128hontai.pdf）の第2項参照。また、B社事件に関し、漏えいの実行行為者は不正競争防止法違反の有罪判決を受けているが（東京高裁平成29年3月21日判決）、顧客情報が秘密管理されていたことが認定されている。

前述したような不法行為責任は生じ得る。

　また、Xらから個人情報を取得したYは、Zに対して取扱いを委託していたことをもって免責されることはないと考えられる。個人情報取扱事業者は、個人情報保護法20条に基づいて、個人データの漏洩等の防止のための必要かつ適切な措置を講ずる義務を負っており、また、取扱いを委託する場合でも、同法22条に基づいて委託を受けた者に対する監督義務を負っているからである[47]。

（3）安全管理措置義務の程度

　情報の管理を委託された者は、不正アクセス行為、あるいはコンピュータ・ウィルスの混入等に対し、必要な対策を取る必要がある。しかしながら、ハッキング技術やコンピュータ・ウィルスの発生は日進月歩であり、一定の対策を施したとしても防ぎきれない場合がある。情報の管理を委託された者が取るべき対策の内容としては、個人情報保護委員会「個人情報の保護に関する法律についてのガイドライン（通則編）」（平成29年3月）[48]86頁以下の「（別添）講ずべき安全管理措置の内容」が参考になる。このガイドラインでは、平成27年の同法改正に伴って個人情報取扱事業者の範囲が拡大した（中小規模事業者の適用除外がなくなった）ことに鑑み、中小規模事業者が履行すべき手法の例も示されている。講ずべき措置は、社会事情や技術の進歩によって変わり得る。近年では、個人情報保護の重要性が高まっていることに照らすと、個人情報を取り扱う者全般における注意義務の程度は高まっているといえるだろう。

　以下では、個人情報保護法の解釈が問題となった事例ではないが、情報漏洩事故に関する事業者の義務違反の有無について判断された事例を紹介する。

ア　電気通信事業者の利用者情報の事例

　電気通信事業者の利用者の情報が、業務委託先の従業員及び第三者の不正

---

47)　前掲・東京高裁平成19年8月28日判決［エステティックサロン事件］においては、委託先に対して指揮監督していたとして、個人情報を取得した事業者は責任を負うとした。
48)　このほか、金融分野、医療分野など、分野別のガイドラインも各省庁から公表されている。

アクセスによって氏名、住所、電話番号、メールアドレス、申込日等が漏洩したという事件（大阪高裁平成19年6月21日判決）では、業務委託先からリモートアクセスを可能にしていたことに関して、次のように述べて、不正アクセスを防止するための相当な措置を講ずべき注意義務を怠ったとした。

> 本件リモートメンテナンスサーバーに対するアクセス管理として、ユーザー名とパスワードによる認証以外の例えばコールバック機能等の規制措置をとるべきであったか、又は、Dが退職した後に、本件アカウントを含め、Dが知り得たユーザー名を削除したり、パスワードを変更するなどの措置をとるべきであったもので、（被告）の担当従業員は、そのような措置をとることを怠ったもので、それによって本件不正取得を生じさせたものというべきである。

イ　エステティックサロンの利用者情報の事例

前掲・東京高裁平成19年8月28日判決［エステティックサロン事件］では、事業者のサーバ容量が不足したことによる移設作業の際に、氏名、年齢、職業、住所、電話番号、コース内容、質問に対する回答等の個人情報が集積されたファイルが、特段のアクセス制限をかけることなく、特定のURLを入力することによって一般のインターネットユーザを含む誰でもアクセスできるような状態に置かれ、さらには電子掲示板にURLが記載されたり、ファイル交換ソフトを介するなどして、流出、拡散したというものである。この事件は、個人情報保護法施行前に発生した事件ではあるが、裁判所は次のように述べて不法行為責任があるとした（以下は、原審である東京地裁平成19年2月8日判決の認定であり、控訴審でも維持されている）。

Z社（取扱委託先）は、インターネット及びイントラネットシステム構築、WWWホスティングサービス、サーバー構築及びウェブサイトのコンテンツ作成などを事業の目的とする企業であるから、その提供する業務に関する技術的水準として、個人情報を含む電子ファイルについては、一般のインターネット利用者からのアクセスが制限されるウェブサーバーの「非公開領域」に置くか、「公開領域」（ドキュメントルートディレクトリ）に置く場合であっても、アクセスを制限するための「アクセス権限の設定」か「パスワードの設定」の方法によって安全対策を講ずる注意義務があったものというべきである。

　しかしながら、Z社は、前記認定のとおり、上記注意義務を怠り、本件ウェブサイトを被告専用のサーバーに移設する際、本件電子ファイルをサーバー内の公開領域に置いた上、第三者のアクセス権限を制限するような設定を講じなかった過失により、本件ウェブサイトにアクセスした第三者が本件電子ファイルを閲覧することができる状態にし、実際に、本件ウェブサイトを閲覧した第三者によって、本件情報がインターネット上に流出したものであるから、Z社が民法709条による不法行為責任を負う。

　そして、エステティックサロン事業者であるシステム運用事業者は、ウェブサイトのコンテンツの内容を決定していること、修正・更新時にはセキュリティ等を含めて動作を確認し、随時運用に関する報告を受け、障害や不具合が発生したときには対応について協議していたといった実態から、取扱事業者の指揮・監督する立場にあったとして、民法715条（使用者等の責任）に基づく不法行為責任を免れないとした。

ウ　クレジットカード情報漏洩の事例1

　本件は、クーポン購入サイトからクレジットカード情報が最大603件流出したという事故に関し、クレジットカード決済代行サービス業者から、当該サイト運営事業者に対し、事故調査費用等の損害賠償請求がなされたという事案である（東京地裁平成25年3月19日判決）。両者間で締結されていた決済サービス契約の約款には、契約者であるサイト運営事業者は、会員のカード情報を第三者に閲覧、改ざん等されないための措置を講じる義務があることなどが書かれていた。裁判所は、カード情報保全のためのセキュリティ措置につ

第5章 システム運用中のトラブル

いて、次のように述べつつ、義務を履行したとはいえないとした。

　本件義務の内容たる会員のカード情報を第三者に閲覧、改ざん又は破壊されないための措置について、一般的に、（ア）ウェブアプリケーションにおけるセキュリティとして、[1] 入力検証及び不正データ入力時の無効化、[2] 認証と承認、[3] 適切なパスワード、セッション情報、[4] 機密データの暗号化、[5] 機密情報へのアクセス制御と情報漏洩防止、[6] 監査とログ記録がそれぞれ必要であり、また、（イ）ネットワークセキュリティとして、[7] ファイアウォール、[8] 侵入検知システムと侵入防止システム、[9] ネットワークセキュリティへの保証といったセキュリティ対策を取る必要があることについて、Yは争っていない。また、インターネットなどの外部公開があり、クレジットカード情報等の個人情報を扱う場合には、一般的に、ウェブアプリケーションに上記セキュリティ対策のうち、上記 [4] の対策を取ることは推奨にとどまるものの、上記 [1] [2] [3] [5] [6] の対策を取ることは必須であることについて、Yは争っていない。

　本件では、サーバの管理は、レンタルサーバサービス事業者Bに委託されており、当該事業者の過失との関係が問題となったが、カード情報という機密性の高い情報を取り扱うことに関して、裁判所は次のように、高度のセキュリティ対策が必要であると述べた。

　いかなる程度のセキュリティ対策を取るかについては、当該セキュリティ対策を取るために必要となる費用や当該サイトで取り扱っている情報の内容とそれに応じた秘密保護の必要性等の程度を勘案して、適切な程度のセキュリティ対策を取ることが必要というべきである。そして、本件サイトは、クレジットカードの情報という機密性の高い情報を扱うサイトであるから、それに応じた高度のセキュリティ対策が必要というべきであり、クレジットカードの情報という機密性の高い情報を扱わない通常のウェブサイトと比べると、費用を要する高度のセキュリティ対策を実施すべきものというべきである。
　しかるに、Bのウェブサイトの記載やBのレンタルサーバサービス約款に照らすと、システム運用事業者がBとの間で締結したレンタルサーバ契約は、一般的なレンタルサーバに係るものにすぎないものと認められる。そうすると、Bに標準で付されているセキュリティ対策が、クレジットカードの情報という機密性の高い情報を扱うのに適した程度のもの（前記（1）[1] ないし [9] のセキュリティ対策の水準を満たすもの）と推認することはできないし、こ

れを認めるに足る証拠もない。
　（中略）
　システム運用事業者は、本件サイトのセキュリティ対策について、Bとのレンタルサーバ契約のサービスの内容に関し、Bのウェブサイトに「1台のサーバを1ユーザで専有。管理者権限はBが管理。専門知識は不要！サーバの運用・保守はBにおまかせ」とあるとの主張をしている。しかし、Bのウェブサイト上にこのような抽象的な記載があるからといって、Bが上記（1）[1]ないし[9]のようなセキュリティ対策を取っていたことを認めることはできない。

エ　クレジットカード情報漏洩の事例2

　本件は、ウェブ受注サイトに不正アクセスがあり、顧客のクレジットカード情報等が1万件程度流出したという事案で、当該サイトの運営者（ここでは「ユーザ」とする）が、当該サイトの開発・保守を行っていたベンダに対し、債務不履行に基づく損害賠償請求をしたという事案である（前掲・東京地裁平成26年1月23日判決）。本件は、開発ベンダと、サイト運営者との争いであるため、個人情報保護法に基づく安全管理措置義務の内容、程度が問題となった事案ではないが、個人情報を取り扱う事業者として求められる管理水準が争いとなった。

　ユーザは、様々な債務不履行事由を主張していたが、裁判所は次のように述べて、適切なセキュリティ対策がとられたアプリケーションを提供すべき債務の不履行があったと認めた。

　システム運用事業者は、平成21年2月4日に本件システム発注契約を締結して本件システムの発注を受けたのであるから、その当時の技術水準に沿ったセキュリティ対策を施したプログラムを提供することが黙示的に合意されていたと認められる。そして、本件システムでは、金種指定詳細化以前にも、顧客の個人情報を本件データベースに保存する設定となっていたことからすれば、システム運用事業者は、当該個人情報の漏洩を防ぐために必要なセキュリティ対策を施したプログラムを提供すべき債務を負っていたと解すべきである。

　本件では、SQLインジェクションという攻撃によってデータが漏洩した

が、平成18年当時から、SQLインジェクション攻撃については各所より対策の提示とともに注意喚起がなされていたことなどが挙げられ、システム運用事業者がいずれの対策もとっていなかったことから、上記の債務を履行していないとされた。

オ　ゲーム利用者情報の事例

前掲・**図表5-7**の平成23年に発生したゲーム会社の事例では、経済産業省の指導内容によると、次のような事象により個人情報保護法22条に定める「委託を受けた者に対する必要かつ適切な監督」が行われていないとの判断がなされているの「2. 指導の背景」。委託者をY、委託先をZへ修正している）。

---

① 委託先のZにはCIOなどの情報セキュリティに関する専門的な責任者がおらず、また、異常発生時における報告連絡体制に係る規程等の整備がされていないなど、組織的安全管理体制に不備があったこと。
② Zにおいては、ネットワークの利用をビジネスの中心とし、かつ、7700万件もの個人情報を保持していながら、公知の脆弱性について自社で確認する体制が整えられておらず、技術的安全管理体制に不備があったこと。
③ YとZとの間には、安全管理措置を遵守させるために必要な委託契約が締結されていないなど、個人情報の取扱状況を直接かつ適切に監督する体制が整えられていなかったこと。

カ　設例5-3の検討

設例5-3に最も近いのは、前掲・東京地裁平成25年3月19日判決である。著名なミドルウェア等に存するセキュリティホールに関する情報は、業界内で情報共有されることが多く、その重大性と対策内容に応じて迅速に対応することが求められる。Zは、ソフトウェアαにセキュリティ上の問題があることを知りつつバージョンアップするという対策をとっていなかったとすれば、十分な対策をとったとはいえないし、そのような情報を適時に入手していなかったとすれば、やはり安全管理措置を講ずる義務を履行していないといわざるを得ないだろうから、ZはXらに対し、不法行為責任を負う可能性がある。

IV　情報漏洩事故

　また、前掲・東京高裁平成19年8月28日判決［エステティックサロン事件］
のように、Yは委託先であるZを指揮・監督する立場であるとして、民法
715条に基づく使用者責任、あるいは、個人情報保護法22条に定める委託
先の監督義務違反があったとして、民法709条に基づく不法行為責任を負う
可能性があるだろう。

4　損害

　情報漏洩事故があった場合において、本人（サービスの利用者）が事業者に
対して請求し得るのは、プライバシー侵害を理由とする損害賠償請求である
から、慰謝料及び弁護士費用となる[49]。

　慰謝料の算定にあたっては、前記3(3)で述べた各種の裁判例によれば、
図表5-10のような要素が考慮されており、特に情報の性質が重視されてい
ると考えられる。また、B社事件に関する最高裁平成29年10月23日判決で
は、損害の発生についての主張、立証がされていないとして請求を棄却した
原審の判断を破棄差戻ししている（本書執筆時点において差戻審の判断は出てい
ないが、B社事件に関しては多数の訴訟が係属中である。）。

図表5-10　慰謝料算定にあたって考慮される要素

情報の性質	氏名、住所等の基本的な情報に加えて、病歴、思想信条や、東京高裁平成19年8月28日判決のような身体、美容に関する情報が加わると、高額な慰謝料になりやすい。
漏洩の範囲	漏洩範囲が不明確であったり、広範に拡散してしまった場合には、高額な慰謝料になりやすい。
事故後の対応	迅速に被害拡大防止に動いたり、謝罪、報告等の対応がとられていたりした場合と、不適切な対応であった場合とでは、慰謝料に差が生じる。
二次的被害の有無	漏洩した情報に基づいて迷惑メール等が届いたりした場合には、そのような事情がない場合と比較すると慰謝料は高額になりやすい。

　例えば、前記3(3)で述べた各種の裁判例等について見てみると、**図表
5-11**のとおりである。

---

[49]　個人情報が漏洩した場合における損害賠償リスク、賠償額について分析したものとして、北岡弘章「リスク判断のための紛争解決コスト分析 第3回 個人情報漏洩」ビジネスロー・ジャーナル68号80頁がある。

第5章　システム運用中のトラブル

図表 5-11　個人情報漏洩事件における慰謝料の例 [50]

	慰謝料 [51]	情報の性質	漏洩の範囲	事故後の対応	二次的被害
電気通信事業者（大阪高裁平成19年6月21日判決）	5000円	住所、氏名、電話番号等	不正アクセス実行者とその共犯者	社外に発表、500円の金券交付して謝罪等	特になし
エステティックサロン（東京高裁平成19年8月28日判決）	3万円 [52]	住所、氏名等のほか、コース内容、質問に対する回答等	匿名掲示板、ファイル交換ソフトによる共有	謝罪メール、社告等	迷惑メール、いたずら電話等あり
住民基本台帳（大阪高裁平成13年12月25日判決）	1万円	住民番号、住所、氏名、生年月日、転入・転出歴等	データ販売業者（販売の広告等はあり）	市政だより等により周知、謝罪、違反業者との取引停止等	特になし

　上記からも明らかなとおり、エステティックサロンに関する情報のように、秘匿性の高い情報、機微情報については慰謝料が高額になりがちである。

　なお、特殊な事例ではあるが、平成16年3月に捜査関係書類（道交法違反事件の詳細な内容）がファイル交換ソフトによって北海道警から流出したという事件では40万円の慰謝料が認められ [53]、平成22年10月に国際テロ捜査に関する個人情報（国籍、氏名、旅券番号、家族、出入国歴、出入りモスク等）がファイル交換ソフトによって流出し、さらに出版社が『流出「公安テロ情報」全データ』と題する書籍を出版したという二次的被害が生じた事件では、1人当たり500万円の慰謝料が認められたという事例 [54] がある。このように、宗教、犯罪に関わる機微情報については、賠償額はさらに高額になる。

　設例5-3では、流出したクレジットカードの保有者が再発行をした場合に

50）　ユーザに対する直接の賠償額が争われた事例ではないが、前掲・東京地裁平成26年1月23日判決では、サイト運営者が謝罪のために顧客に交付した商品券（1人当たり1000円相当）を、ベンダの債務不履行との相当因果関係ある損害だと認定した。
51）　他に弁護士費用が、1人当たり1000円から5000円の範囲で認められている。
52）　二次的被害を受けていない原告1名については1万7000円とされた。
53）　札幌高裁平成17年11月11日判決。
54）　東京地裁平成26年1月15日判決（同事件原告弁護団のホームページ（http://k-bengodan.jugem.jp/?eid=44）より）。なお、双方の控訴が棄却される判決が出されている（東京高裁平成27年4月14日判決・公刊物未登載）。

おける再発行手数料等の直接損害を賠償する責任が生じる[55]ほか、前記各裁判例によれば、1人当たり5000円から1万円の慰謝料請求が認められる可能性がある。

5 過失相殺・責任制限条項の適用

個人情報の漏洩事故においては、ユーザの過失を観念し難いことから、通常は過失相殺を適用することによってベンダの責任範囲を限定することは困難であろう。

また、個人情報の場合は、情報の主体（本人）は個人であることから、消費者契約法が適用される可能性が高く、免責・責任制限規定を設けていたとしても、有効となる場面は限定される。

6 委託先・委託元間の関係

（1）委託先が負う義務内容

個人情報取扱事業者は、取り扱う個人データの漏洩、滅失又はき損の防止その他の個人データの安全管理のために必要かつ適切な措置を講じる義務を負う（個人情報保護法20条）。また、取扱いを委託する場合には、委託先においても安全管理措置が図られるよう、委託先は適切な監督をする義務を負う（同法22条）。したがって、委託先において個人情報等の漏洩事故が生じた場合、利用者（本人）に対して責任が生ずるほか、管理を受託した事業者は、委託者に対し、当該委託契約の債務不履行責任及び不法行為責任を負う可能性がある。

これらの規定に基づいて、個人情報の委託元は、委託先との間で、個人データの取扱いに関するSLAを締結していることが多い（**図表5-12**はサンプル（抜粋）[56]。下記の項目についてさらに具体的な対策、構成、体制等を示すことが望まし

---

55) 前記1で述べた平成25年3月のクレジットカード情報流出事故では、事業者が再発行にかかる手数料の負担を表明している。
56) 当該サンプルは、電子情報技術産業協会ソリューションサービス事業委員会・前掲注6)のガイドラインに基づいて抜粋、作成したものである。

第5章　システム運用中のトラブル

い）。

図表5-12　個人情報保護体制及び個人データの安全管理措置等に関するSLAのサンプル（抜粋）

受託者は、委託者のお客様情報を含む個人データの取扱いを受託するにあたり、個人情報保護体制及び個人データの安全管理措置等の状況について、以下の事項について遵守することを誓約します。

1. 基本方針と社内規定の整備状況

	（1）個人データの安全管理措置に関する社内規定の整備状況について
		①　個人データの安全管理に係る基本方針を整備すること
		②　個人データの安全管理に係る取扱規程を整備すること
		（以下略）

2. 個人データの組織的安全管理措置について　（略）

3. 個人データの人的安全管理装置について　（略）

4. 個人データの物理的安全管理措置について　（略）

5. 個人データの技術的安全管理装置について

	（1）個人データへのアクセス管理
		①　個人データを利用する従業者等に対し、利用者の識別・認証を実施する
		（以下略）
	（2）不正プログラムへの防御や外部からの不正アクセスへの対策の実施
		①　コンピュータ・ウィルス等不正プログラムへの防御策を講ずる
		②　コンピュータ・ソフトウェアの導入・利用に関する規定を整備し、適切に運用する
		③　通信経路を限定するなど外部ネットワークからの不正アクセスを防御する措置を講ずる
		④　不正アクセスの監視機能を整備する
		⑤　不正プログラムによる被害や不正アクセスの発生に備えた対応・復旧手続を整備する

（以下略）

　万が一、個人情報の漏洩事故が生じた場合には、これらの合意内容あるいは各種ガイドラインに沿って、委託先が適切な安全管理措置を講じていたかどうかにより、債務不履行責任の有無が判断される。

266

設例5-3においては、委託元Yと委託先Zの関係は明らかではないが、仮に**図表5-12**と同様の合意がなされていたとすると、3か月前からソフトウェアαの脆弱性が指摘されており、かつ、事故が生じる3週間前には、それに対応した最新版がリリースされていたという事情に照らすと、旧バージョンを使い続けていたために不正アクセスを受けてしまった委託先Zは、例えば**図表5-12**における「5（2）③通信経路を限定するなど外部ネットワークからの不正アクセスを防御する措置を講ずる」義務に違反する可能性がある。

（2）委託先が賠償すべき損害

委託先の帰責事由によって個人情報が漏洩したという場合、委託元は、委託先に対し、①利用者（本人）に対して損害賠償したときには、その損害の求償、②事故の対応に要した費用の賠償をすることが考えられる。少々古い調査であるが、「企業における情報セキュリティ事象被害額調査報告書」[57]によれば、ファイル交換ソフト等によって情報漏洩事故が生じた場合において、①データの精査に10数名から100名規模で50人日から100人日、金額にして90万円から180万円、②顧客への謝罪、問い合わせ対応の平均的なケースとして3か月間、10名体制で対応したと仮定して約1620万円、③復旧のためのウェブアプリケーションの改修、検査費用として約4800万円から1億円程度（これにかかる社内の人件費別）、④広告主への保証、お詫び通知等の対応費用として数百万円から5000万円などの推計結果が出されている。

B社の有価証券報告書（平成27年3月期）によれば個人情報の漏洩事故により、顧客へのお詫びとして200億円のほか「お客様へのお詫び文書の発送費用、及びお客様からのお問い合わせ対応費用、並びに個人情報漏えいに対する調査・情報セキュリティ対策等に係る費用」として約60億円が計上されている（これらの費用を委託先に賠償請求したか否かは不明である。）。

自治体のシステムの移行作業において、自治体から依頼を受けた元請事業者のさらに下請事業者の従業員から住民の個人情報が漏洩したという事故に

---

57) 独立行政法人情報処理推進機構（IPA）（2005）（http://www.ipa.go.jp/security/fy17/reports/virus-survey/documents/2005_model.pdf）。本報告書は、コンピュータ・ウィルスによる被害について検討したものであるが、情報漏洩時についても多くの検討がなされている。

おいて、元請事業者から下請事業者に対し賠償請求したという事案[58]では、裁判所は、上記①に相当する費用として、元請事業者が自治体に対して賠償した1453万2000円のほか、上記②に相当する元請事業者固有の損害として、関係機関の訪問費用、謝罪広告費用の合計69万7820円の損害を認めた（ただし、元請事業者の指導・監督の懈怠を認め、損害の4割を過失相殺している）。

また、前掲・東京地裁平成25年3月19日判決では、クレジットカード決済代行業者は、クレジットカード情報を保有していた事業者に対し、アクワイアラー[59]から請求された違約金、事故調査費用として1617万5630円、PCI-DSS認定[60]の再取得費用として111万3720円、その他交通費等の損害を請求できるとされた。さらに、前掲・東京地裁平成26年1月23日判決では、顧客からの問い合わせ対応外注費用として約490万円、事故調査費用として約390万円、売上機会損失として約400万円などが相当因果関係ある損害として認められた。このように、漏洩した本人からの請求のほか、調査などの事故対応等にかかる損害は決して少なくない。

設例5-3では、委託元Yは委託先Zに対し、①YがXに対して賠償した金銭のほか、調査などの②事故の調査や、本件サイトの復旧作業にかかる作業のほか、③本件サイトが閉鎖されていた3か月間にかかる機会損失費用の賠償を求めることが考えられる。ただし、②については、実際にはZが自己の費用で実施することになるため、Y固有の損害が生じない可能性がある。③については、Ⅱ、Ⅲですでに述べたとおり、委託契約の中で賠償の範囲から除外されている可能性がある。また、委託元であるYは、Zの管理監督責任を果たせなかったという理由から、過失相殺により、損害額が一定程度減殺される可能性がある。

（3）過失相殺・責任制限条項の援用

委託先・委託元間の関係においても、委託先の責任を軽減する手段として、

---

58) 山口地裁平成21年6月4日判決。
59) クレジットカードの加盟店管理業者をいう。加盟店を開拓し、加盟店からの債権買取又は立替払いを行う事業者。
60) 加盟店やサービスプロバイダにおいて、クレジットカード会員データを安全に取り扱うことを目的として策定されたクレジットカード業界のセキュリティ基準をいう。

過失相殺・責任制限条項の援用が考えられる。これらについては、すでにシステム障害（Ⅱ）、データ消失事故（Ⅲ）で述べたところと同様である。

前掲・東京地裁平成26年1月23日判決では、委託先からの注意喚起に対して、特段の指示・対応をとらなかった委託元にも過失があるとして3割の過失相殺をするのが相当であるとしつつも、賠償範囲を契約金額の範囲内とする責任制限条項については、重過失がある場合には適用されないとした（委託先の重過失を認定した）。

7　刑事責任

設例5-3のように、故意により情報を漏洩させた場合には、情報漏洩行為を行った者は刑事責任を負う場合がある。

（1）個人情報保護法違反

平成27年の個人情報保護法改正により、個人情報データベース等を不正な利益で図る目的で提供する行為等について刑事罰（1年以下の懲役又は50万円以下の罰金）が設けられることとなった（同法83条）。これは、従来、個人情報を不正に提供する行為に対しては不正競争防止法違反が適用されてきたが、「営業秘密」該当性を満たさないことから同法違反を問うことができないというケースに対応するためである。

（2）不正アクセス禁止法違反

不正アクセス禁止法（不正アクセス行為の禁止等に関する法律）3条は、不正アクセス行為を禁止し、これの予備的、幇助的行為として他人の識別符号を不正取得する行為（同法4条）、助長する行為（同法5条）をそれぞれ禁止している。違反行為に対しては刑事罰が定められている（同法3条違反につき、3年以下の懲役又は100万円以下の罰金（同法11条）、同法4条・5条違反につき、1年以下の懲役又は50万円以下の罰金（同法12条1号・2号））。「不正アクセス」

第5章　システム運用中のトラブル

行為の類型は、**図表5-13**の3種類が定められている[61]。

図表5-13　不正アクセス行為の類型（不正アクセス禁止法2条4項）

号	客体	行為		結果
1	アクセス制御機能を有する特定電子計算機	電気通信回線を通じて	当該アクセス制御機能に係る他人の識別符号を入力	当該特定電子計算機を作動させ、その制限されている特定利用をし得る状態にさせる
2			当該アクセス制御機能による特定利用の制限を免れることができる情報（識別符号を除く）又は指令を入力	
3	電気通信回線を介して接続された他の特定電子計算機が有するアクセス制御機能によりその特定利用を制限されている特定電子計算機		その制限を免れることができる情報又は指令を入力	

　典型的には、他人のIDやパスワードを本人に無断で入力してアクセスした場合には不正アクセス禁止法2条4項1号に該当し、セキュリティの脆弱性を突いてアクセス制御機能を無力化した上でアクセスする場合には、同項2号又は3号に該当する。

（3）その他の刑事責任

　不正競争防止法には、営業秘密の不正取得・利用行為のうち、悪質性が高い行為について刑事罰が定められている（10年以下の懲役若しくは1000万円以下の罰金又は併科（同法21条1項各号））。その行為類型は不正競争行為（同法2条1項4号から9号）と異なるため、注意が必要である（個人情報の漏洩に関して同法を適用した例として東京高裁平成29年3月21日判決）。

　その他、漏洩の対象となる情報が、通信の秘密の対象となる情報である場合には、電気通信事業者法違反として2年以下の懲役又は100万円以下の罰

61）　情報セキュリティと不正アクセス禁止法に関しては、岡村・前掲注19）131頁以下に詳しい。図表5-13は、同132頁の表を参考にして作成したものである。

金となる（電気通信事業者法179条・4条）ほか、情報が格納された媒体を持ち出す行為については、刑法が定める窃盗罪（刑法235条）、業務上横領罪（刑法253条）等に該当し得る。

8　その他の責任

　個人情報保護委員会は、個人情報取扱事業者が安全管理措置義務（個人情報保護法20条）に違反した場合において個人の権利利益を保護するために必要があると認めるときは、当該個人情報取扱事業者に対して、違反行為の中止や必要な是正措置を取るべき旨を勧告することができる（同法42条1項）。さらに、当該勧告を受けた個人情報取扱事業者が、正当な理由なく勧告に係る措置に従わなかったときは、個人情報保護委員会は、勧告に係る措置をとるべきことを命ずることができる（同条2項）[62]。

62）　当該命令に違反した者は、6月以下の懲役又は30万円以下の罰金が科される（個人情報保護法84条）。

第6章
知的財産権（プログラムの著作物）に
関するトラブル

第6章　知的財産権（プログラムの著作物）に関するトラブル

I　はじめに

　本章では、システムの知的財産権に関わる紛争を取り上げる。システムを構成するコンピュータ・プログラムその他IT機器は、特許権をはじめとする工業所有権のほか、著作権など、幅広い知的財産権又は法律上の利益によって保護され得るが、知的財産権全般について詳細に解説することは本書のスコープから外れることになるため、本章では、システム開発に関連して紛争になりやすいプログラムの著作物（著作権法10条1項9号）を中心に述べる。

II　システム開発における著作権の基本

1　何が著作物として保護されるか

　著作権法は、権利の客体である著作物について、「思想又は感情を創作的に表現したものであつて、文芸、学術、美術又は音楽の範囲に属するものをいう」と定めているのみであって（同法2条1項1号）、その対象範囲を明確に定めているものではない。しかし、同法10条（著作物の例示）では、1項で、言語の著作物（1号）、音楽の著作物（2号）など、具体例を列挙している。そして、同項9号では「プログラムの著作物」として、コンピュータ・プログラムが、著作物として保護されることを明示している。なお、「プログラム」の同法における定義は「電子計算機を機能させて一の結果を得ることができるようにこれに対する指令を組み合わせたものとして表現したもの」である（同法2条1項10号の2）。

　さらに、著作権法10条3項柱書第1文では、プログラムの著作物の保護は「その著作物を作成するために用いるプログラム言語、規約及び解法に及ばない」と限定し、著作物の対象にならないものを列挙している。プログラム言語、規約、解法の定義は、同項各号に挙げられている。

　著作権法10条3項各号に該当しなければ、プログラムがすべて著作物として保護されるわけではない。この点は、他の著作物と同様に、同法2条1項1号の定義に該当することが必要であり、特に「創作的に表現」したもの

274

であるかどうかは多くの裁判例において争われている。プログラムの創作性が争われた事例[1]において、裁判所は次のように述べている[2]。

> プログラムは、「電子計算機を機能させて一の結果を得ることができるようにこれに対する指令を組み合わせたものとして表現したもの」（著作権法2条1項10号の2）であり、所定のプログラム言語、規約及び解法に制約されつつ、コンピューターに対する指令をどのように表現するか、その指令の表現をどのように組み合わせ、どのような表現順序とするかなどについて、著作権法により保護されるべき作成者の個性が表れることになる。
> したがって、プログラムに著作物性があるというためには、指令の表現自体、その指令の表現の組合せ、その表現順序からなるプログラムの全体に選択の幅があり、かつ、それがありふれた表現ではなく、作成者の個性、すなわち、表現上の創作性が表れていることを要するといわなければならない。

プログラムは、文法、記述方法に制約があるとはいえ、一定の機能、処理を実現するための記載方法、記載順序はある程度の多様性がある。そのため、相当程度の長さ、複雑さを有するプログラムの場合、その中には作成者の個性が表れている箇所や、ありふれていない表現が含まれている可能性が高まるから、プログラムの著作物性は認められやすいだろう[3]。

人間が記述したプログラムを「ソースコード（ソースプログラム）」と呼ぶ。コンピュータは、ソースコードをそのままでは実行することができないため、作成されたプログラムをあらかじめ実行可能な形式に変換することが必要であり（これをコンパイルと呼ぶ[4]）、変換されたプログラムを、「オブジェクト

---

1) 知財高裁平成24年1月25日判決。
2) なお、本件ではいかなる箇所にプログラム制作者の個性が発揮されているのか具体的な主張立証がないとして著作物性を否定した。ほかに著作物性を否定した事例として、知財高裁平成29年3月14日判決（裁判所ウェブサイト）、東京地裁平成24年11月30日判決（裁判所ウェブサイト）、東京地裁平成24年12月27日判決（裁判所ウェブサイト）等がある。
3) 知財高裁平成28年4月27日判決では、指令の表現、指令の組合せ、指令の順序などの点において他の表現を選択することができる余地が十分にあり、かつ、それがありふれた表現であるということはない、として著作物性を認めた。また、東京地裁平成23年1月28日判決（判時2133号114頁）では、37のファイルから構成され、印刷するとA4用紙で1000枚以上にも及ぶプログラムについて、個別の表現を取り上げて創作性を検討することなく著作物性を認めた。なお、プログラムの著作物の創作性及び保護範囲について網羅的・詳細に検討されたものとして、田村善之「裁判例にみるプログラムの著作物の保護範囲の確定手法（その1、その2）─質的な基準と量的な基準─」知財管理65巻10号1305頁（2015年）、11号1475頁（2015年）がある。
4) ただし、事前にオブジェクトコードへの変換（コンパイル）を要しないプログラミング言語もある（「インタープリタ言語」と呼ばれる）。ウェブ関連のソフトウェアでは、こうしたインタープリタ言語もよく使われている。

第6章 知的財産権（プログラムの著作物）に関するトラブル

コード（オブジェクトプログラム）」と呼ぶ。一般には、可読性を欠くオブジェクトコードであっても、ソースコードの複製物であるとされている[5]。

2 誰に権利が帰属するか

他の著作物と同様にプログラムの場合も、著作権は創作した者に原始的に帰属する。しかし、次のようなプログラム固有の事情やシステム開発業界固有の事情にも留意しなければならない。

1つは職務著作である。法人等の発意に基づいて、その法人等の業務に従事する者が職務上作成した場合には、作成の時において契約、就業規則等に別段の定めがない限り、その作成したプログラムの著作物の著作者は当該法人等となる（著作権法15条2項[6]。いわゆる職務著作規定）。したがって、ベンダの従業員として開発業務に従事した者が開発したプログラムの著作権は、原始的に当該ベンダに帰属するのが原則である。

もう1点は著作権の移転、譲渡に関する合意がなされることが多いことが挙げられる。一般的なユーザの感覚としては、報酬を支払って開発委託するのであるから、納入とともに、プログラムに係る著作権も移転すると考えてしまいがちであるが、著作権法の原則では、著作者に権利が帰属するのであって、費用を負担した者が権利を取得することにはならない。そのため、ユーザに権利を移転させる場合には、システム開発契約において著作権に関する取決めをしておくことが必要である[7]。

3 著作権侵害の有無

著作権とは、著作物を独占的に利用することができる権利である。その著作権の内容は、法律上、1つの権利として定められているのではなく、著作

---

5) 東京地裁昭和57年12月6日判決。当該裁判例は、「プログラムの著作物」が保護対象になることが明示された著作権法改正以前の判決である。この点について詳細に検討したものとして、中山信弘『ソフトウェアの法的保護［新版］』（有斐閣、1988）30頁等がある。

6) プログラムの著作物以外の著作物の場合、職務著作の成立要件として、本文中の要件に加えて「法人等が自己の著作の名義の下に公表するもの」が加わる（著作権法15条1項）。

7) 著作権の譲渡に関する合意にあたっては、著作者人格権の不行使、翻案権譲渡等の特掲（著作権法61条2項）等にも留意する必要がある。この点については、例えば中山信弘『著作権法［第2版］』（有斐閣、2014）417頁等を参照。

物の利用形態に応じて、支分権として列挙されている（著作権法21条から28条）。特にプログラムの著作物において問題となるのは、複製（同法21条）、ネット経由での配信である公衆送信（同法23条1項）、譲渡（同法26条の2）及び翻案（同法27条）である。ここに列挙した利用行為は、次に述べる「著作権が及ばない場合」に該当しない限りは、著作権者の許諾なくして行うことができない。

4　著作権が及ばない場合

　著作権を有しない場合であっても、ユーザがプログラムを実行する行為には、プログラムの著作物の利用行為（複製・公衆送信等）が含まれないために、著作権の侵害がないと考えることができる。技術的・物理的に考えれば、コンピュータのメモリ等に一時的に複製行為が行われているとしても、「情報処理の過程において、当該情報処理を円滑かつ効率的に行うために必要と認められる限度」であれば、コンピュータの記憶媒体に記録する行為には著作権が及ばない（同法47条の8）[8]。

　また、プログラムの著作物のコピーを所有する者は、自らの利用のために必要と認められる限度において複製、翻案をすることができる（著作権法47条の3）。「利用するために必要と認められる限度において」とは、ソースコードをオブジェクトコードに変換する場合、滅失・毀損に備えてのバックアップコピーの作成、不具合の修正、自己の利用目的に合わせてプログラムの機能を追加・削除又は変更する場合などとされている[9]。しかし、「必要と認められる限度において」の解釈については裁判例も乏しく[10]、本規定によって許される複製・翻案行為の外縁は不明確である。ベンダから納入されたプログラムの保守目的で行われる追加・変更作業が、同条の定める著作権制限規

---

8)　第196回通常国会で成立した改正著作権法によれば、同法47条の8は削除され、改正後の同法47条の4第1項各号に整理されている。

9)　小倉秀夫＝金井重彦編著『著作権法コンメンタール』（レクシスネクシス・ジャパン、2013）808頁。これに対し、上山浩『IT契約の教科書』（日経BP、2017）137頁では、「新しい機能を追加したり、画面レイアウトを変更して使い勝手を良くしたりすること」はできないとしている。

10)　大阪地裁平成12年12月26日判決において、同条によって許される複製等の範囲について「バックアップ用複製、コンピュータを利用する過程において必然的に生ずる複製、記憶媒体の変換のための複製、自己の使用目的に合わせるための複製等に限られ」ているとした事例がある。ただし、本件は平成21年著作権法改正前の事例であるため、判決文中では著作権法47条の2となっている。

第6章 知的財産権(プログラムの著作物)に関するトラブル

定の枠内に収まるかどうかもケースバイケースとなる。したがって、著作権の帰属あるいは利用許諾の範囲は、契約において明確に定めておくことが望ましい。

5 著作権者は何ができるか

著作権を侵害された者は、民事的救済として差止め(著作権法112条1項)と、損害賠償（民法709条）を求めることができる。差止請求に付帯して、侵害行為を組成した物、侵害行為によって作成された物の廃棄等を請求できる(著作権法112条2項)。また、損害賠償に関し、著作権法では、特許法などと同様に、損害賠償額の算定に関する推定規定を設けている（著作権法114条）。

Ⅲ プログラムの著作物に関わる紛争

1 はじめに

プログラムの著作物に関わる紛争の類型として、①プログラムの利用行為の存在には争いがないものの、当該プログラムに係る著作権の帰属が争われるケースと、②機能が類似するプログラムについて、著作権（複製権又は翻案権）侵害に当たるか否かが争われるケースが挙げられる。例えば①の類型は、著作権の譲渡を受けたと思い込んでいたユーザが、プログラムを利用（複製・改変等）していたところ、ベンダから権利行使されたという事例が考えられる。また、②の類型では、退職した従業員が、その会社に所属していた際に開発していたソフトウェアと同種のソフトウェアを開発したところ、元の会社から権利行使されたという事例が考えられる[11]。いずれも、会社と元従業員、ベンダとユーザ、あるいはライセンサーとライセンシーのように、紛争当事者の間に一定の契約関係にあった者同士で争われることが多い。

2では、著作権の帰属が争われる類型、3では、著作権侵害（複製・翻案）の有無が争われる類型についてポイントを解説する。

---

11) ②の類型であっても、退職した従業員は職務著作の成立を争って原始的に権利が帰属しているとの反論がなされることがあり得るので、権利の帰属について争われることはある。

2　権利の帰属が争われる場合

Ⅱの2で述べたとおり、プログラムの著作権は、創作者に原始的に権利が帰属することが原則であるが、職務著作の規定により使用者に権利が帰属する場合もある。また、当事者間の合意によって権利を移転させることが可能である。したがって、権利の帰属が争われた場合においては、プログラムの作成時に立ち返り、原始的に権利が帰属するのは誰か、著作権移転に関する合意はあるかといった順で検討する必要がある。

会社の元取締役、元従業員との間で生じる紛争については原始帰属が主な争点になるのに対し、開発を委託したユーザと、受託したベンダとの間で生じる紛争については移転の合意が主な争点になる。この類型の紛争では、「誰がソースコードを記述したのか」という純粋な事実の争いよりは、上記のような法的評価の争いとなることが多い印象である。

（1）原始的に権利が帰属するのは誰か

ア　当該プログラムの開発者の調査・検討

システムを構成するプログラムは多数の作業者が分担して開発することが多いため、争いとなっているプログラムの作成者を調査・特定する必要がある。この場合、開発会社の作業スケジュールにおける担当者の欄や、ソースコードのコメント欄に記載された作成者といった情報に基づいて特定することになる。

これらの作成者、改訂者の特定は、ソースコード管理ツール、文書管理ツールによって開発管理が行われている場合には、比較的容易である。

また、プログラムは何度も修正、改変を繰り返される。そのため、問題となったプログラムに複数の者による編集が加わっている可能性もある。この場合、各人の寄与を分離して個別的に利用することができない場合には、共同著作物（著作権法2条1項12号）[12] あるいは、元となったプログラムの本質的特徴の同一性を維持しつつ、新たな創作を行ったといえる場合には、二次

---

12)　共同著作物の著作権は共有となり、共有著作権としての制限を受ける（著作権法65条）。

第6章　知的財産権（プログラムの著作物）に関するトラブル

的著作物[13]となる。そのため、問題となっているプログラムのバージョンと、その作成過程に関与したプログラマの特定が必要である。

イ　開発者と会社の関係

　開発者が特定できた場合でも、職務著作が成立する場合には、使用者（企業）に原始的に著作権が帰属する。当該開発者と所属する会社の間に雇用関係があり、その指揮監督下において開発作業が行われた場合には、職務著作の成立が認められやすいといえるが、職務著作の成否が争点となった事例には、個人的な人間関係に基づいて手伝っていたという事情から「法人等の業務に従事する者」といえるかどうかが争点となったもの[14]、会社からの具体的指示はなく、自己の意思の下で開発を進めた事情から「法人等の発意」の有無が争点となったもの[15]などが挙げられる[16]。

　会社の従業員が業務上開発したプログラムについて職務著作が否定されるケースは稀であろう。しかし、システム開発においては、フリーランスのプログラマに作業を再委託したりすることも少なくなく、このような場合は、職務著作の規定によって、原始的に発注者である会社に権利が帰属するといえるかどうかは当該プログラマと委託したベンダとの指揮命令関係の程度に依存し、ケースバイケースになるため、職務著作が成立し得る状況であったとしても、事前に権利の帰属、移転について明示的に合意しておくことが重要である。

（2）著作権譲渡の合意があるか

　ベンダからユーザへの権利譲渡については、権利を譲り受けたと主張する者が移転の合意について立証責任を負う。例えば、知財高裁平成18年4月12日判決は、一般論として次のように述べて、契約書の記載あるいは契約

---

13)　共同著作物と二次的著作物との間では法的効果（特に、後の利用に関する拒否権の有無）が異なる。この点については、中山・前掲注7）198頁等。

14)　東京地裁平成22年12月22日判決（裁判所ウェブサイト）。

15)　知財高裁平成23年3月15日判決（裁判所ウェブサイト）、知財高裁平成18年12月26日判決（判時2019号92頁）。

16)　プログラムの著作物について職務著作の成否が争点となった事例としては、ほかに知財高裁平成29年5月23日判決、知財高裁平成24年1月31日判決、前掲・東京地裁平成23年1月28日判決などが挙げられる。

に至る一連の経緯から、発注者に著作権が譲渡される旨の合意があったと認定した。

> プログラムの開発委託契約に基づいて開発されたプログラムの著作権につき、受託者に発生した著作権を委託者に譲渡するのか、受託者に留保するのかは、契約当事者間の合意により自由に定めることのできる事項である。

このような紛争を未然に回避するためには、システム開発委託の際に、著作権の帰属・譲渡あるいは、ベンダからの利用許諾の範囲、条件について、明示的に合意しておくことが重要である。

経産省モデル契約〈第一版〉では、著作権の帰属に関し、A案、B案、C案が併記されている（第45条、**図表6-1**）。同モデル契約書の解説では、「ソフトウェアの再利用を促進する」ことを理由にベンダに著作権を帰属させる規定（A案）を推奨している。

> **（納入物の著作権）**
> 第45条　納入物に関する著作権（著作権法第27条及び第28条の権利を含む。）は、甲又は第三者が従前から保有していた著作物の著作権を除き、乙に帰属するものとする。
> 2.　（省略）

B案は、汎用的なもの等[17]をベンダに留保させ、その他をユーザに移転させる案であり、C案は、汎用的なもの等をベンダに留保させ、その他はユーザ・ベンダの共有とする案である。システム開発の実務において多く使われているのはB案の類型だと思われる。

---

17)　権利が留保されるものは「乙又は第三者が従前から保有していた著作物の著作権及び汎用的な利用が可能なプログラム」である。

図表 6-1　経産省モデル契約〈第一版〉における著作権帰属案

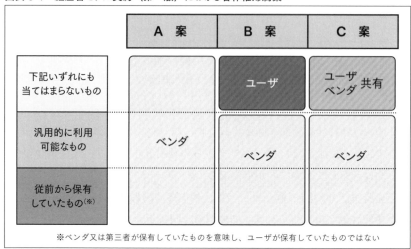

　B案は、「乙（ベンダ）又は第三者が従前から保有していた著作物の著作権及び汎用的な利用が可能なプログラムの著作権」がベンダに留保されることとなっているが、それだけでは納入物であるプログラムの中で、どの部分が留保されるものか、移転されるものであるのかが明らかにならない。将来の紛争を回避するためには、納入時に、留保されるもの・移転されるものを識別できるようにしておくとともに、当事者間で合意しておくことが望ましい。
　さらには、下請ベンダが起用されるなどして、階層的な請負構造となっている場合には、権利帰属・移転が適切に整合性をもって保たれているかどうか注意が必要である[18]。

3　複製・翻案の有無が争われる類型

　プログラムの著作物に関する紛争の2つ目の類型は、プログラムの複製権あるいは翻案権の侵害の有無が争われるケースである。典型的には、退職した従業員等が、前職にて開発、販売していたソフトウェアと類似・競合する

---
18)　例えば、ユーザと元請ベンダとの間では著作権を譲渡する合意が成立していながら、元請ベンダと下請ベンダとの間では、下請ベンダに権利が留保されることになっている場合、元請ベンダは他人の権利を譲渡する合意をしていることになってしまう。

製品、サービスを短期間に開発、販売したことから、プログラムの著作物の著作権侵害が問題となるようなケースである。

　この種の紛争は、会社と元従業員との間に限られるものではない。例えば、ベンダが、以前にユーザから委託された開発業務に基づいて開発したプログラムを元にして、汎用的なパッケージ製品を開発した場合、これが許されるか、許されるとすれば、どの程度の変更があれば許されるのかといったことが問題になり得る。また、ユーザにおいて、以前にベンダから納入されたプログラムを参考にして新しいシステムを開発する場合、再利用することがどこまで許されるか、といったケースにおいても問題となる。

(1) 複製・翻案の判断基準

　複製権・翻案権侵害となるためには、他人の著作物に依拠すること（依拠性）に加えて、他人の著作物に類似すること（類似性）が必要である。

　類似性に関する判断のリーディングケースである最高裁（一小）昭和53年9月7日判決では、複製とは「既存の著作物に依拠し、その内容及び形式を覚知させるに足りるものを再製すること」とし、翻案権侵害が問題となった最高裁（一小）平成13年6月28日判決では、「既存の著作物に依拠し、かつ、その表現上の本質的な特徴の同一性を維持しつつ、具体的表現に修正、増減、変更等を加えて、新たに思想又は感情を創作的に表現することにより、これに接する者が既存の著作物の表現上の本質的な特徴を直接感得することのできる別の著作物を創作する行為をいう」とした[19]。したがって、プログラムの著作物の著作権侵害となるのは、既存の著作物すなわち、他人が作成したプログラムに依拠し、その表現上の本質的な特徴を直接感得することのできる別のプログラムを開発する場合である。

　著作権侵害の成否を具体的に判断する手順としては、原告と被告の著作物を並べて対比し、そこに共通している要素を取り出し、そこが創作的な表現

---

19) いわゆる江差追分事件。本判決では、「言語の著作物」についての判断として本文中の規範を挙げているが、他の種類の著作物についてもこの基準が適用されると考えられている。プログラムの著作物の事件でも、後述する知財高裁平成28年4月27日判決、知財高裁平成26年3月12日判決等において、本件最高裁判例が引用されている。

第6章　知的財産権（プログラムの著作物）に関するトラブル

と認められるかどうかを吟味する方法が一般的にとられている。

　複製権侵害、翻案権侵害となった事例において、原告が、原告・被告双方のソフトウェアの動作や機能の類似性を主張・立証するにとどまるケースが少なくない。しかし、動作や機能は、表現それ自体ではないアイデアにすぎず、著作権による保護が及ばないため、それだけでは著作権侵害が認められることはない[20]。

　以下では、このような規範を前提に、自社が権利を有するソフトウェアと類似するソフトウェアが開発されたという事例を念頭に置きながら、プログラムの著作権を行使する際の留意事項について解説する。

（2）相手方著作物の入手

　前述の著作権侵害の判断手法から明らかなように、著作権の権利行使にあたっては、それぞれの著作物（ソースコード）を並べて対比することが前提である[21]。

　しかし、一般に提供、流通されているソフトウェアは、ソースコードが同梱されていることはなく、実行可能なソフトウェアであるオブジェクトコードが手元にあっても、可読性がないために、その類似性を比較することができない。オブジェクトコードからソースコードへの変換を試みる行為（デコンパイル、リバースエンジニアリングなどと呼ばれることがある）は、多くのソフトウェアの使用許諾契約において禁止されており、技術的にも容易ではない[22]。仮にソースコードへの変換に成功したとしても、もともと開発者が記述したオリジナルのソースコードと同一のものであるとは限らないため、必

---

20)　機能の類似性を主張したにすぎないとして著作権侵害を認めない例として、東京地裁平成 24 年 12 月 18 日判決（裁判所ウェブサイト）などがある。

21)　プログラムの著作物性が争われた場合には、権利を行使する側が著作物性を主張立証する必要があるが、この場合もソースコードの提示が必須となる。前掲・知財高裁平成 24 年 1 月 25 日判決では、原告がソースコードを文書として提出しないで著作物性を主張していたところ、後に裁判官の釈明に応じて提出したという経緯をたどっている。前掲・知財高裁平成 29 年 3 月 14 日では、HTML 部分については公開されているウェブサイトから入手したと思われるが、その他のサーバ側プログラム（php 部分）については具体的な主張・立証がない。

22)　リバースエンジニアリング行為と著作権侵害の関係について論じたものとして、中山・前掲注 5) 112 頁以下、中山・前掲注 7) 123 頁、吉田正夫『ソフトウェア取引の契約ハンドブック』（共立出版、1989）17 頁以下がある。

284

ずしも有効な方法とはいえない[23]。

　また、カスタムメイドで作成されるシステムの場合には、特定企業の内部でのみ使用されるため、オブジェクトコードですら流通することもなく、被疑侵害事実の検出をすることすら困難である。したがって、ソースコードの入手はさらに困難である。

　ソースコードの入手方法として考えられる訴訟法上の手続として、証拠保全（民事訴訟法234条以下）がある。これは、本来の証拠調べを待っていたのでは取調べが不能又は困難となる事情がある場合において、その証拠方法について証拠調べを行う手続である（**図表6-2**は申立書の目録の記載例）。相手方の開発したソフトウェアのソースコードの開示が得られれば、これを対比することによって、事前に著作権侵害の有無を把握することができ、無駄な紛争の回避、あるいは早期解決につながることも期待される。

　しかし、証拠の提供を求められる相手方から見れば、ソースコードはソフトウェア開発の手順、処理方法に関する重要なノウハウが含まれているのであって、証拠保全によって開示、提供が求められることの不利益は重大である。そこで、証拠保全が認められるためには、「あらかじめ証拠調べしておかなければその証拠を使用することが困難となる事情」の疎明が必要となる。これは単に「改ざんのおそれがある」といった抽象的な記述のみでは足りないといわれている[24]。ソースコードはデジタル情報であって、容易に隠匿、改ざん、消去しやすいことのほか、相手方企業の規模・体制や、被疑侵害事実が発覚した後の交渉の経緯などの具体的な事情を主張することが必要である。

---

23)　少々古い事例だが、神戸地裁平成9年8月20日判決（平成6（ワ）712）は、将棋ソフトのプログラムに関する著作権侵害が争われた事例であり、原告が入手した被告のソフトを逆アセンブル（オブジェクトコードから人間から見て解釈しやすいアセンブラ言語へ変換する行為をいう）してアセンブラ言語での比較によって、著作権侵害の有無を判定した。

24)　どの程度の疎明まで求められるかという点については諸説がある。東京地裁証拠全研究会編著『証拠保全の実務』（金融財政事情研究会、2006）99頁参照。

第6章　知的財産権（プログラムの著作物）に関するトラブル

図表 6-2　証拠保全申立書の目録の記載例

検　証　物　目　録

相手方が保管する下記の文書及び電磁的記録

　○○ソフトウェア ver x.x（以下「本件ソフトウェア」）を作成するために用いられるソースコードのうち、プログラミング言語Cで記述された以下の機能を構成するライブラリに含まれるソースコード
（1）　▼▼機能
（2）　★★機能

　訴訟提起後の手続としては、侵害行為立証書類等の提出があり（著作権法114条の3、民事訴訟法220条）、これに基づいて、ソースコードの提出を求めることが考えられる。ただし、この手続は訴訟の提起が前提となっているため、ソースコードを入手しない段階で、訴訟を提起するに値するかどうかを判断するためには使用することはできない。

　また、訴訟あるいは保全手続の中で、相手方が任意にソースコードの提出に応じるというケースも見られる。

（3）複製・翻案の成否の検討

　ソースコードを入手した後は、具体的に複製権侵害、翻案権侵害の有無を検討することになる。前述のとおり、複製権あるいは翻案権侵害が認められるためには、共通する部分に創作性が認められることが必要である。プログラムは、英数字・記号から構成されているため、両者を対比して一致又は類似する部分を抽出することは比較的容易であるが、対比にあたっては、以下の点を検討すべきである[25]。

25）　前掲注3）田村論考では、ソースコード全体の行数のなかで、両プログラムが酷似しているコードが占める割合という量的な指標によって侵害の成否を決する裁判例があることを紹介しつつも、他の判断手法と対立するものではないと評価している。

ア 一致又は類似する部分の分量・割合は多いか

プログラム全体のうち、一致又は類似する部分の占める割合や、分量（行数・文字数）が多い場合には、著作権侵害が認められる方向に作用すると考えられる。なぜなら、分量が多いほど、プログラマの選択の幅が広くなり、そこに創作的表現が含まれる可能性が高まるからである。

前掲・知財高裁平成28年4月27日判決では、旧バージョン、新バージョンという2つのソースコードについて著作権侵害が争われた。裁判所は、旧バージョンについて、原告のプログラムと被告のプログラムとの間では約86％において一致又は酷似している上に、その記載順序及び組合せ等の点においても、同一又は類似しているとした上で、さらに全体としてみて創作的な表現部分において同一性を有するとして著作権侵害を認めた。

また、前掲・知財高裁平成24年1月31日判決も同様に、元従業員が転職先で開発したソフトウェアの著作権侵害が争われた事例であるが、実質的に一致する個所の分量が多いとして著作権侵害を認めている（下記は原審（東京地裁平成23年5月26日）の認定部分である））。

> 上記35個の原告ファイルとそれに対応する上記36個の被告ファイルとを比較すると、〈証拠〉の黄色のマーカーが塗られた部分は、ソースコードの記載が全く同一である。また、上記各〈証拠〉中の緑色のマーカーが塗られた部分は、会社名の置換え、変数名、フォーム名等に違いはあるものの、ソースコードの記述において、変数名、フォーム名等にどのような名称を付するかは、プログラムとして機能する上で、それほど意味を持たないものであることからすると、実質的には同一のソースコードであるといえる。
>
> これらの黄色マーカー部分及び緑色マーカー部分は、上記原告ファイル及び被告ファイルの大半を占めており、その割合は、全体の90％を下らない。

他にも前掲注3・東京地裁平成23年1月28日判決も約300の関数のうち、約100の関数においてまったく同一の内容であることなどから著作権侵害を認めてた。このように、共通部分、類似部分の分量、割合が高いことは、著作権侵害を認める間接事案として作用すると考えられる。

第6章　知的財産権（プログラムの著作物）に関するトラブル

　このように、共通部分、類似部分の分量、割合が高いことは、著作権侵害を認める間接事案として作用すると考えられる。

イ　一致又は類似する部分は創意工夫の余地がある部分か

　一致又は類似する部分が創作性を有する部分でなければ著作権侵害にならないことはすでに述べたとおりである。プログラムは、コンピュータに対する指令を一定の制約の下で記述したものであるし、プログラム言語によって使用できる命令・表現は限定されているため、類似する表現があるとしても、これらの制約によって選択の余地がない表現であることも珍しくない。また、プログラムの中には、汎用性の高いプログラムを再利用可能な形でひとまとまりにしたライブラリや関数を呼び出すという処理が行われることが多く、これらの呼び出し記述の部分が一致したとしても、特定のライブラリや関数を選択したというアイデアが共通するにすぎなかったり、ありふれた表現の一致にとどまり、創作的な表現が類似するとはいい難い。

　すなわち、一致又は類似する部分について、実現したい機能、処理、性能との関係から、表現方法が1対1に決まってしまうものであるのか、多様な方法がある中で、開発者の創意工夫の余地がある、ありふれた表現ではないものなのかどうかをプログラマらとともに検討する必要がある。

　以下では、創作性、類似性が問題となった4つの裁判例を挙げる。

　前掲・知財高裁平成26年3月12日判決では、多岐にわたる個所について争いとなったが、その一部を紹介する[26]（**図表6-3**）。

---

26)　本件は、著作権侵害の警告を受けていた被告から原告に対して、差止請求権を有しないことの確認を求めた訴訟である。

Ⅲ　プログラムの著作物に関わる紛争

図表6-3　プログラム対照表の例

被告プログラム

m_cbLanguage.AddString（_T（"Automatically"））；
m_cbLanguage.AddString（_T（"English"））；
m_cbLanguage.AddString（_T（"日本語"））；
m_cbLanguage.AddString（_T（"筒体中文"））；

原告プログラム

m_cbLanguage.AddString（GetString（IDS_AUTOMATICALLY））；
m_cbLanguage.AddString（GetString（IDS_ENGLISH））；
m_cbLanguage.AddString（GetString（IDS_JAPANESE））；
m_cbLanguage.AddString（GetString（IDS_CHINESE））；

　図表6-3のように、原被告間のプログラムでは、いずれもm_cbLanguage.AddStringという文字列が何度も使用されている。この点について、裁判所は次のように述べた。

　「cb」は、コンボボックス（combo box）の頭文字からなる文字列であり、コンボボックスを意味する表現として慣用されるものと認められるところ（甲10）、本件プログラムと原告プログラムとの共通部分である「m_cbLanguage.AddString」のうち、「m_cbLanguage」は、コンボボックス（combo box）で「言語」（Language）を選択するための関数であるため、combo box の頭文字とLanguage とを結合した表現であることは明らかである。また、証拠（甲10）によれば、AddString は、マイクロソフトがあらかじめ用意していた関数名であると認められるから、「m_cbLanguage.AddString」は、「m_cbLanguage」という文字列と AddString とを文法に従って結合させたものにすぎず、創作性を認めることはできない。

　あらかじめ用意された関数名を使用したり、機能から当然に導かれる変数名等を使用したりして、それが一致していたとしても創作性を認めることにはならないとした。なお、同判決では、第三者が開発したオープンソースソフトウェアで一般に提供されているものを用いた部分について共通していた点に関しても、著作権侵害を構成するものではないとしている。

　また、前掲・知財高裁平成28年4月27日判決では、著作権侵害を認めた

289

第6章　知的財産権（プログラムの著作物）に関するトラブル

部分のソースコードの類似性について次のような事実を認定した上で、ソースコード表現の細部にわたって同一であることを重視した。

（a）パラメータ（引数）や変数の名称
- 18個のうち、13個で同一であること
- そのうち2個は、名称が異なっているものの（「meas_para」と「ca_para」、「proc_count」と「draw_count」）、変数の一部が異なっているだけで、類似すること

（b）パラメータ（引数）や変数の定義の順序
- 被告のプログラムには1つのパラメータが追加され、2つのパラメータが削除されているが他の6つのパラメータ（引数）の定義の順序は、原告プログラムと一致していること

（c）パラメータ（引数）や変数の型
- ループカウンタ「i」のデータ型がどちらも「Integer」型ではなく、「Long」型で指定されていること
- 「edge_x」、「edge_y」のデータ型、「x」、「y」のデータ型が、どちらも「Integer」型ではなく、「Double」型で指定されていること

（d）構文
- 「If」文、「Select Case」文、「For ～ Next」文、「Do ～ Loop」文などの内容や順序が、おおむね一致していること
- 「Exit」文（「Exit Sub」、「Exit For」、「Exit Do」等）を使用する箇所も共通していること

　上記の例では、処理の分岐や繰り返し処理の表現方法には多種類あるにもかかわらず両プログラムは、同一の表現を用いていたということから実質的に同一性を有するということを認定した。さらには、メモリーの効率的な利用のためには、桁数が少なくて済むInteger型を使用すればよいところ、あえてメモリーを多く消費するLong型を使用している点について、一見すると非効率な部分が共通するということを依拠性の間接事実であると評価していると考えられる。

　他方で、同判決は、新バージョンと呼ばれるソースコードの著作権侵害について否定したが、その点について次のように判断している。

> 原告接触角計算（液滴法）プログラムと被告新接触角計算（液滴法）プログラムは、①前記ア（イ）ａのとおり、プログラムの構造において共通しないこと、②前記ア（イ）ｂのとおり、機能としては、ブロックごとにおおむね１対１の対応関係が見られるものの、そのソースコードの記載において同一又は類似する部分は、単純な計算を行う３ブロックにすぎず、しかも、各ブロックの行数は被告新接触角計算（液滴法）プログラムについていえば、11行ないし12行と短いものであって、これら３ブロックを除くと、ソースコードの表現、サブルーチン化の方法、記載順序等の点において、両者は共通しないことが認められる。

　すなわち、関数の表現や内容、ブロック構造は対応するものの、創意工夫が可能な計算処理の方法などの具体的記載内容、順序が異なっているとして著作権侵害を否定した。

　前掲・知財高裁平成29年3月14日判決はHTMLで書かれたプログラムの著作権侵害が問題となった事案である。本件では、10数か所について創作的表現の共通性が主張されたが、一部を紹介する。

> 「?ts=%ts%」につき、Ａは、特別な期限を設けるための特別な記述である旨述べる。
> しかし、"compliance.php?ts=%ts%"」については、「?」が同記号より後ろがＵＲＬに付加するクエリ情報であることを示す記号であると解されることから、「compliance.php」とのＵＲＬに「ts=%ts%」なるクエリ情報が付加されたものにすぎず、ＵＲＬにクエリ情報を付加して送信することは、頻用されている手法である。また、「%　%」は、この間に変数を挟むことで同変数を認識しやすくするものであり、これも、プログラム表記においてありふれた手法である。

　ほかにも、HTMLのタグの使い方やJavaScriptの使用法については、標準的な記述ルールに沿ったものであるなどして、いずれも共通部分に創作性があるとしなかった。知財高裁平成23年2月28日判決も多数の個所についてソースコードの類似性が主張された事案である。原告のプログラムはPHP言語、被告のプログラムはC言語と、異なるコンピュータ言語で記述されたものであった。その一部を紹介する。

第6章　知的財産権（プログラムの著作物）に関するトラブル

> 　「②恋愛の神様」のプログラムの一部を構成する守護星を求めるプログラム
> は、守護星のデータを収めたテーブル、年、月、日の値を受け取り、年、月、
> 日の値を所定の整数値に変換し、この整数値を用いて守護星のデータを収め
> たテーブルを検索して所定の整数値を求め、求めた整数値から守護星を示す
> 数値として返す関数を、for文、if文を用いて表現したものである。このプロ
> グラムを使用する相性占いをコンテンツに含めることや、守護星を求めるた
> めに上記関数を用いることはアイデアであるといえる。同プログラムは、上
> 記のアイデアを実現するための関数を、短く、機能的に記述したものにすぎ
> ないから、「aquarius」を初期値とすることを含め、アイデア自体に独創的な
> 部分があるとしても、プログラムの表現において作成者の個性が発揮された
> ものとはいえない。
> 　また、PHP言語を使用したという事情があるからといって、作成者の個性
> を認める理由とはならない。
> 　したがって、「②恋愛の神様」の守護星を求めるプログラムは、ありふれた
> 表現として、創作性がなく、著作物とはいえない。

　本判決は、原告プログラムの創作性の判断を先行して行った。原告プログ
ラムにはアイデアに独創性を認めたとしても、プログラムの表現には創作性
がないとして、被告プログラムとの対比に至るまでもなく原告の主張が退け
られている。

ウ　プログラム構造が類似しているか

　プログラムの著作物の保護は、規約、解法には及ばない（著作権法10条3項）。
プログラムの構造、処理の流れ、作成単位、枠組みなどは、表現それ自体で
はないアイデアであるか、あるいは規約、解法に分類されるものであって、
これらがいくら類似していると主張しても失当となる。

エ　小括

　以上の事例を踏まえると、プログラムの著作物の著作権侵害の成否につい
ては以下のことがいえるだろう。

- 　一致又は類似する部分が全体の大半を占めたり、分量が多かったりする（例

えば数百から数千行）場合には、その中に創作的な部分が含まれている可能性が高い。

・　変数名、関数名などは、開発者の選択によって決められるとしても、個性が発揮されやすい部分とはいい難いから、たとえこれが一致又は類似していたとしても、（創作的部分の）類似性を認める根拠としては薄い（他方で、変数名等のみが異なる程度では、類似性を否定する決定的な要素にはならない）。

・　非効率な処理あるいはバグなどの誤りが共通している場合には、依拠性を基礎付ける根拠となり得る。

・　複数の記述方法があり得るところ、一定の意図のもとに当該記述を選択したという事情は創作性の根拠となる。

・　プログラムの構造や枠組み、機能が一致するということは直ちに著作権侵害を基礎付けるものではない。

Ⅳ　著作権以外の権利・法律上の利益

1　不正競争防止法の営業秘密

　プログラムに係る知的財産をめぐる紛争では、著作権侵害とともに、不正競争のうち、営業秘密に係る不正行為（不正競争防止法2条1項4号から10号）が主張されることが多い。これは、ソースコードそのものあるいはアルゴリズム、設計文書等が営業秘密（同法2条6項）に該当することを前提に、類似するソフトウェアを開発した者に対して、営業秘密に係る不正行為（開示・使用等）があったとして、その使用の差止めあるいは損害賠償を請求するというものである。なお、不正競争、営業秘密該当性については、多くの解説書があるため、そちらに譲る[27]。

　ソースコードの営業秘密該当性を認定した事例として、前掲・知財高裁平成28年4月27日判決がある。原審では秘密管理性が否定されていたが、知

---

27)　例えば、金井重彦ほか編著『不正競争防止法コンメンタール［改訂版］』（レクシスネクシス・ジャパン、2014）ほか。

第6章　知的財産権（プログラムの著作物）に関するトラブル

財高裁では、研究開発部のフォルダにパスワード付きで管理され、アクセス履歴が記録されていたことから秘密管理性を肯定した。また、大阪地裁平成25年7月16日判決では、ソースコードの営業秘密該当性が争点となったが、一般論として「通常、開発者にとって、ソースコードは営業秘密に該当すると認識されている」と述べた上で、次のように秘密管理性を比較的あっさりと認定した。

> 　本件ソースコードの管理は必ずしも厳密であったとはいえないが、このようなソフトウェア開発に携わる者の一般的理解として、本件ソースコードを正当な理由なく第三者に開示してはならないことは当然に認識していたものと考えられるから、本件ソースコードについて、その秘密管理性を一応肯定することができる（かっこ書・略）。

　もっとも、ソースコードの秘密管理性を否定した事例もあり[28]、ソースコードであれば直ちに営業秘密に該当することが事実上推定されるというものではないと思われる。

　他方で、上記大阪地裁判決は、営業秘密の「使用」の意義について「そのまま複製した場合や、異なる環境に移植する場合に逐一翻訳したような場合などが「使用」に該当する」と限定的に解釈して、使用行為を認定しなかった。

2　不法行為に基づく損害賠償請求

　一般に、著作物性を否定されるなどして、著作権侵害が認められない場合に備えた予備的主張として、不法行為に基づく損害賠償請求がなされることがある。実際に著作物性が否定されながら不法行為が認められた事例として、東京地裁平成13年5月25日中間判決［自動車データベース事件］、知財高裁平成17年10月6日判決［ヨミウリ・オンライン見出し事件］がある。その後、最高裁は、最高裁（一小）平成23年12月8日判決［北朝鮮映画事件］において、「同条（著作権法6条）各号所定の著作物に該当しない著作物の利用行為は、

---

28)　例えば、前掲・東京地裁平成26年4月24日判決。

同法が規律の対象とする著作物の利用による利益とは異なる法的に保護された利益を侵害するなどの特段の事情がない限り、不法行為を構成するものではない」と述べ、「特段の事情」がない限りは、不法行為は成立しないことを明らかにした。この最高裁判例を前提とすると、上述の自動車データベース事件のように、営業上の利益の侵害など、プログラムの著作物性がない場合には不法行為が認められるケースは限定されるだろう[29]。

---

29)　上記最高裁判決後に不法行為の成立を否定した事例としては、大阪高裁平成26年9月26日判決がある。

第7章
システム開発に関する
訴訟手続

第7章　システム開発に関する訴訟手続

Ⅰ　はじめに

　システム開発プロジェクトは、ベンダとユーザの共同作業的な要素がある
ため、自己が役割分担を果たしていたとしても、相手方が役割分担を果たさ
なければプロジェクト全体としては失敗に終わるという事情があり、紛争が
絶えない契約類型である。

　そこで本章では、**第4章**で整理した各トラブル類型について、ベンダ・ユー
ザ双方の視点から訴訟における攻防を解説する。ここで取り上げる訴訟類型
は以下のとおりである。

図表 7-1　第 7 章で扱う典型的な訴訟類型

第4章のトラブル類型 に従った分類	請求の内容
プロジェクト頓挫型	（1）　ユーザが、ベンダとの契約を解除して原状回復請求をする場合 （2）　ユーザが、ベンダのプロジェクトマネジメント義務違反等を根拠に債務不履行又は不法行為に基づく損害賠償請求をする場合
プロジェクト頓挫型又は 自己都合解約型	ベンダが、民法536条2項を根拠に報酬を請求する場合
自己都合解約型	ベンダが、ユーザの自己都合解約を根拠に出来高の報酬請求又は損害賠償請求をする場合
不完全履行型	ユーザが、ベンダの不完全履行を根拠に仕事の未完成や契約解除を主張し、報酬の支払いを拒否している場合に、報酬（追加報酬を含む）を請求する場合

Ⅱ　システム開発時の紛争に関する主張・立証のポイント

1　プロジェクト頓挫型

　システム開発プロジェクトが中途で頓挫した場合、ユーザが原告となって
訴訟提起する典型的な方法は、大きく分けて、ベンダとの契約を解除して原
状回復請求をする方法と、契約の解除を前提とせず、債務不履行や不法行為
に基づく損害賠償請求をする場合がある。また、ベンダが原告となる場合、
民法536条2項に基づいて報酬請求する場合があるので順に解説する。

298

（1）ユーザが原状回復請求をする場合

　民法の請負契約では、特約がなければ、仕事を完成した上で引渡しすることと報酬の支払いが同時履行となる（同法632条・633条）。

　しかし、開発委託料の一部を前払いとしているプロジェクトも少なくない。そのため、ベンダが納期になっても成果物を納品できない場合（以下「履行遅滞」という）、ユーザはベンダとの契約を解除した上、前払いで支払済みの開発委託料の返還を求めて訴訟提起することがあり、ベンダが受領していた開発委託料の返還を余儀なくされることがある。ここでは、プロジェクト頓挫型の解除原因としてよく主張される履行遅滞の事例を前提に、ユーザ及びベンダの代理人や法務担当者が検討すべき事項について解説する。

ア　ユーザはベンダに対し、原状回復請求権により何を請求するのか？

　ベンダが履行遅滞となった場合、ユーザはベンダとの契約を解除することができる場合がある。履行遅滞については、ベンダ・ユーザ間の契約において、解除原因として明記されていることが通常であるが、契約書等で合意されていない場合でも、民法541条の規定により解除することができる。

> **民法541条**
> 　当事者の一方がその債務を履行しない場合において、相手方が相当の期間を定めてその履行の催告をし、その期間内に履行がないときは、相手方は、契約の解除をすることができる。

　そして、有効に請負契約が解除されると、ベンダは原状回復義務を負い、前払いで受領した開発委託料を、受領の時から利息を付して返還する義務を負うことになる（民法545条1項・2項）[1]。

---

1)　準委任契約の場合、解除に遡及効がないため（民法656条・652条・620条）、原状回復請求できない。

第7章　システム開発に関する訴訟手続

民法545条

　当事者の一方がその解除権を行使したときは、各当事者は、その相手方を原状に復させる義務を負う。（ただし書・略）

2　前項本文の場合において、金銭を返還するときは、その受領の時から利息を付さなければならない。

3　（省略）

　したがって、ユーザはベンダに対し、支払済みの開発委託料とともに、支払日から年6分の利息を請求するのが通常である。システム開発では、契約金額が高額となるため、利息の請求も高額になることが多い。例えば、契約締結時に1億円の委託料を支払い、契約が解除されるまでに2年、さらに、判決が確定するまでに2年経過した場合を想定してみると、2400万円（1億円×0.06×4年）もの利息が発生することになるので、代理人としては、利息の請求も無視できない点を注意すべきである。

イ　帰責事由の立証責任はいずれが負うのか？

　ユーザが履行遅滞を理由に契約の解除を主張した場合、ベンダがまず検討するのは、履行遅滞となったことについての帰責事由の有無である。

　ベンダが成果物の完成を遅延し、納期を遵守することができなかった場合でも、ベンダに帰責事由がない場合、履行遅滞による責任を負わないことになる。通常の取引であれば、納期に間に合わない場合、債務者に帰責事由がないということは稀であるが、システム開発は、共同作業的な色彩が強い取引であり、ベンダではなくユーザの帰責事由により、ベンダが納期を遵守できない場合もある。帰責事由については、ベンダが納期遅延に関する帰責事由の不存在について立証責任を負うことになる[2]。具体的には、ベンダは、ユーザの帰責事由（協力義務違反等）を主張・立証し、ユーザは、ベンダの帰責事由（プロジェクトマネジメント義務違反等）を主張・立証することになり、その結果、納期遅延の理由が、専らユーザの帰責事由（協力義務違反）によ

---

2)　東京地方裁判所プラクティス委員会第二小委員会「ソフトウェア開発関係訴訟の手引」判タ1349号21頁では、完成遅延の帰責事由について、「ベンダー側で帰責事由の不存在を主張立証することを要する」とされている。

るものであるとの心証を抱かせることができれば、ベンダは責任を免れることになると考えられる。

　具体的にユーザの協力義務違反やベンダのプロジェクトマネジメント義務違反が問題となり得る類型は、**第4章**で詳述したとおりであり、このような事情を議事録等の書証を引用しながら主張・立証することになる。

ウ　ユーザがベンダとの契約を解除できるのはどの範囲か？

　前述したとおり、ベンダの履行遅滞を解除原因とする原状回復請求権に関する攻防は、ユーザによる履行遅滞を原因とする契約解除の主張をした場合、ベンダが帰責事由の不存在を主張するという構図になることが多いが、ユーザの代理人としては、訴訟提起する時点で、契約を解除できる範囲についても検討しておく必要がある。この問題については、1個の契約を全部解除できるのか、それとも一部しか解除できないのかという形で議論される場合（一部解除の問題）と、ある契約の解除原因を理由として、他の契約まで解除することができるのかという形で議論される場合（連動解除の問題）とがあるので順に解説する。

（a）契約全体を解除することができないのはどのような場合か？

　一部解除の問題とは、請負契約を解除した場合に、請負契約の全体が遡及的に消滅したと考えてよいかという問題である。例えば、同じ請負契約でも、建築工事の場合、発注者が工事業者Aとの契約を解除した後に、工事業者Aの作業（既施工部分）を前提として工事業者Bが工事を完成することがあり、このような場合に発注者と工事業者Aとの請負契約の解除の効力が請負契約全体に及ぶとするのは、発注者と工事業者Aとの合理的な意思と合致しない。このような場合、契約解除の効力は未施工部分だけに及び、既施工部分に及ばないとするのが一般的な考え方で、最高裁判所も以下のとおり判示している（最高裁（三小）昭和56年2月17日判決）。

> 建物その他土地の工作物の工事請負契約につき、工事全体が未完成の間に注文者が請負人の債務不履行を理由に解除する場合において、工事内容が可分であり、しかも当事者が既施工部分の給付に関し、利益を有するときは、特段の事情のない限り、既施工部分については契約を解除することができず、ただ、未施工部分について契約の一部解除をすることができるにすぎないものと解するのが相当である。

同判決では、「工事内容が可分」であることと、注文者に「既施工部分の給付に関し、利益を有する」ことを要件として、解除が制限されるように判示されているが、注文者に利益が残っているのであれば、請負契約の成果と評価してよいのではないかという視点から、「工事内容が可分」という点については、その要否や内容が議論されているところである[3]。

このような一部解除の問題については、システム開発プロジェクトでも問題となる。しかし、建築工事とシステム開発プロジェクトでは、少々状況が異なる。

建築工事の場合には、工事業者Aの作業（既施工部分）を前提として工事業者Bが工事を完成可能な場合が多いのに対し、システム開発プロジェクトの場合には、ベンダAの作業を前提としてベンダBがこれを引き継いで情報システムを完成させることは困難であるという事情があり、解除が制限される範囲が限定され、ベンダの出来高報酬が認められる範囲が限定されすぎるのではないか、という点が問題となっている。

そのため、例えば、ベンダの債務不履行を理由とする解除の場合と、ユーザの自己都合解除の場合に分けて、後者の場合には、ベンダが投入した開発費用を工数計算する方法を採用することで、バランスをとること等が検討されている[4]。

---

3) 滝澤孝臣編『判例展望民事法Ⅲ』（判例タイムズ社、2009）9頁では「「給付の可分性」については、既施工部分が注文者の利益となる場合において、当該利益を当該既施工部分に係る出来高報酬の問題として、これを算定・評価し得ることを意味するものとして理解すれば足りるのではなかろうか」とされている。
4) 東京地方裁判所プラクティス委員会第二小委員会・前掲注2）23頁では、「ベンダーがそれまでに投入した開発費用を工数計算（人／月）に基づいて算定する方法」に言及しながらも「もっとも、これでは、ベンダーに帰責事由のある債務不履行解除のケースではかえって公平に反するため、むしろ、ベンダーの債務不履行による解除のケースとユーザーの自己都合解除のケースとで分け、後者の場合のみ工数計算で算定すべきとする意見もある。この点は今後の検討課題であろう」とされている。

このような請負契約の一部解除の問題は、比較的小規模なシステム開発プロジェクトでよく見受けられる。小規模プロジェクトでは、契約自体は1つであるが、分割検収する仕組みが採用され、検収の度に、一定の金銭の支払義務が発生することを契約上定めていることがある。このような場合、後続の工程で債務不履行があり、契約解除となった場合に、すでに検収済みの工程まで解除の効力が及ぶのかという形で問題となる。

例えば、東京地裁平成25年7月18日判決を確認すると以下のとおり判示している。

> 本件請負契約においては、報酬支払期限は分割検収と定められ、各工程であらかじめ定められた納品物の対価として、納品物の検収の翌月末日までに、各工程に応じた報酬を支払うものと定められていたことが認められる。そうすると、各工程の納品物（目的物）が完成し、検収を受けて引き渡されている以上は、その工程に関しては、原則として、本件解除の効力は及ばず、また、そうでなくても、解除時点で既に完成し引き渡された部分に関しては、解除の効力は及ばないと解するのが相当である。
> 本件においては、上記の認定事実のとおり、（ア）基本設計工程及び（イ）詳細設計・制作工程については、本件請負契約で定められた各納品物（①要件ヒアリングシート、②カスタマイズ仕様書）が納品され、原告において検収された上で、検収の翌月末日までに、各工程で定められた報酬（1050万円及び2100万円）が支払われている。したがって、ユーザは、この1050万円及び2100万円については、本件解除に基づく原状回復として返還を求めることはできない。

この判決は、①基本設計工程、②詳細設計・制作工程、③制作・テスト工程に分割されており、前掲・最高裁（二小）昭和56年2月17日判決で判示された可分性や利益性の要件について言及しているわけではなく、「検収を受けて引き渡されている以上は、その工程に関しては、原則として、本件解除の効力は及ばず」としか判示していないが、前掲・最高裁（三小）昭和56

第7章　システム開発に関する訴訟手続

年2月17日判決の考え方と同様の考え方を採用したと見ることもできる[5]。

　しかし、検収されているからといって、必ずしも発注者に利益が存在するとは限らないから、個別の事案ごとに検討を要することになる。例えば、ユーザがベンダの資金繰りに配慮して検収書を発行しているにすぎない場合等には、検収によって支払われた報酬額と対価関係にある利益をユーザが得ていないことになるであろう。

　なお、既施工部分について、ユーザに利益がないと判断された事例としては、東京地裁平成25年7月19日判決がある。

　契約が可分であり、かつ、分割された給付につき相手方が利益を得ていると認められる場合には、未履行部分についての一部解除しかすることができないと解するのが相当である。

　（中略）

　本件契約は、第1段階から第3段階までの各段階ごとに進捗管理がされ、分割金も各段階が「完了した後」に支払われるものとされていることからすると、本件契約は、上記各段階ごとに可分なものと解する余地はあると解される。

　（中略）

　ベンダが履行していないことを自認する第3段階のみならず、第2段階の作業が完了したといえないことは上記のとおりである上、〈証拠〉によれば、第1段階についても、これを構成する全24項目のうち、必要な作業が完成していない（NOK）とみられる項目が、バックエンドで3項目、フロントエンドで17項目に上っていることが認められ、このような作業状況に照らすと、本件契約が各段階ごとに可分なものであるとしても、当該可分な段階に対応する独立した給付が完了したということはできない。

　（中略）

　以上によれば、本件契約は全部解除が認められるというべきであり、ベンダは、その原状回復義務として、受領済みの1万5000ユーロの返還義務を負う。

5）　東京地方裁判所プラクティス委員会第二小委員会・前掲注2）23頁では、「可分性と有益性を要件とすると、厳密な出来高は、ハードウェア相当価格と設計費用の分に限られることになりかねない」とされており、前掲・東京地裁平成25年7月18日判決の事案でも設計費用に相当する①要件ヒアリングシート、②カスタマイズ仕様書は、可分性及び有益性の要件で判断しても、解除の効力が及ばないと解釈することも可能であろう。

II　システム開発時の紛争に関する主張・立証のポイント

（b）1つの契約の解除原因を根拠に複数の契約を解除することができるのは、どのような場合か？

　一部解除の問題は、解除の効力が請負契約全体に及ぶか否かという問題であるが、大規模なシステム開発プロジェクトでは、複数の個別契約が締結されることが多く、特定の契約の解除原因を根拠に他の契約を解除することはできるのかという点が問題となる場合がある（連動解除の問題）。ここでは、**図表7-2**、**図表7-3**のように①要件定義工程、②基本設計工程、③開発工程の各工程の個別契約が締結され、④開発工程で利用するハードウェアの売買契約を締結して③開発工程の作業を実施していたところ、仕様変更による追加作業が発生し、⑤追加開発の個別契約を締結している状況で、③開発工程の個別契約の債務不履行により契約が解除された場合を想定してみる。

図表7-2　想定事例の内容

各工程の個別契約の形態		各工程の状況
①	要件定義工程の準委任契約	成果物が納品され検収済み、代金支払済み
②	基本設計工程の準委任契約	成果物が納品され検収済み、代金支払済み
③	開発工程の請負契約	開発途中で契約が解除され、代金については、半額を前払いで支払済み
④	ハードウェアの売買契約	機器等は検収され、代金支払済み
⑤	追加開発工程の請負契約	開発途中

305

図表 7-3　想定事例の状況

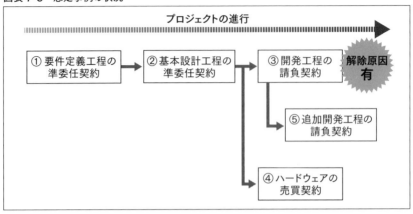

　ここで、ユーザの立場からすると、③開発工程の個別契約を解除した場合、計画していたシステムが得られないことになるので、③開発工程の個別契約のみならず、すべての契約を解除したいと考えるのが通常である。このような場面では、③開発工程の請負契約の解除原因を理由に、他の契約を解除するいわゆる連動解除ができないのかという点を検討することになる。連動解除については、法律上の明文の規定が存在しないが、最高裁（三小）平成8年11月12日判決では、以下のとおり判示されている。この事案は、リゾートマンションの会員権契約の解除理由を根拠にリゾートマンションの区分所有権の売買契約を解除することができるか否かが問題となった事案である。

> 　同一当事者間の債権債務関係がその形式は甲契約及び乙契約といった二個以上の契約から成る場合であっても、それらの目的とするところが密接に関連付けられていて、社会通念上、甲契約又は乙契約のいずれかが履行されるだけでは、契約を締結した目的が全体としては達成されないと認められる場合には、甲契約上の債務の不履行を理由に、その債権者が法定解除権の行使として甲契約と併せて乙契約をも解除することができるものと解するのが相当である。

　この裁判例では、「目的とするところが密接に関連付けられていて、社会通念上、甲契約又は乙契約のいずれかが履行されるだけでは、契約を締結し

た目的が全体としては達成されないと認められる場合」であるか否かを基準
として、連動解除の可否を判断している。この判断基準の要件は抽象的であ
るため、どのような場合に「密接に関連」し、「いずれかが履行されるだけ
では、契約を締結した目的が全体としては達成されないと認められる」のか
は個別の事案において十分に検討する必要がある。

　この裁判例に従って考える場合、前掲した想定事例では、「③開発工程の
請負契約」を甲契約と考え、他の契約を乙契約と考え連動解除の可否を検討
することになる。

　システム開発プロジェクトの事例で、連動解除の可否について裁判所が判
断した事例としては、東京地裁平成25年5月28日判決がある。この裁判例
では、乙契約として、想定事例の「⑤追加開発工程の請負契約」が位置付け
られる場合について、以下のとおり判示している。

> 　追加費用〈1〉は、本件ソフトウェア開発個別契約の対象である新基幹シス
> テムに新たな機能を追加するために要した費用であり、その費用の負担に関
> する何らかの合意が成立したとしても、それは本件ソフトウェア開発個別契
> 約に密接に関連付けられていて、それと相まって本件新基幹システムを完成
> させるための請負契約であり、社会通念上、その合意のみが履行されたとし
> ても合意をした目的は達成することができない。したがって、本件ソフトウェ
> ア開発個別契約について上記のとおり仕事の目的が達成できないものとして
> 瑕疵担保責任に基づく解除が認められる以上、追加費用〈1〉に関する合意が
> あったとしても、その合意も解除されたと認めるほかない。

　また、東京地裁平成18年6月30日判決の事例は「⑷ハードウェアの売買
契約」が、乙契約として位置付けることができる場合について、以下のとお
り判示している。

本件契約は、データベースの開発を目的とした請負契約であると解されるところ、ユーザがベンダから本件サーバーを購入したことは、ユーザとベンダとの間の本件サーバーにかかる売買契約であるといえる。

　そうすると、本件契約と本件サーバーの売買契約は契約自体は別個のものと認められる。しかし、本件契約は、前記のとおり、ウインドウズサーバーによるデータベースの開発を前提にしており、そのことからこれまでの使用していたマッキントッシュサーバーからウインドウズサーバーに変更することを前提として、ユーザはウインドウズ用の本件サーバーを購入したのであって、本件データベースの開発がなければ本件サーバーを購入していない関係にあるといえる。

　（中略）

　このように本件サーバーにかかる売買契約は本件契約と一体であり、本件契約の解除事由は当然に本件サーバーの購入にかかる売買契約の解除事由に該当するものというべきである。

　この裁判例では、「目的とするところが密接に関連付けられていて、社会通念上、甲契約又は乙契約のいずれかが履行されるだけでは、契約を締結した目的が全体としては達成されないと認められる場合」であるか否かという判断基準には言及されておらず、前掲・最高裁（三小）平成8年11月12日判決を前提とした判断であるか否かは定かではないが、「本件データベースの開発がなければ本件サーバーを購入していない関係」にあることを重視していることからすると、前掲・最高裁（三小）平成8年11月12日判決の基準を採用したとしても、解除可能であるとの結論を導くことができるのではないかと考えられる。

　更に、東京地裁平成28年11月30日判決では、より直接的に、前掲・最高裁（三小）平成8年11月12日判決の基準を採用し、以下のとおり請負契約の解除原因を理由として売買契約を解除できるとしている。

II　システム開発時の紛争に関する主張・立証のポイント

> 　同一当事者間の債権債務関係がその形式は２個以上の契約から成る場合であっても、それらの目的とするところが相互に密接に関連付けられていて、社会通念上、その各契約のいずれかが履行されるだけでは契約を締結した目的が全体としては達成されないと認められる場合には、そのうち一つの契約上の債務の不履行を理由に、その債権者が法定解除権の行使として当該契約と併せてその余の契約をも解除することができるものと解するのが相当である（最高裁平成８年（オ）第1056号同年11月12日第三小法廷判決・民集50巻10号2673頁参照）。
> 　これを本件についてみるに、前記認定実によれば、原告は、本件各売買契約を締結して、本件新システムを動作させるためのソフトウェア及びハードウェアを購入したものであるところ、本件各売買契約の目的とするところは、本件新システムを開発して稼働させることを目的とする本件請負契約と密接に関連し、社会通念上、本件請負契約と本件各売買契約のいずれかが履行されるだけでは、本件新システムの稼働という目的が全体として達成されないと認められる。したがって、原告は、本件請負契約の履行遅滞を理由に、本件請負契約と併せて本件各売買契約をも解除することができるものというべきである。

　以上に対し、「③開発工程の請負契約」を甲契約とし、甲契約の解除原因を理由に「①要件定義工程の準委任契約」「②基本設計工程の請負契約」を解除し、原状回復請求が可能な場合は、相当限られると考えられる。その理由は、以下のとおりである。

【理由1】
前掲・最高裁（三小）平成8年11月12日判決は、リゾートマンションの会員権契約と区分所有権の連動解除が問題となっており、この事案では、リゾートマンションの区分所有権を買い受けるときには、必ず会員契約をしなければならない関係にあるのに対し、システム開発プロジェクトでは、前工程が完了したとしても後工程を必ず締結しなければならないという関係にはない場合が多く、前掲・最高裁（三小）平成8年11月12日判決の事例と比較すると、密接な関連性が弱いと評価することができること。

【理由2】

309

第7章　システム開発に関する訴訟手続

一部解除の場面では、検収が完了していること（利益性があること）等を根拠に解除の効力が制限されるのと同様に、連動解除の場面でも、すでに完了している工程については、解除の効力が制限されるべきとも考えられること。

【理由3】

当事者が各工程を別の個別契約によって規律するとしていることからすると、後工程で失敗したときに、前工程まで解除の対象にしないとするのが当事者の合理的な意思解釈であるとも評価し得ること。

【理由4】

要件定義工程や基本設計工程が準委任契約の場合、原則として準委任契約の解除には遡及効がなく（民法656条・652条・620条）、原状回復請求できない可能性が高いこと。

したがって、開発工程で頓挫した場合、一般論としては、開発工程の解除原因を理由に開発工程のために購入したハードウェア等の売買契約や追加開発工程の請負契約については解除できる可能性は高いと考えられる。これに対し、開発工程の解除原因を理由に、開発工程の前工程である要件定義工程、基本設計工程等の個別契約を解除して原状回復請求するという法律構成を採用することは困難であると考えられる。

エ　債務不履行又は不法行為が成立した後に締結した契約ならば解除できるのか？

ある工程でシステム開発プロジェクトが頓挫した場合、その後の工程に着手することはないと思われるかもしれないが、現実のプロジェクトでは、情報システムの稼働日を遵守するため、又は、前工程で債務不履行や不法行為が成立していたにもかかわらず、違法な状況を解消することができずに次の工程に着手することがある。このような場合に、後続する契約を解除することができるか否かを検討してみる。このような点が問題となった事例としては、**図表7-4**の3つがある。

まだ裁判例が少ない状況であるが、これらの裁判例からすると、解除でき

II　システム開発時の紛争に関する主張・立証のポイント

るか否かは、「当該契約の目的が達成されているか否か」、「密接な関連性を
有する他の契約について解除事由が発生し、当該契約についてもその本旨を
実現することができないという関係にあるか」という視点で検討すればよい
のではないかと考えられる。

図表 7-4　債務不履行又は不法行為成立後の工程に関する契約の解除

裁判例	内　容
解除を否定した事例 東京高裁 平成 26 年 1 月 15 日判決 開発工程の個別契約が瑕疵担保責任を理由に解除された場合における、開発工程に後続する導入支援工程に関する判断	導入支援作業は、ユーザの主張によっても、ユーザが行うべき検収作業、すなわち、上記成果物が検収できるのか否かを判定することを、適切に行うことを目的とするものと認められるのであって、<u>本件ソフトウェア開発個別契約の成果物がその瑕疵により検収不能であったとしても、ユーザが検収不能という判定をするために必要な作業であると認められるのである</u>。したがって、本件ソフトウェア開発個別契約が履行されずに、導入支援契約のみが履行されたとしても、その目的を達成することができないとは認められないのであって、社会通念上、本件ソフトウェア開発個別契約又は導入支援契約のいずれか一方が履行されるだけでは契約を締結した目的が全体としては達成できないと認められる場合に当たるものとは認められない。
解除を肯定した事例 東京高裁 平成 25 年 9 月 26 日判決 不法行為の成立後に締結された契約に関する判断	本件未払個別契約①は「システム設計書（制御編・基盤編）」を作成するものであり、同②は「基幹系・取引機能マトリックス」等を作成するものであるから、各契約の成果物は、本件システム開発が完成すれば価値を有するものということができる。 しかし、本件最終合意締結後には、想定した開発費用、開発スコープ及び開発期間では本件システムの実現が不可能といってよい状況になっており、これまでの計画を大幅に見直すことなく新たに開発費用を投じたとしても、果たしてユーザにとって価値のあるシステムになるかは不明というべき状況にあった。前記不法行為の成否の部分で説示したとおり、<u>ベンダは、本件最終合意締結の段階で、本件システム開発の中止を含めた具体的な不利益等の告知を怠り、適切な軌道修正を図ることなく、本件未払個別契約①及び同②を締結させ、ユーザに、不必要な開発経費を支払わせているから、同契約について債務不履行（プロジェクト・マネジメントに関する義務違反。個別契約についても同様である。）があったものということができる</u>。 以上によれば、ベンダは、信義則上、ユーザに対し、本件未払個別契約①及び②に基づく代金額を請求できる立場になく、ベンダは、ユーザの債務不履行を理由に本件未払個別契約①及び同②を全部解除したとして、ベンダの請求を拒むことができると解するのが相当である。

311

第7章　システム開発に関する訴訟手続

| 解除を肯定した事例
東京地裁
平成28年10月31日判決
平成20年9月26日付の第1契約が債務不履行となった場合における平成21年7月6日付の第2契約、同年7月8日付の第3契約、同年11月10日付の第4契約の解除の可否についての判断 | 本件基本契約においては、本件解除条項2号により、正当な理由なく、期限内にその義務を履行する見込みがなくなったときには、本件基本契約若しくは個別契約の全部又は一部を解除することができるものとされている。本件解除条項は、その規定上、解除の対象とされる個別契約について特段の制約を設けているものではなく、<u>少なくとも当該個別契約と密接な関連性を有する他の契約について上記の解除事由が発生し、当該個別契約についてもその本旨を実現することができないという関係にあると認められるときは、既に当該個別契約に基づく債務が履行済みであったとしても、当該個別契約を解除することができるものと解すべきである</u>とした上、第2ないし第4契約は、いずれも第1契約と密接な関連性を有し、第1契約に基づくマイグレーションの成果物、あるいは、それを基にして完成される販売システム（R2）が存在しなければ、その本旨を実現することができないという関係にあるとして契約を解除できるとしている。 |

(a)複数の契約をまとめて全体として1個の契約であると考え、全ての契約を解除することは可能か？

　多段階契約を前提とした場合、基本契約の他に複数の個別契約を締結する形でプロジェクトを進捗させることになるが、前述のとおり複数の個別契約をそれぞれ別の契約であると考えると、解除できない個別契約も発生することになる。そこで、複数の個別契約を全体として1個の請負契約と評価した上、すべての契約を解除できるのかという点も問題となり得る。この点の裁判例を確認すると、以下の**図表7-5**のとおりである。

II　システム開発時の紛争に関する主張・立証のポイント

図表 7-5　契約の個数に関する裁判所の判断

裁判例	内　容
複数の個別契約を一体の契約とは判断できないとした事例 東京地裁 平成26年1月23日判決	ベンダが負うべき債務の内容を判断する前提として、ユーザとベンダとの間の契約関係について検討すると、前提事実及び前記認定の事実によれば、ベンダは、ユーザとの間で、本件基本契約を締結した上で、個別契約として、本件システムの製作（本件システム発注契約）、保守サービス（一年ごとに更新）、クレジットカード情報の把握（金種指定詳細化）、本件ウェブサイトのデザイン変更作業（本件ウェブサイトメンテナンス契約）等に係る本件個別契約を締結したのであるから、個別契約ごとに、当該個別契約及び本件基本契約に基づく債務を負うものと認められる（本件基本契約二条により、個別契約には本件基本契約が適用される。）。これに対し、ユーザは、ベンダとの間で締結した本件基本契約（同日に締結した覚書を含む。）、本件ウェブサイトメンテナンス契約及び本件基本契約に基づく各個別契約は全て一体の契約としてみるべきであると主張するが、本件基本契約及び本件個別契約は別の時期に締結されたものであり、個別契約ごとに内容も異なるのであるから、これらの契約を全て一体の契約としてみて、本件個別契約に基づき発生する債務を一体として把握することはできないから、ユーザの上記主張は採用できない。
複数の個別契約を一体の契約とは判断できないとした事例 東京地裁 平成28年4月28日判決	本件基本契約の内容は、本件プロジェクトにおいて締結が予定された各個別契約の種類、内容等を予め定めたものにすぎず、ユーザとベンダは、本件基本契約の締結後、本件システム開発が進行するに応じて、検討フェーズ個別契約ないしIMP個別契約並びに追加開発に係る各個別契約を、それぞれ取引条件をその都度定めた上でそれぞれ別個の契約書を作成して締結したことが認められることからすれば、本件基本契約及び各個別契約につき、実質的に見て一個の請負契約が成立したものと評価することはできない。かえって、上記のとおり、本件システム開発における各個別契約は、それぞれ別個の時期に別個の契約書を用いて締結されたことからすれば、これら各個別契約はそれぞれ別個独立の契約として成立したものと認められる。
ソフトウェア開発業務（請負契約）とソフトウェア運用準備・移行支援業務（準委任契約）を一体の契約であると判断した事例 東京地裁 平成28年10月31日判決	本件個別契約3に係る契約書（甲2）上、契約類型としてわざわざソフトウェア開発業務は請負形態、ソフトウェア運用準備・移行支援業務は準委任形態と記載されている。しかし、委託料は一括して8億5499万9000円としか記載されていないのであって、上記二つの業務は密接不可分の関係にあるものとして一個の契約として締結されているものと認められる。そうすると、ユーザは、民法641条に基づいてソフトウェア運用準備・移行支援業務を含む本件個別契約3を解除できるというべきであり、この解除によって請負人たるベンダに生じた損害を賠償すべきである。

313

第7章　システム開発に関する訴訟手続

上記のとおり裁判例としては、一体（1個）の契約と判断できないとした事例と、一体の契約であると判断した事例の両方が存在するが、契約内容や契約締結時期のみならず、複数の業務に関し、同一の契約書で契約が締結されているのか、それとも別個の契約書で契約が締結されているのかという形式面も重要な考慮事情の一つとなっている点に注意が必要である。別個の契約であり、解除原因が他の契約に影響が及ぼさないようにしたいのであれば、敢えて複数の契約書を用意することも意味があるものと考えらえる。

（2）ユーザが債務不履行又は不法行為に基づく損害賠償請求をする場合

ユーザが債務不履行に基づく損害賠償請求をする場合、履行遅滞に基づいて契約を解除し、原状回復請求をする場合と同様に、履行遅滞した場合の帰責事由が争点となり、この点に関する攻防（ベンダのプロジェクトマネジメント義務違反とユーザの協力義務違反の有無）が重要な争点となる。

また、ユーザが不法行為に基づく損害賠償請求をする場合、ベンダの注意義務の内容や結果予見可能性及び結果回避可能性の有無が重要な争点となるが、この場合も、ベンダのプロジェクトマネジメント義務違反やユーザの協力義務違反の問題となることは同様である。

そこで、損害賠償請求固有の問題点に絞って解説することとする。

ア　ユーザがベンダに対して請求可能な損害賠償項目

ユーザがベンダに対し、債務不履行や不法行為に基づく損害賠償請求をするのであれば、損害賠償項目をリストアップする必要がある。個別の事案における具体的な検討が必要であるが、一般論としては、ベンダの債務不履行や不法行為と相当因果関係の認められ得る損害の候補として、**図表7-6**の項目が考えられる。

図表 7-6　損害賠償の候補となる項目

1　システム開発のためにベンダに支払った開発費用
2　システム開発のために支出した社内人件費
3　システム開発のために第三者に外注した業務委託費用
4　システム開発のために購入し、他のプロジェクトに転用することができないハードウェア又はソフトウェアの購入代金（ライセンス料やリース料の場合を含む）
5　システム開発のための回線費用
6　システムを導入するために実施した社員研修会場の施設利用料
7　システム開発の開発のために発生した出張旅費・宿泊費
8　旧システムから新システムに移行した場合の差額の運用保守費用[6]

　これらの損害賠償項目をすべて請求するか否かは立証手段の有無や手間、立証に成功した場合に認容されるであろう損害賠償額、請求するために必要となる印紙代等を考慮して決定すべきであり、何が何でも全部請求すべきということではない。

　なお、ユーザの社内人件費については、ユーザの立場からすると、従業員の労働の成果がすべて無駄になるのであるから、損害賠償請求を肯定すべきという主張になるが、ベンダの立場からすると、以下の理由で、損害賠償請求を否定すべきという主張が展開され、損害賠償請求が認められないか、大幅に減額されてしまうことが多い。

【理由1】

通常、ユーザ担当者は、システム開発以外の複数の業務を同時にこなしているため、担当者の勤務時間等を立証しただけでは、それがシステム開発作業に関して費やされたものであるのか、それ以外の作業に関して費やされたものであるのかを把握することができず、立証が困難である場合が多い。

【理由2】

社内人件費は、委任契約や雇用契約によって支払うことが予定されており、債

---

6)　東京地裁平成 28 年 10 月 31 日判決及び東京高裁平成 29 年 12 月 13 日判決は、旧システムの延命費用や保守費用の一部を相当因果関係の認められる損害としている。

第7章　システム開発に関する訴訟手続

務不履行や不法行為によって発生するものではないとも評価し得る。

【理由3】

システム開発プロジェクトでは、ユーザにも協力義務が課せられており、ユーザの参加は必須であるから、社内人件費は、債務不履行や不法行為によって発生するものではないとも評価し得る。

これに対し、システム開発プロジェクトに関する業務のみを行う、専属の担当者が選任されている場合には、比較的立証が容易であり、人件費相当額が損害であると判断されることもあり、画一的に上記の理由1から理由3により請求が棄却されているわけではなく、個別の事案において、それぞれ妥当な結論を導くための検討がなされているものと考えられる。なお、ユーザの社内人件費に関する裁判例は、**図表7-7**のとおり、肯定例、否定例の両方が存在している状況である。

図表7-7　ユーザの社内人件費に関する損害賠償請求の結果

裁判例	判決内容の要約及び結果
東京地裁 平成21年7月31日 判決	ユーザが主張するユーザ従業員による会議への出席、質問への回答、ユーザ内部での検討、ドキュメントやプログラムのチェックは、協力義務を負うユーザが通常行うべき業務・作業であり、ベンダの債務不履行と相当因果関係のある損害とは認められない。 **請求額：4606万円** **裁判所の認定：0円**
東京地裁 平成25年5月28日 判決	**専従した従業員等の人件費について** システムの導入のため専従した部署の従業員の人件費、同部以外の従業員でシステム導入のみのために時間外労働をしたために支払われた手当は要件定義、外部設計段階のものを除き、相当因果関係のある損害であると認められる。 **専従していない従業員の人件費について** ユーザの主張する業務比率に従って導入作業に従事したことを認めるに足りる客観的な証拠はない上、これら従業員の人件費はユーザの固定費として、システムの導入作業がなくともユーザにおいて負担すべき金額であったとも考えられるため相当因果関係のある損害であると認めることは困難である。 **請求額：5億9986万0258円** **裁判所の認定：1億4278万7149円**

	ユーザ担当者は、システム開発に関連した業務の他に、通常の業務を並行して行っており、本件システム開発に関連した業務に要した時間は、通常業務の4分の1ほどにすぎない。
東京地裁 平成14年4月22日 判決	ユーザの業務改善の確定が遅れたことが納期遅延の原因であることに照らすと、システム開発に要した期間のすべてを基準として損害額を算定するのは妥当ではない。 **請求額**：6311万0058円 **裁判所の認定**：300万円

イ 多段階契約において、すでに完了した工程に関する委託料等の費用を損害賠償請求することはできるのか？

大規模なシステム開発プロジェクトでは、要件定義工程、基本設計工程、開発工程等の工程ごとに、個別契約が締結され、順次、各工程が実施されていく形態を採用することも多い。このような形態を採用している場合、連動解除の場合と同様、すでに検収され、代金支払済みの工程に関する費用相当額を損害賠償請求できるのかという問題がある（**図表7-8**）。

図表7-8　多段階契約における検収済みの工程に対する損害賠償請求に関する裁判例

裁判例	債務不履行又は不法行為と損害賠償対象となる工程の関係
東京地裁 平成24年3月29日 判決	パッケージソフトウェアの選定等の企画・提案段階からプロジェクトマネジメント義務違反が認められることを前提に、ユーザがベンダに対し、各種個別契約に基づいて支払った委託料相当額を全額損害賠償請求の対象としている。
東京高裁 平成25年9月26日 判決 （東京地裁平成24年3月29日判決の控訴審）	プロジェクトにおける段階を以下の4段階に分類した上、 Ⅰ　企画提案準備段階から本件基本合意①締結前の段階 （企画・提案） Ⅱ　本件基本合意①締結から本件基本合意②締結前の段階 （計画・要件定義） Ⅲ　本件基本合意②締結から本件最終合意締結前の段階 （計画・要件定義） Ⅳ　本件最終合意締結から本件システム開発終了の段階 （計画・要件定義実装） 本件最終合意締結の段階（Ⅳ）において不法行為が成立することを前提に、ⅠからⅢの段階で締結した各契約に基づき本件最終合意締結直前までに支出した費用については損害賠償義務を否定し、その後に支出した費用については損害賠償義務を肯定している。
東京地裁 平成25年5月28日 判決	開発工程（請負契約）の瑕疵担保責任に基づく損害賠償請求について、要件定義工程又は基本設計工程でベンダに支払った費用は、相当因果関係なしとして請求を否定している。

前掲・東京高裁平成25年9月26日判決及び前掲・東京地裁平成25年5月28日判決を確認すると、債務不履行や不法行為が成立した時点から遡って、過去に検収された個別契約の費用を損害賠償請求の対象とすることについては消極的な傾向であるといってよいのではないかと考えられる[7]。

これに対し、東京地裁平成24年3月29日判決では、個別契約に基づいて支払った費用を全額損害賠償の対象としているが、これは、企画・提案段階のパッケージソフトウェアの選定時点から、プロジェクトマネジメント義務違反が認定されているからではないかと考えられる。

したがって、ユーザが、過去に支払った費用の全額の支払いを求めて訴訟提起する場合には、企画・提案段階での不法行為をまず検討し、できる限り早い時点で、債務不履行又は不法行為が成立することを主張・立証することにより、認容される損害賠償額を増額する方向で検討すべきことになる。

これに対し、ベンダとしては、債務不履行や不法行為が成立しないという前提で反論することになるだろうが、仮に、債務不履行や不法行為が成立するとしても、その成立時点を遅らせることによって、損害賠償額を減額できることになると考えられる。

ウ　ベンダは、損害賠償請求に対する反論や過失相殺による損害賠償額の減額を主張すべきか？

仮に、ユーザからの損害賠償請求が認められるとすると、ベンダが検討するのは、損害賠償請求についての反論や過失相殺等の主張をどの程度するのかという点である。

ベンダとしては、損害賠償額の争いではなく、あくまでも債務不履行責任及び不法行為責任を負わないという点を争いたいと考えるのが通常である。そして、第一審で、損害賠償額についてあまり詳細な反論をすると、債務不履行責任や不法行為責任の成否ではなく、損害賠償額を争いたいと考えてい

---

7)　東京高裁平成25年7月24日判決は、証券取引所における株の誤発注に関する事件について、免責規定により、重過失が認められない場合は損害賠償義務が免責されることになっていた事案であるが、重過失が成立する時点を認定し、それ以前に発生した損害の賠償義務を否定し、それ以後に発生した損害の賠償義務のみ肯定している。

るのではないかとの印象を裁判所に与えてしまうことを懸念し、第一審では、損害賠償額に対する反論や過失相殺の主張は概括的な主張にとどめることも考えられる。

たしかに、損害賠償項目についての反論は、証拠上明らかなものは反論のしようがない場合も多く、人件費のように、ユーザ内部の事情を知る立場の者でなければ有効な反論が困難な項目も多いため、ベンダからの反論が功を奏することはあまり多くはないのかもしれない。また、過失相殺については、当事者が主張していなくても、裁判所が過失相殺の法理を適用して損害賠償額の調整を図ることは可能な上、債務不履行責任や不法行為責任を争う中で、ユーザの協力義務違反に該当する事実の主張をし、過失相殺するための事情もある程度主張されているはずであるから、このような考え方を採用してもよいかもしれない。

もっとも、このような考え方を採用する背景には、万が一、第一審で敗訴し、高額な損害賠償額が認容されてしまった場合には、控訴審で、損害賠償額に関する詳細な反論をすることが前提となっているから、紛争の長期化を望まないのであれば、第一審の段階で、反論できることは全部主張してしまうべきである。また、高額な損害賠償請求が認容されること自体による業界へのインパクトを考慮し、第一審の段階から詳細な主張をするという考え方を採用することもあろう。

代理人としては悩ましいポイントではあるが、結局、個別の事案ごとに、当事者と協議して方針を決定するほかない。

エ　ベンダは、損益相殺により損害賠償額を減額できるか？

損益相殺とは、債務不履行や不法行為により損害を被った当事者が、その損害に関連して利益も受けている場合に、損害賠償額から利益相当額を控除する考え方のことである。

システム開発に関する訴訟では、企画・提案段階で不法行為が認められる場合等に、ユーザが要件定義や外部設計等の工程で支払った開発委託料を損害賠償請求する場合に、ベンダが、成果物（要件定義書や外部設計書）には客

第7章 システム開発に関する訴訟手続

観的な価値が認められるとして、損害賠償額から成果物の客観的な価値を控
除すべきであると主張することがある。

客観的な価値が認められ損益相殺の対象となるか否かは、個別の事件ごと
に判断すべきである。現実に、成果物が他のプロジェクトで流用されている
のであれば、損益相殺の対象となるものと考えられるが、争いとなるのは、
成果物を流用していない場合である。この点について、前掲・東京地裁平成
24年3月29日判決では、要件定義書やシステム設計書について、以下の点
を指摘した上、これらの文書の客観的な価値を否定し、損益相殺を否定して
いる。

要件定義書について
（結論）
　要件定義書は客観的な価値を有するとはいえない。
（理由）
　① 　別件プロジェクトではソフトウェアとして Corebank が用いられていない。
　② 　ベンダとパッケージソフトウェアが異なれば要件定義のやり方が異
　　なってくるし、要件定義書の内容も異なってくるのであって、ベンダが
　　ユーザに納入した要件定義書を別件プロジェクトに利用することは困難
　　である。
　③ 　上記要件定義書は、平成18年当時の内容しか反映していないものであ
　　り、内容的に古くなっている。
　④ 　他のベンダは、上記要件定義書の内容について、被告（ベンダ）から
　　引継ぎを受けることも、被告（ベンダ）に問い合わせをすることもでき
　　ないのであり、これを別件プロジェクトに転用するには多大な作業と費
　　用を要する。
システム設計書について
（結論）
　システム設計書は客観的な価値を有するとはいえない。
（理由）
　本件プロジェクトで採用の予定されていたパッケージ又は製品が、ユーザ
が行っている別件プロジェクトにおいて客観的に利用され得るものであると
の事実を認めるに足りる証拠はない。そうすると、上記システム設計書が客
観的な価値を有するものということはできない。

したがって、一般論としては、成果物の流用が認められる場合には損益相殺の対象となり、流用が不可能である場合は損益相殺が否定される可能性が高いといえる。

オ　責任制限条項の規定はどのように適用されるのか？

システム開発プロジェクトで利用される各ベンダの契約書には、損害賠償請求に関する責任制限条項が規定されていることが多いので、これらの条項が適用されることにより、損害賠償額が減額されるか否かについての攻防が尽くされることになる。

（a）責任制限条項とは？

システム開発プロジェクトに関する契約書における責任制限条項とは、損害賠償請求の上限を定める目的で規定される条項のことである。例えば、経産省モデル契約〈第一版〉104頁では、以下のように規定されている。

（損害賠償）

第53条　甲及び乙は、本契約及び個別契約の履行に関し、相手方の責めに帰すべき事由により損害を被った場合、相手方に対して、（○○○の損害に限り）損害賠償を請求することができる。但し、この請求は、当該損害賠償の請求原因となる当該個別契約に定める納品物の検収完了日又は業務の終了確認日から○ヶ月間が経過した後は行うことができない。

2.　前項の損害賠償の累計総額は、債務不履行、法律上の瑕疵担保責任、不当利得、不法行為その他請求原因の如何にかかわらず、帰責事由の原因となった個別契約に定める○○○の金額を限度とする。

3.　前項は、損害賠償義務者の故意又は重大な過失に基づく場合には適用しないものとする。

上記では、第2項が責任制限条項であり[8]、帰責事由の原因となった個別契約の契約金額が上限とされている。

したがって、仮に、要件定義工程に関する個別契約1の契約金額が1億円、

---

[8]　責任制限条項の問題として典型的に取り上げられるのは第2項のように損害賠償額の上限を定める規定であるが、第1項ただし書のように損害賠償請求の時期を制限する条項も、責任制限条項といってよいと思われる。

第7章　システム開発に関する訴訟手続

基本設計に関する個別契約2の契約金額が2億円、開発工程の個別契約3の契約金額が5億円のプロジェクトを前提とし、帰責事由の原因となった個別契約が開発工程の個別契約3であるとすると、原則として、損害賠償額の上限は、個別契約3の契約金額である5億円ということになる[9]。

そして、責任制限条項は、①債務不履行責任及び不法行為責任のいずれの場合にも適用されることを前提として規定される一方で、②「故意・重過失」に基づく場合には適用が除外されると規定されていることも多く、以下の2点が問題となりやすいので、本書ではこの2点について解説しておく。

①　責任制限条項は不法行為責任にも適用されるのか

②　ベンダに重過失があると認められるのはどのような場合か

(b)責任制限条項は不法行為責任にも適用されるのか？

責任制限条項が不法行為責任にも及ぶのかという点について、ユーザからは、契約上の枠を超えた問題のように思えるとの指摘を受け、ベンダからは、苦労して合意した責任制限条項について、不法行為責任を選択されたらすべて反故になってしまうとしたら非常に困るとの指摘を受けることもある[10]。責任制限条項の適用の有無は、損害賠償額に直結するため、双方が非常に神経質になる部分であるが、大手企業間におけるシステム開発に関する契約の責任制限条項について、前掲・東京高裁平成25年9月26日判決で、裁判所は以下のとおり判示している。

---

9)　ただし、前掲・東京高裁平成25年9月26日判決のように、ユーザの損害額を契約当事者の相手方に支払った費用と第三者に対して支払った費用に分けた上、後者は責任制限条項の影響を受けないとした裁判例も存在するので、個別の責任制限条項の規定内容を確認する必要がある。

10)　大谷和子・竹内規・野々垣典男・松島淳也「[座談会] スルガ銀行 対 日本IBM／みずほ証券 対 東京証券取引所 判決内容から実務への影響を探る」ビジネスロー・ジャーナル70号36頁参照。

> 故意又は重過失がない場合における前記損害賠償の責任限定条項は、公序良俗に反するものとはいえないし、ベンダとユーザとの間では、大手企業間における重要取引として、当時の状況を踏まえて交渉を重ね、弁護士等の助言を受けながら検討をして合意に至ったものと認められるから、その合意は有効であるというべきであり、ベンダの契約違反及び不法行為については、その約定に定める点にはそれが適用され、約定に定めるところに従って判断されるべきものである。

　また、証券取引所と証券会社との株の誤発注事件におけるシステム障害や売買停止措置について判断した前掲・東京高裁平成25年7月24日判決は、責任制限条項よりもさらに責任を制限することになる免責条項が不法行為責任にも適用されるか否かについて、以下のとおり判示している。

> 契約上の免責規定は、当該契約当事者間における不法行為責任にも適用されると解するのが当事者の合理的な意思に合致すると解される（最高裁平成10年4月30日判決・裁判集民事188号385頁参照）。

　さらに、前掲・東京高裁平成25年7月24日判決で引用されている最高裁（一小）平成10年4月30日判決は、運送人の荷送人に対する責任について、責任制限条項の合理性を肯定した上、以下のとおり判示している。

> 責任限度額の定めは、運送人の荷送人に対する債務不履行に基づく責任についてだけでなく、荷送人に対する不法行為に基づく責任についても適用されるものと解するのが当事者の合理的な意思に合致するというべきである。けだし、そのように解さないと、損害賠償の額を責任限度額の範囲内に限った趣旨が没却されることになるからであり、また、そのように解しても、運送人の故意又は重大な過失によって荷物が紛失又は毀損した場合には運送人はそれによって生じた一切の損害を賠償しなければならないのであって（本件約款25条6項）、荷送人に不当な不利益をもたらすことにはならないからである。

　したがって、これらの裁判例を参照する限り、ベンダ・ユーザの代理人としては、不法行為責任にも責任制限条項が適用される可能性が高いことを前

提に、訴訟遂行すべきであろう。

　　（c）重過失が認められるのはどのような場合か？

　経産省モデル契約〈第一版〉をはじめ、多くの契約書で、責任制限条項は、重過失が認められる場合、適用が除外されることになっているため、ベンダの重過失の有無も問題となり得る。重過失とは、従来、「通常人に要求される程度の相当な注意をしないでも、わずかの注意さえすれば、たやすく違法有害な結果を予見することができた場合であるのに、漫然これを見すごしたような、ほとんど故意に近い著しい注意欠如の状態を指す」（最高裁（三小）昭和32年7月9日判決）と解釈されていたが、前掲・東京高裁平成25年7月24日判決では、過失は、主観的な心理状態ではなく、客観的な注意義務違反として捉えるべきであり、注意義務違反は結果の予見可能性及び回避可能性が前提となるとして、重過失が認められる要件について「結果の予見が可能であり、かつ、容易であること、結果の回避が可能であり、かつ、容易であることが要件となるものと解される」と判示している。

　そして、今日においては、過失は客観的な注意義務違反の問題であるととらえられていることからすると、前掲・東京高裁平成25年7月24日判決が示した「結果の予見が可能であり、かつ、容易であること、結果の回避が可能であり、かつ、容易であること」という要件が採用される可能性が高い。

　この場合、ユーザが、「ベンダに重過失があること」の立証責任を負い、ユーザは、ベンダの重過失に関する評価根拠事実を主張・立証し、これに対し、ベンダは評価障害事実を主張・立証することになる。その上で、最終的にベンダに重過失があるとの評価を導くことがユーザの責任となる[11]。

（3）ベンダが民法536条2項に基づく報酬請求をする場合
ア　民法536条2項はどのような場合に適用されるのか？

　プロジェクト頓挫型に分類される紛争で、ベンダが民法536条2項に基づ

---

11)　前掲・東京高裁平成25年7月24日判決でも、同様の考え方が採用されている。

II　システム開発時の紛争に関する主張・立証のポイント

いて報酬請求をすることがある。システムの紛争において、同法536条2項に基づく請求をした事例は多くはないが、請負契約に基づくベンダの義務が、ユーザの帰責事由によって履行不能になった場合、ベンダは、同法536条2項に基づいて報酬を請求することができる。

民法536条2項

　債権者の責めに帰すべき事由によって債務を履行することができなくなったときは、債務者は、反対給付を受ける権利を失わない。この場合において、自己の債務を免れたことによって利益を得たときは、これを債権者に償還しなければならない。

　該当する場面は多くないかもしれないが、①ユーザが一方的にベンダによる義務の履行を拒否している場合、②ユーザがベンダ以外の第三者により仕事を完成させてしまった場合、③ユーザが自ら仕事を完成させてしまった場合、④ユーザの方針変更によりシステムが不要となってしまった場合等[12]には、民法536条2項に基づく報酬の請求を検討してもよいと考えられる[13]。

　民法536条2項に基づく請求に関する著名な事件としては、建築に関する最高裁（三小）昭和52年2月22日判決がある。

---

12)　自己都合解約型の場合にも利用できる報酬の請求方法と考えられる。
13)　滝澤・前掲注3）18頁では、「注文者が請負人による工事続行を拒絶した事例や、他業者に仕事をさせてこれを完成させてしまったような事例が問題となっているところ、前記学説の多数説と同様に、民法536条2項に従って判断しているものが多くみられる」と記載されている。また、能見善久＝加藤新太郎編『論点体系 判例民法［第2版］5 契約I』（第一法規、2013）80頁では、「判例は、請負契約において、注文者が請負人以外の第三者に仕事を完成させた場合（大判大正元・12・20民録18輯1066頁〔27819013〕）、注文者自らが仕事を完成させた場合（大判昭和6・10・21法学1巻上378頁〔27541006〕）に、債権者の責めに帰すべき事由による履行不能として請負人の報酬請求権を認める」と記載されている。

第7章　システム開発に関する訴訟手続

　被上告人（請負人）は、同年11月中旬ころ、右冷暖房工事のうちボイラー
とチラーの据付工事を残すだけとなったので、右残余工事に必要な器材を用
意してこれを完成させようとしたところ、上告人（注文者の連帯保証人）が、
ボイラーとチラーを据え付けることになっていた地下室の水漏れに対する防
水工事を行う必要上、その完了後に右据付工事をするよう被上告人に要請し、
その後、被上告人及びA（注文者）の再三にわたる請求にもかかわらず、上告
人は右防水工事を行わずボイラーとチラーの据付工事を拒んでいるため、被
上告人において本件冷暖房工事を完成させることができず、もはや工事の完
成は不能と目される。
　（中略）
　そして、Aと被上告人との間の本件契約関係のもとにおいては、前記防水工
事は、本来、Aがみずからこれを行うべきものであるところ、同人が上告人
にこれを行わせることが容認されていたにすぎないものというべく、したが
つて、上告人の不履行によって被上告人の残余工事が履行不能となった以上、
右履行不能はAの責に帰すべき事由によるものとして、同人がその責に任ず
べきものと解するのが、相当である。
　ところで、請負契約において、仕事が完成しない間に、注文者の責に帰す
べき事由によりその完成が不能となった場合には、請負人は、自己の残債務
を免れるが、民法536条2項によって、注文者に請負代金全額を請求するこ
とができ、ただ、自己の債務を免れたことによる利益を注文者に償還すべき
義務を負うにすぎないものというべきである。これを本件についてみると、
本件冷暖房設備工事は、工事未完成の間に、注文者であるAの責に帰すべき
事由により被上告人においてこれを完成させることが不能になったというべ
きことは既述のとおりであり、しかも、被上告人が債務を免れたことによる
利益の償還につきなんらの主張立証がないのであるから、被上告人はAに対
して請負代金全額を請求しうる。

　本件では、上告人（注文者側の立場と判断してよいものと思われる）が、ボイ
ラーとチラーの据付工事を拒否していたことから、債権者の帰責事由を認定
し、これを前提に、履行不能になっていると判断している。このように建築
の分野では、注文者の帰責事由により履行不能になった場合、民法536条2
項の問題として処理する裁判例が蓄積されている[14]。
　システム開発プロジェクトにおいても、建築の場合と同様、民法536条2

---

14)　滝澤・前掲注3）17-18頁では、「学説・裁判例は、民法536条2項の問題として取り扱う立場（ア）と、
　　既施工部分に対する出来高報酬請求の問題として取り扱う立場（イ）とに分かれている」とした上、裁判例
　　においては、「民法536条2項に従って判断しているものが多くみられる」としている。

326

項に基づく請求が主張されるようになってきている。近時の裁判例は、**図表
7-9**のとおりである。

図表 7-9　民法 536 条 2 項に基づく報酬の請求に関する裁判例

裁判例	結論	内容
東京地裁 平成 24 年 12 月 25 日 判決	一部 認容	ユーザは、ベンダに対し、不況に伴う業務縮小のためシステムの導入を考え直したいとして、本件新システムの導入作業の停止を依頼する旨の書面を送付してベンダに本件新システムの導入作業を停止させた上、現在は第三者から納入された本件現行システムを利用しているのであるから、ベンダが本件新システムを被告に納入することは、社会通念に照らして履行不能になったとして、ベンダの報酬請求を一部認容した事例
東京地裁 平成 23 年 10 月 20 日 判決	一部 認容	ユーザが、開発契約に関して必要なシステム仕様の確定作業等を行わず、ベンダに対して、本件基本契約において合意した必要な原始資料及び情報の無償開示又は提供義務を一切履行していないことや、事実と異なる事項を根拠に、中止の通告を行ったことから、本件基本契約上の協力義務を履行しなかったことに合理的な理由もないとして、ユーザの帰責事由で履行不能になったとし、ベンダの報酬請求を一部認容した事例
東京地裁 平成 22 年 7 月 13 日 判決	棄却	三次請ベンダが、四次請ベンダとの契約を解除したことにより、事実上四次請ベンダが本件請負契約上の債務を履行することができなくなったが、その原因は、四次請ベンダの追加費用等の交渉態様並びにこれに伴う現場からの作業員の引上げ（三次請ベンダからの追加費用等の支払いの確約を得られない状況にあったことから、四次請ベンダの作業を一時的に中断して現場から作業員を引き上げ、もって、追加費用等の支払いの交渉を進めるための手段とすること）に問題があったことに帰するというべきであり、これをもって、三次請ベンダの帰責事由による履行不能とは認められないとして、四次請ベンダの報酬請求を棄却した事例

イ　ユーザによる無効な解除の意思表示と民法 536 条 2 項の適用

　上記のように、民法 536 条 2 項が適用され、ベンダがユーザに対し、報酬を請求できるとする判断が示されているが、ユーザとしてもっとも注意したいのは、契約解除の意思表示をする場合である。ユーザがベンダの債務不履行を原因とする解除の意思表示をした場合、債務不履行解除の有効性が否定されると、無効な解除の意思表示により、その後の協力を確定的に拒否す

ることになるのが通常である。

そのため、ベンダの債務が履行不能となり、ベンダから民法536条2項に基づく報酬の請求を受けやすくなる。無効な解除の意思表示により、結果として14億円を超える高額な報酬を請求されてしまうという事件も発生しており、ユーザがベンダとの契約を解除する場合、専門家の意見を十分に確認する必要があるといえる。

無効な解除の意思表示をした場合の民法536条2項の適用に関する裁判例は図7-10のとおりである。

図表7-10　ユーザの無効な解除の意思表示と民法536条2項の関係

裁判例	結論	内容
東京地裁 平成27年3月24日 判決	一部認容	ユーザは、ベンダに債務不履行がないにもかかわらず、個別契約を解除したことを前提に、民法641条又は651条2項に基づいて損害賠償請求できるか、民法536条2項により反対給付を受けることができるとした事例。
東京地裁 平成28年6月17日 判決	全部認容	ユーザが個別契約の解除によりシステム間結合テストの実施を確定的に拒絶したころ、システム間結合テストの実施については、移行データの準備についてユーザの協力が不可欠であったにもかかわらず、これをしなかったことが中止の原因であるから、ユーザの責めに帰すべき事由により履行不能となっているとして、14億円を超えるベンダの報酬請求が全部認容された事例。
東京地裁 平成28年11月8日 判決	一部認容	ユーザが解除原因のない無効な解除を行い、ベンダの仕事の完成を不可能ならしめた場合には、ユーザの責めに帰すべき事由によって債務を履行することができなくなったといえるとして、ユーザは、ベンダに対し、民法536条2項に基づき、少なくとも、出来高の報酬及び本件未履行部分の利益相当分の合計134万7886円につき報酬支払義務を負うとした事例。

ウ　ベンダが中止提言義務を履行した場合、民法536条2項が適用されるか？

前掲・東京高裁平成25年9月26日判決において、ベンダに、プロジェクトマネジメント義務の一環として、プロジェクトの中止提言義務が課されたことは、すでに**第4章Ⅱの6**で解説したとおりである。この場合、ベンダの立場からすると、中止を提言するまでの間に開発を実施した既履行部分につ

いての報酬を請求したいところである。

ベンダとしては、ユーザの帰責事由により、社会通念上履行不能になったため、中止の提言をした場合には、民法536条2項に基づく報酬の請求を検討してよいのではないかと思われる。

私見ではあるが、例えば、ユーザの追加開発の要望により、契約締結時点では1億円で開発予定であった情報システムについて、10億円の開発委託料が必要となり、ベンダ・ユーザ間での調整が不可能となった場合等は、ユーザの帰責事由により社会通念上履行不能になったと評価できるのではないかと考えられる。

このような場合、ベンダが、民法536条2項に基づく報酬全体の請求をすると、ユーザは、ベンダが債務を免れることによって得た利益を主張・立証することとなり、結論としては、ベンダの既履行部分についての報酬請求が認められることになるのではないかと考えられる。

2　自己都合解約型

(1) 自己都合解約された場合、ベンダは何を主張・立証すべきか?

システム開発プロジェクトでは、ベンダ・ユーザ間の契約において、ユーザの自己都合解約の場面を想定し、民法641条の趣旨を反映させた契約条項が盛り込まれていることが多い。例えば、経産省モデル契約〈第一版〉[15]では以下のような条項が盛り込まれ、ユーザが業務の続行を中止した場合、ベンダは、遂行した業務の委託料（出来高に関する報酬）の請求と未了部分の解約により発生した損害の賠償を請求することが認められている。

---

15)　経産省モデル契約〈第一版〉88頁では、「ベンダにとっても、途中解約による損害が民法第641条の趣旨（仕事が未完成の間になされた注文者の契約解除に伴う損害賠償義務）に従い、確実に賠償されれば、これを認めても不利益はない。重要なのは、変更管理に関するユーザの意思決定が速やかになされることである。本条は、当該個別契約が請負型であれ準委任型であれ、ユーザは、ベンダに、仕事の出来高に応じた報酬を支払い、発生した損害を賠償しなければならないこととしてベンダの保護を図っている」とされている。

第7章 システム開発に関する訴訟手続

> （変更の協議不調に伴う契約終了）
> 第38条　前条の協議の結果、変更の内容が作業期間又は納期、委託料及びその他の契約条件に影響を及ぼす等の理由により、甲が個別契約の続行を中止しようとするときは、甲は乙に対し、中止時点まで乙が遂行した個別業務についての委託料の支払い及び次項の損害を賠償した上、個別業務の未了部分について個別契約を解約することができる。
> 2.　甲は、前項により個別業務の未了部分について解約しようとする場合、解約により乙が出捐すべきこととなる費用その他乙に生じた損害を賠償しなければならない。

　したがって、このような場合には、契約に基づいて①契約が終了した時点までに履行した部分に対応する出来高と、②未了部分について発生した費用を請求することになろう。

（2）出来高の計算及び立証はどのようにすべきか？

　システム開発プロジェクトで、出来高の計算が主要な争点となった事件は多くはないが、システム開発プロジェクトとよく対比される建築工事の請負契約の事案では、「全工事に対する既施工部分の出来高割合を算出し、報酬額全額に同出来高割合を乗じることによって、既施工部分に対する相当報酬額を算出する」という方法が採用されており[16]、情報システムの場合も同様に考えてよいのではないかと思われる。

　また、追加開発が発生している場合には、追加開発部分も含めた全工程に対する出来高割合を計算した結果を主張すればよいことになるであろう。

　しかし、現実の訴訟では、出来高割合の算出方式よりも、すでに遂行した部分及びこれに対応する出来高がいくらになるのかという立証作業のほうが困難である。建築の場合、工事現場を確認すれば進捗状況を確認できるのに対し、情報システムの場合は成果物が無体物のプログラムであるため、開発現場を確認しただけでは進捗状況を把握することが困難だからである。

---

16)　滝澤・前掲注3）24頁では、このような計算方法を示した上、建築に関する複数の裁判例が引用されている。

さらに、進捗状況を正確に把握しようとすると、大規模なプロジェクトの場合、複数の下請企業に再委託していることが通常であるため、各下請企業の進捗状況をすべて把握しなければならないし、オフショアで開発している場合等は、このような作業が難航することが多い。しかも、通常は、プロジェクトが終了すれば、その時点でベンダと下請企業との契約も終了するため、下請企業に協力を求めることも困難な場合が多い。

(3) 損害賠償に関する主張・立証はどのようにすべきか？

出来高に関する主張・立証に成功したとの前提で考えると、未履行部分のために要した費用を主張・立証すればよいことになる。具体的には、外注先に発注済みの開発要員確保のための費用等は、経理上の書類（請求書や支払履歴等）を用意することで立証できる場合が多いのではないかと考えられる。

しかし、前述のように、出来高の立証が困難であることを考慮すると、出来高を請求している部分についても、出来高の立証が不十分であると判断された場合に備え、未履行部分と同様に、外注先に支払済みの費用を損害賠償請求しておくべきであろう。外注先の費用については、経理上の書類で確認できるから、出来高を計算することと比較すると、容易に計算できる場合が多いからである。

また、出来高の請求と外注先に支払済みの費用の損害賠償請求とで認容額に差が出るのは、利益率の高いプロジェクトである。この場合、出来高の請求をしたほうがよいということになろう。しかし、システム開発プロジェクトは、必ずしも利益率が高いわけではなく、出来高を請求した場合と、費用を損害賠償請求した場合とで、結果的に認容額に差が出ない場合も少なくないように思われる。そうであるならば、最初から、出来高の請求をするのではなく、費用のみを損害賠償請求するという方法を検討してもよいのではないかと考えられる。

3　不完全履行型の場合

不完全履行型の場合には、ベンダがユーザに対して報酬の支払いを求めて

第7章 システム開発に関する訴訟手続

訴訟提起し、これに対してユーザは、仕事の未完成又は瑕疵担保責任を理由に契約を解除した上、反訴として損害賠償請求をすることになるのが、典型的なベンダ・ユーザ間の攻防である。

（1）ベンダがユーザに対し納品した成果物についての報酬を請求するには何を主張・立証すべきか？

　ベンダ・ユーザ間で請負契約が締結されている場合、ベンダが仕事を完成して引き渡すことにより、報酬を得ることができる。

> **民法632条**
> 　請負は、当事者の一方がある仕事を完成することを約し、相手方がその仕事の結果に対してその報酬を支払うことを約することによって、その効力を生ずる。
>
> **民法633条本文**
> 　報酬は、仕事の目的物の引渡しと同時に、支払わなければならない。

　したがって、ベンダがユーザに対し、報酬支払いを求めて訴訟提起する場合、仕事を完成して引き渡したことを主張・立証する必要がある。

　そして、仕事が完成したか否かは、**第4章Ⅳ**でも確認したとおり「仕事が当初の請負契約で予定していた最後の工程まで終えているか否か」という基準（以下「最終工程基準」という）で判断するのが、近年の裁判例でよく取り上げられている考え方である[17]。

　したがって、ベンダとしては、訴状を提出する時点で、成果物であるプログラム一式やマニュアルや仕様書等の納品物一式を引き渡し、検収されているか、みなし検収規定により検収に合格したものとみなされる場合には、一応、仕事の完成について立証したことになるのではないかと考えられる。

　しかし、「仕事の完成は事実というだけでなく評価的な意味合いを併せ持つ概念である」[18]とされているように、検収に合格しているか否かが唯一絶

---

17)　東京地裁平成14年4月22日判決、東京地裁平成22年1月22日判決、前掲・東京地裁平成25年5月28日判決等多数。
18)　東京地方裁判所プラクティス委員会第二小委員会・前掲注2）15頁参照。

対の判断基準ではないと考えられる。

例えば、検収合格書が発行されていたとしても、ベンダの資金繰りに協力する趣旨で発行されていたにすぎない場合には、未完成との判断になることも考えられる。逆に、検収に合格していなくても、ユーザが合理的な理由もなく検収を拒否しているだけであれば、仕事を完成し引き渡したとの判断になることも考えられる。

したがって、ベンダとしては、単に、検収に合格している点に限らず、①現実に成果物が利用され稼働しているか否か、②開発が完了した後に予定されているはずの運用・保守に関する契約が締結されているか否か、③報酬の支払いに関するやり取り（請求書の発行を許容されているか否か、支払時期を猶予するように依頼されたことがあるか否か等）についても主張・立証できるとよい。

また、一部の機能が実装されていない場合であっても、実装されていない機能の占める割合が全体のごく一部であり、未実装となっている原因が、ユーザの帰責事由にある等の事情があれば、仕事の完成が肯定され[19]、又は、ユーザによる未完成の主張が信義則上許されないと判断されることもあるから[20]、このような場合は、ベンダとしては、仕事の完成を前提とした報酬の請求をすべきである。

（2）ベンダが追加報酬を請求するためには何を主張・立証すべきか？

ベンダが追加開発に関する報酬を請求する場合、①ユーザとの追加開発に関する費用の合意に基づいて、合意した費用の請求をする場合と、②具体的な費用の合意はないが、商法512条等を利用して「相当な報酬」を請求することが考えられる。

---

19) 東京地裁平成25年9月30日判決。
20) 東京地裁平成17年4月22日判決。

第7章　システム開発に関する訴訟手続

ア　追加開発に関する合意に基づく請求をする場合、何を主張・立証すべきか？

ベンダが、追加開発に関する報酬を請求する場合は、まずは追加開発の合意に基づいて請求するという法律構成を検討するのが通常である。

システム開発においては、ユーザからベンダに対し、日々、追加開発の要望が提示されることが多く、その都度、追加開発に関する個別契約や覚書を締結するのは開発現場の実態にそぐわない。そのため、変更管理書や課題管理一覧表等で、追加開発の工数等を管理する方式が採用されているから、これらの書類を用意することになる。

他方で、システム開発プロジェクトでは、基本契約において、個別契約等については「書面」でのみ締結することができるという趣旨の規定が存在し、ユーザがこの規定を根拠に、書面が存在しない以上、追加開発の契約の成立は否定されると主張することがあるので、この点についても解説しておく。

このような規定が存在しても「書面」の有無だけで契約の成否の結論が決定されるわけではない。例えば、東京地裁平成19年1月31日判決では、以下のとおり判断している。

> 本件基本契約第1D条は、本件基本契約に基づく個別契約のみならず、本件基本契約に基づくその他の契約の締結についても書面によってのみなし得ると規定しているが、本件基本契約締結後に、A部長から、本件基本契約も締結したので、本格的に作業に入ってもらいたいとの指示があり、その指示を受けて、ベンダの担当者は、3か月以上にわたって、現実にユーザ本社に赴いた上で、要件定義書及び概要設計書の作成のための作業を行ってきたのであるから、A部長の発言によって、<u>本件基本契約第1D条は本件準委任契約に適用されるものでないことがベンダ・ユーザ間で了解されたものと認めるのが相当である。</u>

この判決では、①ベンダによる作業の実態があり、かつ、②ユーザの責任者がこれを長期間（3か月間）許容していたことから、基本契約第1D条の適用がないと判断したものであり、ユーザ責任者の挙動により、基本契約の内

容が上書きされ、書面は不要であるとの判断になったものと考えることができる。

　また、契約の締結に書面が必要であるか否かという点に関連する事件としては、前掲・東京地裁平成25年9月30日判決がある。この事案は、元請ベンダと下請ベンダとの間で締結された、基本契約の第4条第3項で「個別契約は、①別途元請ベンダが発行した注文書に下請ベンダが承諾の意思表示を行うか、②元請ベンダと下請ベンダが協議して取り決めた対象業務の内容を書面化し、元請ベンダがこれに承諾の意思表示を行ったときに成立する。ただし、いずれの場合も、相手方に当該文書が到達した日の翌日から5営業日以内に、当該相手方から何らの意思表示もされない場合、当該期日の終了時点で承諾の意思表示がされたものとみなす」と規定されており、下請ベンダが提示した見積書等が「元請ベンダと下請ベンダが協議して取り決めた対象業務の内容を書面化」した「書面」に該当するか否かが問題となった事案である。元請ベンダは、開発作業の事前に「書面」が提示されない限り、下請ベンダによる作業完了後に提示された書面は、基本契約第4条第3項の「書面」に該当しないと主張していたが、以下のとおり判示し、元請ベンダの主張を排斥している。

そもそも、当該規定の趣旨は、ソフトウェア開発に係る請負契約について、書面がないままでは、後に、注文者である元請ベンダと請負人である下請ベンダとの間で、契約の成否について紛争が発生するおそれがあることから、このような紛争の発生を防止することにあると解されるのであり、下請ベンダによる書面の作成は、成立する契約の内容が当事者間で合意されたものであることを担保するために要請されるものというべきである。このような本件基本契約4条3項の趣旨に、ソフトウェア開発の個別契約を成立させるに当たって、事前に書面を作成することを常に要求することは、この種の請負契約、とりわけ追加開発に係る請負契約の実情にそぐわないものであり、下請ベンダと元請ベンダが、事前に書面を作成しない限り個別契約は一切成立しないという意思の下に、本件基本契約を締結したとまでは認め難いこと、そして、事前に書面が作成されない限り個別契約の要件を満たさないと狭く解釈し、事前に書面が作成されない契約に本件基本契約の各条項の規制が及ばないとすることは、当事者の合理的意思に反する結果を招来することになりかねないことなどを併せ考慮すれば、被告と原告が協議して取り決めた対象業務の内容を下請ベンダが書面化したものである限り、その作成時期を契約前に限定する必要まではないと解するのが相当である。

　この判決では、個別契約の締結に関し、「書面」を要求する趣旨について言及した上、「事前に書面を作成することを常に要求することは、この種の請負契約、とりわけ追加開発に係る請負契約の実情にそぐわない」と判断している。裁判所はこの事案が、日々、追加開発作業が発生していた事案であったため、追加開発作業が発生する度に、事前の書面を作成した上で、元請ベンダの承諾を得ないと個別契約が成立しないとすることは、当事者の合理的な意思に反すると結論付けたのではないかと考えられる。

イ　商法512条に基づく報酬請求をする場合、何を主張・立証すべきか？

　ベンダの報酬額について合意が否定された場合でも、商法512条に基づく報酬請求が可能となる場合がある。**第4章Ⅳ**の**5**でも述べたとおり、ベンダとしては、当初予定していた作業（追加開発ではない部分の作業）とこれに対応する対価を特定して単価等を計算した上、追加開発部分については、作業量に応じて比例計算することで得られる金額を主張すればよいと考えられ

る。例えば、以下のとおりである。

① 1人日当たりの開発費用を計算し、追加開発の工数を乗じた金額
② プログラム1本当たりの単価にプログラムの本数を乗じた金額
③ 1か月当たりの報酬から算出される開発期間の長さに応じた金額

（3）ユーザが代金の支払いを拒否するためには何を主張・立証すべきか？

ア　ユーザが仕事の未完成を主張して支払いを拒否する場合

ベンダが仕事の完成を主張して訴訟提起した場合、ユーザは仕事の未完成を主張して代金の支払いを拒否することが多い。

前述したように、仕事の完成という概念は、事実だけではなく評価的な意味合いを併せ持つ概念であるから、最終工程基準で考えた場合でも、検収の有無だけで仕事の完成・未完成が決定されるわけではなく、諸般の事情が考慮されることになる[21]。

したがって、ユーザとしては、①合意した機能が実装されていない、②重大な障害・不具合が発生している等の合理的な理由で検収合格とすることができないことを主張・立証することになる。

ただし、システム開発プロジェクトの成果物となるプログラムの場合、納品時に一定の障害・不具合が混入することは、複数の裁判例でも確認されているところである（**図表7-11**）。

21）　東京地方裁判所プラクティス委員会第二小委員会・前掲注2）15頁では、「ユーザーが納品済みシステムを実際の業務で運用しているか否か、納品からどれだけ期間が経過しているか、保守契約まで締結しているか否か（完成前にこれを締結するのはまれであるため）、取扱説明書を受領しているか（完成前はその作成に着手する余裕がないため）等の完成の徴表となる諸要素や、ユーザーの主張する不具合の種類、程度等を勘案し、必要に応じて専門家の知見も踏まえて、仕事の完成を認定するのが相当であろう」と記載されている。

337

第7章　システム開発に関する訴訟手続

図表 7-11　納品直後のバグの取扱いに関する裁判例

裁判例	内容
東京地裁 平成9年2月18日 判決	本件システムの内容、プログラムの全体規模、プログラムが右システムのためのオーダーメイドされたソフトウエアであり、多数の顧客が実際に運用することによりテスト済みの既成のソフトウエアを利用したものではないことに照らせば、本件システムのプログラムに右のようなバグが生ずることは避けることができないものであるということができ、その補修は、プログラム製作者と本件システムの利用者との共同作業によってなされるほかないものといえる。
東京地裁 平成14年4月22日 判決	情報処理システムの開発にあたっては、作成したプログラムに不具合が生じることは不可避であり、プログラムに関する不具合は、納品及び検収等の過程における補修が当然に予定されているものというべきである。

　したがって、単に障害・不具合が発生していることを主張・立証するだけではなく、後述する瑕疵担保責任と同様に、契約の目的を達成することができなくなるような重大な障害・不具合が存在することまで主張・立証することになり、障害・不具合を未完成の理由として主張する場合は、併せて瑕疵担保責任の主張もすることが多い[22]。

　もっとも、このような障害・不具合の問題を、未完成の問題として取り扱うべきか、後述する瑕疵担保責任の問題とすべきであるかは、ユーザの立場でも検討の余地がある。なぜなら、未完成を主張する場合、ベンダの責任を追及するためには、ベンダの帰責事由が必要となるが、瑕疵担保責任は無過失責任であり、ベンダの帰責事由は、特約がない限り不要であるから、瑕疵担保責任のほうが責任を追及しやすいとも考えられるからである。

　これに対し、ユーザの帰責事由によらずに、合意した機能が実装されていない場合は、障害・不具合が発生している場合と比較すると仕事の未完成が認定されやすい。この場合、ユーザは、未実装機能がベンダ・ユーザ間において、開発対象とする旨の合意を主張・立証すればよいことになる。裁判例としては、**図表7-12**のような事例がある。

---

22)　前掲・東京地裁平成14年4月22日判決、前掲・東京地裁平成22年1月22日判決、前掲・東京地裁平成25年5月28日判決等。

図表 7-12　未実装機能の存在により未完成と判断された事例

裁判例	内　容
東京地裁 平成16年3月10日 判決	2つのシステムを連動させることが契約内容になっていたか否かが争点となったところ、提案書の記載内容から2つのシステムを連動させることまで合意されていたことが認定され、この点が実現されていないことから未完成とした事例
東京地裁 平成22年9月21日 判決	ベンダ・ユーザ間には、旧システムの機能を基本的に踏襲する旨の合意が認められることを前提に、旧システムの重要機能が未実装になっており、ベンダの主張するような代替手段で対応する旨の合意もないことから未完成とした事例
東京地裁 平成26年4月7日 判決	ベンダが、開発当初の仕様書にはスマートフォンからの閲覧機能が記載されているが、ベンダ・ユーザ間の協議の中で、スマートフォン対応に関する協議がされなかったこと等から、開発対象から除外されたと主張したが、開発当初、ユーザはベンダからスマートフォン対応はパッケージソフトウェアの基本機能で対応可能との説明を受けていたことや、開発途中で何ら打ち合わせをしていなかったこと等からすれば開発対象から除外されたとはいえないと判断され、未完成とした事例

イ　ユーザが瑕疵担保責任を主張して支払いを拒否する場合

　ユーザが瑕疵担保責任を主張・立証して契約を解除する場合を検討する。ここでは、「瑕疵」の概念を確認し、ユーザが主張・立証すべきことを明らかにした上で、「契約をした目的を達することができない」ことを立証するために必要となる事項を確認し、最後に解除権の権利行使期間について説明する。

（a）システム開発に関する訴訟で、瑕疵担保責任を追及する場合、何を主張・立証する必要があるのか？

　一般的に、請負契約における「瑕疵」の考え方には、大きく分けて、以下に示す客観説と主観説があるが、オーダーメイドのシステム開発では、システムの仕様に関するバリエーションが無限に想定できるため、主観説の立場が推奨されている[23]。

---

23)　東京地方裁判所プラクティス委員会第二小委員会・前掲注2）16頁参照。

第7章　システム開発に関する訴訟手続

> **客観説**
> 　その種類のものとして通常有すべき品質・性能を欠いているかどうかを重視する考え方
> **主観説**
> 　契約で予定された品質・性能を欠くかどうかを重視する考え方

　このような「瑕疵」の考え方は、経産省モデル契約〈第一版〉でも採用されており、その第29条第1項は、以下のように、「システム仕様書との不一致（バグも含む）」を瑕疵と定義している。

> 第29条　前条の検査完了後、納入物についてシステム仕様書との不一致（バグも含む。以下本条において「瑕疵」という。）が発見された場合、甲は乙に対して当該瑕疵の修正を請求することができ、乙は、当該瑕疵を修正するものとする。但し、乙がかかる修正責任を負うのは、前条の検収完了後○ヶ月以内に甲から請求された場合に限るものとする。
> 2.　（省略）
> 3.　（省略）

　そうすると、ユーザは、原則として、ベンダと合意した情報システムの仕様と、納品された成果物における不一致を主張・立証することで、「瑕疵」を立証することになる。

　そのために、ユーザの代理人は、少なくとも以下の2つの作業を実施することになる。

① 　ベンダとユーザとの合意内容を、基本設計書、外部設計書、仕様書（仕様変更した場合は変更管理書）等の文書（以下、これらを総称して「仕様書」という）を使って特定する作業
② 　仕様書と納品された成果物の不一致を特定する作業

　具体的には、仕様書の該当箇所を示し、本来あるべき状態を主張した上、実際に納品された成果物の実行結果を、表示画面のキャプチャー等を使用し

て明らかにし、仕様書と表示画面の不一致を説明することで、主張・立証することになる。

しかし、情報システムの専門家ではない弁護士の立場からすると、仕様書の内容を理解した上、成果物との不一致を説明する作業は、非常に負担の重い作業である。しかも、システム開発プロジェクトに関する紛争では、瑕疵の根拠として主張する障害・不具合は多数になることが多く、仕様書における合意内容に基づかない、漠然とした主張になってしまいがちである。この点について判断した事例として、前掲・東京地裁平成25年9月30日判決がある。この事案は、元請ベンダと下請ベンダの紛争で、瑕疵について「確定された仕様との不一致」と定義されていた事案である。

> これを本件についてみると、被告（元請ベンダ）が原告（下請ベンダ）に対し、瑕疵の内容に関する具体的な主張をして損害賠償請求権を行使したのは、別紙2の2が別紙として添付された平成24年9月4日付け準備書面を陳述した同月6日の本件弁論準備手続期日でのことであって、それまでは、被告は、不具合が存在する機能のみを別紙2のとおり列挙しながら、機能が不存在であるか又は不完全な機能しか有せず未完成である旨の漠然とした主張をしたにとどまっていたのであり、そのような抽象的な主張は、権利関係の早期安定を図る除斥期間の規定に照らし、請求権を保全する効果を生じる権利行使には当たらないと解される。

この裁判例では、元請ベンダの瑕疵の主張が、「機能が不存在であるか又は不完全な機能しか有せず未完成である旨の漠然とした主張をしたにとどまっている」ことを理由に、瑕疵担保責任に基づく瑕疵修補に代わる損害賠償請求権の行使に当たらないから、請求権が保全されていないと判断されている。代理人となる弁護士としては要注意である。

（b）瑕疵担保責任における「仕事の目的物に瑕疵があり、そのために契約をした目的を達することができない」を主張・立証するためには？

▶「仕事の目的物に瑕疵があり、そのために契約をした目的を達することができない」の意義

ユーザが瑕疵担保責任を理由に契約を解除する場合、単に瑕疵（障害・不具合）が発生しているだけではなく、「そのために契約をした目的を達することができない」ことを主張・立証しなければならない（民法635条）。

> **民法635条本文**
> 仕事の目的物に瑕疵があり、そのために契約をした目的を達することができないときは、注文者は、契約の解除をすることができる。

そして、**第4章Ⅳ**でも述べたとおり、典型的には、ユーザは以下のような事実を主張・立証することになる。

① 不具合が、システムの機能に軽微とはいえない支障を生じさせる上、不具合発生の指摘を受けた後、遅滞なく補修することができていない。
② 不具合の数が著しく多く、しかも順次発現してシステムの稼働に支障が生じている。

そのため、ユーザは、以下の点を検討しておく必要がある。

▶テスト環境の維持

ユーザの立場からすると、テスト環境を維持することは、「サーバ等のハードウェア資産を利用できない」「サーバ等を設置していたテストルームの賃料（大規模なシステム開発プロジェクトでは、開発のために部屋を借りることも珍しくない）等の費用が継続して発生する」等の不利益も発生するため、できる限り早く撤収したいと考えるのが通常である。しかし、まったくテスト環境がないということになると、訴訟での立証が困難になることが予想される。なぜなら、瑕疵担保責任を追及しようとするのであれば、障害・不具合を再現して主張・立証することが、極めて重要な作業となるからである。

そのため、想定される訴額やテスト環境を維持した場合の費用等を考慮し、どの程度の環境を残しておくべきか、撤収する前に十分検討する必要がある。

▶専門家への協力依頼

ユーザとしては、専門家に対して協力依頼することも検討すべきである。前述した、「不具合が、システムの機能に軽微とはいえない支障を生じさせる上、不具合発生の指摘を受けた後、遅滞なく補修することができない場合」であることを主張・立証しようとするのであれば、障害・不具合が発生していることだけではなく、補修するためにどの程度の時間が必要になるのかも立証する必要があり、このような事項は専門家しか判断できないからである。

また、「不具合の数が著しく多く、しかも順次発現してシステムの稼働に支障が生じるような場合」であることを主張・立証しようとするのであれば、不具合の抽出作業を専門家に外注することも検討すべきである。ユーザのテスト担当者が実施してもよいが、徹底的に障害・不具合を洗い出す作業を実施する場合、専門家のほうが効率が良いというのが筆者の印象である。

▶主張・立証方法

単に障害・不具合が発生していることを主張するだけでは、ユーザの主張としては不足である。「不具合が、システムの機能に軽微とはいえない支障を生じさせる上、不具合発生の指摘を受けた後、遅滞なく補修することができない場合」であるというからには、ユーザは自己の業務においてどのような不利益がもたらされるのかを具体的に明らかにした上、その状況が、遅滞なく改善されていない状況についても主張・立証が必要である。

また、「不具合の数が著しく多く、しかも順次発現してシステムの稼働に支障が生じるような場合」であることを主張・立証しようとする場合、障害・不具合が収束傾向にないことまで主張・立証すべきである。通常、ベンダはユーザから障害・不具合の通知を受けると、遅滞なく補修しようとするので、納品後、多数の障害・不具合が発生していたとしても、解除時点での未補修の障害・不具合は少数になることが多く、解除時点でテストを止めてしまうと、立証が中途半端になってしまう。そこで、解除後にも、専門家等にテスト作業を外注し、障害・不具合の立証に備えるべきである。このような方法を採用するとコストが高くなるので、訴額や外注費用とのバランスを考慮し、

第7章　システム開発に関する訴訟手続

どの程度の作業を依頼するのか決定する必要がある。

（c）瑕疵担保責任に基づく契約の解除権はいつまでに行使しなければならないか？

瑕疵担保責任に基づく契約の解除は、原則として、引渡しを受けてから1年以内である（民法637条1項）。もっとも、ベンダ・ユーザ間の特約により、起算点が変更されていたり、期間が短縮されている場合も多いので注意が必要である。

（4）ユーザが瑕疵担保責任に基づく損害賠償請求をする場合
ア　瑕疵担保責任に基づく損害賠償請求をするのはどのような場合か？

ユーザは、瑕疵担保責任に基づいて瑕疵の修補や損害賠償請求をすることができる（民法634条）。

民法634条

　仕事の目的物に瑕疵があるときは、注文者は、請負人に対し、相当の期間を定めて、その瑕疵の修補を請求することができる。ただし、瑕疵が重要でない場合において、その修補に過分の費用を要するときは、この限りでない。
2　注文者は、瑕疵の修補に代えて、又はその修補とともに、損害賠償の請求をすることができる。この場合においては、第533条の規定を準用する。

そして、訴訟で問題となるのは、主に損害賠償請求であり、前述した瑕疵担保責任に基づく解除権とともに行使されることが多い。もっとも、解除権を行使すると、ユーザはシステムを利用できなくなるため、システムを修補して使用を継続する場合は、損害賠償請求権のみを行使することになる。実務では、下請ベンダから納品されたシステムに障害・不具合があるため、元請ベンダが下請ベンダに対し、ユーザへの納品にあたり障害・不具合を修補したと主張する場合等に、損害賠償請求権のみを行使することがある（解除までしてしまうと、元請ベンダはユーザに納品できなくなってしまうため）。

瑕疵担保責任に基づく損害賠償請求には、「修補に代わる損害賠償請求」

と「修補とともにする損害賠償請求」とがある。前者は、瑕疵の修補のために要した外注費用や社内人件費等がこれに該当し得る。後者は、債務不履行や不法行為に基づく損害賠償請求をする場合と同様、**図表7-5**に示した表に記載した項目が、すべて損害賠償項目となり得る。

イ 瑕疵担保責任に基づく損害賠償請求権はいつまでに行使しなければならないか?

瑕疵担保責任に基づく権利行使の時期については、民法637条に規定されているため、引渡しから1年を経過すると一切行使できないかのように見えるので、少し注意が必要である。

民法637条

前3条の規定による瑕疵の修補又は損害賠償の請求及び契約の解除は、仕事の目的物を引き渡した時から1年以内にしなければならない。

2 仕事の目的物の引渡しを要しない場合には、前項の期間は、仕事が終了した時から起算する。

瑕疵修補に代わる損害賠償請求については、民法637条1項により、除斥期間が1年と定められているから、1年以内に損害賠償請求しないと権利行使ができなくなるのが原則である。しかし、同法508条の類推適用により、引渡しから1年以内に相殺適状になっていれば、引渡しから1年経過していたとしてもベンダの請負代金請求権と損害賠償請求権とを相殺できることが最高裁(一小)昭和51年3月4日判決によって確認されている。

第7章 システム開発に関する訴訟手続

> 　注文者が請負人に対して有する仕事の目的物の瑕疵の修補に代わる損害賠償請求権は、注文者が目的物の引渡を受けた時から1年内にこれを行使するを要することは、民法637条1項の規定するところであり、この期間がいわゆる除斥期間であることは所論の通りであるが、右期間経過前に請負人の注文者に対する請負代金請求権と右損害賠償請求権とが相殺適状に達していたときには、同法508条の類推適用により、右期間経過後であっても、注文者は、右損害賠償請求権を自動債権とし請負代金請求権を受働債権として相殺をなしうるものと解すべきである。

　また、修補とともにする損害賠償請求は、民法637条1項の規定を条文の文言に忠実に解釈すると、除斥期間1年の経過により、損害賠償請求できなくなる。ただし、この点については、修補に代わる損害賠償請求とは異なり、普通の損害賠償請求権であるから、10年の時効によって消滅すると解する見解もあり[24]、この立場を前提とすると、ユーザの損害賠償請求権は、通常、商行為によって生じた債権と評価できるから、5年の時効によって消滅することになろう（商法522条）（**図表7-13**）。

図表7-13　民法634条に基づく損害賠償請求の種類と権利行使期間

損害賠償の種類	請求可能な損害	起算点と権利行使可能な期間
修補に代わる損害賠償請求	瑕疵修補のために要した費用	引渡しから1年（民法637条1項）。ただし、引渡しから1年以内にベンダの請負代金請求権と相殺適状に達していた場合は、引渡しから1年経過後でも相殺が可能
修補とともにする損害賠償請求	瑕疵修補のために要した費用以外の損害	引渡しから1年（民法637条1項）。ただし、損害賠償請求できるようになった時点から10年とする見解があり、この立場を前提とすると、商法522条の適用により、損害賠償請求できるようになった時点から5年

　ただし、ベンダ・ユーザ間の特約により、起算点が変更されていたり、権利行使できる期間が制限されていることも多いので、代理人としては注意が

---

24)　幾代通＝広中俊雄編『新版注釈民法（16）債権（7）』（有斐閣、1989）155頁。

Ⅱ　システム開発時の紛争に関する主張・立証のポイント

必要である[25]。

ウ　瑕疵がユーザの指図やユーザの帰責事由による場合でも、ベンダは瑕疵担保責任を負うのか？

請負契約の瑕疵担保責任は無過失責任であるが、**第4章Ⅳの4（4）**で解説したように、民法636条の適用がある場合や、ユーザとの契約上、ベンダの帰責事由が必要とされる場合がある。

民法636条
　前2条の規定は、仕事の目的物の瑕疵が注文者の供した材料の性質又は注文者の与えた指図によって生じたときは、適用しない。ただし、請負人がその材料又は指図が不適当であることを知りながら告げなかったときは、この限りでない。

JEITAモデル契約
第29条　前条の検査完了後、納入物についてシステム仕様書との不一致（以下本条において「瑕疵」という。）が発見された場合、甲は乙に対して当該瑕疵の修正を請求することができ、乙は、当該瑕疵を修正するものとする。但し、乙がかかる修正責任を負うのは、前条の検収完了後〇ヶ月以内に甲から請求された場合に限るものとする。
2.　前項にかかわらず、瑕疵が軽微であって、納入物の修正に過分の費用を要する場合、乙は前項所定の修正責任を負わないものとする。
3.　第1項の規定は、瑕疵が甲の提供した資料等又は甲の与えた指示等乙の責に帰さない事由によって生じたときは適用しない。（ただし書・略）

したがって、ベンダとしては、瑕疵担保責任を回避するためユーザの与えた指示等の帰責事由により瑕疵が発生したことを主張・立証する必要がある。

しかし、ユーザの与えた指示等の帰責事由により瑕疵が発生したとのベンダの主張に対する裁判所の判断は**図表7-14**のとおりであり、ベンダにとっては厳しい判決が続いている[26]。

---

25)　経産省モデル契約〈第一版〉104頁。
26)　東京地裁平成25年2月25日判決は、システムに関するものではないが、考え方が参考になるので掲載しておく。

347

第7章 システム開発に関する訴訟手続

図表 7-14 民法 636 条等の適用に関する裁判例

裁判例	結論	内容
東京地裁平成 14 年4 月 22 日判決	否定	ベンダが、瑕疵の原因は、ユーザの要望事項が肥大化したことやデータに関する運用方法が未確定であること等にあると主張したのに対し、裁判所は、各瑕疵の原因は、ユーザの要望事項の肥大化や使用方法の問題ではなく、むしろ本件システムの設計自体に問題がある蓋然性が高いものと認めるのが相当であると判断した事例
東京地裁平成 16 年12 月 22 日判決	否定	ベンダが、不具合の是正については、ユーザ側にも不具合を指摘する等の協力作業が要求されるところ、ベンダは、ユーザより指摘されていた不具合にはすべて対応済みであり、新たな実データ及び実環境によるテストの報告がユーザからなされず、新たな不具合の状態について指摘がなかったとして、ベンダには帰責事由がなく、ユーザに帰責事由があるから、民法 636 条の類推適用によりユーザの解除が制限されると主張したのに対し、裁判所は、民法 636 条は、瑕疵の原因が注文者の行為に基づく場合には、公平の観点から請負人が担保責任を免れるとしたものであるところ、各不具合の発生は、ユーザからの指示によるものではなく、ベンダ及びその履行補助者が本件システムを開発するにあたって生じさせたものであるとして、ベンダの主張が排斥された事例
東京地裁平成 25 年2 月 25 日判決	否定（ただし過失相殺の事情として考慮）	ごみ収納ボックスの製造に関する事例であるが、製品の瑕疵の発生には、請負人として受注しながら、その際に約束した全品検査ができなかった製造業者に重大な責任があるとしても、瑕疵の発生及び補修費用の損害の拡大については、発注過程での仕様の指示や試作品製作の遅れ、補修指示の厳格化などの点において、注文者の責めに帰すべき点もあるとして過失相殺した事例
東京高裁平成 26 年1 月 15 日判決	否定（ただし過失相殺の事情として考慮）	ベンダが、本件ソフトウェア開発個別契約の条項及び民法 636 条本文の各解釈から、解除原因である瑕疵の原因がユーザにある場合には、ユーザは契約解除することは許されないと主張したのに対し、裁判所が、ユーザは、顧客であって、システム開発等についての専門的知見を備えているとは認められないのに対し、ベンダは、システム開発等の専門的知見や経験を備えた専門業者であって、本件新基幹システムに多数の不具合・障害という瑕疵を発生させたのはベンダであることが認められるとした上で、外部設計後に多数の変更を行えば、本件新基幹システムにおける不具合・障害の発生の可能性を増加させ、その検収完了が遅延するおそれが生じ得ることに照らせば、ユーザがベンダに対し本件新基幹システムについて多数の変更を申し入れたことは、本件ソフトウェア開発個別契約の目的を達成できなくなった原因の 1 つであると認められ、その点においてユーザの過失を否定できないとして過失相殺した事例

この表に示したように、ベンダによる民法636条に関する主張について、裁判所は消極的な態度であるが、その理由は2つあるのではないかと考えられる。

1つ目の理由は、ベンダ（請負人）はシステムの専門家であり、ユーザ（注文者）は素人であるという前提で裁判所が判断しているという点である。しかし、請負人と注文者の関係が、常に専門家と素人という関係であるというわけではない。ベンダ・ユーザ間の契約であっても、ユーザが大企業の場合には、システム部門が、ベンダとの窓口となって対応しているのが通常であり、システム部門にはシステムの専門家が配置されているから、単純に専門家と素人の契約と考えてよいのか疑問である。また、請負人と注文者の関係が、元請負人と下請負人の場合、通常、両当事者ともに情報システムの専門家であるから、専門家と素人の契約とは評価できないであろう。

2つ目の理由は、**図表7-12**で示した裁判例を確認する限り、ベンダがユーザの与えた指示等と瑕疵との因果関係を、十分に主張・立証できていないという点である。すなわち、ベンダがユーザによる仕様変更等の追加開発を制止したにもかかわらず、ユーザが仕様変更等を強硬に主張し、これにより不具合が発生しているという因果関係が十分に立証されていないように思われる。

以上の2点を克服することができれば、今後、**図表7-12**で示した裁判例とは異なる結論が示されることも考えられる。

Ⅲ　反訴の提起

反訴とは、民事訴訟において、被告が、口頭弁論終結前に同じ裁判の中で、原告を相手方として新たに提起する訴えのことをいう。

民事訴訟法146条1項
　被告は、本訴の目的である請求又は防御の方法と関連する請求を目的とする場合に限り、口頭弁論の終結に至るまで、本訴の係属する裁判所に反訴を提起することができる。

第7章 システム開発に関する訴訟手続

　システム開発に関する訴訟では、訴訟提起すると、相手方から反訴が提起されることが多い。例えば、以下の表に示すプロジェクト頓挫型、自己都合解約型、不完全履行型の原告の請求を本訴と位置付けた場合、典型的な反訴は**図表7-15**のとおりである。

図表 7-15　典型的な本訴と反訴の関係

類型	本訴	反訴
プロジェクト頓挫型	ユーザがベンダに対し、契約の解除を前提に、原状回復請求又は損害賠償請求をする。	ベンダがユーザに対し、契約の解除は無効であることを前提に、損害賠償請求をする。
自己都合解約型	ベンダがユーザに対し、出来高の請求や損害賠償請求をする。	ユーザがベンダに対し、債務不履行に基づく損害賠償請求をする。
不完全履行型	ベンダがユーザに対し、請負代金等の報酬を請求する。	ユーザがベンダに対し、契約の解除を前提に原状回復請求又は損害賠償請求をする。

　プロジェクト頓挫型の場合、ユーザが敗訴すると、ユーザはシステムを取得することもできないことに加え、ベンダから損害賠償請求を受けることになる可能性があり、ユーザは非常に深刻なダメージを負うことが想定される。
　自己都合解約型や不完全履行型の場合、ベンダが敗訴すると、逆に、ユーザから損害賠償請求を受けることになり、ベンダは非常に深刻なダメージを負うことになる。
　このように、システム開発訴訟において、原告が本訴で敗訴すると、反訴でも敗訴する場合が多く、極めて深刻な状況に陥ることになる。
　したがって、判決で希望する結果が得られる蓋然性が認められると判断した場合に限り訴訟提起に踏み切るべきであり、「訴訟もしないで、請求を断念することはできない」などという消極的な理由で訴訟提起することは控え、このような場合には、訴訟外における金額や納期等の交渉に注力すべきである。法律相談をしていると、訴訟提起された場合には徹底的に争うが、相手方が訴訟提起しないのであれば、ことさらに訴訟までして争いたくはないと考える経営者も多い。このような相手方に対し、敗訴するような訴訟提起を

350

してしまうと、反訴を提起され、寝た子を起こす結果になりかねないので注意が必要である。

Ⅳ　専門委員と鑑定人

　システム開発に関する訴訟では、システムの専門家が、専門委員又は鑑定人として訴訟に関与することがあるので、専門委員及び鑑定人の違い及び専門委員を関与させる場合の留意点について解説する。

1　専門委員と鑑定人はどのような違いがあるのか？

　システム開発プロジェクトに関する訴訟では、専門委員も鑑定人も、システムの専門家であるという点は同じである。しかし、専門委員制度と鑑定制度とは、**図表7-16**のとおり異なる。

図表7-16　専門委員制度と鑑定制度の相違点

	専門委員	鑑定
制度目的	争点若しくは証拠の整理又は訴訟手続の進行に関し必要な事項の協議をするにあたり、訴訟関係を明瞭にし、又は訴訟手続の円滑な進行を図るための制度（民事訴訟法92条の2から7）	争点に対する裁判所の判断能力を補充するため、鑑定事項を整理し、専門家である鑑定人の意見を求める制度（民事訴訟法213条から218条）
証拠としての利用	専門委員の説明は直ちに証拠となるわけではない。	鑑定人の意見は証拠として利用することができる。
費用	無償	鑑定費用が発生

　したがって、簡単に整理すると、技術的な事項について専門委員からの説明を受けて争点を整理し、その結果を踏まえて鑑定人が争点について専門家の意見を示すという役割分担になっているといえる。現実に、争点整理の段階で関与する専門委員に、争点整理後に、鑑定人として争点に関する判断を示してもらうことを予定している場合もある。

　もっとも、システム開発に関する訴訟では、専門委員が関与する事件数と

第7章　システム開発に関する訴訟手続

比較すると、鑑定を実施する事件数は少ないようである[27]。おそらく、①専門委員が関与して争点整理手続が進行することにより、裁判所が判断可能な状況になる場合があること、②瑕疵の有無等の技術的事項ではなく契約当事者間の役割分担など、取引の慣習に関する説明が必要な事件があること、③多数の不具合が主張されている事件では、鑑定の場合、審理すべき対象となる不具合を取捨選択しながら審理を進めることが困難であること、④鑑定の場合、当事者が費用負担する必要があること等の理由が考えられる。

したがって、本書では、専ら専門委員が関与する場合を念頭において、訴訟代理人が留意すべき点について解説する。

2　専門委員が関与する場合、訴訟代理人は何を留意すべきか？

(1) 専門委員を関与させる時点

専門委員が関与する場合、裁判所は当事者に対し、意見を聴かなければならないとされている（民事訴訟法92条の2第1項・2項）。したがって、代理人としては、裁判所から意見を聴かれた場合の対応を検討しておくべきである。

代理人の検討事項としては、以下の**ア**から**エ**の事項が考えられるが、裁判所が専門委員の関与に積極的である場合、代理人は、これを拒否しにくいという実情もあり[28]、技術的な事項が争点となることが予想できない場合等、専門委員を関与させる必要性がないことが明白な場合以外は、裁判所の判断に従い、専門委員の関与を許容しているのではないかと思われる。

ア　専門委員を関与させる必要性の有無

システム開発に関する訴訟で、専門委員を関与させる意味があるのは、技術的な事項が争点となる可能性がある場合である。報酬額の合意の有無や仕

---

27)　東京地方裁判所プラクティス委員会第二小委員会・前掲注2）24頁では、「統計的な裏付けはないものの、この種の訴訟で鑑定はあまり多くは利用されていないと思われる」と記載されている。

28)　東京三弁護士会医療関係事件検討協議会「専門委員制度検証小委員会報告書」（平成20年3月）9-10頁では、「専門委員の関与は裁判所主導で行われることが圧倒的に多いが、当事者代理人としては裁判所が関与させたいという意向である場合には、内心必ずしも賛成していない場合でも、裁判所の心証を悪くしたくないと考えて反対しにくいというのが実情であろう」と記載されている（http://www.toben.or.jp/know/iinkai/iryou/pdf/senmoniin_houkoku.pdf）。この報告書は、医療訴訟に関する文献であるが、システム開発に関する訴訟でも同様のことがいえる。

352

様変更の合意の有無などが争点となりそうな場合は、システムの専門家の説明を受けるまでもなく、合意の有無という法律問題について法律家が検討すべきであり、このような場合に専門委員を関与させる必要はない。

イ 訴訟期間や手間

代理人としては、訴訟期間や訴訟に要する手間という視点から、専門委員を関与させたくないと考えることがある。専門委員が関与するのは、ある程度訴訟が進行してからの場合が多いが[29]、システム開発に関する訴訟は、訴訟記録が膨大になる傾向がある上、専門委員は準備書面等の訴訟記録を閲覧して内容を把握することに不慣れな場合が多い。そのため、すでに準備書面等で主張済みの内容について、改めて説明を求められることがあり、当事者の負担が重くなるおそれ、又は審理期間が長期化するおそれがある。

ウ 専門委員を関与させた場合、訴訟遂行に有利・不利のいずれに働くのか

代理人の立場からすると、裁判官の訴訟指揮や相手方の主張・立証の内容から、訴訟が当初の予定とおりに進行していると判断している場合、専門委員を関与させたくないと考えるのが通常である。

専門委員が関与することで、争点とされていなかった事項が争点とされ、形勢が変わってしまうおそれがあるからである。

エ 専門分野や利害関係の有無等の確認

裁判所が専門委員を関与させようとする場合、専門委員の候補者が提示され、その経歴等が開示されることが多い。

したがって、代理人としては、その候補者が当事者との間に利害関係のあ

---

29) 田中俊次ほか「ソフトウェア開発関連訴訟の審理」判タ1340号14-15頁には、専門委員が関与した事例が7件紹介されているが、そのうち6件は、第7回弁論準備手続期日以後、訴訟提起から1年以上経過した後に関与しているとされている。

第7章　システム開発に関する訴訟手続

る人物なのか否か、また、専門分野が適切であるか否か[30]等を確認すべきであり、専門分野が当該事案と照らして必ずしも適切ではない場合や、利害関係が認められる場合には、その旨、裁判所に連絡し、別の人と変更してもらうことを検討すべきである。

（2）専門委員からの説明・質問を受ける時点

　民事訴訟法上、専門委員は「専門的な知見に基づく説明」をすることになっているが（同法92条の2第1項・2項）、実務では、専門委員から当事者に対して質問事項が提示され、当事者がこれに回答するという形式で、争点整理が進むことも多い。

　専門委員の具体的な関与は、①裁判官の訴訟指揮、②専門委員のスタイル、③事件の内容等によって変わり得るところであるが、専門委員が質問事項書を作成して弁論準備期日に参加している等、積極的に関与している場合、代理人としては以下の点に注意する必要がある。

ア　専門委員が説明（質問）の前提となる事実を正確に把握しているか

　前述したように、専門委員はシステムの専門家ではあるが、法律家ではない。そのため、膨大な訴訟資料を閲覧することに慣れているわけではなく、訴訟記録から必要な情報を抽出できていない場合がある（例えば、前提となる事実について当事者間では争いがないのに、この点を把握しないで質問をしている場合や、自己の経験に依拠し、問題となっている事案とは異なる前提で質問をしている場合などが考えられる）。

　このような場合、代理人としても、適切な訴訟運営を実現してもらえるよう、質問事項に対する回答書や弁論準備期日での争点整理等において、専門委員の認識を是正すべく働きかける必要がある。

---

30)　東京地方裁判所プラクティス委員会第二小委員会・前掲注2）25頁では、「IT専門家の活用に当たっては、円滑で質の高い審理を実現するために、当該事案にふさわしい分野の専門家を選任する必要がある」とされている。これは、ITの専門家であってもデータベース構築技術、セキュリティ技術、コンテンツ作成技術等、専門が細分化されているため、ITの専門家というだけでは、当該事案にふさわしい分野の専門家であるといえない場合もあるということを示唆しているものと思われる。

IV 専門委員と鑑定人

イ 専門委員の「説明」が「説明」の枠を超えて意見になっていないか

システム開発に関する訴訟に限らず、代理人には、専門委員が「専門的な知見に基づく説明」（民事訴訟法92条の2第1項・2項）の枠を超えた意見を述べることにより、裁判所が心証を形成してしまいかねないとの懸念がある[31]。

例えば、ベンダに対し、設計書の読み方と具体的な納品物の動作を質問し、その内容を明らかにすることは、説明の範疇であると思われるが、その説明を確認した上で、特定の事象について不具合（瑕疵）であると言及することは、意見なのではないかと思われる。

また、ベンダの企画・提案段階での説明内容を質問し、ベンダの説明内容を明らかにすることは説明の範疇であると思われるが、「ベンダの説明では不十分である」又は「ベンダの説明方法には問題ない」とまで言及している場合は、意見を述べていると評価してよいのではないかと考えられる。

代理人の立場からすると、専門委員が意見に言及することで、裁判所の判断が、自分の代理している当事者に不利益になるという事態は回避したいところであり、専門委員による不相当な発言が開始された場合、代理人としてもこれを制止すべきである。しかし、代理人が専門委員の発言を制止しようとする行為は、かえって自分の代理している当事者の弱点を強調してしまう可能性もあり、まずは裁判所に職権で制止してほしいところである。

システム開発に関する訴訟と同様、専門委員が関与する医療訴訟の専門家の間では、このような問題を回避するための手段として、「専門委員への質問事項をあらかじめ当事者と裁判所で協議して決定し、専門委員の関与期日の当日については、あらかじめ決められた質問事項について、専門委員に説明を求め、裁判所及び当事者から専門委員に質問することとする」といった方法も検討されているが、不幸にして専門委員から不相当な発言がされてしまった場合には、証拠としてはならないことを調書に残しておくなどの方法

---

31) 東京三弁護士会医療関係事件検討協議会・前掲注28）13頁では、「当事者が同意して意見を求めているわけでもないのに、専門委員が争点整理において結論的意見を述べたり、簡易鑑定的な意見を開陳したり、知見の補充の範囲を超えて意見にわたってしまうことは、公平性・中立性・手続の透明性に反することは言うまでもなく、制度趣旨からはずれ大いに問題があると思われる」と指摘されている。

355

第7章　システム開発に関する訴訟手続

が考えられている[32]。

ウ　弁論準備期日に担当者が直接質問を受ける場合

前述のとおり、専門委員が関与する事件では、専門委員からあらかじめ質問事項が提示されることが多いが、質問事項に対する回答内容が不明確な場合や、専門委員の意図と異なる趣旨の回答がされている場合、専門委員が弁論準備期日において、回答内容について直接ベンダ・ユーザの担当者に質問することがある。

この場合、弁論準備期日での担当者の回答に基づいて、陳述書を証拠として提示するように訴訟指揮される場合があり、あたかも弁論準備期日において証人尋問をしているかのような結果となることがある。

したがって、代理人としては、当事者との間で事前の協議を十分に実施し、専門委員から予想される質問については、できれば想定問答をしておくべきである。

Ⅴ　裁判所での技術説明会及び実機検証の実施

システム開発に関する訴訟では、技術説明会や実機検証といった、通常の訴訟ではあまり実施されない手続が行われることがあるので、これらの点について言及しておく。

1　裁判所での技術説明会

技術説明会自体は、民事訴訟法等の法律上定められた制度ではなく、裁判所の訴訟指揮により実施される手続であるため、裁判官の個性によって、実施の目的も異なるように思われる。筆者の経験からすると、単純に、システムの技術的事項やシステム化の対象となっているユーザの業務に関して、裁判所に理解を促すのみならず、多岐にわたる当事者の主張の法律的な位置付

---

32)　東京三弁護士会医療関係事件検討協議会・前掲注28) 12-13頁でも同様の指摘がされている。

けを確認する作業が含まれている場合が多いように思われる。

例えば「瑕疵」であるか否かを判断するにあたり、ユーザが、障害・不具合が「瑕疵」であることを明らかにするため、設計書と実装されたシステムの動作が一致しないことを説明した上、ユーザの業務にどのような支障をきたすのかを説明し、これに対し、ベンダが、ベンダの開発環境では、設計書の内容と実装されたシステムの動作は一致していること、仮に、設計書の内容と実装されたシステムの動作が一致しないと評価される場合であっても、ユーザの指摘とおりに修補するために必要となるプログラム上の修補箇所はごくわずかであり、修補が容易であることや、代替手段が存在することを説明する場合等がある。

技術説明会では、ベンダ・ユーザの両当事者に、あらかじめ定められた時間（30分から60分程度）が与えられ、裁判官（専門委員が関与している場合は専門委員も含む）に対し、この時間内で説明をすることになる。

実際に説明を担当するのは、代理人の場合もベンダ・ユーザの担当者の場合もあるが、裁判所に内容を把握してもらうための手続であることを考えると、裁判官の興味や思考を把握している代理人が実施したほうがよいのではないかと考えられる。説明内容に関する技術的事項に関する質問については、ベンダ・ユーザの担当者に同席して回答してもらうというスタイルで足りるのが通常である。

なお、知的財産権に関する訴訟では、技術説明会は頻繁に実施されているため、実施にあたり裁判所から詳細な指示が伝えられる。しかし、システム開発に関する訴訟では、裁判所も不慣れであり、どのような準備をしておくべきかについて指示があることは少ない。そのため、パワーポイントやOHPの資料、ノートパソコンの準備の必要性等について事前に確認しておくべきである。

2 実機検証

不完全履行型の場合、障害・不具合の発生の有無や、ユーザが障害・不具合と主張する事象の再現状況を確認し、障害・不具合の修補が容易であると

主張するベンダに実際に修補を依頼し、修補できるか否かを確認することがある。

この場合、裁判所からその結果を証拠化するように指示され、当事者が、実機検証手順書、実機検証結果報告書等の書証を提出することになろう。

裁判例では、夏休みを返上して、ベンダ・ユーザの担当者が実機検証を実施し、争点整理をした例[33]もある。しかし、発生している事象について共通認識を得ることができたとしても、その評価について、瑕疵となり得る障害・不具合であるのか、設計書等の文書で合意した仕様とおりの動作であるのか等の評価がベンダ・ユーザ間で異なり、争点となることが予想される場合は、直接、裁判官や専門委員の立会いのもとで確認作業をしたほうが適正な判断が可能になるのではないかと思われる（専門委員は法的な評価をするわけではないが、実機検証終了後に、専門委員をしていた人物が鑑定人として関与する場合もあり、この場合には専門家としての意見を述べることになる）。

また、ユーザは、訴訟で主張した障害・不具合を、実機検証で確実に再現できるように事前に確認しておく必要があるし、ベンダは、修補したプログラムで設計書とおりに動作することを十分確認しておくべきである。

データの内容等によっては、想定とおりに動作しないことも理論的にはあり得るが、想定とおりに動作しなかった場合、裁判所の心証が非常に悪くなることは回避できないのではないかと考えられる。

なお、相手方による不正を防止する趣旨で、実機検証における操作手順についても、ベンダ・ユーザ間で事前に合意しておくべきである。

VI 調停制度の利用

東京地方裁判所の場合、訴訟事件として受理された事件について、調停手続に付す決定がなされ、民事第22部で処理されることがある。このように、裁判所が通常の民事訴訟手続ではなく調停の手続を採用する背景には、シス

---

33) 東京地裁平成 9 年 2 月 18 日判決。

テム開発に関する紛争の内容が高度かつ複雑であり、当事者の主張・立証の負担も重く、紛争解決までの期間も長期化する傾向があるからではないかと思われる。すなわち、このような事件については、専門家を関与させるなどして、紛争解決までの手間を簡略化し、また解決までの期間を短縮することが求められており、訴訟事件だけではこの要請に対応できないからではないかと考えられる[34]。

民事第22部の調停事件に付されると、原則として、裁判官又は調停官と調停委員2名以上（法律家調停委員と専門家調停委員）で運営され、統計上のデータが存在するわけではないが、筆者の印象としては比較的早い時点で調停案が示される印象である。

なお、調停が成立した場合には、裁判上の和解と同一の効力を有することになるが（民事調停法16条）、調停部においても、通常の裁判部と同様に争点整理手続が実施され、調停が不成立になった場合でも、もとの裁判部において審理されることになるから、調停部での手続が無駄になることはない[35]。また、裁判所は、調停に代わる決定（同法17条）をすることで、極力、調停手続での審理が無駄にならない工夫をしている[36]。

したがって、当事者にとってそれほど高額な争いではなく、正確に請求認容額が計算されなくても、ある程度の幅の中で請求を認容してもらえればよいという場合（例えば、当事者が大企業で、訴額が数千万円程度の規模の事件等）、積極的に利用を検討してもよいのではないかと思われる。

---

34) SOFTIC第11回国際シンポジウム・田中信義「東京地裁におけるIT関係事件の調停手続による処理の概要」（平成14年9月）7頁では「ソフトウェアの開発契約を巡る紛争は、内容が高度に専門的であり、かつ、契約当事者間の情報格差に起因して生ずる契約内容自体の不明確性や履行過程における両当事者の協働の必要性に対する認識不足等の特徴を有していることから、紛争解決制度として、立証の厳密性や立証責任等が支配し、オール・オア・ナッシングの結論に成りがちな訴訟手続よりも、専門家の関与の下、上記のような諸事情を柔軟に汲み上げることができる調停手続の方が合理的な解決案を提示することが可能であり、紛争解決制度として適しているように思われる」とされている。
35) 調停部で調停が成立しない場合、裁判部でも和解は成立しないであろうから、裁判部での審理と比較して無駄になるということはないであろう。
36) 田中・前掲注34)3頁では、「調停手続の成果を無駄にしない方法の一つとして、民事調停法17条に基づく決定を行う場合がある。17条決定においては、調停過程を通じて当事者間で認識が一致した点（解消した争点）及び残された争点を明らかにし、争点についての専門家意見を踏まえた調停委員会見解を示し、今後の訴訟手続に役立てることを目指し、調停は不成立に終わっても、調停過程における成果が後の審理に生かされる工夫をしている」とされている。

Ⅶ 和解

　システム開発プロジェクトに関する訴訟に限らないが、民事訴訟の場合、裁判所から和解の勧告を受けることがある。ベンダは、ユーザにもう一度交渉の席に着いてもらい、プロジェクトを再開したいと考えている場合もある。また、大規模なシステム開発において、不完全履行型のように成果物が納品されている場合、裁判官や専門委員が「ユーザが別のベンダに依頼し、システム開発のやり直し作業をするよりは、プロジェクトを続行して完成させたほうがよいのではないか」という提案をする場合もある。しかし、ベンダが、プロジェクトを再開する方向での和解を望むのであれば、訴訟提起された後、早期に裁判所に対し、和解の意向を伝える必要がある。ユーザは、別のベンダに依頼して開発をやり直そうとするのが通常であり、この作業が進行してしまうと、裁判所や専門委員から勧告を受けたところで、再開にむけた和解案を検討する余地すらなくなってしまうからである。

　また、プロジェクトの再開を考慮せず、金銭の支払いだけで和解する場合については、その和解における解決金の額の合理性を十分吟味する必要がある。システム開発に関する訴訟の場合、解決金の額も高額になる傾向があり、会社内での意思統一を図るために、法務担当者や弁護士は、その金額の合理性について十分な説明を要求されることが多い。しかし、裁判所が和解案を提示する場合であっても、詳細な理由まで開示することは稀であるため、第一審の判決文の内容をもって経営層に説明し、控訴審で和解するという方法を採用することもある。

　ただし、ベンダ企業の立場からすると、万が一敗訴した場合、自己の専門領域における失敗が、判決文という形で公開されることになりかねないのであるから、前述した控訴審で和解するという方法にこだわることなく柔軟に和解交渉に応じることも検討すべきである。

Ⅷ　控訴

　システム開発に関する訴訟でも、手続自体は通常の民事訴訟と同じであり、控訴する場合、判決が言い渡されると、判決書の送達を受けた日から2週間の不変期間内に提起しなければならず（民事訴訟法285条）、控訴人は、控訴理由書を、控訴状を提出してから原則として50日以内に提出する必要がある（民事訴訟規則182条）。

　しかし、システム開発に関する訴訟では、判決書も長大になっていることが多く、50日で判決書の内容を精査して控訴理由書を提出することは、相応の負担を伴う作業である。

　しかも、控訴審では、1回目の期日で弁論が終結されてしまうことも多く、とりあえず控訴理由書を提出し、後から主張を追加しようと考えるべきではない。したがって、代理人としては、膨大な訴訟資料を十分に検討すべく、計画的に準備する必要がある。

Ⅸ　債権法改正の影響

1　債権法改正の状況と本書での検討内容

　平成29年（2017年）5月26日、民法の一部を改正する法律（平成29年法律第44号）が成立し（以下「改正民法」という。）、同年6月2日に公布された。附則第1条では、「公布の日から起算して三年を超えない範囲内において政令で定める日から施行する」とされ、2020年4月1日から施行されることになっている。

　システム開発に関する契約は、民法の準委任契約又は請負契約等の形態が採用されることから、システム開発に関する契約にも改正民法の影響が及ぶことになる。

　改正の内容は多岐にわたるが、本書では、改正民法によってシステム開発プロジェクトが特に影響を受けると考えられる以下の4点について検討する。

① ベンダの報酬請求

② ユーザの契約解除

③ ユーザの損害賠償請求

④ ユーザの履行の追完請求と減額請求

2　ベンダの報酬請求

（1）請負契約の報酬

ア　改正民法の規定

改正民法では、請負人の報酬請求について以下のとおり規定されている。

（注文者が受ける利益の割合に応じた報酬）
改正民法634条

　次に掲げる場合において、請負人が既にした仕事の結果のうち可分な部分の給付によって注文者が利益を受けるときは、その部分を仕事の完成とみなす。この場合において、請負人は、注文者が受ける利益の割合に応じて報酬を請求することができる。

　　一　注文者の責めに帰することができない事由によって仕事を完成することができなくなったとき。

　　二　請負が仕事の完成前に解除されたとき。

改正民法634条では、以下の2つの場面を想定し、既にした仕事の結果のうち、可分な部分の給付によって注文者（ユーザ）が利益を受けるときは、その部分を仕事の完成とみなした上で、注文者が受ける利益の割合に応じて報酬を請求することができるとされている。

① 注文者（ユーザ）の責めに帰することができない事由によって仕事を完成することができなくなったとき

② 請負が仕事の完成前に解除されたとき

そして、「注文者（ユーザ）の責めに帰することができない事由によって仕事を完成することができなくなったとき」には、請負人（ベンダ）の帰責事

由で履行不能となった場合と、請負人（ベンダ）・注文者（ユーザ）双方の帰
責事由によらずに履行不能となった場合が含まれる。

　この規定は、最高裁（三小）昭和56年2月17日判決の法理を明文化する
ものと考えられる。同判決は、契約解除の範囲について言及した判決である
が、契約解除の範囲が限定されることにより、ベンダの報酬請求が可能とな
ることを明らかにした判決でもある。

最高裁（三小）昭和56年2月17日判決
　建物その他土地の工作物の工事請負契約につき、工事全体が未完成の間に
注文者が請負人の債務不履行を理由に解除する場合において、工事内容が可
分であり、しかも当事者が既施工部分の給付に関し利益を有するときは、特
段の事情のない限り、既施工部分については契約を解除することができず、
ただ未施行部分について契約の一部解除をすることができるにすぎないもの
と解するのが相当である。

　したがって、現行法でもベンダは報酬請求できると考えられるが、今後、
改正民法が施行された場合、明文化されることにより、この類の請求が増加
することが予想される。

イ　ベンダによる請負契約の報酬の請求方法

　改正民法を前提とすると、ベンダとしては、請負契約の報酬額が定まっ
ている場合、**図表7-17**のとおり、各状況に応じた請求の仕方を検討すること
になろう。

第7章 システム開発に関する訴訟手続

図表7-17 状況に応じた請求方法

状況	報酬請求の範囲	請求時に参照すべき条文又は裁判例
完成して引き渡している場合	契約代金全額の請求	民法632条・633条
完成していないが、以下の要件が認められる場合 ① 未完成部分が全体の分量に比べて少量 ② 未完成部分が発生した原因は、ユーザの帰責事由による	契約代金全額の請求又は出来高部分の請求	東京地裁平成17年4月22日判決
ユーザの帰責事由により履行不能となっている場合	契約代金全額の請求	民法536条2項第1文[36]
ユーザの帰責事由以外の理由で履行不能となっている場合、又は、完成前に契約が解除されている場合	可分な部分の給付によってユーザが受ける利益の割合に応じて請求	改正民法634条又は最高裁（三小）昭和56年2月17日判決

（2）準委任契約の報酬

ア 改正民法の規定

改正民法では、委任契約の受任者の報酬について以下のとおり規定されている。

（受任者の報酬）
改正民法648条
1 （省略）
2 （省略）
3 受任者は、次に掲げる場合には、既にした履行の割合に応じて報酬を請求することができる。
　一 委任者の責めに帰することができない事由によって委任事務の履行をすることができなくなったとき。
　二 委任が履行の中途で終了したとき。
（成果等に対する報酬）
改正民法648条の2
　委任事務の履行により得られる成果に対して報酬を支払うことを約した場合において、その成果が引渡しを要するときは、報酬は、その成果の引渡しと同時に、支払わなければならない。

> 2　第634条の規定は、委任事務の履行により得られる成果に対して報酬を支払うことを約した場合について準用する。

　改正民法の委任契約の規定は、準委任契約にも準用されることになるので（同法656条）、準委任契約の受任者となるベンダが報酬請求する場合にも適用されることになる。

　改正民法では、委任契約は2つのタイプの契約に分類され、事務処理の労務に対して報酬が支払われる契約（改正民法648条が適用される履行割合型）と、達成された成果に対して報酬が支払われる契約（改正民法648条の2が適用される成果完成型）が明記された。システム開発の場合、1ヶ月の労務提供時間を定めた上でこれに対応する報酬の支払いを定めているシステム・エンジニアリング・サービス（SES契約）は、履行割合型と評価されるのではないかと考えられる。他方で、要件定義書や外部設計書を成果物とする準委任契約は、成果完成型と評価されるのではないかと考えられる。

イ　委任事務を処理することができなくなった場合の報酬請求

　改正民法では、履行割合型の場合、委任事務を処理することができなくなった場合でも、「委任者の責めに帰することができない事由によって委任事務の履行をすることができなくなったとき」「委任が履行の中途で終了したとき」は、受任者（ベンダ）は委任者（ユーザ）に対し、履行の割合に応じて報酬を請求できる。これは、雇用契約において労働者の帰責事由により契約が終了した場合であっても報酬を請求できるとされていることと同様である。

　これに対し、成果完成型の委任契約では、改正民法634条が準用され、前述した請負契約と同様、受任者（ベンダ）は、委任者（ユーザ）に対し、可分な部分の給付によってユーザが受ける利益の割合に応じて報酬を請求できることが明文化されている。

　従って、準委任契では、事務処理の労務に対して報酬が支払われる契約（改正民法648条が適用される履行割合型）であるのか、達成された成果に対して報酬が支払われる契約（改正民法648条の2が適用される成果完成型）であるの

第7章　システム開発に関する訴訟手続

かにより、適用される条文が異なるため、いずれのタイプの契約であるのかを明確にしておく必要がある。

ウ　報酬の請求時期

履行割合型の場合、特約がなければ、報酬は後払いが原則である（改正民法648条2項本文）。成果完成型の場合、改正民法では、「成果に対して報酬を支払うことを約した場合」、「成果が引渡しを要するときは、報酬は、その成果の引渡しと同時に、支払わなければならない。」とする規定が明文化され、請負契約と同様の規定となっている。この規定は、委任契約が事務処理の労務に対して支払われる原則的な方式のほか、成果に対して支払われる成果完成型の委任契約が認められることに着目した規定である。

従って、システム開発の場合、要件定義や外部設計の工程を成果完成型の準委任契約で実施した場合は、請負契約と同様、引渡しが報酬請求のための要件になる。

3　ユーザの契約解除

ユーザの契約解除については、現行法上は民法541条及び635条に基づく契約解除の主張が考えられるため、これに対応する改正民法の各規定を確認し、解除の要件、権利行使の期間や起算点等について言及する。

（1）現行民法541条
ア　改正民法の規定

改正民法では、契約の解除について、以下のとおり規定されている。

> **（催告による解除）**
> **改正民法541条**
> 　当事者の一方がその債務を履行しない場合において、相手方が相当の期間を定めてその履行の催告をし、その期間内に履行がないときは、相手方は、契約の解除をすることができる。ただし、その期間を経過した時における債務の不履行がその契約及び取引上の社会通念に照らして軽微であるときは、この限りでない。
>
> **（債権者の責めに帰すべき事由による場合）**
> **改正民法543条**
> 　債務の不履行が債権者の責めに帰すべき事由によるものであるときは、債権者は、前2条の規定による契約の解除をすることができない。

イ　ベンダの帰責事由の要否

　従来、契約の解除と損害賠償請求は、ともに債務不履行の効果であり、債務者（ベンダ）の帰責事由が必要であると考えられていた。しかし、改正民法では、債務者（ベンダ）の帰責事由は、損害賠償請求するための要件とされ、契約解除の要件としては不要であるとされている。

　もっとも、債権者（ユーザ）の帰責事由による債務不履行の場合は、債権者（ユーザ）は契約を解除することができない（改正民法543条）。

　したがって、債務者（ベンダ）が、債権者（ユーザ）による契約解除の意思表示の有効性を争う場合、現行法では、完成遅延についての帰責事由の不存在を主張するため、①債権者（ユーザ）の帰責事由又は②債務者（ベンダ）・債権者（ユーザ）双方の帰責事由によらない事由のいずれかを主張・立証すれば足りたが、改正民法では、①債権者（ユーザ）の帰責事由を主張・立証しなければならず、②債務者（ベンダ）・債権者（ユーザ）双方の帰責事由によらない事由を主張・立証しただけでは足りないということになろう。

　もっとも、システム開発の訴訟では、債務者（ベンダ）・債権者（ユーザ）双方の帰責事由によらない事由で完成遅延することは稀であり、多くの場合は、ベンダのプロジェクトマネジメント義務違反（ベンダの帰責事由）又はユーザの協力義務違反（ユーザの帰責事由）のいずれの原因で遅延したのかという

点が争われることになるから（ベンダ・ユーザ双方の帰責事由によらない事由で遅延するというケースはあまり想定できないため）、ベンダの負担が極端に重くなるということでもない。この差を埋めたいのであれば、ベンダとしては、契約締結時に特約を定める必要がある。

ウ　「期間を経過した時における債務の不履行が当該契約及び取引上の社会通念に照らして軽微であるとき」の意義

「情報処理システムの開発に当たっては、作成したプログラムに不具合が生じることは不可避」とする東京地裁平成14年4月22日判決や、「オーダーメイドされたソフトウエアであり、多数の顧客が実際に運用することによりテスト済みの既成のソフトウエアを利用したものではないことに照らせば、本件システムのプログラムに右のようなバグが生ずることは避けることができない」とする東京地裁平成9年2月18日判決が示すように、システム開発においては、プログラムに不具合が不可避的に発生するものと考えられている。

そうすると、単に、納品後の検収時点でバグが発見されたというだけであれば、「当該契約及び取引上の社会通念に照らして軽微であるとき」に該当し、ユーザはベンダとの契約を解除できないことになるであろう。

これに対し、成果物がまったく納品されていない場合や、納品されたが重要な機能が欠落している場合等は、「当該契約及び取引上の社会通念に照らして軽微であるとき」に該当せず、少なくともこの要件で契約解除が否定されることはないと考えられる。

（2）現行民法635条
ア　改正民法の規定

改正民法では、現行民法635条に基づく解除の規定は削除され、請負人の担保責任の制限、目的物の種類又は品質に関する担保責任の期間の制限について、以下のとおり規定されている。

> **民法635条 削除**
>
> **（請負人の担保責任の制限）**
> **改正民法636条**
> 　請負人が種類又は品質に関して契約の内容に適合しない仕事の目的物を注文者に引き渡したとき（その引渡しを要しない場合にあっては、仕事が終了した時に仕事の目的物が種類又は品質に関して契約の内容に適合しないとき）は、注文者は、注文者の供した材料の性質又は注文者の与えた指図によって生じた不適合を理由として、履行の追完の請求、報酬の減額の請求、損害賠償の請求及び契約の解除をすることができない。ただし、請負人がその材料又は指図が不適当であることを知りながら告げなかったときは、この限りでない。
> **（目的物の種類又は品質に関する担保責任の期間の制限）**
> **改正民法637条**
> 　前条本文に規定する場合において、注文者がその不適合を知った時から一年以内にその旨を請負人に通知しないときは、注文者は、その不適合を理由として、履行の追完の請求、報酬の減額の請求、損害賠償の請求及び契約の解除をすることができない。
> 2　前項の規定は、仕事の目的物を注文者に引き渡した時（その引渡しを要しない場合にあっては、仕事が終了した時）において、請負人が同項の不適合を知り、又は重大な過失によって知らなかったときは、適用しない。

イ　ベンダの帰責事由の要否

　現行法の請負契約の瑕疵担保責任は無過失責任であり、債務不履行責任の特則と位置付けられている。これに対し、改正民法では、現行民法541条等の債務不履行の契約解除に関する一般原則について帰責事由を不要とすると、同法635条は独自の意味を失うことになるとの理由で削除された。

　したがって、ユーザがベンダとの契約を解除する場合、改正民法ではベンダの帰責事由は必要ないことになる。

　もっとも、前述したとおり、改正民法では、民法の契約解除に関する一般原則に従うと、債権者（ユーザ）の帰責事由により債務不履行となった場合、債権者（ユーザ）は契約解除できないことになる（改正民法543条）。そのため、債務者（ベンダ）は、債権者（ユーザ）の帰責事由により障害・不具合等

第7章　システム開発に関する訴訟手続

の不適合が発生したことを立証すれば、契約解除を阻止できる。なお、改正民法636条は「注文者の供した材料の性質又は注文者の与えた指図によって生じた不適合」を理由とする解除を制限しているが、これは、債権者（ユーザ）の帰責事由を例示するものと考えられる。

ウ　「種類又は品質に関して契約の内容に適合しない仕事の目的物」の意義

システム開発の場合には、プログラムに一定のバグは不可避的に発生するものと考えられているから、単に、プログラムにバグが発生しているというのみでは足りず、現行民法635条で「契約をした目的を達することができない」瑕疵が必要であると考えられているのと同様、以下のような場合には、「種類又は品質に関して契約の内容に適合しない仕事の目的物」に該当することになるのではないかと考えられる。

①不具合が、システムの機能に軽微とはいえない支障を生じさせる上、不具合発生の指摘を受けた後、遅滞なく補修することができていない
②不具合の数が著しく多く、しかも順次発現してシステムの稼働に支障が生じている

エ　起算点・権利行使期間等

現行民法637条と改正民法637条における、担保責任の期間の制限について比較すると**図表7-18**のとおりである。

図表 7-18　現行法と改正法における起算点及び権利行使期間等の比較

	現行法	改正法
起算点	引渡し（ただし、引渡しを要しない場合は仕事が終了した時）	不適合の事実を知った時
権利行使期間	1年	1年
権利行使期間の制限	権利行使期間を制限する主観的要件はない。	請負人が契約の内容に適合しないものであることを知っていたとき又は知らなかったことにつき重大な過失があった場合、権利行使期間は制限されない。ただし、消滅時効の一般原則の適用がある。
権利行使期間に要求される行為	契約の解除	通知

　両者を比較すると、改正民法では起算点が「不適合の事実を知った時」と規定されているため、改正民法のほうがユーザにとって有利であるといえる。

　なお、改正民法が適用されるとしても、消滅時効の一般原則が排除されるわけではなく、改正民法では、消滅時効についても、以下のとおり期間や根拠条文が変更されているため注意が必要である。

（債権等の消滅時効）
改正民法166条
　債権は，次に掲げる場合には、時効によって消滅する。
　一　債権者が権利を行使することができることを知った時から5年間行使しないとき。
　二　権利を行使することができる時から10年間行使しないとき。

民法522条及び523条　削除

4　ユーザの損害賠償請求

　現行法上、ユーザのベンダに対する損害賠償請求については、民法415条及び民法634条2項に基づく損害賠償請求が考えられる。ここでは、民法415条及び634条2項が、改正民法においてどのように変更されているのかを確認した上、損害賠償請求をする場合におけるベンダの帰責事由の要否、権利行使期間等の制限について解説する。

第7章　システム開発に関する訴訟手続

（1）現行民法415条

ア　改正民法の規定

改正民法では、現行民法415条に基づく損害賠償請求について以下のとおり変更されている。

（債務不履行による損害賠償）
改正民法415条

　債務者がその債務の本旨に従った履行をしないとき又は債務の履行が不能であるときは、債権者は、これによって生じた損害の賠償を請求することができる。ただし、その債務の不履行が契約その他の債務の発生原因及び取引上の社会通念に照らして債務者の責めに帰することができない事由によるものであるときは、この限りでない。

イ　ベンダの帰責事由の要否

現行法上、債務不履行に基づく損害賠償請求は、債務者の帰責事由が必要であると解釈されている。しかし、現行民法415条は「債務者がその債務の本旨に従った履行をしないときは、債権者は、これによって生じた損害の賠償を請求することができる。債務者の責めに帰すべき事由によって履行をすることができなくなったときも、同様とする」と規定され、第2文の履行不能の類型のみ帰責事由が要件となるかのような体裁になっている。そこで、改正民法では、履行不能以外の類型でも、債務者の帰責事由が要件となることが明記された。

したがって、改正民法でも、債務者（ベンダ）は、履行遅滞、履行不能のいずれの類型であっても、帰責事由の不存在を主張・立証するために、①債権者（ユーザ）の帰責事由又は②債務者（ベンダ）・債権者（ユーザ）双方の帰責事由によらない事由のいずれかを主張・立証すれば損害賠償義務を免れることになり、この点は、現行法と異なるものではない。

ウ　起算点・権利行使期間等

現行民法415条及び改正民法415条に基づく損害賠償請求について権利

行使の起算点や権利行使期間を整理すると、以下のとおりである。

図表 7-19　権利行使の起算点と期間

	現行法	改正法
起算点	損害賠償請求できるようになった時	①　損害賠償請求できることを知った時 ②　損害賠償請求できるようになった時
権利行使期間	10年。ただし、商行為によって生じた債権は5年（商法522条）	起算点が①の場合は5年 起算点が②の場合は10年

　システム開発プロジェクトに関する損害賠償請求権は、「商行為によって生じた債権」となるのが通常であり、現行法では5年で消滅時効となる（商法522条）。これに対し、改正民法では、「損害賠償請求できることを知った時」から5年、「損害賠償請求できるようになった時」から10年である（商法522条は削除される予定）。

　この点については、ベンダが履行遅滞や履行不能となった状況で、ユーザが5年以上も損害賠償請求権を行使しないという状況は通常発生しないから、実務への影響はそれほど大きくないといえる。

（2）現行民法634条2項

ア　改正民法の規定

　改正民法では、瑕疵担保責任に基づく損害賠償請求の規定である現行民法634条2項は削除されている。

イ　ベンダの帰責事由の要否

　改正民法では、現行民法634条2項が削除され、改正民法415条で処理されることになるから、「仕事の目的物が契約の内容に適合しない場合」の損害賠償請求についても、債務者（ベンダ）の帰責事由が必要となる。

　したがって、改正民法の損害賠償請求の考え方と、無過失責任とされる現行法上の瑕疵担保責任に基づく損害賠償請求とを比較すると、改正民法のほ

第7章　システム開発に関する訴訟手続

うが、損害賠償請求できる場面が限定されることになる。

　そのため、この点については現行法と比較するとベンダに有利な変更と評価できるが、現状でも契約上の特約で損害賠償請求ができるのは、ベンダに帰責事由が認められる場合に限定されていることも多いため、実務上はそれほど大きな影響はないとも評価し得る。

ウ　権利行使の起算点・期間・要求される行為

（a）権利行使の起算点・期間

　現行民法634条2項の損害賠償請求権と、改正民法の規定に基づく損害賠償請求権に関する起算点、権利行使期間、権利行使期間に要求される行為は以下のとおりである。

図表 7-20　権利行使の起算点、期間等

	現行法	改正法
起算点	引渡し	不適合の事実を知った時
権利行使期間	1年	1年
権利行使期間の制限を排除する主観的要件	権利行使期間を制限する主観的要件はない。	請負人が契約の内容に適合しないものであることを知っていたとき又は知らなかったことにつき重大な過失があった場合、権利行使期間は制限されない。ただし、消滅時効の一般原則の適用がある。
権利行使期間に要求される行為	損害賠償の請求	不適合であることの通知

　システム開発プロジェクトでは、納品後、数年経過してから初めて障害・不具合の発生が確認できる場合がある。このような場合、現行法に従うと、障害・不具合により損害が発生したとしても、引渡しから1年が経過しているため、担保責任を追及して損害賠償請求をすることはできないという結論になる場合がある。

　これに対し、改正民法では、納品（引渡し）から1年経過していたとしても、「不適合の事実を知った時」から1年経過していなければ、ユーザはベンダ

に対して損害賠償請求ができることになるから、この問題は解消されることになるであろう。

反対に、ベンダからすると、引渡しから1年経過しても発生が確認できない障害・不具合は、そもそも発見することが困難な障害・不具合である場合が多いから、このような障害・不具合について、引渡しから数年経過した後に損害賠償請求を受けるという事態を回避したい場合には、契約上の特約を設ける必要がある。

(b) 権利行使期間に要求される行為の比較

現行民法637条1項で定められている「損害賠償の請求」について、法制審議会では、「判例は、売主の瑕疵担保責任について、買主が損害賠償請求権を保存するには、制限期間内に売主の担保責任を問う意思を裁判外で明確に告げることをもって足り、裁判上の権利行使をするまでの必要はないと判断している。そして、裁判外で告げるべき内容については、売主に対し具体的に瑕疵の内容とそれに基づく損害賠償請求をする旨を表明し、請求する損害額の根拠を示す必要があると説示している（最判平成4年10月20日民集46巻7号1129頁）。これを前提にすれば、請負において同条の権利を保存するために注文者がすべき行為も同様に解することになると考えられる。」[37]との指摘がなされている。

また、システム開発に関する請負契約についても、「不具合が存在する機能のみを別紙2の1のとおり列挙しながら，機能が不存在であるか又は不完全な機能しか有せず未完成である旨の漠然とした主張をしたにとどまっていたのであり、そのような抽象的な主張は、権利関係の早期安定を図る除斥期間の規定の趣旨に照らし、請求権を保全する効果を生じる権利行使には当たらないと解される。」と判断した事例もある（東京地裁平成25年9月30日判決）。

これらの裁判例からすると、現行法上は、請負契約の注文者にかなり高い要求をしているものと考えられる。

37）「民法（債権関係）部会資料75A」37頁（http://www.moj.go.jp/content/000121259.pdf）。

第7章　システム開発に関する訴訟手続

　これに対し、改正民法では、不適合であることの通知で足りるとされており、請負契約の注文者（ユーザ）に要求される行為のハードルがかなり低くなっている。

5　ユーザの履行の追完請求と減額請求
（1）ユーザの履行の追完請求
ア　改正民法の規定

　改正民法では、「仕事の目的物が契約の内容に適合しない場合」に、「履行の追完を請求」することができる（売買契約に関する改正民法562条は、現行民法559条で請負契約にも準用される）。そのため、改正民法637条1項でも、「瑕疵の修補を請求」ではなく、「履行の追完の請求」という文言に統一されている。

（買主の追完請求権）
改正民法562条
　引き渡された目的物が種類、品質又は数量に関して契約の内容に適合しないものであるときは、買主は、売主に対し、目的物の修補、代替物の引渡し又は不足分の引渡しによる履行の追完を請求することができる。ただし、売主は、買主に不相当な負担を課するものでないときは、買主が請求した方法と異なる方法による履行の追完をすることができる。
2　前項の不適合が買主の責めに帰すべき事由によるものであるときは、買主は、同項の規定による履行の追完の請求をすることができない。

イ　「瑕疵が重要でない場合において、その修補に過分の費用を要するとき」の削除

　改正民法では、現行民法634条1項の「瑕疵が重要でない場合において、その修補に過分の費用を要するとき」が削除されているが、改正民法412条の2第1項に依拠した「追完不能」の解釈にとって有意な準則となると解釈されている[38]。

38）　潮見佳男「民法（債権関係）改正法案の概要」285頁（金融財政事情研究会）

ただし、改正民法562条では、請負契約に準用される売買契約の規定において、「売主（ベンダ）は、買主（ユーザ）に不相当な負担を課するものでないときは、買主（ユーザ）が請求した方法と異なる方法による履行の追完をすることができる」と規定されているから、修補に過分の費用を要する場合、ベンダとしては、仕様書どおりではなくても代替手段を提供し、ユーザがシステムを利用可能な状況にすることで義務を履行したことになるのではないかと考えられる。

ウ　権利行使の起算点・期間・要求される行為

改正民法における権利行使の起算点・期間・要求される行為については、「仕事の目的物が契約の内容に適合しない場合の解除や損害賠償請求と同様である（改正民法637条1項）。

（2）ユーザの減額請求
ア　改正民法の規定

改正民法では、請負契約においても、売買契約と同様「仕事の目的物が契約の内容に適合しない場合」に、「代金の減額を請求」できる場合がある（売買契約に関する改正民法563条は、現行民法559条で請負契約にも準用される）。

第7章　システム開発に関する訴訟手続

（買主の代金減額請求権）
改正民法563条
　前条第1項本文に規定する場合において、買主が相当の期間を定めて履行
の追完の催告をし、その期間内に履行の追完がないときは、買主は、その不
適合の程度に応じて代金の減額を請求することができる。
2　前項の規定にかかわらず、次に掲げる場合には、買主は、同項の催告を
することなく、直ちに代金の減額を請求することができる。
　一　履行の追完が不能であるとき。
　二　売主が履行の追完を拒絶する意思を明確に表示したとき。
　三　契約の性質又は当事者の意思表示により、特定の日時又は一定の期間
　　内に履行をしなければ契約をした目的を達することができない場合にお
　　いて、売主が履行の追完をしないでその時期を経過したとき。
　四　前3号に掲げる場合のほか、買主が前項の催告をしても履行の追完を
　　受ける見込みがないことが明らかであるとき。
3　第1項の不適合が買主の責めに帰すべき事由によるものであるときは、買
主は、前2項の規定による代金の減額の請求をすることができない。

　買主（ユーザ）としては、まずは、履行の追完を求めることになるが（改
正民法562条）、履行の追完がされない場合又は期待できない場合には、代金
の減額を請求できることになる。

　システム開発においても、納品されたシステムに障害・不具合が発見され
た場合や一部の機能が欠落していた場合等において、ユーザがベンダに対し
催告しても期間内に追完されなかった場合（改正民法563条1項）や、催告し
ても追完される見込みがない場合等、一定の要件を満たした場合（改正民法
563条2項1号ないし4号参照）、履行の追完を請求する代わりに、代金の減額
を請求することができることになる。

イ　権利行使の起算点・期間・要求される行為

　改正民法における権利行使の起算点・期間・要求される行為については、
「仕事の目的物が契約の内容に適合しない」場合の解除や損害賠償請求と同
様である（改正民法637条1項）。

378

巻末資料

用語集
裁判例一覧

巻末資料

用語集

1　システムの構成要素・業界に関するもの

● SI（System Integration）

システムを単なる「ソフトウェア」と呼ばず「システム」（系）と呼ぶことからも明らかなとおり、システムを作り上げる作業は、単にソフトウェアを制作するところにとどまらず、ハードウェア、ソフトウェア等様々な構成要素を組み合わせて、1つの「系」として作り上げていく作業である。この作業をSIと呼ぶ。システム開発事業者は、しばしばSI事業者（System Integrator）と呼ばれる。

● ハードウェア

サーバ、ルータ・スイッチなどのネットワーク機器等の機械製品をいう。通常のシステムにおいては、プログラム（ソフトウェア）をカスタムメイドで制作することはあっても、ハードウェアは市販品を使用する。よって、ハードウェアの調達は、売買契約（あるいはリース契約）によって行われることが多い。また、ハードウェアを自社の資産として保有せず、開発ベンダあるいは専門業者（レンタルサーバ事業者あるいはホスティング事業者と呼ばれる）の保有するハードウェアを、通信回線を経由して利用するという形態でサービス提供を受けるケースも多い。

● ミドルウェア

ソフトウェアは、コンピュータ上で何らかの処理を行うプログラムのことをいうが、そのソフトウェアは、コンピュータの基本的制御を行うオペレーティング・システム（OS）と、特定目的の処理をするアプリケーションソフトウェアに分けられることがある。ミドルウェアとは、これらの中間に位置するソフトウェアである。これらのミドルウェアは、アプリケーションソフトウェアを使用するために必要となる共通的な機能等を有しており、それ単体では業務に使用できるものではないが、システムの共通部品としての役割を有する。ミドルウェアもカスタムメイドで開発されることはなく、ミドルウェアの開発業者あるいは商社からライセンスされることが多い。代表的なミドルウェアには、Oracle、SQL Serverなどのデータベース管理システムや、ウェブブラウザからの要求に応じてコンピュータに情報を送信するウェブサーバ[1]などがある。

---

[1] 「サーバ」という名称で呼ばれることから、ハードウェアを指すとの誤解を受けることがあるが、一般に「ウェブサーバ」と呼ばれるのはソフトウェアである。

用語集

● パッケージソフトウェア
パッケージソフトウェアとは、広義には市販のソフトウェアをいう。企業におけるシステムでは、ソフトウェアの開発コストを圧縮し、導入期間を短縮する目的で、いわば「出来合い」のソフトウェアを導入する傾向が高まっている。特に、会計、販売、生産管理といった企業の基幹系業務全体を管理・処理するパッケージソフトウェアをERPパッケージ（Enterprise Resource Planning）と呼び、1990年代後半から多くの企業で導入されている。代表的なERPパッケージソフトとして、SAP R/3、Oracle EBSなどがある。

● Fit & Gap
上記のパッケージソフトウェアを導入する準備作業として、当該パッケージソフトウェアがユーザの業務要件に適合する部分と、適合しない部分を切り分ける作業が必要となる。適合しない部分（Gapだと認識された部分）について、ユーザの業務をパッケージソフトウェアが想定している業務に合わせて変更するのか、追加プログラムを開発するのかということが検討される。こうした一連の作業がFit & Gapと呼ばれる。追加プログラムはアドオンプログラムとも呼ばれる。

● カスタムメイドソフト
パッケージソフトウェア等を利用しつつも、ユーザが導入しようとするシステムに不足している部分は、ベンダが当該ユーザのために受注制作することになる。このようにカスタムメイドで制作されたソフトウェアについて、一般的な呼称はないが、本書ではパッケージソフトウェアとの区別をする意味で「カスタムメイドソフト」と呼ぶことがある。

● クラウドサービス
近時では、インターネット技術の進歩により、ユーザが上記のようなハードウェア、ミドルウェアを自己の資産として保有せず、これらのコンピュータ資源をサービス事業者のサービスとして提供されるということが増えている。こうしたサービスは平成22年ころから「クラウドサービス」と呼ばれるようになった。ユーザから見れば、自前でハードウェア等を調達する必要がないため、初期投資を抑えることができ、自社の資産ではないため、ハードウェア故障時の対応等の運用管理も不要であるなどのメリットがある。

● ステアリング・コミッティ
ステアリング・コミッティとは、システム開発プロジェクトにおいて、ベンダ・ユーザの一定の権限が認められている者等で構成される意思決定機関をいう。

2 システム開発工程に関するもの

● 人月、人日
ソフトウェアの開発規模を表す単位の1つであって、1人のエンジニアが1日要する作業量を1人日、1か月要する作業量を1人月と呼ぶ。10人のエンジニアがフルタイムで作業して10か月かかる作業は100人月ということになる。ベンダが開発費用を積算する際は、作業量を積み上げてエンジニアの単価を乗じて行うことが多い。

● ウォーターフォールモデル
ソフトウェア開発手法の1つであって、開発作業をいくつかの工程に分けて（工程のことを開発実務では「フェーズ」と呼ぶことも多い）、各工程での成果をドキュメントにまとめて明確にした後に、次の工程へと進めていく方法論である。メインフレーム[2]を中心とした大規模システム開発では標準的な進め方として、多くの開発作業に導入されてきたものである。現在でも、基幹系情報システム[3]の多くは、この手法を用いて開発されている。一般的には、要件定義、基本設計、詳細設計、プログラム開発から単体テスト、結合テスト、システムテスト、運用テスト、運用・保守といった開発工程に区分される（下図）。上流から下流へと一方向に進む水の流れのように進めることから、この名称が付けられている。

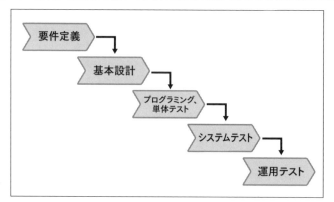

● アジャイル開発手法
ソフトウェアを短期間で開発することを狙ったソフトウェア開発手法の総称である。この中ではエクストリームプログラミング（XP）やクリスタルなどが有名である。ウォーターフォー

---

2) 企業の業務用に利用される大型のコンピュータをいう。1990年代に入ると、小型のコンピュータに移行される（ダウンサイジング）ことが増えて、「レガシー（負の遺産）」と呼ばれることもある。
3) 企業・団体の情報システムのうち、業務内容と直接関わる販売、在庫管理、財務会計等の業務を取り扱う情報システムをいう。これに対し、コミュニケーションの効率化や意思決定支援のための情報システム、メールソフトや文書作成ソフトを総称して情報系システムと呼ぶことがある。

ルモデルと異なり、プロジェクトの詳細な計画を作成せず、成果物やドキュメント等も詳細に定義しないまま作業が進められることを特徴とする。ドキュメント作成作業を省略する代わりに、2週間あるいは1か月といったごく短い周期で開発、検証といった作業を繰り返しながら（このサイクルを「イテレーション」と呼ぶ）、システムを作り上げていく。そのため、ユーザからの仕様変更や、要件の認識齟齬等を反映しやすいといわれているが、基幹系情報システムには向かないともいわれている。

● RFP

Request for Proposalの略で、「提案依頼書」と訳される。ユーザが自社のシステム開発を委託するベンダを選定するために、ベンダからの提案書の提出を求める文書である。記載される内容については、経産省モデル契約〈第一版〉25頁以下に例がある。RFPの前段階に、ベンダからの情報提供を求める文書としてRFI（Request for Information）が提示されることもある。

● システム化計画 [4]

「システム化計画」は、業務部門が、システム化の方向性を具体化するために、開発体制、予算、スケジュール、システム化する事業上の要求や対象業務上の要求を考慮して、業務範囲や業務分掌、関係者の教育及び訓練計画を定めたシステム化計画書を作成し、ステークホルダの合意を得てから経営層の方針稟議を求め、経営層による承認を受けて、要件定義に進む工程である。

● 要件定義

「要件定義」は、システム化計画を受けて、業務要件に基づいて、システムに実装すべきシステムの機能要件 [5]と、非機能要件を定義し、システム開発の範囲を画定する工程である。システム開発の上流工程の中では最も重要な工程に位置付けられる。この工程の成果は要件定義書としてまとめられる。この段階まで終えるとシステム全体の規模、機能の概要を捉えることができると考えられている [6]。

---

4) ここで解説する工程の名称は、経産省モデル契約〈第一版〉の分類あるいは「共通フレーム2013」において使用される用語を使用している。「共通フレーム2013」とは、IPA（独立行政法人情報処理推進機構）及びSEC（ソフトウェア・エンジニアリング・センター）が策定したソフトウェア、システム、サービスの構想から開発、運用、保守、廃棄に至るまでのライフサイクルを通じて必要な作業項目、役割等を包括的に規定した共通の枠組みである。なお、個別の事案によって工程の意味するところは異なるため、正確に把握することが重要である。

5) システム開発の過程で定義される要件のうち、システムの機能に関するものをいう。例えば、データの種類、処理内容、表示方法等である。これに対し、非機能要件とは、信頼性、セキュリティ等の要件をいう。

6) 経産省モデル契約〈第一版〉28頁では、要件定義の工程では、ソフトウェアの詳細部分について固まっていない部分もあることから、ベンダから提示される金額は「概算見積」にとどまるとしている。

383

巻末資料

● システム外部設計（基本設計）

確定したシステム化要件に基づいて、画面や帳票、外部システムとのインターフェース等のシステムの入出力部分の設計を行う工程であり、「基本設計」「論理設計」と呼ばれることも多い。

● システム内部設計（詳細設計）

確定したシステム外部設計に基づいて、システムの内部構造、プログラムのロジックを設計する工程であり、「詳細設計」「物理設計」と呼ばれることもある。これらの工程の成果物として、プログラム仕様書等が作成される。

● プログラミング

システム内部設計で規定されたプログラムの仕様に基づいて、個々のモジュールを実装（プログラミング）する工程である。「製造工程」と呼ばれることもある。

● 単体テスト

プログラミングによって実装されたモジュールが仕様書とおりに動作するかどうかを検証する工程をいう。

● システム結合テスト

一連のまとまりあるモジュールを結合し、システム外部設計あるいはシステム内部設計の仕様とおりに制作されたかを検証する工程である[7]。システム外部設計、内部設計と対をなす工程である。

● システムテスト

一般には業務上関連する一連のモジュールを結合して行われる検証工程をいう。ユーザのビジネスプロセスも含めて検証が行われることがある。テストの仕様・範囲によって、契約の形態や、テストの実施主体は変わってくる。

● 運用テスト／統合テスト／ユーザ受入テスト

疑似的な本番運用環境において、ユーザのビジネスプロセスあるいはシステムの運用の観点から総合的な視点で行われる検証工程であり、多くの場合には、テストの実施主体は、本番稼働後に当該システムを使用するユーザである。検証の範囲、項目、内容により、運用テスト、統合テスト、ユーザ受入テスト（User Acceptance Test, UAT）など様々な

---

7) 工程の名称、用法についてはベンダによって位置付けが異なる。経産省モデル契約〈第一版〉37頁では、システム結合テストは、システムが内部設計の仕様とおりに制作されたことを検証する工程であると位置付ける。

名称が用いられることがある。

● 運用

業務運用環境でシステムを稼働させ、業務を円滑に遂行させるための各種作業を行う工程である。サーバ機器の監視、システムの起動・停止など作業は多岐にわたる。

● 保守

開発したシステムを業務に適合するよう維持管理（不具合の修補や、必要な機能改善等も含まれる）する工程である。

● データ移行

現在稼働しているシステムを刷新して新しいシステムに切り替える場合、ユーザが使用しているシステムの中に格納されている各種データ（例えば、ユーザの商品、取引先のデータや、受注、仕入などの取引データ）を新システムに移し替える必要がある。こうした作業全般を「データ移行」と呼ぶ。データ移行の作業には、データ移行のための抽出、検証、投入プログラムの設計、開発を行ったり、手作業での検証、補正（「クレンジング」などと呼ばれる）を行ったりするなど多様な作業が含まれ、1つのサブプロジェクトに位置付けられる。

● プロジェクトマネジメント

進捗管理、課題管理、予算管理等、システムの完成に向けて行う管理業務全般をいう。近時は、プロジェクトマネジメントが重要視されている。プロジェクトにおいて、プロジェクトマネジメントを専門的に行うチームをPMO（Project Management Office）と呼ぶ。

385

巻末資料

裁判例一覧
※出典にある8桁の番号は判例情報データベース「D1-Law.com判例体系」の判例IDである。

裁判所・年月日	事件番号	出典〔判例ID〕
要旨		本書掲載頁
		主な争点
最高裁（一小）昭和31年12月6日判決	昭和30（オ）151	民集10巻12号1527頁〔27002861〕
債務者が遅滞に陥ったときは、債権者が期間を定めずに催告した場合でも、催告の時から相当の期間を経過してなお、債務を履行しないときは契約を解除できるとした事例。		203
		解除の手続
最高裁（三小）昭和32年7月9日判決	昭和27（オ）884	民集11巻7号1203頁〔27002789〕
重大な過失とは、通常人に要求される程度の相当な注意をしないでも、わずかの注意さえすれば、たやすく違法有害な結果を予見することができた場合であるのに、漫然とこれを見すごしたような、ほとんど故意に近い著しい注意欠如の状態を指すとした事例。		226, 227, 324
		重過失の判断基準
東京高裁昭和36年12月20日判決	昭和34（ネ）2336	高民14巻10号730頁〔27401960〕
工事が途中で廃せられ、予定された最後の工程を終えない場合は工事の未完成に当たるもので、それ自体は仕事の目的物の瑕疵には該当せず、工事が予定された最後の工程まで一応終了し、ただそれが不完全なため補修を加えなければ完全なものとはならないという場合には、仕事は完成したが仕事の目的物に瑕疵があるときに該当するものと解すべきとした事例。		164
		仕事の完成の判断基準
東京地裁昭和42年3月28日判決	昭和40（ワ）7810	判タ208号127頁〔27402991〕
建物増改築禁止の特約があり、その承諾のあったことにつき必ず書面を必要とするとしたのは、将来無用の紛争の生ずるのを予防することを目的とするものであると認められるが、その趣旨とするところは、原告の承諾のあった事実は必ず書面をもって立証することを要し、他の証拠方法による立証を許さないことを意味するのであって、いわゆる証拠制限契約に該当するとした事例。		85
		証拠制限契約
最高裁（三小）昭和44年4月15日判決	昭和43（オ）1355	判時560号49頁〔27403322〕
債務不履行を理由とする契約解除の前提としての催告に定められた期間が相当でない場合であっても、債務者が催告の時から相当の期間を経過してなお債務を履行しないときには、債権者は契約を解除することができるとした事例。		203
		解除の手続

最高裁（一小）昭和51年3月4日判決	昭和50（オ）485	民集30巻2号48頁〔27000334〕
民法637条1項の除斥期間経過前に請負人の注文者に対する請負代金請求権と目的物の瑕疵修補に代わる損害賠償請求権とが相殺適状に達していたときには、同法508条の類推適用により、右期間経過後であっても、注文者は、瑕疵修補に代わる損害賠償請求権を自働債権とし請負代金請求権を受働債権として相殺をなし得るとした事例。		345 除斥期間経過後の報酬債権と損害賠償請求権との相殺の可否
最高裁（三小）昭和52年2月22日判決	昭和51（オ）611	民集31巻1号79頁〔27000293〕
請負契約において、仕事が完成しない間に、注文者の責に帰すべき事由によりその完成が不能となった場合には、請負人は、自己の残債務を免れるが、民法536条2項によって、注文者に請負代金全額を請求することができ、ただ、自己の債務を免れたことによる利益を注文者に償還すべき義務を負うにすぎないとした事例。		325 民法536条2項の適用の有無
最高裁（一小）昭和53年9月7日判決	昭和50（オ）324	民集32巻6号1145頁〔27000229〕
著作物の複製とは、既存の著作物に依拠し、その内容及び形式を覚知させるに足りるものを再製することをいうと判断した事例。		283 複製の定義
東京高裁昭和56年1月29日判決	昭和54（ネ）783	判時995号49頁〔27405448〕
報酬額の定めのない請負契約においては、当該請負工事の内容に照応する合理的な金額を報酬として支払うというのが契約当事者の通常の意思に適合すると解されるとして、追加工事の報酬額は187万2800円とするのが相当であるとした事例。		59 報酬額の定めのない請負契約の報酬額
最高裁（三小）昭和56年2月17日判決	昭和52（オ）630	裁判集民132号129頁〔27405465〕
建物その他土地の工作物の工事請負契約につき、工事全体が未完成の間に注文者が請負人の債務不履行を理由に右契約を解除する場合において、工事内容が可分であり、しかも当事者が既施工部分の給付に関し利益を有するときは、特段の事情のない限り、既施工部分については契約を解除することができず、ただ未施工部分について契約の一部解除をすることができるにすぎないとした事例。		44, 301, 303, 363, 364 解除の効力が及ぶ範囲
東京地裁昭和57年12月6日判決	昭和54（ワ）10867	判時1060号18頁〔27755053〕
アッセンブリ言語で記述されたプログラム（本件プログラム）をコンピュータが解読できる機械語（本件の場合2個の16進数を単位として表現される）に変換してROMに記録されたオブジェクトプログラムについて、本件プログラムの複製物であるとした事例。		276 可読性のないオブジェクトプログラムの複製物該当性

最高裁（三小）昭和59年9月18日判決	昭和59（オ）152	判時1137号51頁〔27490190〕
契約準備段階における信義則上の注意義務違反を理由とする損害賠償責任が認められた事例。		70 契約締結上の過失
東京地裁平成7年6月12日判決	昭和63（ワ）10976	判時1546号29頁〔27828432〕
ベンダの業務が途中で変更されたが、変更後のベンダの業務は、当初の契約内容に従った開発業務の範囲内であることに変わりなく、契約当初に確定代金として約定されている委託代金額ですべてカバーされているとして、商法512条の適用はないと判示した事例。		180 ベンダの追加報酬請求の可否
最高裁（三小）平成8年11月12日判決	平成8（オ）1056	民集50巻10号2673頁〔28011516〕
同一当事者間の債権債務関係がその形式は甲契約及び乙契約といった2個以上の契約から成る場合であっても、それらの目的とするところが相互に密接に関連付けられていて、社会通念上、甲契約又は乙契約のいずれかが履行されるだけでは契約を締結した目的が全体としては達成されないと認められる場合には、甲契約上の債務の不履行を理由に、その債権者は、法定解除権の行使として甲契約と併せて乙契約をも解除することができるとした事例。		306, 308, 309 連動解除の判断基準
東京地裁平成9年2月18日判決	平成4（ワ）14387	判タ964号172頁〔28030796〕
① コンピュータ・システムの構築後検収を終え、本稼働態勢となった後に、プログラムにいわゆるバグがあることが発見された場合においても、プログラム納入者が不具合発生の指摘を受けた後、遅滞なく補修を終え、又はユーザと協議の上相当と認める代替措置を講じたときは、右バグの存在をもってプログラムの欠陥（瑕疵）と評価することはできないとした事例。 ② バグといえども、システムの機能に軽微とはいえない支障を生じさせる上、遅滞なく補修することができないものであり、又はその数が著しく多く、しかも順次発現してシステムの稼働に支障が生じるような場合には、プログラムに欠陥（瑕疵）があるものといわなければならないとした事例。		170, 187, 338, 358, 368 瑕疵の判断基準

東京地裁平成9年9月24日判決	平成6(ワ)8866	判タ967号168頁〔28030896〕
① ベンダは、コンピュータ関係の専門企業として、顧客であるユーザから提供された資料及び聴取等の結果に基づき、本件システムの導入目的に適合したプログラムを作成すべき信義則上の義務を負担すると判示した上、4月が教材会社であるユーザにとって最も多忙な時期であるため、プログラム作成のための打ち合わせをそれまでに終了させておくべき必要性があったにもかかわらず、これを行わなかったベンダには非があるものといえるとした事例。 ② ユーザも1つの企業体として事業を行い、その事業のために本件システムを導入する以上、自らも、積極的にベンダとの打ち合わせに応じ、平成4年4月の本件システムへの切り替えに向けてベンダに協力すべき信義則上の義務を負担していると判示した上、平成3年4月以降のユーザ代表者のベンダに対する対応(特に、登録作業の不実施)は、必ずしも好ましいものとはいえず、このことが、本件システムの本稼働へ向けてのスケジュールを遅滞させた一因となっていることを理由にユーザは解除できないと判示した事例。	21, 130 ① プロジェクトマネジメント義務違反 ② ユーザの協力義務違反の有無

最高裁(一小)平成10年4月30日判決	平成6(オ)799	判時1646号162頁〔28030791〕
宅配便の約款で規定されている責任制限条項について、責任限度額の定めは、運送人の荷送人に対する債務不履行に基づく責任についてだけでなく、荷送人に対する不法行為に基づく責任についても適用されるものと解するのが当事者の合理的な意思に合致するとした事例。	323 不法行為責任についての責任制限条項の適用の有無

広島地裁平成11年2月24日判決	平成10(ワ)422	判タ1023号212頁〔28050901〕
① パソコンの既存ハードディスク(旧ディスク)内のデータを、新しいディスク(本件ディスク)に移し替える予定であったが、それに先立って本件ディスクをフォーマット(初期化)するにあたり、誤って旧ディスクをフォーマットしたために、旧ディスク内のデータを消去してしまったという場合において、民事訴訟法248条を斟酌して、慰謝料100万円を認めた事例。 ② 民法722条2項の過失相殺の規定を類推適用して、データの重要性、損害回避のためのバックアップの必要性、これを怠った原告の過失の程度その他諸般の事情を斟酌し、原告に生じた上記損害の50パーセントを減額するとした事例。	238, 240 ① データ消失時における損害賠償額 ② 過失相殺

大阪地裁平成12年12月26日判決	平成10(ワ)10259	裁判所ウェブサイト〔28060066〕
著作権法47条の2第1項（現行著作権法47条の3）は、プログラムの複製物の所有者にある程度の自由を与えないとコンピュータが作動しなくなるおそれがあることから、自らプログラムを使用するに必要と認められる限度での複製や翻案を認めたものであって、同項にいう「自ら当該著作物を電子計算機において利用するために必要な限度」とは、バックアップ用複製、コンピュータを利用する過程において必然的に生ずる複製、記憶媒体の変換のための複製、自己の使用目的に合わせるための複製等に限られており、当該プログラムを素材として利用して、別個のプログラムを作成することまでは含まれないとした事例。	277 「自ら当該著作物を電子計算機において利用するために必要と認められる限度」（旧著作権法47条の2第1項、現行著作権法47条の3）の解釈

東京地裁平成13年5月25日中間判決	平成8(ワ)10047 平成8(ワ)25582	判時1774号132頁〔28061081〕
本件データベースの著作物としての創作性が否定された場合でも、被告が本件データベースのデータを被告データベースに組み込んだ上、販売した行為は、取引における公正かつ自由な競争として許される範囲を甚だしく逸脱し、法的保護に値する原告の営業活動を侵害するものとして不法行為を構成すると判断した事例。	294 著作権侵害が否定された場合の不法行為の成否

最高裁(一小)平成13年6月28日判決	平成11(受)922	民集55巻4号837頁〔28061406〕
著作物の翻案（著作権法27条）とは、既存の著作物に依拠し、かつ、その表現上の本質的な特徴の同一性を維持しつつ、具体的表現に修正、増減、変更等を加えて、新たに思想又は感情を創作的に表現することにより、これに接する者が既存の著作物の表現上の本質的な特徴を直接感得することのできる別の著作物を創作する行為をいうとした事例。	283 翻案の定義

東京地裁平成13年9月28日判決	平成12(ワ)18468 平成12(ワ)18753	裁判所ウェブサイト〔28071563〕
① 一般に、物の保管を依頼された者は、その依頼者に対し、保管対象物に関する注意義務として、それを損壊又は消滅させないように注意すべき義務を負う。この理は、保管の対象が有体物ではなく電子情報から成るファイルである場合であっても、特段の事情のない限り、異ならない。たしかに電子情報は容易に複製可能であるから、依頼者の側で保管対象と同一内容のファイルを保存する場合が少なくないとしても、そのことをもって一般的に保管者の上記注意義務を否定することは妥当でないとした事例。② ユーザは、本件ファイルの内容につき容易にバックアップ等の措置をとることができ、それによって1473万円の損害の発生を防止し、又は損害の発生を極めて軽微なものにとどめることができたにもかかわらず、本件消滅事故当時、ユーザ側で本件ファイルのデータ内容を何ら残していなかったことを考慮し、過失相殺としてユーザの損害の2分の1を減額するとした事例。	237, 238, 239, 242, 250 ① データを保管するシステム運用事業者に課せられる義務の内容 ② 過失相殺 ③ 免責規定の適用の有無

③ 約款の免責条項について、実質的にも、システム運用事業者
の積極的な行為により顧客が作成し開設したホームページを永久
に失い損害が発生したような場合についてまで広く免責を認める
ことは、損害賠償法を支配する被害者救済や衡平の理念に著し
く反する結果を招来しかねず、約款解釈としての妥当性を欠くこと
は明らかであるとした事例。

大阪高裁平成13年12月25日判決	平成13（ネ）1165	判例地方自治265号11頁〔28071179〕

255, 264

情報漏洩時における権利
侵害の有無

① 本件データは、氏名、年齢、性別及び住所と各世帯主との家
族構成までも整理された形態で明らかになる性質の個人情報で
あるから、明らかに私生活上の事柄を含むものであり、一般通
常人の感受性を基準にしても公開を欲しないであろうと考えられる
事柄であり、さらにはいまだ一般の人に知られていない事柄であ
るといえるとして、プライバシーに属する情報であり、それは権利
として保護されるべきものであるとした事例。
② 本件データは、法的に保護されるべきものである以上、法律上、
それはシステム運用事業者によって管理され、その適正な支配下
に置かれているべきものである。それが、その支配下から流出し、
名簿販売業者へ販売され、さらには不特定の者への販売の広告
がインターネット上に掲載されたこと、また、システム運用事業者
がそれを名簿販売業者から回収したとはいっても、完全に回収さ
れたものかどうかは不明であるといわざるを得ないことからすると、
本件データを流出させてこのような状態に置いたこと自体によって、
ユーザらの権利侵害があったというべきであるとした事例。

東京地裁平成14年4月22日判決	平成10（ワ）22251平成11（ワ）18926	判タ1127号161頁〔28082548〕

23, 164, 170, 173, 177, 178,
317, 332, 338, 348, 368

① 仕事の完成の判断基準
② 瑕疵の判断基準
③ 民法636条の適用の有
無

① 請負人が仕事を完成させたか否かについては、仕事が当初の
請負契約で予定していた最後の工程まで終えているか否かを基準
として判断すべきであり、注文者は、請負人が仕事の最後の工
程まで終え目的物を引き渡したときには、単に、仕事の目的物に
瑕疵があるというだけの理由で請負代金の支払いを拒むことはで
きないと判示した事例。
② 情報処理システムの開発にあたっては、作成したプログラ
ムに不具合が生じることは不可避であり、プログラムに関す
る不具合は、納品及び検収等の過程における修補が当然に
予定されているものというべきである。このような情報処理シ
ステム開発の特殊性に照らすと、システム開発の途中で発生
したシステムの不具合はシステムの瑕疵には当たらず、シス
テムの納品及び検収後についても、注文者から不具合が発
生したとの指摘を受けた後、請負人が遅滞なく修補を終える
か、注文者と協議した上で相当な代替措置を講じたと認めら
れるときは、システムの瑕疵には当たらないと判示した事例。
③ 在庫照会の検索処理に30分以上の時間を要する場合があり、
その間、画面が止まったような状態になることや、ユーザの営業
所では、検索に時間がかかるために、手書きの在庫台帳を作成
して顧客からの問い合わせに応じていること等から瑕疵を認定し
た事例。

④ 各瑕疵の原因は、ユーザの要望事項の肥大化や使用方法の問題ではなく、むしろ本件システムの設計自体に問題がある蓋然性が高いと判断され、民法636条の適用が否定された事例。

大阪地裁平成14年8月29日判決	平成11(ワ)965 平成11(ワ)13193	裁判所ウェブサイト 〔28072661〕
ベンダの報酬額は、基本機能設計書の内容を基準に定められているとした上、ユーザの要望は、基本機能設計書に記載された仕様を変更するものであるとして追加開発作業であると認めたが、ソフトウェア開発においては、その性質上、外部設計の段階で画面に文字を表示する書体やボタンの配置などの詳細までが決定されるものではないから、仕様の詳細化の要求までも仕様変更とすることは相当でないとした事例。		23, 180, 182 ベンダの追加報酬請求の可否

最高裁(大)平成14年9月11日判決	平成11(オ)1767	民集56巻7号1439頁 〔28072380〕
郵便法68条・73条の規定のうち、書留郵便物について、郵便業務従事者の故意又は重大な過失によって損害が生じた場合に、不法行為に基づく国の損害賠償責任を免除し、又は制限している部分は、憲法17条が立法府に付与した裁量の範囲を逸脱したものであるといわざるを得ず、同条に違反し、無効であるとした事例。		245 故意・重過失の場合でも免責する規定の有効性

最高裁(二小)平成15年2月28日判決	平成13(受)1061	判時1829号151頁 〔28080668〕
宿泊約款の「宿泊客が当ホテル内にお持込みになった物品又は現金並びに貴重品であって、フロントにお預けにならなかったものについて、当ホテルの故意又は過失により滅失、毀損等の損害が生じたときは、当ホテルは、その損害を賠償します。ただし、宿泊客からあらかじめ種類及び価額の明告のなかったものについては、15万円を限度として当ホテルはその損害を賠償します」という規定(本件特則)について、本件特則は、宿泊客が、本件ホテルに持ち込みフロントに預けなかった物品、現金及び貴重品について、ホテル側にその種類及び価額の明告をしなかった場合には、ホテル側が物品等の種類及び価額に応じた注意を払うことを期待するのが酷であり、かつ、時として損害賠償額が巨額に上ることがあり得ることなどを考慮して設けられたものとした上、このような本件特則の趣旨にかんがみても、ホテル側に故意又は重大な過失がある場合に、本件特則により、被上告人の損害賠償義務の範囲が制限されるとすることは、著しく衡平を害するものであって、当事者の通常の意思に合致しないというべきであるから、本件特則は、ホテル側に故意又は重大な過失がある場合には適用されないとした事例。		242 重過失の場合の免責規定の適用の有無

東京地裁八王子支部平成15年11月5日判決	平成11(ワ)2327	判時1857号73頁〔28091924〕
		10, 128
① ベンダは、コンピュータソフトウェアの開発、販売、コンサルティング等の専門企業であり、システムを構築するにあたり、顧客であるユーザから、その業務の内容等必要な事項を聴取し、その結果に基づいて、ユーザのシステム導入目的に適うシステムを構築すべき義務を本件請負契約に基づき負うとした事例。 ② ユーザも、1つの企業体として事業を営み、その事業のためにシステムを導入する以上、自己の業務の内容等被告がシステムを構築するために必要となる事項について、正確な情報をベンダに提供すべき信義則上の義務を負うと判示した上、ユーザがベンダに提供した情報が不正確であるとした事例。		① ベンダのプロジェクトマネジメント義務の内容 ② ユーザの協力義務の内容

名古屋地裁平成16年1月28日判決	平成11(ワ)3685 平成12(ワ)335	判タ1194号198頁〔28091105〕
		16, 60, 61, 89
① ユーザは、本件提案書等の提出をもって、ベンダらによる契約の申込みである旨主張するが、本件提案書は、ベンダらにおいてユーザの業務内容等を十分に検討した上で作成されたものとは認められない上、その内容は必ずしも具体的でなく、ユーザらの要望に即した形でベンダら及びその提供するシステム等の概要及び長所を紹介したものの域を出ないともいい得る。また、ユーザは、ベンダに対する本件採用通知の送付をもって、契約の申込みに対する承諾である旨主張するが、上記のとおり、本件提案書の内容は必ずしも具体的ではないのであるから、何について承諾をしたといえるのかが明確でなく、むしろ、本件採用通知の送付は、今後本件総合システムの導入を委託する業者として交渉していく相手方をベンダに決定したことを意味するにとどまるとした事例。 ② 業務用コンピュータソフトの作成やカスタマイズを目的とする請負契約は、ベンダとユーザ間の仕様確認等の交渉を経て、ベンダから仕様書及び見積書などが提示され、これをユーザが承認して発注することにより相互の債権債務の内容が確定したところで成立するに至るのが通常であると考えられるとした事例。		① 契約内容の特定(提案書の位置付け) ② オーダーメイドのシステム開発に関する契約の成立時期

東京地裁平成16年3月10日判決	平成12(ワ)20378 平成13(ワ)1739	判タ1211号129頁〔28111682〕
		9, 10, 19, 22, 64, 90, 108, 109, 127〜132, 142, 147, 154, 202, 339
① ベンダは、本件電算システム開発契約の締結にあたり、ユーザと契約書を取り交わしている上、契約締結に先立ち、本件電算システム提案書を提出し、その内容に基づくシステム開発を提案し、これを了承したユーザと本件電算システム開発契約を締結したものであるから、本件電算システム提案書は、契約書と一体を成すものと認められる(本件電算システム提案書と契約書の一体性は、ベンダも争っていない)。したがって、ベンダは、本件電算システム開発契約の契約書及びこれと一体を成す本件電算システム提案書に従って、これらに記載されたシステムを構築し、納入期限までに本件電算システムを完成させるべき債務を負っていたということができるとした事例。 ② ベンダは、納入期限までに本件電算システムを完成させるように、本件電算システム開発契約の契約書及び本件電算システム		① 契約内容の特定(提案書の位置付け) ② ベンダのプロジェクトマネジメント義務の内容 ③ ユーザの協力義務の内容 ④ 債務不履行解除の意思表示と認められない場合の民法641条の解除の可否 ⑤ 民法641条に基づく損害賠償額

提案書において提示した開発手順や開発手法、作業工程等に従って開発作業を進めるとともに、常に進捗状況を管理し、開発作業を阻害する要因の発見に努め、これに適切に対処すべき義務を負うものと解すべきである。そして、システム開発は注文者と打ち合わせを重ねて、その意向を踏まえながら行うものであるから、ベンダは、注文者であるユーザのシステム開発への関わりについても、適切に管理し、システム開発について専門的知識を有しないユーザによって開発作業を阻害する行為がされることのないようユーザに働きかける義務（プロジェクトマネジメント義務）を負っていたというべきであるとした事例。

③ 本件電算システム開発契約は、いわゆるオーダーメイドのシステム開発契約であるところ、このようなオーダーメイドのシステム開発契約では、ベンダのみではシステムを完成させることはできないのであって、ユーザが開発過程において、内部の意見調整を的確に行って見解を統一した上、どのような機能を要望するのかを明確にベンダに伝え、ベンダとともに、要望する機能について検討して、最終的に機能を決定し、さらに、画面や帳票を決定し、成果物の検収をするなどの役割を分担することが必要であるとした事例。

④ ベンダの債務不履行を理由とするユーザの解除は、認められないものの、解除に至る交渉経緯等にかんがみれば、ユーザの解除には、いずれにしても本件電算システムの開発を取りやめてベンダとの契約関係を終了させる旨の意思の表明が含まれていたものと解される。また、ベンダは、反訴事件において、ユーザの解除の主張を民法641条の解除として援用する旨主張しているところ、その後の経過を含む弁論の全趣旨によれば、ユーザはベンダの同援用を積極的に争わなかったものと認められるとして債務不履行解除としては認められないが、民法641条の解除として有効であるとした事例。

⑤ 民法641条に基づく損害賠償は、契約が解除されずに履行されていた場合と同様の利益を請負人に確保させる趣旨のものであるから、これを超えるものではないというべきである。そして、本件電算システム開発契約等が遂行されていても、ベンダは、ユーザと追加契約を締結するなどしない限り、委託料を合計した3億4650万円を超える金員の支払いを受けることはできなかったのであるから、ベンダの損害は同額を超えるものではないと判示した事例。

東京地裁平成16年4月26日判決	平成14（ワ）19457	公刊物未登載

		225
一般論としては、コンピュータのプログラムに不具合が存在した場合、その損害が時には莫大な額になる危険の存することからすれば、その危険のすべてを請負人側に負わせることを防ぐ趣旨において、合理性のあるものと思われ、よって、本件において、そのすべてが、信義誠実の原則（民法1条2項）及び公平の原則に照らし、また、民法90条に違反し、無効であるといい得る事情は認められないとした事例。		責任制限条項の有効性

東京地裁平成16年6月23日判決	平成12 (ワ) 23214 平成13 (ワ) 15547	公刊物未登載
検収には、ベンダの協力が不可欠であるところ、ベンダは、ユーザに対し、このような検査のための協力を行っていないとしてみなし検収条項の適用を否定した事例。		88, 168 みなし検収条項の適用の有無
東京地裁平成16年12月22日判決	平成10 (ワ) 23871	判時1905号94頁 〔28102255〕
① 一括在庫引当処理に要する時間は、せいぜい数分程度が一般的に要求される内容であったということができ、テストデータ300件ですら処理時間に44分も要することや、一括在庫引当処理中には、一切、他の商品マスタを利用する処理ができず、また、1人でも商品マスタのメンテナンスを行っていればその間はまったく一括在庫引当処理ができないこと等を根拠に、契約の目的を達することができない重大な瑕疵に該当するとした事例。 ② 不具合についてユーザから指摘がなかったからといって、これらが残存したことについてユーザに責任を負わせることはできず、民法636条類推適用により解除が制限されることはないとした事例。		174, 200, 201, 203, 348 ① 民法635条の「契約をした目的を達することができない」の該当性 ② 民法636条の類推適用の有無
東京地裁平成17年3月24日判決	平成16 (ワ) 8548	公刊物未登載
ベンダがユーザに対し、システムの実装動作の確認、提供し得る機能動作に対する評価、検証を行った上、ベンダはユーザから内示書を交付して、開発作業に着手したが、その後、ユーザが、事前にマーケティング調査を行った際の目論見が外れたため、採算がとれないと判断し、中止したという場合において、契約締結上の過失を認め、ベンダの損害賠償請求を認めた事例。		17 ① 契約の成否 ② 契約締結上の過失
東京地裁平成17年3月28日判決	平成15 (ワ) 2334	公刊物未登載
ベンダは、電子メールの記録や、「キックオフミーティング議事録」「SAレビュー議事録」「定例進捗会議議事録」に、ユーザ担当者の押印がされていること等から、契約が成立していることを前提に、民法641条に基づく損害賠償請求をしたが、裁判所は、ベンダが着手した作業が有償であるというユーザの認識が、ユーザになかったことや、キックオフミーティングが契約成立の根拠とすべき特別な意味を持つものではないなどとして契約の成立を否定した上、契約締結上の過失も認められないとした事例。		16, 66, 76 ① 契約の成否 ② 契約締結上の過失

東京地裁平成17年4月22日判決	平成14(ワ)2077	公刊物未登載
二次検収までの206本のプログラム作成については、当初の契約で合意した2325万円に含まれているが、二次検収後に増加した205本のプログラムについては、本件契約の当初の合意した業務範囲を超えるものであり、当初合意した開発費2325万円に含まれないものというべきであるとして、二次検収後の開発作業を追加開発であるとした事例。		18, 23, 87, 165, 180 ～ 182, 333, 364 ベンダの追加報酬請求の可否
知財高裁平成17年10月6日判決	平17(ネ)10049	裁判所ウェブサイト〔28102000〕
本件YOL見出しは、控訴人の多大の労力、費用をかけた報道機関としての一連の活動が結実したものであること等を根拠に、法的な保護に値する利益となり得るとして、被控訴人が反復して営利目的で、デッドコピー又は実質的なデッドコピーをする等の行為は、社会的に許容される限度を越え法的保護に値する利益を違法に侵害したものとして不法行為を構成するとした事例。		294 著作権侵害が否定された場合の不法行為の成否
札幌高裁平成17年11月11日判決	平成17(ネ)214	裁判所ウェブサイト〔28102361〕
原告の住所、職業、氏名、生年月日といった個人識別情報とともに、道路交通法違反の詳細が記載された捜査関係文書が流出することによって原告のプライバシー権が侵害された場合において、一度流出した上記情報の抹消・回収は半永久的に不可能と考えられること、上記非行事実が比較的軽微な事犯に関するものであること、本件情報流出は偶然の事情が重なった過失行為によること等を考慮し、40万円の慰謝料を認めた事例。		264 個人情報漏洩時における慰謝料の額
東京地裁平成18年1月23日判決	平成13(ワ)26217 平成14(ワ)2084	公刊物未登載
ユーザが、要求仕様を確定する情報の提供をしなかったことや、総合テストを実施可能なスケジュールを組もうとしていなかったことが協力義務違反になると判示した事例。		130 ユーザの協力義務違反の有無
大阪地裁平成18年5月19日判決	平成16(ワ)5597 平成17(ワ)4441	判時1948号122頁〔28111287〕
インターネット接続等の総合電気通信サービスの顧客情報として保有管理されていた原告らの氏名・住所等の個人情報が外部に漏洩したことにつき、同サービスを提供していた被告に、外部からの不正アクセスを防止するための相当な措置を講ずべき注意義務を怠った過失があり、それによって原告らのプライバシーの権利が侵害されたとして、原告らの不法行為に基づく損害賠償請求を一部認容した事例。		27 ① システム運用事業者に課せられる注意義務の内容 ② プライバシー侵害の有無 ③ 慰謝料の額等

裁判例一覧

東京地裁平成18年6月30日判決	平成16（ワ）19254	判時1959号73頁〔28131006〕
① データベースの開発を目的とした請負契約（本件契約）とサーバの売買契約は、契約自体は別個のものと認められるが、本件契約は、ウィンドウズサーバによるデータベースの開発を前提にしており、そのことからこれまで使用していたマッキントッシュサーバからウィンドウズサーバに変更することを前提として、ユーザはウィンドウズ用のサーバを購入したのであって、データベースの開発がなければサーバを購入していない関係にあるといえ、本件サーバの購入にかかる売買契約が本件契約と一体の関係にあるとした上、本件契約の解除事由は当然にサーバの購入にかかる売買契約の解除事由に該当すると判示した事例。 ② 履行遅滞の帰責性について、ユーザからの要望の変更に対しても、ベンダは、開発の進行如何によっては受け入れられない要望があることは明らかであり、そうであればこれを拒否することもでき、またそうすべきであったというべきであり、単にユーザの要望が多く変更されたということから、その遅延がユーザの責任であったと評価することはできないとした事例。	307 ① 連動解除の可否 ② 履行遅滞におけるベンダの帰責性の有無

東京地裁平成19年1月31日判決	平成15（ワ）8853	公刊物未登載
基本契約に基づく個別契約その他の契約の締結についても書面によってのみなし得ると規定（本件契約条項）されていたが、基本契約締結後に、ユーザの部長が、基本契約も締結したので本格的に作業に入ってもらいたいと指示し、その指示を受けて、ベンダの担当者は3か月以上にわたって、現実にユーザ本社に赴いた上で、要件定義書及び概要設計書の作成のための作業を行っていたという場合において、ユーザの部長の発言によって基本契約の本件契約条項は準委任契約に適用されるものでないことがベンダ・ユーザ間で了解されたと判示した事例。	18, 84, 85, 334 基本契約で書面により個別契約の締結が合意されている場合における書面によらない合意の成否

東京地裁平成19年2月8日判決	平成14（ワ）27790 平成15（ワ）7975 平成16（ワ）8051	判時1964号113頁〔28131313〕
① システム運用事業者の委託先企業は、インターネット及びイントラネットシステム構築、WWWホスティングサービス、サーバ構築及びウェブサイトのコンテンツ作成などを事業の目的とする企業であるから、その提供する業務に関する技術的水準として、個人情報を含む電子ファイルについては、一般のインターネット利用者からのアクセスが制限されるウェブサーバの「非公開領域」に置くか、「公開領域」（ドキュメントルートディレクトリ）に置く場合であっても、アクセスを制限するための「アクセス権限の設定」か「パスワードの設定」の方法によって安全対策を講ずる注意義務があったが、これを怠ったと判断した事例。 ② システム運用事業者は、本件ウェブサイトの管理を主体的に行い、委託先企業に委託したコンテンツの内容の更新、修正作業等についても実質的に指揮、監督していたと認められるから、システム運用事業者の使用者責任は免れないと判断した事例。	26, 258 ① システム運用事業者に課せられる注意義務の内容及び注意義務違反の有無 ② 使用者責任の成否 ③ 流出した個人情報の性質

③ 本件情報は、保健医療そのものに該当するものではないが、氏名、住所等の基本的な識別情報のみの場合と比較して、一般人の感受性を基準にしても、秘匿されるべき必要性が高いことは否定できないと判断した事例。

大阪高裁平成19年6月21日判決	平成18（ネ）1704	D1-Law.com 判例体系〔28142194〕

27, 258, 264

① 顧客データベースサーバについて、そもそも必要性がない場合又は必要性のない範囲にリモートアクセスを認めることは許されず、また、リモートアクセスを可能にするにあたっては、不正アクセスを防止するための相当な措置を講ずべき注意義務を負っていたとした上で、特定のコンピュータ以外からはリモートアクセスができないようにする措置はとられていなかったこと、不正アクセスした退職従業員が退職した際に、不正アクセスに利用されたアカウントを含め退職従業員が知り得たユーザ名を削除したりそのパスワードを変更したりしなかったこと等を根拠にして、システム運用事業者の過失を認定した事例。
② 個人情報が漏洩した原告の慰謝料を1人当たり5000円とした事例。

① システム運用事業者に課せられる注意義務の内容及び注意義務違反の有無
② 個人情報漏洩時における慰謝料の額

東京高裁平成19年8月28日判決	平成19（ネ）1496 平成19（ネ）3013	判タ1264号299頁〔28140993〕

26, 254, 257, 258, 263, 264

① エステティック産業を営む企業体として、情報管理の厳密さに関する信頼を前提にして、会員の申込みを勧誘するなどの業務を行い、その後、すでに提供された情報などを前提としてエステティックサービスを行うことに照らし、いっそう慎重な配慮の下に顧客の個人情報を厳密な管理下で扱わなければならないと解すべきとした事例。
② エステティックサロンの会員の個人情報が流出した事案で、漏洩した情報がエステティックサービスにかかるものであり、個々人の美的感性のあり方や、そうしたものに関する悩み若しくは希望といった個人的、主観的な価値に結び付く、あるいは結び付こうに見られる種類の情報である点で、より高い保護を与えられてしかるべき種類の情報であると認められるとして1人当たり3万円の慰謝料が妥当とした事例。

① システム運用事業者に課せられる情報管理の程度
② 個人情報漏洩時における慰謝料の額

東京地裁平成19年10月31日判決	平成18（ワ）10612 平成18（ワ）17797	公刊物未登載

76, 81

ベンダは、ユーザに対し、信義則上、新会計システムが平成18年4月1日に運用開始できるように、新会計システムの要件定義作業を速やかに進めるなどして、ソフトウェア作成請負契約の締結に向けた準備作業を誠実に行うべき義務を負担していたが、調整を講じていないとして信頼利益に関する損害賠償請求を認めた事例。

契約締結上の過失

東京地裁平成19年11月30日判決	平成17(ワ)21377 平成18(ワ)664	公刊物未登載
① 基本契約において具体的事項は個別契約をもって定めると規定されていること、被告による注文書が作成されているが、基本設計フェーズ2については、見積書、注文書が作成されていないことから、基本設計フェーズ2の契約の成立を否定した事例。 ② 基本設計フェーズ1とフェーズ2は、基本設計段階の工程を2つに分割したものにすぎないこと、本件においては、基本設計に先立つFSプロジェクトもフェーズ1とフェーズ2に分割されたが、金額は同一であり、これもユーザの支払いの都合によるものと推認されること、FSフェーズ1・2においても注文書発行前からユーザの協力の下で作業が開始されていたこと、ユーザ側のプログラムマネージャー（実務レベルでの責任者）や情報システム統括本部長も基本設計フェーズ1で中断することを想定していなかったことから、ベンダがプロジェクトの続行を信頼することはやむを得ないが、ユーザの現場担当者はベンダに協力して作業を進めるのを漫然と容認していたとして契約締結上の過失を認め、ベンダのユーザに対する損害賠償請求を認めた事例。 ③ 基本設計フェーズ2の作業についてユーザからの正式な発注行為がないにもかかわらず各作業に着手しているところ、ベンダにおいても、信義則上、基本設計フェーズ2の作業を行う前にユーザに対し正式発注を求めたり、作業開始後一定期間が経過しても正式発注がなされないのであれば、上記各作業を中止するなど、損害の発生、拡大を防ぐための対応をとることが期待されていたとして、過失相殺の法理の適用により、損害賠償額が3割減額された事例。	66, 73, 81 ① 契約の成否 ② 契約締結上の過失 ③ 過失相殺

東京地裁平成19年12月4日判決	平成17(ワ)15551 平成18(ワ)18471	公刊物未登載
ユーザ代表者が、平成15年11月ころの打ち合わせで「やる気がないのか」「何だ、この契約は終わりだぞ。自分がこの部屋から出て行ったら終わりだぞ」などと強い口調で言ったが、それは基本合意において平成15年10月末までがプロトタイプ期間とされていたにもかかわらず、要件定義書案に本件開発目的の追加機能が一向に盛り込まれない上、提出された要件定義書案にコメントを付して回答しても、それに対する応答もなかったというベンダの作業の遅滞やその対応に起因しているものであって、度を超えた言動とまではいえないとした上、ベンダの担当者が病気により本件請負契約の業務から離脱したことについて、その原因は定かではないが、本件請負業務によるストレスが原因になっていたとしても、本件請負業務の作業負担の見通しなど、基本的にはベンダにおける労務管理上の問題というべきと判断した事例。	143 ユーザ代表者の発言と、ベンダ担当者の病気との因果関係

東京地裁平成20年4月24日判決	平成17(ワ)25797 平成18(ワ)14112	公刊物未登載
要求仕様、基本設計の確認までは、ユーザが主導的な役割を果たし、その後の制作段階ではベンダが主導的な役割を果たすことからすれば、基本設計工程までは準委任契約であると判断した事例。		96 契約の法的性質
東京地裁平成20年7月10日判決	平成19(ワ)30499	公刊物未登載
基本契約の定めによれば、個別契約は注文書・注文請書の取り交わしによって締結されるとされていながらも、これらの書面がなかったことや、報酬が支払われた期間に対応する注文書等は発行されていたことなどから、基本契約のみで業務委託料は請求できないとし、基本契約が定める運用が形骸化したという事実もないとして、契約の成立を否定した事例。		66 契約の成否
東京地裁平成20年7月16日判決	平成19(ワ)22625	金法1871号51頁 〔28151495〕
外国為替証拠金取引において、ロスカット・ルールは顧客の損失の拡大を防止し顧客を保護するいわば安全弁としての機能を有するものであることからすれば、外国為替証拠金取引業者であるシステム運用事業者は、真に予測不可能なものを除いて、同取引において起こり得る様々な事態に十分対応できるよう、ロスカット手続のためのシステムを用意しておかければならないとした事例。		219, 243 システム運用事業者に課せられる義務
東京地裁平成20年7月29日判決	平成18(ワ)11451	公刊物未登載
① ベンダとユーザが平成17年2月10日に機密保持契約を締結した上、システム開発業務に着手し、同年4月20日には基本契約を締結し、翌21日以降、ベンダ担当者をユーザに常駐させてシステムの開発業務に専念させていたが、ベンダは、ユーザの担当者からシステム開発について相談を受けた際、見積額を口頭で伝えただけで、その後、ユーザから契約締結拒絶の通告を受けるまで、報酬額についてユーザと具体的に協議することはなかったこと等を理由に、契約の成立が否定された事例。 ② ユーザが、契約締結の直前になって他のベンダに切り替えたこと、ユーザがベンダに対し短期間でシステムを完成させるように求めていたこと、ベンダがユーザの指示に従いSEを常駐させていたこと、ユーザが他のベンダとも交渉していることを秘匿した上、他のベンダとの交渉が明らかになった後も、「社長に稟議を通すための形式的なもの」という説明をしていたこと等を認定して契約締結上の過失を肯定し、ベンダの損害賠償請求を認めた事例。		64, 71, 80 ① 契約の成否 ② 契約締結上の過失

東京地裁平成20年9月30日判決	平成19(ワ)30830	公刊物未登載
① ユーザの上層部の決裁を得た上で発注がされるということは、交渉の当初から前提となっていたが、平成19年3月23日の段階においては、ユーザの上層部に対し、交渉の経過と内容等を説明したものの、決裁を得たわけではなく、合意の内容も確定しておらず、その後においても、契約書の案文についてその文言等の修正作業が行われており、結局、契約書は作成されるに至らなかったとして請負契約の成立を否定した事例。 ② ベンダは、ユーザ担当者が、納期に間に合うように作業を進めるように求めたことから、契約の成立は確実であると信じて、具体的にモックアップ作成等の作業を行ったのであるから、ユーザは、契約準備段階における信義則上の義務に違反したと主張した場合において、ユーザ担当者は、ベンダに対し、契約の締結が確実であるとして、正式に契約書を作成する前に作業を行うことを求めたわけではなく、ベンダとしても、契約の締結には上層部の決裁が必要である旨は説明を受けており、現に、同年4月18日に正式に契約を締結する予定になっていたのであるから、被告の上層部の決裁が得られておらず、正式に契約が締結される前に作業を開始するのは、ベンダのリスクにおいて行うべきものであるとして、契約締結上の過失を否定し、ベンダの損害賠償請求を棄却した事例。	66, 75 ① 契約の成否 ② 契約締結上の過失	

千葉地裁松戸支部平成21年4月17日判決	平成15(ワ)1131	D1-Law.com判例体系 〔28161487〕
① システム運用事業者は、結果債務ではなく、手段債務としての定刻運送債務を負うにすぎず、予定時刻に到着することの実現に向けて合理的な最善の努力を怠った場合に限り、債務不履行の責任を負うと判断した事例。 ② コンピュータ・システムの技術水準を基準に判断すると、システム運用事業者には障害が発生することについて、予見可能性があったとは認められないので、過失を認めることはできないと判断した事例。	24, 25 ① システム運用事業者に課せられる義務 ② システム運用事業者の注意義務違反の有無	

巻末資料

東京地裁平成21年5月20日判決	平成20 (ワ) 24300	判タ1308号260頁〔28153905〕
① 被告とされたシステム運用事業者は、第三者との間で共用サーバホスティングサービスの利用契約を締結しているだけであって、原告であるシステム利用事業者らとの間には契約関係はなく、サーバに保存されたプログラムやデータの保管について寄託契約的性質があるともいえないとした事例。② システム運用事業者は本件利用規約の免責規定を前提として契約者及び契約締結の提供先である第三者に対して共用サーバホスティングサービスを提供しており、他方、第三者であるシステム利用事業者も上記免責規定を前提としてシステム運用事業者の上記サービスを利用していたのであるから、システム運用事業者は、システム利用事業者との間で契約を締結していないものの、免責規定を超える責任を負う理由はなく、データの消失を防止する義務を負うとはいえないとした事例。③ プログラム等はデジタル情報であって、容易に複製することができ、利用者はプログラム等が消失したとしても、これを記録・保存していれば、プログラム等を再稼働させることができるため、システム利用事業者はプログラムやデータの消失防止策を容易に講ずることができることから、システム運用事業者に対し、消失防止義務まで負わせる理由も必要もないと判断した事例。		28, 234, 237, 246 ① 契約当事者にない利用者とシステム運用事業者との間における寄託契約的性質の有無 ② 免責規定の適用の有無 ③ システム運用事業者に課せられるデータの消失防止義務の有無
東京高裁平成21年5月27日判決	平成20 (ネ) 5384	公刊物未登載
契約の成立は否定されたが、ユーザによる契約締結上の過失について、ユーザは、自社でシステム開発をする方向に動いており、ベンダとの契約締結が確実なものなどとは到底いえないものであったにもかかわらず、ユーザ担当者は、ベンダをして契約締結が確実なものと誤信させる言動をし、納期を守るためには4月初めから作業を開始する必要があるためベンダが4月初めころから作業に入ることを十分認識しながら、それをそのままにしていたとして肯定した事例。		66, 74, 81 ① 契約の成否 ② 契約締結上の過失
東京地裁平成21年5月29日判決	平成18 (ワ) 16280	公刊物未登載
ユーザ担当者の退職時に引継ぎが行われず、後続の担当者が、従前の内容と異なる注文をしたため、完成に至らなかったとされた事例。		130 ユーザの協力義務違反の有無
山口地裁平成21年6月4日判決	平成19 (ワ) 331	自保ジャーナル1821号145頁 裁判所ウェブサイト〔28153372〕
地方公共団体の総合住民情報の電算化システムへの移行及び統合データの作成業務をしている原告の下請先となる被告の従業員が、ウィニーにより住民の個人情報を漏洩した場合において、原告が地方公共団体に賠償した費用のほか、関係各所を訪問するための費用や謝罪広告費用等1453万2000円の損害が認定された上で、元請である原告も安全管理義務を怠ったとして4割の過失相殺が認定された事例。		268 ① 個人情報漏洩時における損害賠償額 ② 過失相殺

402

裁判例一覧		
東京地裁平成21年7月31日判決	平成18 (ワ) 10959	公刊物未登載
ユーザが主張するユーザ従業員による会議への出席、質問への回答、ユーザ内部での検討、ドキュメントやプログラムのチェックは、協力義務を負うユーザが通常行うべき業務・作業であり、ベンダの債務不履行と相当因果関係のある損害とは認められないと判示してユーザの社内人件費に関する損害賠償請求を否定した事例。		316 ユーザの社内人件費に関する損害賠償請求の可否
東京地裁平成21年9月4日判決	平成19 (ワ) 35315 平成20 (ワ) 16502	公刊物未登載
総額8000万円超の取引であるにもかかわらず、書面が作成されていないのは不自然であることや、発注書のひな形のやり取りがあったことなどから全体の契約については否定し、終了した要件定義費用、ライセンス費用の請求を認めた事例。		66 契約の成否
東京地裁平成21年9月29日判決	平成21 (ワ) 13	公刊物未登載
ユーザがベンダとの契約を民法641条に基づいて解除した事案において、逸失利益を、「1年間のベンダの営業利益の売上高に占める割合を請負代金額に乗じる」という方法で算出した事例。		156 民法641条に基づく損害賠償請求の範囲
東京地裁平成21年11月24日判決	平成20 (ワ) 27690	公刊物未登載
契約書には「技術顧問の対価」などと記載されていることから、仕事の完成義務はないとベンダが主張していたが、契約の目的等に照らして請負契約が含まれているとされた事例。		95 契約の性質 (請負・準委任)
東京地裁平成22年1月22日判決	平成18 (ワ) 6445 平成18 (ワ) 14701	公刊物未登載
平成17年1月から3月までの3か月間の期間における準委任としての作業の対価として、6000万円が定められている場合において、平成17年4月から9月の6か月間の作業が追加開発作業であると判断し、この期間の報酬を1億2000万円とした事例。		23, 164, 180, 182, 332, 338 ベンダの追加報酬請求の可否
東京高裁平成22年3月25日判決	平成21 (ネ) 2761	D1-Law.com 判例体系 〔28161488〕
運航時刻に関する合意の内容は、物理的に不可能な場合を別にすれば、運航時刻の遵守よりも優先すべき安全にかかわる事情 (優先事情) の生じない限りにおける予定時刻を定めるものであって、システム運用事業者は、優先事情が生じない場合には、これを守る義務があり、優先事情が生じた場合には、できる限り遅れを小さくするように対処する義務を負うとした事例。		24, 25, 218 システム運用事業者に課せられる義務の内容

403

東京地裁平成22年7月13日判決	平成18(ワ)19745	公刊物未登載
三次請ベンダが、四次請ベンダとの契約を解除したことにより、事実上四次請ベンダが本件請負契約上の債務を履行することができなくなったが、その原因は、四次請ベンダの追加費用等の交渉態様並びにこれに伴う現場からの作業員の引上げ（三次請ベンダからの追加費用等の支払いの確約を得られない状況にあったことから、四次請ベンダの作業を一時的に中断して現場から作業員を引き上げ、追加費用等の支払いの交渉を進めるための手段とすること）に問題があったことに帰するというべきであり、これをもって、三次請ベンダの責めに帰すべき事由による履行不能とは認められないとして、四次請ベンダの報酬請求を棄却した事例。	327 民法536条2項の適用の有無	

東京地裁平成22年9月21日判決	平成19(ワ)34948 平成20(ワ)18263	判タ1349号136頁〔28173847〕
コンサルティング契約には、請負契約に当たると解されるシステム構築及び準委任契約に当たると解されるコンサルテーションの両方の業務が含まれていること等を理由に、準委任契約であるとしても請負契約の要素を含むと判断された事例。	19, 94, 339 契約の性質（請負・準委任）	

東京地裁平成22年12月27日判決	平成19(ワ)26002	公刊物未登載
仕事の完成について、請負工事が予定された最後の工程まで一応終了した場合をいうものと解するのが相当であるとした上で、カスタマイズされたソフトをインストールするということが予定された最後の工程であると認定し、カスタマイズされたソフトをインストールしたという事実は認められないとした事例。	22 ① 仕事の完成の判断基準 ② 仕事の完成・未完成	

知財高裁平成23年2月28日判決	平成22(ネ)10051	裁判所ウェブサイト〔28170495〕
プログラムについて、アイデアを実現するために、基本的な命令であるswitch-case文if-else文を組み合わせて単純な条件分岐をする、一般的、実用的な記述であり、その長さも短いものであること等を理由に創作性が否定された事例。	291 プログラムの創作性の有無	

東京地裁平成23年4月6日判決	平成21(ワ)16947	公刊物未登載
請負契約の開発対象を、ベンダが作成した「X会殿向けレセコンシステムお見積仕様書」「要件定義書」「業務フロー」「今フェーズ開発に関する業務範囲」「大分類」「中分類」「Ph1」「内容」欄が記載された本件一覧表等から特定した事例。	88 開発対象の特定方法	

最高裁（二小）平成23年4月22日判決	平成22（受）1079	金法1928号111頁 〔28173875〕
契約の一方当事者が、当該契約の締結に先立ち、信義則上の説明義務に違反して、当該契約を締結するか否かに関する判断に影響を及ぼすべき情報を相手方に提供しなかった場合には、上記一方当事者は、相手方が当該契約を締結したことにより被った損害につき、不法行為による賠償責任を負うことがあるのは格別、当該契約上の債務の不履行による賠償責任を負うことはないとした事例。		111 契約締結以前の説明義務違反の法律構成

東京地裁平成23年4月27日判決	平成20（ワ）17155 平成21（ワ）1417	公刊物未登載
元請ベンダと下請ベンダの契約で、「元請ベンダの都合で書面をもって下請ベンダに通知することによりいつでも本契約を解約することができる。ただし、この場合、元請ベンダは、下請ベンダが既に実施した作業に現実に要した費用を下請ベンダに支払う」との条項が存在する場合において、この契約条項に基づいて、以下の2つを合計した下請ベンダの元請ベンダに対する請求（1億8069万3500円）を認めた事例。 ① 下請ベンダの費用9804万2000円（1人月当たりの費用70万円に作業工数を乗じた金額） ② 下請ベンダが委託先に対して支払った外注費用8265万1500円		154 自己都合解約時に元請ベンダが下請ベンダに支払う費用の計算

東京地裁平成23年10月20日判決	平成20（ワ）25855 平成21（ワ）7176	公刊物未登載
ユーザが、開発契約に関して必要なシステム仕様の確定作業等を行わず、ベンダに対して、本件基本契約において合意した必要な原始資料及び情報の無償開示又は提供義務を一切履行していないことや、事実と異なる事項を根拠に、中止の通告を行ったことから、本件基本契約上の協力義務を履行しなかったことに合理的な理由もないとして、ユーザの責めに帰すべき事由で履行不能になったとし、ベンダの報酬請求を一部認容した事例。		327 民法536条2項の適用の有無

最高裁（一小）平成23年12月8日判決	平成21（叉）602 平成21（受）603	民集65巻9号3275頁 〔28175901〕
著作権法6条各号所定の著作物に該当しない著作物の利用行為は、同法が規律の対象とする著作物の利用による利益とは異なる法的に保護された利益を侵害するなどの特段の事情がない限り、不法行為を構成するものではないと解するのが相当であるとした事例。		294 著作権法6条に該当しない著作物の利用と不法行為の成立との関係

知財高裁平成24年1月25日判決	平成21（ネ）10024	判時2163号88頁〔28180786〕
プログラムに著作物性があるというためには、指令の表現自体、その指令の表現の組み合わせ、その表現順序から成るプログラムの全体に選択の幅があり、かつ、それがありふれた表現ではなく、作成者の個性、すなわち、表現上の創作性が表れていることを要するとした事例。		275, 284 プログラムの創作性の判断基準
知財高裁平成24年1月31日判決	平成23（ネ）10041 平成23（ネ）10055	裁判所ウェブサイト
原告ファイル35個と被告ファイル36個を比較し、ソースコードが同一又は実質的に同一であることを根拠に複製権ないし翻案権の侵害が肯定された事例。		280, 287 プログラムの複製権侵害・翻案権侵害
東京地裁平成24年2月29日判決	平成21（ワ）18610	公刊物未登載
契約書には、10日以内に検収を行って書面で通知すること、上記期日までに通知がされない場合は検収合格したものとされることが定められており、本件において検査に適合しない箇所の通知があったものとは認められないから、納品及び検収の事実を認定することができると判示した事例。		167 みなし検収条項の適用の有無
東京地裁平成24年3月29日判決	平成20（ワ）5320 平成20（ワ）24303	金法1952号111頁〔28181043〕
① 最終合意書に記載された原告の支払金額の法的拘束力について否定したが、支払総額の規定が設けられたのは両当事者が目標とする重要な指針を定める趣旨であることは疑いのないところであるとして、支払総額の規定された最終合意書が交わされたとの事情は、ベンダの信義則上ないし不法行為上の義務違反の有無を考慮するにあたり意味を有し得ると判示した事例。 ② パッケージソフトウェアの選定等の企画・提案段階からプロジェクトマネジメント義務違反が認められることを前提に、ユーザがベンダに対し、各種個別契約に基づいて支払った委託料相当額を全額損害賠償請求の対象とした事例。 ③ ユーザがベンダに対し、各種個別契約に基づいて支払った委託料相当額等を損害賠償の対象とした事例。 ④ 要件定義書、システム設計書についての客観的な価値が認められず、損益相殺が否定された事例。		2, 20, 21, 98, 108, 115 〜117, 124, 141, 317, 318, 320 ① 基本合意書の法的拘束力の有無 ② ベンダのプロジェクトマネジメント義務違反の有無 ③ 損害賠償額 ④ 損益相殺

東京地裁平成24年4月16日判決	平成21（ワ）18514	公刊物未登載
ユーザが、ベンダをシステム構築事業者に選定した後、ベンダとの間で本件システムの構築に向けた約3か月程度の作業を進める過程において、ベンダに対して見積書の見積内容に対する疑問や見積金額に対する不満を伝えず、ベンダの作業に協力していたにもかかわらず、見積金額を減額すべきである旨を主張し、結局、見積金額の合意が成立する見込みがないとして契約締結を拒絶するに至ったという場合において、契約締結上の過失（ユーザの不法行為の成立）を認め、ベンダの損害賠償請求を認めた事例。		17, 72, 81 ① 契約の成否 ② 契約締結上の過失

東京地裁平成24年4月25日判決	平成21（ワ）28869	D1-Law.com 判例体系〔28230258〕
契約締結当時は、準委任契約を念頭に置いていたと見られるものの、実態としては、必ずしも軽微とはいえないソフトウェアの機能追加等が行われ、報酬支払いの前提としてユーザによる検収が行われていたことなどから、当事者間の黙示の合意により契約内容が請負に近いものに変更されたと見るほかないと判示された事例。		19, 21, 94, 214 契約の形態（請負・準委任）

東京地裁平成24年12月25日判決	平成22（ワ）47529	D1-Law.com 判例体系〔29025675〕
ユーザは、ベンダに対し、不況に伴う業務縮小のためシステムの導入を考え直したいとして、本件新システムの導入作業の停止を依頼する旨の書面を送付してベンダに本件新システムの導入作業を停止させた上、現在は第三者から納入された本件現行システムを利用しているのであるから、ベンダが本件新システムを被告に納入することは、社会通念に照らして履行不能になったとして、ベンダの報酬請求を一部認容した事例。		327 民法536条2項の適用の有無

東京地裁平成25年2月25日判決	平成24（ワ）3293	D1-Law.com 判例体系〔29025856〕
ごみ収納ボックスの製造に関する事例において、製品の瑕疵の発生には、請負人として受注しながら、その際に約束した全品検査ができなかった製造業者に重大な責任があるとしても、瑕疵の発生及び修補費用の損害の拡大については、発注過程での仕様の指示や試作品製作の遅れ、修補指示の厳格化などの点において、注文者の責めに帰すべき点もあるとして過失相殺した事例。		348 ① 瑕疵担保責任に基づく損害賠償請求の可否 ② 過失相殺

東京地裁平成25年3月13日判決	平成23（ワ）40794 平成24（ワ）1775	D1-Law.com 判例体系〔29027407〕
データの消失事件において、データの消失と売上の減少との因果関係が明らかでないとされ逸失利益に関する損害賠償請求が否定された事例。		236, 238 データ消失事故における損害賠償請求（逸失利益）の可否等

東京地裁平成25年3月19日判決	平成23 (ワ) 39121	D1-Law.com 判例体系〔29024625〕
① クレジットカード情報という機密性の高い情報を扱うサイトについて、それに応じた高度のセキュリティ対策が必要というべきであり、クレジットカードの情報という機密性の高い情報を扱わない通常のウェブサイトと比べると、費用を要する高度のセキュリティ対策を実施すべきと判断された事例。 ② 情報漏洩のために発生した決済代行業者の費用(アクワイアラーに支払った違約金及び事故調査費用、PCI-DSS認定の再取得審査費用)が損害と認定された事例。		259, 262, 268 ① システム運用事業者に課せられる注意義務の内容 ② 損害賠償額
東京地裁平成25年5月28日判決	平成21 (ワ) 40228 平成22 (ワ) 22966	D1-Law.com 判例体系〔28211640〕
① 障害・不具合が順次発生していたこと等を根拠に瑕疵担保責任に基づく契約解除を肯定した事例。 ② 開発工程(請負契約)の瑕疵担保責任に基づく損害賠償請求について、要件定義工程又は基本設計工程でベンダに支払った費用について、相当因果関係なしとして請求を否定した事例。 ③ ソフトウェア開発個別契約の対象である新基幹システムに新たな機能を追加するための追加開発の契約についての合意が成立したとしても、それはソフトウェア開発個別契約に密接に関連付けられていて、それと相まって本件新基幹システムを完成させるための請負契約であり、社会通念上、その合意のみが履行されたとしても合意をした目的は達成することができないとして連動解除を肯定した事例。		164, 165, 178, 307, 316 ~ 318, 332, 338 ① 瑕疵担保責任に基づく契約解除の可否 ② 連動解除の可否 ③ 後工程の債務不履行を理由とする前工程の委託料相当額の損害賠償請求の可否
東京地裁平成25年5月31日判決	平成22 (ワ) 4389 平成22 (ワ) 16693	D1-Law.com 判例体系〔29026145〕
ベンダがユーザに対して提出した顛末書の記載について、ベンダの真意に反して作成させられたものであるとの主張に対し、バグの数が極めて多く単体バグといわれる初歩的なミスであるといった客観的な事情を考慮してベンダの主張を排斥した事例。		193 議事録に記載されたベンダの報告内容の真偽
大阪地裁平成25年7月16日判決	平成23 (ワ) 8221	判時2264号94頁〔28212469〕
商用ソフトウェアにおいては、コンパイルした実行形式のみを配布したり、ソースコードを顧客の稼働環境に納品しても、これを開示しない措置をとったりすることが多く、原告も、少なくとも原告ソフトウェアのバージョン9以降について、このような措置をとっていたことから、秘密管理性を一応肯定できる(もっとも、肯定できる部分は、少なくともバージョン9以降のものであるところ、ソフトウェアのバージョンアップは、前のバージョンを前提にされることも多いから、厳密には、秘密管理性が維持されていなかった以前のバージョンの影響も本来考慮されなければならない)と判断した事例。		294 秘密管理性

裁判例一覧

東京地裁平成25年7月18日判決	平成24（ワ）5587	D1-Law.com 判例体系〔29026295〕
請負契約で、報酬支払期限は分割検収と定められ、各工程であらかじめ定められた納品物の対価として、納品物の検収の翌月末日までに、各工程に応じた報酬を支払うものと定められていたという場合において、各工程の納品物（目的物）が完成し、検収を受けて引き渡されている以上は、その工程に関しては、原則として、解除の効力は及ばないとした事例。		44, 303, 304 解除の効力が及ぶ範囲

東京地裁平成25年7月19日判決	平成23（ワ）22334	D1-Law.com 判例体系〔29029165〕
契約が可分であり、かつ、分割された給付につき相手方が利益を得ていると認められる場合には、未履行部分についての一部解除しかすることができないと解するのが相当であるとしたが、被告が履行していないことを自認する第3段階のみならず、第2段階の作業が完了したといえず、第1段階についても、これを構成する全24項目のうち、必要な作業が完成していないと見られる項目が、バックエンドで3項目、フロントエンドで17項目に上っていることが認められ、このような作業状況に照らすと、本件契約が各段階ごとに可分なものであるとしても、当該可分な段階に対応する独立した給付が完了したということはできないとして、本件契約は全部解除が認められるとした事例。		44, 304 解除の効力が及ぶ範囲

東京高裁平成25年7月24日判決	平成22（ネ）481 平成22（ネ）1267 平成22（ネ）1268	判時2198号27頁〔28244194〕
① 取引参加者契約に基づき提供すべき本件売買システムは、機械反応の処理により注文を取り消すことができるものでなければならないから、システム運用事業者は、取消処理ができるコンピュータ・システムを提供する債務（狭義のシステム提供義務）を負うと解される。これは基本的債務である。そして、信義則上、基本的債務のほかにシステム運用事業者においてコンピュータ・システム以外にフェールセーフ措置を講じるなど適切に取消処理ができる市場システムを提供する債務（義務）を負うと解することが相当である。これは、付随的債務（義務）であるとした上、付随的債務（義務）については、システム運用事業者に著しい裁量の逸脱等の特別の事情がない限り、債務不履行になるものとはいえないとした事例。 ② 取消注文処理ができるコンピュータ・システムを提供する債務（狭義のシステム提供義務）の履行は不完全であったと認められ帰責事由がないとはいえないが、フェールセーフ措置を講じる債務については、本件において、システム運用事業者が取引ルールの整備に関し著しい裁量の逸脱等の特別の事情があったものと認めることはできないから、この点は債務不履行とはならないと解されると判断した事例。		2, 25, 216, 248, 250, 318, 323, 324 ① システム運用事業者に課せられる義務の内容 ② 免責規定の適用の有無（重過失の意義、重過失の有無） ③ 過失相殺

409

③ 「故意又は重過失が認められる場合を除き、これを賠償する責めに任じない」との免責規定について、重過失の立証責任は、債権者が負い、重過失とは、「結果の予見が可能であり、かつ、容易であること、結果の回避が可能であり、かつ、容易であること」が要件となるとした上、重過失の判断については、いわゆる後知恵の弊に陥ることがないようにすることが肝要であるとし、ユーザ提出の意見書をもってしても、システム運用事業者提出の意見書が相応の合理性を有することを否定できないことや、本件不具合が複数の条件が重なることにより発生する性質のものであったことから重過失は認められないと判断した事例。

④ システム運用事業者の売買停止義務違反を肯定したが、「故意又は重過失が認められる場合を除き、これを賠償する責めに任じない」との免責規定について不法行為責任にも適用され、不法行為が認められる時点（重過失が認められる時点）以前の損害については、因果関係を認めることができないとして約150億円の損害を認定したが、①ユーザは1株61万円の売り注文を、61万株1円の売り注文と取り違えて入力し、本件売り注文を発注したこと、②警告表示を無視しての誤発注であったこと等を考慮し、3割の損害について過失相殺されるとして約105億円に弁護士費用を加えた金額の損害賠償請求を認容した事例。

東京高裁平成25年9月26日判決	平成24（ネ）3612	金判1428号16頁〔28213054〕

① 企画・提案段階においても、自ら提案するシステムの機能、ユーザのニーズに対する充足度、システムの開発手法、受注後の開発体制等を検討・検証し、そこから想定されるリスクについて、ユーザに説明する義務があるというべきである。このようなベンダの検証、説明等に関する義務は、契約締結に向けた交渉過程における信義則に基づく不法行為法上の義務として位置付けられ、控訴人はベンダとしてかかる義務（この段階におけるプロジェクト・マネジメントに関する義務）を負うとしながら、ベンダは、システム開発技術等に精通しているとしても、システム開発の対象となるユーザの業務内容等に必ずしも精通しているものではないことを根拠に、プロジェクトが開始され、その後の進行過程で生じてくる事情、要因等について、企画・提案段階において漏れなく予測することはもとより困難であり、この段階における検証、説明等に関する義務も、このような状況における予測可能性を前提とするものであると判示した事例。 ② ベンダとユーザの間で、システム完成に向けた開発協力体制が構築される以前の企画・提案段階においては、システム開発技術等とシステム開発対象の業務内容等について、情報の非対称性、能力の非対称性が双方に在るものといえ、ベンダにシステム開発技術等に関する説明責任が存するとともに、ユーザにもシステム開発の対象とされる業務の分析とベンダの説明を踏まえ、システム開発について自らリスク分析をすることが求められるものというべきであると判示した事例。	2, 21, 98, 108 ～ 113, 115, 116, 117, 126, 127, 135 ～ 138, 140, 145, 146, 189, 193, 194, 311, 317, 318, 322, 328 ① 契約締結前の段階におけるプロジェクトマネジメント義務の内容 ② 契約締結後におけるプロジェクトマネジメント義務の内容 ③ 中止提言義務の内容 ④ 損害賠償請求の範囲 ⑤ 責任制限条項の有効性

③ システム開発は必ずしも当初の想定どおり進むとは限らず、当初の想定とは異なる要因が生じる等の状況の変化が明らかとなり、想定していた開発費用、開発スコープ、開発期間等について相当程度の修正を要すること、さらにはその修正内容がユーザの開発目的等に照らして許容限度を超える事態が生じることもあるから、ベンダとしては、そのような局面に応じて、ユーザのシステム開発に伴うメリット、リスク等を考慮し、適時適切に、開発状況の分析、開発計画の変更の要否とその内容、さらには開発計画の中止の要否とその影響等についても説明することが求められ、そのような説明義務を負うと判示した事例。
④ プロジェクトにおける段階を以下の4段階に分類した上、
Ⅰ 企画提案準備段階から本件基本合意①締結前の段階（企画・提案）
Ⅱ 本件基本合意①締結から本件基本合意②締結前の段階（計画・要件定義）
Ⅲ 本件基本合意②締結から本件最終合意締結前の段階（計画・要件定義）
Ⅳ 本件最終合意締結から本件システム開発終了の段階（計画・要件定義実装）
本件最終合意締結の段階（Ⅳ）において不法行為が成立することを前提に、ⅠからⅢの段階で締結した各契約に基づき本件最終合意締結直前までに支出した費用については損害賠償義務を否定し、その後に支出した費用については損害賠償義務を肯定した事例。
⑤ 責任制限条項について、故意又は重過失がない場合における前記損害賠償の責任限定条項は、公序良俗に反するものとはいえないし、ベンダとユーザとの間では、大手企業間における重要取引として、当時の状況を踏まえて交渉を重ね、弁護士等の助言を受けながら検討をして合意に至ったものと認められるから、その合意は有効であるというべきであり、ベンダの契約違反及び不法行為については、その約定に定める点には、それが適用され、約定に定めるところに従って判断されるべきと判断した事例。

東京地裁平成25年9月30日判決	平成23（ワ）38235	D1-Law.com 判例体系〔29026375〕
① 個別契約は書面によるとの基本契約の規定の趣旨について、「ソフトウェア開発に係る請負契約について、書面がないままでは、後に、注文者である元請ベンダと請負人である下請ベンダとの間で、契約の成否について紛争が発生するおそれがあることから、このような紛争の発生を防止することにあると解されるのであり、下請ベンダによる書面の作成は、成立する契約の内容が当事者間で合意されたものであることを担保するために要請されるもの」と判示した事例。 ② 元請ベンダが、下請ベンダが納品したプログラムの瑕疵の主張について、機能が不存在であるか又は不完全な機能しか有せず未完成である旨の漠然とした主張をしたにとどまっていたのであり、そのような抽象的な主張は、権利関係の早期安定を図る除斥期間の規定に照らし、請求権を保全する効果を生じる権利行使には当たらないと判示した事例。	166, 198, 333, 335, 341, 375 ① 個別契約の締結に書面が必要であるとする規定の趣旨 ② 除斥期間の適用の有無（瑕疵の特定の程度）	

巻末資料

東京地裁平成25年10月16日判決	平成21 (ワ) 45955	判時2224号55頁 〔28214212〕
システム運用事業者は、NetFx取引の顧客に対して、本件契約上、ロスカット注文を含む取引注文の処理時における相場の急激な変動があり、迅速な注文処理が困難ないし不可能であるなどの特段の事情がない限り、スリッページが合理的範囲にとどまるようにシステムを整備すべき義務があったという前提で、本件各取引 (ロスカット取引) において、専門委員の指摘する10秒を超えるスリッページは、これを許容するに足りる特段の事情がない限り、もはや合理的範囲を超えるものと認めるのが相当であるとした事例。		219 システム運用事業者に課せられる義務

東京高裁平成26年1月15日判決	平成25 (ネ) 3952 平成25 (ネ) 5742	D1-Law.com 判例体系 〔28220149〕
① 開発工程の個別契約が瑕疵担保責任を理由に解除された場合における、開発工程に後続する導入支援工程に関する個別契約の解除を否定した事例。 ② ベンダが、本件ソフトウェア開発個別契約の条項及び民法636条本文の各解釈から、解除原因である瑕疵の原因がユーザにある場合には、ユーザは契約解除することは許されないと主張したのに対し、裁判所が、ユーザは、顧客であって、システム開発等についての専門的知見を備えているとは認められないのに対し、ベンダは、システム開発等の専門的知見や経験を備えた専門業者であって、本件新基幹システムに多数の不具合・障害という瑕疵を発生させたのはベンダであることが認められるとした上で、外部設計後に多数の変更を行えば、本件新基幹システムにおける不具合・障害の発生の可能性を増加させ、その検収完了が遅延するおそれが生じ得ることに照らせば、ユーザがベンダに対し本件新基幹システムについて多数の変更を申し入れたことは、本件ソフトウェア開発個別契約の目的を達成できなくなった原因の1つであると認められ、その点においてユーザの過失を否定できないとして過失相殺した事例。		134, 176, 185, 222, 311, 348 ① 連動解除の可否 ② 民法636条の適用の有無 ③ 過失相殺

東京地裁平成26年1月23日判決	平成23 (ワ) 32060	判時2221号71頁 〔28222995〕
① システム運用事業者の損害賠償責任の上限を契約金額とする趣旨の条項について、システム運用事業者に権利・法益侵害の結果について故意を有する場合や重過失がある場合 (その結果についての予見が可能かつ容易であり、その結果の回避も可能かつ容易であるといった故意に準ずる場合) にまで同条項によってシステム運用事業者の損害賠償義務の範囲が制限されるとすることは、著しく衡平を害するものであって、当事者の通常の意思に合致しないというべきである (売買契約又は請負契約において担保責任の免除特約を定めても、売主又は請負人が悪意の場合には担保責任を免れることができない旨を定めた民法572条・640条参照) として適用を否定した事例。 ② システム運用事業者がSQLインジェクション対応を怠っていた点について、重過失があると判断した事例。		225, 228, 246, 250, 261, 264, 268, 269, 313 ① 責任制限条項の適用の有無 ② 重過失の有無

③ 顧客への謝罪関係費用、顧客からの問い合わせ等の対応費用、調査費用等が損害として認められた事例。

知財高裁平成26年3月12日判決	平成25（ネ）10008	判時2229号85頁〔28222075〕
控訴人のプログラムと被控訴人のプログラムを対比した上、共通部分は、慣用的な表現とマイクロソフトがあらかじめ用意していた関数名を文法に従って結合させた表現であるとこと等を根拠に、共通部分の創作性を否定し、被控訴人のプログラムは、控訴人のプログラムを複製又は翻案したものということはできないとした事例。		29, 283, 288 プログラムの複製権侵害・翻案権侵害

東京地裁平成26年4月7日判決	平成24（ワ）21809 平成24（ワ）29967	D1-Law.com 判例体系〔29040813〕
ベンダが、開発当初の仕様書にはスマートフォンからの閲覧機能が記載されているが、ベンダ・ユーザ間の協議の中で、スマートフォン対応に関する協議がされなかったこと等から、開発対象から除外されたと主張したが、開発当初、ユーザはベンダからスマートフォン対応はパッケージソフトウェアの基本機能で対応可能との説明を受けていたことや、開発途中で何ら打ち合わせをしていなかったこと等からすれば開発対象から除外されたとはいえないと判断され、未完成とした事例。		339 仕事の完成・未完成

東京地裁平成26年10月1日	平成25（ワ）33103	D1-Law.com 判例体系〔29045087〕
銀行のシステム障害によって、適時に送金処理ができなかったとはいえ、当該ユーザに生じた損害は、特別損害であって、銀行には予見可能性がなかったとして賠償責任を否定した事例。		220 システム提供者の債務不履行責任

東京地裁平成26年11月5日	平成25（ワ）435	金判1460号44頁〔28230835〕
メールに添付した図面等によって具体的な作業内容を提案し、納期もメールで指定されていたことから、必ずしも具体的な金額が定められていなかったとしても契約が成立することが認められるとした事例。		67 契約の成否

東京地裁平成27年3月24日	平成24（ワ）6128 平成24（ワ）31367	D1-Law.com 判例体系〔29024925〕
① 被告が原告に債務不履行がないにもかかわらず個別契約を解除した場合に、民法641条、民法651条2項に基づいて損害賠償請求することができ、民法536条2項により反対給付を失わないとした事例。 ② 個別契約上、わざわざソフトウェア開発業務は請負形態、ソフトウェア運用準備・移行支援業務は準委任形態と記載していたが、二つの業務は密接不可分の関係にあるものとして一個の契約として締結されているとした事例。		328 ① 民法536条2項の適用 ② 契約の個数

東京高裁平成27年5月21日	平成26（ネ）6326 平成27（ネ）1136	判時2279号21頁 〔28240652〕
フェーズ1、2までの個別契約が締結されたが、フェーズ3の個別契約が締結されなかったことについて、ユーザから送信されたメールは契約締結を誤信させるような内容でもなく、その期待をいだかせるものともいえないとして、損害賠償義務を否定した事例。		58, 78 多段階契約における契約締結上の過失の有無
旭川地裁平成28年3月29日	平成23（ワ）99 平成23（ワ）148	D1-Law.com判例体系 〔28241256〕
① ベンダが、技術仕様書等において提供することを約束した機能等が実現され、稼働する状態が達成されて初めて完成とみなされるとした事例。 ② 本件プロジェクトが頓挫した最大の原因は、システム開発の専門業者であるベンダが、ユーザの追加開発要望に翻弄され、本件プロジェクトの進捗を適切に管理することができなかったことにあるとした事例。 ③ 本件仕様凍結後に、ユーザから92項目にも及ぶ開発対象外の追加要望が出されており、これが遅延の原因となっているとした事例。		134 ① 仕事の完成・未完成 ② ベンダのプロジェクトマネジメント義務違反の有無 ③ ユーザの協力義務違反の有無
東京地裁平成28年4月20日	平成25（ワ）11770	D1-Law.com判例体系 〔29017212〕
① 報酬の支払が、成果物の検査合格後であるとされ、瑕疵担保責任についての定めがあることなどから、ベンダとユーザとの間で締結されていた契約の性質は請負契約であるとされた事例。 ② 追加報酬に関するやり取り等を踏まえて、見積範囲外の作業について相当報酬の支払合意があると認めた事例。		95 ① 契約の法的性質 ② 追加報酬請求の可否
知財高裁平成28年4月27日	平成26（ネ）10059 平成26（ネ）10088	判時2321号85頁 〔28243400〕
① 原告と被告のプログラムのうち、被告の旧バージョンについては、プログラム構造の大部分が同一であり、機能的にも順番的にもほぼ1対1の対応関係が見られ、プログラム全体の約86％において一致又は酷似しており、共通部分は、指令の表現、指令の組合せ、指令の順序などの点において他の表現を選択することができる余地が十分にあり、かつ、それがありふれた表現であるということはできないから、創作的な表現であるとした事例。他方で、新バージョンについては、プログラム構造や処理の流れが類似しているだけにとどまり、表現における同一性があるとはいえないとした事例。 ② 原告のプログラムに関し、アルゴリズムは営業秘密には該当しないが、ソースコードについては営業秘密に該当するとした事例。		275, 287, 289 ① プログラムの複製権侵害・翻案権侵害 ② ソースコードの営業秘密該当性

東京地裁平成28年4月28日	平成21(ワ)34501 平成21(ワ)43611	判時2313号29頁 〔29017585〕
① 本件基本契約の締結後、本件システム開発が進行するに応じて、検討フェーズ個別契約ないしIMP個別契約並びに追加開発に係る各個別契約を、それぞれ取引条件をその都度定めた上でそれぞれ別個の契約書を作成して締結したことが認められることからすると、本件基本契約及び各個別契約につき、実質的に見て一個の請負契約が成立したものと評価することはできない。かえって、上記のとおり、本件システム開発における各個別契約は、それぞれ別個の時期に別個の契約書を用いて締結されたことからすれば、これら各個別契約はそれぞれ別個独立の契約として成立したものと認められるとした事例。 ② 権限の設定及び仕様自体の不適合についてはプロジェクトマネジメント義務違反を認め、プログラムの品質についてのプロジェクトマネジメント義務違反は否定した事例。	44,250 ② 契約の個数 ③ プロジェクトマネジメント義務違反の有無	

東京地裁平成28年6月17日	平成21(ワ)43361 平成23(ワ)40645	D1-Law.com判例体系 〔28243917〕
① ユーザが本件個別契約の解除によりシステム間結合テストの実施を確定的に拒絶していること(弁論の全趣旨)から、本件アプリ開発契約に基づく仕事の完成に必要なシステム間結合テストを実施することができないため、本件アプリ開発契約に基づく仕事の完成は社会通念に照らし履行不能であるとした上、システム間結合テストの実施については、移行データの準備について被告の協力が不可欠であったにもかかわらず、これをしなかったことが本件開発の中止の原因であるから、被告の責めに帰すべき事由(民法536条2項)があるとした事例。 ② 取引上、立場の弱いベンダ側が、その後のプロジェクトを進行するために、非を認めるかのような内容を含む文書をユーザに差し入れることも不合理であるとはいえないとした事例。	194,328 ① 民法536条2項の適用の有無 ② ベンダによる謝罪の位置づけ	

東京地裁平成28年10月31日	平成23(ワ)10498 平成23(ワ)11230	D1-Law.com判例体系 〔28244397〕
① ベンダとユーザの間で締結された契約の解除条項について、解除条項は、その規定上、解除の対象とされる個別契約について特段の制約を設けているものではなく、少なくとも当該個別契約と密接な関連性を有する他の契約について上記の解除事由が発生し、当該個別契約についてもその本旨を実現することができないという関係にあると認められるときは、既に当該個別契約に基づく債務が履行済みであったとしても、当該個別契約を解除することができるものと解すべきであるとした事例。 ② 延命費用や本件旧システムの保守費用について、契約を解除して新たなベンダが開発可能な期間や、本件新システムを稼働させた場合にも費用が発生することを考慮して、請求額の一部を認容した事例。	312 ① 連動解除の可否 ② 損害賠償額(旧システムから新システムへの切り替えが遅滞した場合の旧システムの延命費用や保守費用が損害賠償の対象となるか否か)	

東京地裁平成28年11月8日	平成27(ワ)4380	公刊物未登載
ユーザが解除原因のない無効な解除を行い、ベンダの仕事の完成を不可能ならしめた場合には、ユーザの責めに帰すべき事由によって債務を履行することができなくなったといえるとして、ユーザはベンダに対し、民法536条2項に基づき、少なくとも、出来高の報酬及び本件未履行部分の利益相当分の合計134万7886円につき報酬支払義務を負うとした事例。		328 民法536条2項の適用の有無
東京地裁平成28年11月30日	平成25(ワ)9026 平成27(ワ)25003	D1-Law.com判例体系〔29038790〕
① ベンダは、本件請負契約に基づくデータの移行業務として、本件旧システム上のデータを本件新システムに単に移行させることにとどまらず、移行したデータにより本件新システムを稼働させる債務、具体的には、データの移行業務を開始する前に、本件旧システム上の移行の対象となるデータを調査・分析して、データの性質や状態を把握し、そのデータが本件新システムに移行された後、その稼働の障害となるかを検討し、障害となる場合には、いつ、いかなる方法で当該データを修正するかなどについて決定した上で、データの移行業務（移行設計、移行ツールの開発、データの移行）に臨み、最終的には、本件旧システムから移行したデータにより本件新システムを稼働させる債務を負担していたとした事例。 ② ベンダがコンピューターシステムの専門家としてユーザの要求に応えるシステムを構築する責任を負うことは当然であるが、ユーザが業務等に関する情報提供を適切に行わなければ、そのようなシステムの構築を望めないことから、ユーザは、ベンダによるシステム開発について、ベンダからの問合せに対し正確に情報を提供するなどの協力をすべき義務を負うものとした上、ユーザがコンピューターシステムについて専門的知見を十分有していないことを認識していたものと認められるのであり、このような事実関係の下では、ユーザは、ベンダから求められる態様で協力をするということを超えて、自ら積極的にベンダが必要とする情報をあらかじめ網羅的に提供するという態様で協力をすべき義務まで負うものではないとした事例。 ③ ユーザは、本件新システムを動作させるためのソフトウェア及びハードウェアを購入したものであるところ、本件各売買契約の目的とするところは、本件新システムを開発して稼働させることを目的とする本件請負契約と密接に関連し、社会通念上、本件請負契約と本件各売買契約のいずれかが履行されるだけでは、本件新システムの稼働という目的が全体として達成されないと認められる。したがって、ユーザは、本件請負契約の履行遅滞を理由に、本件請負契約と併せて本件各売買契約をも解除することができるとした事例。		120, 308 ① データ移行作業におけるベンダの注意義務の内容 ② ユーザの協力義務違反の有無 ③ 連動解除の可否

知財高裁平成29年3月14日	平成28 (ネ) 10102	裁判所ウェブサイト〔28250907〕
HTMLプログラムの創作的表現である旨を主張している部分について作成者の個性が表れているということはできないとして著作物性を否定した事例。		275, 284, 291 プログラムの創作性
札幌高裁平成29年8月31日	平成28 (ネ) 189	裁判所ウェブサイト〔28253189〕
① システム開発では、初期段階で軽微なバグが発生するのは技術的に不可避であり、納品後のバグ対応も織り込み済みであることに照らすと、バグ等が存在しても、システムを使用して業務を遂行することが可能であり、その後の対応で順次解消される類のものであれば、仕事が完成したと認定すべきであるとした事例。② ベンダはプロジェクトマネジメント義務の履行として、追加開発要望に応じた場合は納期を守ることができないことを明らかにした上で、追加開発要望の拒否（本件仕様凍結合意）を含めた然るべき対応をしたものと認められる。これを越えて、ベンダにおいて、納期を守るためには更なる追加開発要望をしないようユーザを説得したり、ユーザによる不当な追加開発要望を毅然と拒否したりする義務があったということはできないとした事例。③ ユーザの協力義務は、本件仕様凍結合意に反して大量の追加開発要望を出し、ベンダにその対応を強いることによって本件システム開発を妨害しないというような不作為義務も含まれているものであるが、大量の追加開発要望を出し、ベンダがこれに対応せざるを得なかったことから本件システム開発が遅延したとして、協力義務違反を認めた事例。		90, 134, 135 ① 仕事の完成・未完成 ② ベンダのプロジェクトマネジメント義務違反の有無 ③ ユーザの協力義務違反の有無
最高裁 (二小) 平成29年10月23日	平成28 (受) 1892	判時2351号7頁〔28253819〕
氏名、性別、生年月日、郵便番号、住所及び電話番号並びに保護者の氏名等の個人情報は、プライバシーに係る情報として法的保護の対象となるべきであり、漏えいによって侵害されたといえるから、精神的損害の有無及びその程度等について十分に審理することなく請求を棄却した原審（大阪高裁平成28年6月29日）を破棄し、差戻しした事例。		254, 255 個人情報漏えいによる損害の発生
東京高裁平成29年12月13日	平成28 (ネ) 5331	D1-Law.com判例体系〔28260265〕
延命費用や本件旧システムの保守費用について、契約を解除して新たなベンダが開発可能な期間や、本件新システムを稼働させた場合にも費用が発生することを考慮して、請求額の一部を認容した事例。		44, 315 損害賠償額（旧システムから新システムへの切り替えが遅滞した場合の旧システムの延命費用や保守費用が損害賠償の対象となるか否か）

事 項 索 引

あ

安全管理措置義務 ……………………254

い

依拠性 ……………………… 283, 293
一部解除 ……………………………301
一括請負契約 ……………… 39, 41 〜 43
一括請負契約と多段階契約 …………38
逸失利益 ………………………… 157, 238

う

ウォーターフォール …………………382
請負契約 ………………… 19, 33, 93
――と準委任契約 …………………… 33

え

営業秘密 ……………………… 270, 293

お

オブジェクトコード（オブジェクトプログラム）275
オンラインストレージサービス …………233

か

解除 ………………………………… 33
解除に遡及効 ……………………………299
――の意思表示 ……………………187
――の遡及効 ………………… 33, 299
解除通知書の書き方……………………200
開発対象の範囲 …………… 18, 87, 91
開発対象の範囲の特定方法 …………… 91
瑕疵 ………………………… 170, 339
――の修補 ………………… 169, 345
瑕疵担保責任 ………… 169, 369, 373
――に基づく契約の解除権 …………344
――に基づく損害賠償請求 …………345
――を理由に契約を解除 …………332
過失相殺……223, 239, 249, 265, 318
――と責任制限条項 …………………249
課題管理一覧表の残し方 ……………196
鑑定人 ………………………………351

き

技術説明会 ……………………………356
議事録 ……………………… 6, 66
――の残し方 ………………………188
寄託契約 ……………………………232
寄託契約上の保管義務 ………………232
機能追加 ………………… 131, 179
基本契約 ………………… 17, 35
基本合意書 ………… 48, 97, 124
共同著作物 ……………………………279
業務上横領罪 ……………………………271
協力義務 ……… 21, 107, 112, 128
――違反 ………… 109, 130, 300
――の履行…………………………147

け

軽過失 ………………………………226
契約締結上の過失 ………… 16, 69
契約の解除 ………… 56, 171, 200
契約の成否 ………… 67, 84
契約の成立 …… 16, 59, 67, 84
契約の法的性質 ……… 32, 36, 93
結果回避可能性 ………… 228, 314
結果予見可能性 ………… 227, 314
減額請求……………………………377
検査仕様書 …………………………… 11
検収 …………… 8, 166, 303
原状回復請求 ……………………………299
権利行使期間 ………… 372, 374

こ

公衆送信 ……………………………277
交渉破棄 ………… 69, 79
控訴 ………………………………361
控訴理由書 …………………………361
個人情報保護法 ……………………254
個別契約 ……………………………… 17
コンパイル…………………………275

さ

サービスレベルアグリーメント（SLA）……214
債権法改正……361
三段階契約……46

し

自己都合解約型
………… 103, 150, 158, 191, 298, 329, 350
仕事の完成…………… 19, 33, 163
システム障害……………… 24, 211
実機検証……357
社内人件費……345
──に関する損害賠償請求……316
重過失…………… 226, 227, 245, 324
修補とともにする損害賠償請求……346
修補に代わる損害賠償請求……346
受任者の報酬…………… 57
準委任契約…………… 19, 33, 93
証拠制限契約……84
証拠保全……285
譲渡……277
仕様変更…………… 131, 179, 305
商法512条に基づく報酬請求…… 77, 82, 181
情報漏洩…………… 26, 250
職務著作…………… 276, 280
除斥期間……346
侵害行為立証書類……286
信義誠実の原則……69
人件費……319
信頼利益……79

す

ステアリング・コミッティ…… 6, 140, 188

せ

責任制限規定の無効化……243
責任制限条項…………… 246, 269, 322
──の限定解釈……241
──の限定解釈・有効性……225
──の適用…………… 223, 240
窃盗罪……271
説明義務…………… 111, 135

そ

ソースコード（ソースプログラム）…… 275, 293
損益相殺……319
損害・損害賠償の範囲 …79, 153, 221, 237, 263

た

多段階契約…………… 39, 40 〜 43

ち

中止提言義務…………… 135, 328
注文者が受ける利益の割合に応じた報酬…362
調停……358
著作権…………… 12, 276
（著作権の）譲渡……277

つ

追加開発…………… 131, 179, 334
追加の報酬請求……23
追加報酬請求の問題……87
通信の秘密……270

て

提案書…………… 10, 62
データ移行…………… 4/, 117, 385
データ消失…………… 27, 229
出来高の計算及び立証……330
テスト環境の維持……342
電気通信事業者法……2/0

な

内示書……86

に

二次的著作物……279
二段階契約……45

は

パッケージソフトウェア…………… 114, 381

反訴 …………………………………… 185, 349

ふ

不完全履行型
………… 103, 159, 191, 298, 331, 350, 357, 360
複製 ……………………………………… 277, 283
不正アクセス禁止法 ………………………269
不正競争防止法 ……………………………256
プログラムの著作物 ……………… 13, 275
プロジェクト頓挫型……… 103, 298, 324, 350
プロジェクトマネジメント ………… 47, 385
プロジェクトマネジメント義務
……… 21, 77, 107, 110, 127, 131, 138, 142, 300

へ

変更管理書の残し方 ………………………195
ベンダの帰責事由
……………… 109, 300, 367, 369, 372, 373

ほ

法的拘束力………………………………… 97
翻案 ……………………………………… 277, 283

み

見積額 ……………………………………122
みなし検収 ……………………………… 8, 167
民法415条 ………………………………372
――541条 ………… 186, 200 ～ 203, 299, 366
――541条（改正） ………………………367
――543条（改正） ……………………… 367, 369
――545条 ………………………………300
――562条（改正） ………………………376
――563条（改正） ………………………378
――632条 ……… 22, 33, 56, 163, 299, 332, 364
――633条 ………………… 33, 164, 299, 332, 364
――634条 ……………… 164, 169, 344, 346, 373
――634条（改正） ……………… 362, 364, 365
――635条 ……22, 162, 164, 169, 172, 186, 187,
197, 200, 203, 342, 368
――636条 ………………… 169, 176, 347, 348
――636条（改正） ……………………… 369, 370
――637条 ……………… 344 ～ 346, 370, 375

――637条（改正） ……… 369, 370, 376 ～ 378
――641条
…………… 16, 21, 33, 39, 56, 153, 201, 202, 329
――644条 ……………………………… 33, 232
――648条 ……………………………… 64, 153
――648条（改正） ……………… 33, 57, 364
――648条の2（改正） ……………………364
――651条 ……………………………… 33, 153
――656条 …………………… 33, 56, 299, 310
――709条 …………………… 254, 259, 263, 278

ゆ

ユーザの帰責事由 …………………… 109, 300

よ

要件定義 ………………………… 9, 36, 383
要件定義書 ……………………… 36, 92, 319

り

履行の追完請求 …………………………376
履行利益 ………………………… 56, 81
リバースエンジニアリング …………………284

る

類似性 …………………………… 283, 293

れ

レンタルサーバサービス …………………229
連動解除 ………………………… 301, 306

わ

和解 ………………………………………360

A-Z

Fit & Gap ……………………… 53, 82, 381
RFP ……………………… 63, 89, 126, 383
SaaS ……………………………… 52, 234

【執筆者】

松島淳也（まつしま・じゅんや）（第1章、第4章、第7章）
松島総合法律事務所　弁護士

97年早稲田大学大学院理工学部理工学研究科修了。富士通株式会社にてマイクロプロセッサーの開発、電子商取引システムの開発等に関わる。06年弁護士登録。情報システムの開発に関する訴訟・契約事務・法律相談をベンダ・ユーザ双方から多数受任するほか、知的財産権に関する紛争処理や契約事務、IT企業・製造業に関する法分野等を取り扱う。著書『システム担当者のための法律相談 受発注で泣かずにすむ本』（インプレスジャパン、2012）。

伊藤雅浩（いとう・まさひろ）（第2章、第3章、第5章、第6章）
シティライツ法律事務所　弁護士

96年名古屋大学大学院工学研究科修了。アンダーセンコンサルティング（現アクセンチュア）等にて、ERPパッケージソフト、基幹系情報システムの導入企画・設計等の開発業務やITコンサルティング業務に従事。07年一橋大学法科大学院卒業。08年弁護士登録。情報システムやインターネットビジネスに関わる法律問題やベンチャー法務等を取り扱う。13年より経済産業省「電子商取引及び情報財取引等に関する準則」改訂WGメンバー。著書『ITビジネスの契約実務』（共著）（商事法務、2017）ほか。

サービス・インフォメーション

通話無料

① 商品に関するご照会・お申込みのご依頼
TEL 0120(203)694／FAX 0120(302)640
② ご住所・ご名義等各種変更のご連絡
TEL 0120(203)696／FAX 0120(202)974
③ 請求・お支払いに関するご照会・ご要望
TEL 0120(203)695／FAX 0120(202)973

● フリーダイヤル（TEL）の受付時間は、土・日・祝日を除く
9：00 ～ 17：30 です。
● FAX は 24 時間受け付けておりますので、あわせてご利用ください。

新版　システム開発紛争ハンドブック
— 発注から運用までの実務対応 —

平成 30 年 7 月 20 日　初版発行
平成 30 年 8 月 30 日　第 2 刷発行

著　　者　松島淳也　伊藤雅浩

発 行 者　田 中 英 弥

発 行 所　第一法規株式会社
〒107-8560　東京都港区南青山 2-11-17
ホームページ　http://www.daiichihoki.co.jp/

装　　丁　篠　隆二

Ｄ Ｔ Ｐ　辻井　知（Somehow）

システム紛争新　　ISBN978-4-474-06366　C2032 （9）

© J. Matsushima, M. Ito, 2018